Jahrbuch für die Geschichte des Protestantismus in Österreich

Band 129 (2013)

Jahrbuch für die Geschichte des Protestantismus in Österreich

Band 129 (2013)

Herausgegeben vom Vorstand der Gesellschaft
für die Geschichte des Protestantismus in Österreich

Jahrbuch für die Geschichte
des Protestantismus in Österreich

Band 129 (2013)

Schwerpunkt:

Wirtschaft und Protestantismus in Österreich

EVANGELISCHE VERLAGSANSTALT
Leipzig

Bibliographische Information der Deutschen Nationalbibliothek
Die Deutsche Nationalbibliothek verzeichnet diese Publikation in der Deutschen Nationalbibliographie; detaillierte bibliographische Daten sind im Internet über http://dnb.dnb.de abrufbar.

Printed in Germany · H 7813

Das Buch wurde auf alterungsbeständigem Papier gedruckt.

Cover: Kai-Michael Gustmann, Leipzig
Satz: Jochen Busch, Leipzig
Druck und Binden: Hubert & Co., Göttingen

ISBN 978-3-374-04022-3
www.eva-leipzig.de

Inhaltsverzeichnis

Rezensionen

Vorwort

Der vorliegende Band widmet sich der wirtschaftlichen Bedeutung des Protestantismus in Österreich bzw. dem bemerkenswerten Anteil von Evangelischen in der Industriegeschichte Österreichs einschließlich der sozialen Frage und des kirchlichen Engagements der Wirtschaftstreibenden. Von den weiteren Aufsätzen befasst sich der erste mit der slowenischen Forschungsgeschichte zu Primus Truber bzw. der Geschichte des slowenischen Truberbildes, das im deutschsprachigen Raum kaum bekannt ist und hier aufgearbeitet wird. Der zweite bietet erstmals einen ausführlicheren und zusammenfassenden Überblick über die Reformationsgeschichte Vorarlbergs.

Für die mühevollen redaktionellen Arbeiten sei Astrid Schweighofer, Gergely Csúkas, Leonhard Jungwirth und Stefan Haider herzlich gedankt.

Im Namen des Vorstandes
Rudolf Leeb

Schwerpunkt: Wirtschaft und Protestantismus in Österreich

Zur wirtschaftlichen Bedeutung der Exulanten aus Österreich

Von Hans Krawarik

Seit den Thesen Max Webers über die »protestantische Ethik« (1904) blieb der Zusammenhang von Religion und Wirtschaft ein immer wiederkehrendes Thema wissenschaftlicher Auseinandersetzung. Jüngst erst resümierte Jürgen Backhaus, diese Ethik hätte sehr wohl zur Entwicklung des Kapitalismus beigetragen: Zum einen würde man zu sparsamer Lebensweise angehalten, zum anderen könne sich Reichtum nur mit dem Segen Gottes einstellen.[1]

Im Unterschied dazu wird die Frage nach dem wirtschaftlichen Erfolg protestantischer Exulanten sehr verschieden beurteilt. Im Fall der Hugenotten etwa sind einschlägige Ergebnisse anerkannt.[2] Bei den Migrationen aus dem Habsburgerreich wären Zeit und Umstände der Massen an Exulanten zu berücksichtigen. Der Mangel homogenen Auftretens von Exulantengruppen hat sicher deren sozioökonomische Wirksamkeit beeinflusst. Ob diese Migranten wirklich alle »Exulanten« im eigentlichen Sinne waren, ist dabei nur marginal von Bedeutung. Die von Wulf Wäntig festgestellten »Grenzerfahrungen« eines stärker sozioökonomisch ausgerichteten Migrantentums an der böhmisch-sächsischen Grenze scheinen eine besondere Sachlage widerzuspiegeln.[3] Ein wenig damit zu vergleichen ist das (eher dürftige) Exulantentum von Vorarlberg und Westtirol im schwäbischen Raum. Denn dort gab es, ähnlich wie im nordböhmischen Niederland, ein starkes Bevölkerungswachstum, zunehmend

1 Max Weber, Die protestantische Ethik und der Geist des Kapitalismus, in: Gesammelte Aufsätze zur Religionssoziologie, Bd. 1 (Tübingen ^{8}1986/1920) 17–206; Hans Frambach, Die Arbeitsethik und die Reformation, in: Religion und Wirtschaft, die Bedeutung der Reformation, hg. von Jürgen Backhaus (Berlin 2010) 29–51, hier 44 f.

2 Silke Kamp, Die verspätete Kolonie. Hugenotten in Potsdam 1685–1809 (Quellen und Forschungen zur Brandenburgischen und Preußischen Geschichte 42, Berlin 2011) 215–230. Insbesondere bei den Manufakturen für Textil, Tabak und Leder war der Erfolg groß. Die »hugenottischen« Identitätsfindungen wurden in diesen Fällen durch die wohlhabenden Hugenotten Berlins vorgegeben.

3 Wulf Wäntig, Grenzerfahrungen böhmischer Exulanten im 17. Jahrhundert (Konstanz 2007) 100–116.

unterbäuerliche Siedlungs- und Erwerbsverhältnisse und schon über Generationen hinweg saisonale Wanderungen über die Grenze.[4] Dass sich in solcher Konstellation bei Entscheidungen nicht-konfessionelle Komponenten zur Flucht und Abwanderung stärker auswirkten, ist nachvollziehbar. In den übrigen Exulantenregionen der habsburgischen Erblande bzw. in den Zielräumen der Migrationen herrschten im 17. Jahrhundert andere Voraussetzungen. Eine vorwiegend konfessionelle Orientierung steht dort außer Frage.

Als Indiz für die wirtschaftliche Bedeutung von Gruppen wird in der Regel deren »Massenwirksamkeit« angesehen. Die jüngere Forschung hat im Raum Sachsen-Lausitz – vom Dreißigjährigen Krieg schwer betroffen (Bevölkerungsverluste, Wirtschaftsdepression) – zwar euphorische Aussagen von früher relativiert, denn nur selten waren böhmische Exulantengruppen Innovationsträger, wie z. B. im Musikinstrumentenbau oder dem Textilgewerbe (Oberlausitz). Regional gesehen vermehrten aber diese Migranten doch die Arbeitskräfte in Bergbau, Gewerbe und Landwirtschaft.[5] Bereits im, durch die Pest bedrohten, finanzstarken Dresden scheinen Migranten, ähnlich wie in Regensburg und Nürnberg, nach 1632 für eine wirtschaftliche Wiederbelebung gesorgt zu haben. Am Ende des 17. Jahrhunderts galten viele Exulanten Sachsens als qualifizierte Fachkräfte und stellten auch einen deutlichen Anteil an billigen Lohnarbeitern.[6] Bei den sozialen und wirtschaftlichen Auswirkungen der konfessionellen Migranten aus den habsburgischen Erblanden muss man in ähnlicher Weise differenzieren. Die Exulantenwellen verliefen hier im 17. Jahrhundert nicht unähnlich zu denen in Böhmen und Mähren. Auch im Raum der habsburgischen Erblande emigrierten zuerst die bürgerlichen Eliten und der Adel, doch die »schleichende« Massenmigration aus dem ländlichen Raum (einschließlich unterbäuerlicher Gruppen) begann hier bereits in den 1630ern und verebbte allmählich nach 1680.[7] Die vermögenden Exulanten der ersten Welle, die sich nach den oberdeutschen Reichsstädten wandten, waren zwar in demographischer Hinsicht nicht von großer Bedeutung, wobei ein »Bevölkerungsschub« auch durch die Seuchenwellen von 1632–1634 unterbrochen wurde, doch die wirtschaftlichen Initiativen der Emigranten und deren, nicht selten für Stiftungen eingebrachtes, Kapital galten als Bereicherung für die Kommunen. Bürgerliche Unternehmer bzw. adelige Kapitaleigner aus den Reihen der zugezogenen Emigranten haben nachweislich auch den ökono-

4 Hans Krawarik, Exul Austriacus. Konfessionelle Migrationen aus Österreich in der Frühen Neuzeit (Austria: Forschung und Wissenschaft: Geschichte 4, Wien–Berlin 2010) 193. Vgl. dazu auch: Eberhard Fritz, Von Vorarlberg nach Oberschwaben. *Bludenzer Geschichtsblätter* 93 (2003) 94–97.

5 Karlheinz Blaschke, Bevölkerungsgeschichte von Sachsen bis zur industriellen Revolution (Weimar 1967) 115.

6 Frank Metasch, Exulanten in Dresden. Einwanderung und Integration von Glaubensflüchtlingen im 17. und 18. Jahrhundert (Schriften zur Sächsischen Geschichte und Volkskunde 34, Leipzig 2011) 185 f.

7 Krawarik, Exul Austriacus (wie Anm. 4) 149–193.

mischen Niedergang der Reichsstädte deutlich verzögert.[8] Der grundsätzlich fromme Hintergrund, der von den habsburgischen Emigranten getätigten Stiftungen, Deputate und Stipendien für Studenten ist unbestritten. Beachtliche Dotierungen sicherten auch die Fürsorge der Armen in der Stadt. Allen voran ist die Exulantenfamilie Elsenheimer aus Steyr, mit umfangreichen Stiftungen in Regensburg (1622, 1633) und Nürnberg (1638), zu nennen sowie die Stiftung für Studenten der Emigrantin Cäcilia Scholz in Regensburg (1608). Weitere Mäzene in Regensburg waren Johannes Hueber aus Linz (1624), Juliana Trincker aus Wels (1620), Johann Händel (1647) und Elisabeth Schifer aus Freiling (1655/1664). Noch reicher floss das Stiftungskapital in Nürnberg, z. B. bei Amalia von Stubenberg (1664), Franz Balthasar Heidenreich (1670) oder Esther Susanna von Herberstein (1681). In den kleineren Reichsstädten wie Ulm oder Weißenburg/Bayern sind dementsprechend weniger große Stifter wie Cäcilia Scholz (1597, 1606) oder Balthasar Christalnigg (1606) nachzuweisen.[9] Bis tief in das 18. Jahrhundert fanden sich immer wieder unter österreichischen Exulanten auf vielfältige Weise aktive Wohltäter.

Auch urbane Migranten in Pressburg und Ödenburg haben mit Stiftungen oder Deputaten ihre Spuren hinterlassen. Freilich sind dabei die vielfachen Brüche der Entwicklung während der ungarischen Gegenreformation zu berücksichtigen.[10] In Ödenburg, wo noch um 1650 zwei Drittel der Stadtbevölkerung lutherisch orientiert war, hatten Adelige wie die Auersperg, Herberstein, Jörger, Trautmannsdorf oder Windischgrätz zumindest für Jahrzehnte ihr Domizil. Seit 1671, als in Ungarn die Weichen für größeren katholischen Einfluss gestellt wurden, galt die Spätexulantin Fürstin Anna Maria von Eggenberg als Mäzenin.[11] Nach Pressburg wandten sich in erster Linie Protestanten aus Wien und Niederösterreich. Wie die Trauungsregister zeigen, heirateten viele von ihnen in das Bürgertum ein – wie anderswo auch ein probates Mittel der wirtschaftlichen Integration. Dass es sich zumindest anfangs um wohlhabende, gut situierte und gebildete Schichten handelte, zeigt unter anderem der aus den Verlassenschaften zu erschließende Bücherbesitz der Exulanten. Als Beispiele mögen nur drei Exulanten in Ödenburg dienen: Johann Winckler († 1645) aus Grieskirchen – der ehemalige dortige Spitalsprediger 1639–1644 besaß weit über 200 Schriften; Tobias Feurer († 1645) aus Brunn am Gebirge, seit 1639 Händler in Ödenburg, hinterließ einen erstaunlichen lutherischen Bücherschatz; Georg Jäck († 1653)

---

8 Werner Wilhelm SCHNABEL, Österreichische Exulanten in oberdeutschen Reichsstädten. Zur Migration von Führungsschichten im 17. Jahrhundert (Schriftenreihe zur Bayerischen Landesgeschichte 101, München 1992) 637.

9 Julia SIORPAES, Die sozioökonomische Situation ausgewählter Exulanten am Beispiel der freien Reichsstadt Weißenburg/Bayern in der ersten Hälfte des 17. Jahrhunderts (Diss., Innsbruck 1985) 271; SCHNABEL, Österreichische Exulanten (wie Anm. 8) 638–642.

10 Zur besonderen Situation Westungarns: Gustav Reingrabner, Reformation und Gegenreformation im westungarisch-burgenländischen Raum – einige Bemerkungen. *Burgenländische Heimatblätter* 68 (2006) 26–40.

11 Grete MAAR, Einführung in die Geschichte der westungarischen Stadt Scarbantia-Ödenburg-Sopron (Beiträge zur Sprachinselforschung 15, Wien 2000) 97–102.

aus Birkfeld, 1650 als Kürschner ins Bürgerrecht aufgenommen, besaß etwa 20 Schriften.[12] Ganz ähnlich ist der Befund übrigens für die süddeutschen Reichsstädte oder für das sächsische Dresden. Allgemein ist festzuhalten, dass trotz der dann mit dem Dreißigjährigen Krieg einsetzenden Vertreibung bzw. Absetzbewegung der evangelischen Bevölkerung in den Landregionen der habsburgischen Erblande bei den ersten Exulantenwellen die »Eliten« den größten wirtschaftlichen Effekt hervorriefen. Gegenüber der relativ geringen, wenn auch deutlich spürbaren, demographischen Wirkung dieser Emigrantengruppe – in kleineren Reichsstädten wie Weißenburg stellten sie zur »Spitzenzeit« (um 1630) etwa kaum 10 % der Stadtbevölkerung dar (in Nürnberg hielten sich über 1.000, in Regensburg weit über 2.000 Exulanten auf) – war deren wirtschaftliche Potenz durch eingebrachtes Kapital ungleich größer. Für die Reichsstädte ist dabei zu beachten, dass die Adeligen unter den Emigranten sich häufig nur ein bis zwei Generationen in den Kommunen aufhielten, denn der Adel strebte den standesgemäßen Aufenthalt am Land an.

Für die habsburgischen Erbländer bedeutete der hier sichtbar werdende Kapitalabzug ein Fiasko.[13] Erzherzog Ferdinand kommentierte bereits 1601 den Abzug urbaner Eliten aus Innerösterreich folgendermaßen: »Die Auswanderung ist mehr uns als den Abgezogenen nachteilig; denn sie waren fast die Vermöglichsten und nahmen viel Geld mit hinaus.« Und in einem Bericht vom April 1626 meldete ein Priester der zuständigen Kommission: »Der Vorgang, welcher in Freistadt und im ganzen Lande jetzt eingehalten werde, dass man nämlich die Reichen fortziehen lasse und die Armen behalte [...] sei keine Religionsreformation, sondern eine Ausraubung der Provinz.« Einige konkrete Fälle seien hier nur exemplarisch genannt: Besonders einschneidend für die Stadt war die Migration von über 500 Personen aus dem reichen Villach in den Jahren nach 1601; ein Aderlass muss auch der Abzug von ca. 800 Bewohnern im Freisingischen Waidhofen an der Ybbs (1600–1603) oder die Entsiedlung der Stadt Steyr (1626–1628) gewesen sein, wo hunderte Häuser leer standen.[14] Auffällig sind die Verarmung auf kulturell-intellektuellem Gebiet und der Verlust an

---

12 Felix Gundacker, Index der evangelischen Trauungen von Preßburg 1627–1660. URL: www.ihff.at [Abfragedatum: 9. 7. 2013]. Auswertung der Trauungen: Niederösterreich 595, Oberösterreich 253, Wien 64; Hans Hugo Weber, Glaubensverfolgte aus Ober- und Niederösterreich in Deutsch-Westungarn. Exulantentrauungen im evangelischen Ehebuch von Ödenburg 1645–1717. *Blätter für fränkische Familienkunde* 22/23 (1999/2000) 7–78, hier 7–20. Bis etwa 1660 heirateten ungefähr 60 % der Exulanten Ödenburgs aus Österreich in die Bürgergesellschaft ein, was auf die vorwiegend gewerblichen Wurzeln hinweist; Tibor Grüll (Hg.), Lesestoffe in Westungarn I. Sopron (Ödenburg) 1535–1721 (Szeged 1994) 112, 117, 187.

13 Zitate bei Franz Scheichl, Glaubensflüchtlinge aus den österreichischen Gebieten in den letzten vier Jahrhunderten. *JGPrÖ* 14 (1893) 134–184, hier 142 und 145.

14 Irmtraud Koller-Neumann, Die Gegenreformation in Villach (Neues aus Alt-Villach 13, Villach 1976) 168; Ulrike Schöttner, Reformation und Gegenreformation in der niederösterreichischen Eisenwurzen im 16. Jahrhundert (Dipl. Arb., Wien 1996) 83 f; Caecilia Doppler, Reformation und Gegenreformation in ihrer Auswirkung auf das Steyrer Bürgertum (Dissertationen der Universität Wien 135, Wien 1977) 164 f., 220. Freilich wird man bei Waidhofen und Steyr einschränken müssen, dass sich eine größere Zahl von Protestanten damals noch im

urbaner Wirtschaftskraft. Mit dem erzwungenen Abgang des protestantischen Adels und einer führenden Bildungsschicht gingen wertvolle Bildungseinrichtungen verloren, die die Erblande doch einige Zeit in die Isolation drängten. Die marginale Bedeutung katholisch-barockzeitlicher höherer Schulen spricht eine deutliche Sprache. Der Rückgang des Bücherbesitzes in gebildeten Kreisen war messbar. Der Kapitalabfluss war erheblich. Allein in Nürnberg lagen 1630 270.000 Gulden von Migranten zur Verzinsung und 1631 sponserten die beiden Khevenhüller den Krieg von König Gustav Adolf mit einem Darlehen von 70.000 RT. Auch der Einsatz von Emigrantenkapital für militärische Agenden des Kurfürsten von Sachsen (1635) ist bekannt. Für Städte wie Nürnberg, Ulm, Regensburg oder Weißenburg bedeutete dieser Kapitaleinsatz von wohlhabenden Exulanten die Überwindung finanzieller Engpässe bis in die Zeit um 1640.[15] Für gewerblich und am Handel orientierte Migranten bedeuteten dieses Kapital und die höheren Steuermittel eine gewisse Garantie für die wirtschaftliche Integration in der Stadt (Beisitz, Bürgerrecht). In den ersten Jahrzehnten entstand dabei eine positive Erwartungshaltung gegenüber den zugewanderten Emigranten, von der auch weniger wohlhabende Schichten der Exulanten beim Aufbau ihrer neuen Existenz profitierten.

Massenphänomene, im Sinne eines gleichzeitigen Eintreffens großer Gruppen in Reichsstädten, kamen seltener vor, sind aber – abgesehen von den wirtschaftlichen Initiativen der Emigranteneliten – in ihren ökonomischen Auswirkungen durchaus nicht zu vernachlässigen. So scheint der rasche Abzug von etwa 150 Wiener Familien (mit einem ökonomischen Potential von 300.000 Gulden) 1625/29 einiges Aufsehen erregt und den Städten Regensburg, Weißenburg und Pressburg einen Gewinn gebracht zu haben.[16] Noch viel höhere Wellen schlug die Gründung von Freudenstadt im Schwarzwald 1599 durch Herzog Friedrich I. von Württemberg nach dem Ausweisungspatent des innerösterreichischen Landesfürsten. Bis 1606 sammelten sich dort fast 500 Familien zum Aufbau einer neuen Stadt, deren guter Teil aus Innerösterreich stammte.[17] Man darf die wirtschaftliche Bedeutung dieser österreichischen Exulanten im frühen Freudenstadt nicht unterschätzen. Als Beispiel für den landurbanen Raum kann das Dorf Schützingen (Illingen in Schwaben, bei Pforzheim) dienen. Durch die Schrecken und Folgen des Dreißigjährigen Krieges war es im Jahr 1649, als der Herzog von Württemberg die Grundherrschaft übernahm, weitgehend entvölkert. Über 50 Häuser und Gehöfte mussten neu aufgebaut werden und dies leisteten in erster

---

weiteren Umland einnistete und nicht die Erblande verließ. Für die Kommunen war es allemal ein erheblicher Kapitalschwund.

15 Schnabel, Österreichische Exulanten (wie Anm. 8) 283–287. Die gute Zinspolitik Nürnbergs war bekannt. Zeitweise versuchte Ulm, sich durch Verzinsung von 6 % Kapital zu sichern.

16 Arthur Stögmann, Staat, Kirche und Bürgerschaft: Die katholische Konfessionalisierung und die Wiener Protestanten zwischen Widerstand und Anpassung (1580–1660), in: Wien im Dreißigjährigen Krieg. Bevölkerung – Gesellschaft – Kultur – Konfession, hg. von Andreas Weigl (Kulturstudien 32, Wien 2001) 482–564, hier 535 f.

17 Oskar Sakrausky, Die Gründung Freudenstadts durch Kärntner Exulanten. *Carinthia* I 171 (1981) 205–225.

Linie Exulanten aus dem Raum von Grieskirchen, wie es eine Zusammenstellung aus dem Jahre 1657 nachweist. Es ist bezeichnend, dass die Wiederbesiedlung und der Aufbau durch »Landler« erfolgte, die sowohl urbanem als auch dörflichem Umfeld entstammten.[18] Die Anfänge geschahen durch eine »Kettenwanderung«, nachdem von Regensburg aus die Möglichkeiten der Neuansiedlung bekannt geworden waren. Bis etwa 1670 waren der Wiederaufbau und die Integration vollzogen, über 60 % der neuen Bevölkerung waren Landler.

Im Unterschied zu den urbanen Migranten konnte die ehemals bäuerliche Bevölkerung in größeren Kommunen kaum Fuß fassen. Dies zeigt das Beispiel Regensburg ganz deutlich, wo in den Vorstädten solche Exulanten bestenfalls als Fuhrleute, Ziegelarbeiter oder Handlanger ihr Leben fristeten und zugleich auf eine gute Gelegenheit für eine Neuansiedlung als Bauern warteten. Immerhin machten österreichische emigrierte Bauern in den letzten Jahren des Dreißigjährigen Krieges in Regensburg über 50 % der geschlossenen Ehen aus. Unter den etwa 300 in Ortenburg unter Emigranten geschlossenen Ehen (1640–1670) befanden sich ebenfalls viele Bauernkinder. Viele Dörfer und Marktflecken Frankens und Schwabens lagen seit den 1630ern verödet und entvölkert darnieder. Das eröffnete für Migranten ländlicher Herkunft neue Optionen. Freilich, der geschlossene Abzug und zugleich eine geschlossene Ansiedlung einer größeren Gruppe von Protestanten (»Gruppenzielwanderung«) kamen selten vor. Ein prominentes Beispiel ist Wain südlich von Ulm: Ein guter Teil der Arriacher Bevölkerung (Gegendtal in Kärnten) verließ im Wesentlichen 1651/52 seine Heimat. Der Zug endete zunächst in der Reichsstadt Ulm, wo sich die Exulanten als Tagelöhner verdingten. Bauerntum und Urbanität passten auch in diesem Fall nicht zueinander. Für die Exulanten erwies es sich als Glücksfall, dass im nahe gelegenen Weihungstal, im Territorium der Reichsstadt, Siedlung und Flur weitgehend verödet waren. Deshalb dirigierte der Stadtrat die Flüchtlinge nach Wain (Landkreis Biberach), wo knapp 300 Kärntner bis 1656 das Dorf wieder aufbauten. Integration war in diesem Fall nicht notwendig, denn 75 % der Bewohner waren anfangs Kärntner und Steirer; bald funktionierte ein erfolgversprechendes Gemeinwesen, das durch Zuzug weiter wuchs. 1684 machte die Exulantenbevölkerung 56 % der ca. 800 Einwohner aus. Die Erinnerung an das Exulantentum und die damit verbundene Tradition lebt in Wain bis heute fort.[19] In gewisser Hinsicht vergleichbar in der Eigenart der Wanderung ist das fränkische Hutschdorf (Thurnau) bei Nürnberg, wohin die meisten Exulanten aus Steinakirchen in Niederösterreich zogen.

Der Normalfall war ein solcher Verlauf der Emigrationen und Ansiedlungen nicht. Wenn auch zahlreiche Kettenwanderungen bestimmte Zielorte bevorzugten, überwog doch meist die Streuung der Exulanten über größere Gebiete. Im Oberamt Stauf-Landeck, einer frühen Zielregion, lebten zwar im späteren 17. Jahrhundert über 2.000

18 Eberhard Krauss, Österreichische Exulanten in Schwaben und Franken am Beispiel Schützingen. *JGPrÖ* 116 (2000/2001) 132–162, hier 137–143; Krawarik, Exul Austriacus (wie Anm. 4) 168 f.

19 Krawarik, Exul Austriacus (wie Anm.) 158 f.; URL: http://www.ulm.de/kultur_tourismus/stadtgeschichte [Abfragedatum: 9. 7. 2014].

Exulanten (50–60 % der Bevölkerung), aufgrund der Siedlungsverhältnisse und der verschiedenen Herkunft der Exulanten entstand aber nur punktuell Einheitlichkeit bzw. Geschlossenheit unter den Emigranten. In vergleichbarer Weise kamen auch in der Pfarre Weißenkirchberg über einen Zeitraum von vier Jahrzehnten verteilt etwa je zur Hälfte Exulanten aus Regionen Oberösterreichs und dem niederösterreichischen Waldviertel. Soweit wir Einsicht haben, war das für die Wiederbelebung der nach dem Krieg darniederliegenden süddeutschen Landwirtschaft gewiss kein Nachteil. Die »Streuung« der Ansiedlungsorte dominiert bei der »schleichenden« Massenmigration auch in jenen Fällen, wo wir Konzentrationen und »Bündelungen« beobachten können. Zwei Beispiele: Aus der Pfarre Thening, nahe Linz, sind ca. 150 Exulantennamen bekannt, fast 60 % finden sich in den Orten Weißenburg, Gunzenhausen und Pappenheim wieder. Exulantennamen der Pfarre Gramastetten im Mühlviertel (130) bündeln sich zu 50 % in Leutershausen, Flachslanden oder Thalmässing. In beiden Fällen ist die grundsätzliche Streuung der Zielorte aber sehr groß. In vielen Regionen zog die Geographie zwischen einstigen Nachbarn für immer eine Trennungslinie (z. B. Exulanten aus Kirchdorf an der Krems in Wettelsheim und Ödenburg). Umgekehrt konnten Immigranten auch aus voneinander weit entfernten Heimatregionen stammen, z. B. kamen jene in Bad Windsheim vornehmlich aus Großpertholz (Waldviertel) und dem Raum Pürgg (steirisches Ennstal). Diese Phänomene verweisen auf zweierlei: Zum einen glich das Exulieren aus dem ländlichen Raum, vor allem in den Anfangsjahren, vielfach einer Flucht, dabei stellten Kommunikationsnetzwerke zufällig geographische Weichen. Zum anderen fanden sich »Clans« und »Freundschaften« mittels Kettenwanderung in den Nachbarschaften wieder.[20] Selten erfolgte Zuwanderung so rasch wie bei Ostheim, wo zwischen 1654–1662 an die 90 % der Dorfhäuser durch Exulanten besiedelt wurden. Im südlichen Mittelfranken übertraf der Exulantenanteil die Reste einheimischer Ortsbevölkerung bald erheblich. Bei Alfershausen, Thalmässing, Offenbau, Schwimmbach oder Eysölden erreichten die Werte 40–60 %, ähnlich wie bei Weißenkirchberg, Illenschwang, Munningen, Hüssingen/Heidenheim, Berolzheim, Hechlingen, Wassertrüdingen oder Döckingen, aber auch in Hutschdorf.[21] In Mittelfranken wurden

---

20 Eberhard Krauss, Exulanten im Evang.-Luth. Dekanat Leutershausen. Eine familiengeschichtliche Untersuchung. (Quellen und Forschungen zur fränkischen Familiengeschichte 15, Nürnberg 2006) 46–62, 74–76, 151, 250; Krawarik, Exul Austriacus (wie Anm. 4) 185; Manfred Enzner, Exulanten aus dem südlichen Waldviertel in Franken. Eine familien- und herrschaftsgeschichtliche Untersuchung (ca. 1627–1670) (Quellen und Forschungen zur fränkischen Familiengeschichte 8, Nürnberg 2001) 94 f.

21 Gerhard Beck, Österreichische Exulanten in den Evang.-Luth. Dekanatsgebieten Oettingen und Heidenheim (Quellen und Forschungen zur fränkischen Familiengeschichte 10, Nürnberg 2002) 28–33; Karl Gröschl, Exulanten in Stadt und Bezirk Weißenburg und Dekanat Heidenheim (Weißenburger Heimatbücher 9, Weißenburg 1935) 53; Franz Günther, Der Dreißigjährige Krieg und das Deutsche Volk. Untersuchungen zur Bevölkerungs- und Agrargeschichte (Quellen und Forschungen zur Agrargeschichte, Stuttgart [3]1961) 83; Walter Lehnert, Die oberösterreichischen Exulanten im ehemaligen Brandenburg-Ansbachischen Oberamt Stauf-Landeck. Versuch einer volkskundlich-historischen Eingliederungsforschung

auch die Räume Ansbach, Schwabach, Gunzenhausen, Wassertrüdingen und Rothenburg Schwerpunktregionen der Ansiedlung. 1640 stammten über 20%, 1653 ca. 40% und 1670 ca. 50% der Neusiedler aus den habsburgischen Erblanden. Dabei gilt, ähnlich wie im mitteldeutschen Migrationsraum: Aktionen für Glaubensverwandte gab es – mit Ausnahme von Freudenstadt im Schwarzwald – so gut wie nicht, auch keine fürstlichen Einladungen oder Agententätigkeit bei der Besiedlung.[22] In den zerstreuten Siedlungen des Klosteramtes Heilsbronn waren um 1670 bereits 280 Bauernhöfe von österreichischen Migranten besetzt. In allen solchen Fällen glückte der wirtschaftliche Wiederaufbau besser als in den katholischen Territorien Frankens, die Integration war spätestens um 1680 erfolgreich vollzogen. Man wird also den Beitrag der ländlichen Exulanten nicht nur demographisch kaum überschätzen können. Die Bereitschaft zur sozialen Anpassung der heterogenen Exulantengruppen auf dem Land darf dabei nicht unterschätzt werden. Während der Einfluss der Exulanten in der zweiten Hälfte des 17. Jahrhunderts in den Landregionen also groß war, haben im betreffenden Zeitraum in den städtischen Kommunen die Exulanteneliten kaum mehr wirtschaftliche Bedeutung gehabt. Insgesamt kann sicher gesagt werden, dass bestimmte gewerbliche Berufe (wie Zimmerleute, Weber) in Süddeutschland durch Exulanten an Bedeutung gewannen; sie prägten auch manche Eigenheiten in der Landwirtschaft (z. B. Viehzucht). Das lässt sich durchaus mit den Vorgängen in Sachsen und der Lausitz vergleichen, wenn auch dort eine andere berufliche Orientierung (Floristik, Holzverarbeitung, Bergbau) vorherrschte. Die bekannten Exulantenschicksale in Süddeutschland legen nahe, dass in gewerblichen Landzentren und dem zugeordneten Bauernland die religiöse Überzeugung das Geschick der Migranten bestimmt hat. Im Raum von Ansbach allerdings dürfte bei vielen späten Zuzüglern, aus dem bereits vorhandenen Migrantenreservoir im Raum Nürnberg, ökonomische Umsicht wichtig gewesen sein.

Im Unterschied zu diesen kommunalen Breitenwirkungen ist die individuelle Komponente in ihrer wirtschaftlichen Würdigung viel schwerer zu fassen und soll hier nur kurz gestreift werden. Immer wieder gab es natürlich Erfolgsgeschichten, die auch durch »Freundschaften« gefördert wurden, wie man an Beispielen (Altreiter, Ezel, Haspel) nachvollziehen kann, genauso gab es aber tausendfach Leid, wirtschaftlichen und sozialen Absturz. Vielerlei Probleme belasteten das Exulantenschicksal. So verwundern bei adeligen Familien wie den Khevenhüllern oder den Racknitz Karriere und Erfolg weniger, weil sie oft schon lange zuvor einschlägige Kontakte pflegten. Nicht alle waren aber angesichts von Zeitproblemen erfolgreich; so warteten Hans Daniel Bernardin oder Sigmund von Khevenhüller viele Jahre auf Zinsen bzw. ihr hohes Einsatzkapital. Lorenz von Hofkirchen oder der Emporkömmling Georg Derfflinger waren exzellent im militärisch-politischen Dienst. Manche hellen Köpfe

(Freie Schriftenfolge der Gesellschaft für Familienforschung in Franken 14, Neustadt an der Aisch 1962) 75.

22 Enzner, Südliches Waldviertel (wie Anm. 20) 92; Lehnert, Stauf-Landeck (wie Anm. 21) 50, 56.

wurden in der Fremde Universitätsprofessoren. Neben den bekannten Lebenslinien von Kepler und Megiser ist etwa Johann Georg Mennhard zu nennen, der zuletzt als gefeierter niederländischer Festungsingenieur amtierte. Aber auch im Kleinen stammen verdienstvolle Erfindungen von Emigranten, z. B. von dem Exulantensohn und Uhrmacher Stephan Forfler in Altdorf bei Nürnberg, der einen mechanischen Wagen entwickelte.[23] Zahlreiche erfolgreiche Großhandelsleute wie Balthasar Christalnigg (Ulm), Rochus Grässl, Gabriel Maul (Nürnberg) oder Leonhard Danngrieß (Schwabach) prägten das urbane Leben mit. Auch im ländlichen Raum gab es durchaus »Karrieren«, etwa die des Meiersohnes Hans Bernrather aus dem Hausruckviertel, der in Offenbau eine Bierbrauerdynastie begründete.[24] Bei all dieser positiven Entfaltung mancher Exulanten könnten gleichermaßen viele negative Schicksale genannt werden. Sozioökonomisch gesehen lagen individueller Erfolg und Misserfolg eben nicht nur an den Fähigkeiten und dem Geschick der Exulanten, sondern waren auch durch Umstände von Ort und Zeit sowie durch Kontakte vorgeprägt. Viele Exulanten blieben – was urbanen Kommunen selten gefiel – am sozialbedürftigen Rand der Gesellschaft und somit ein »Klotz am Bein«. Vor allem den weniger angesehenen sozialen Gruppen, die im Gewerbe oder im Dienstleistungssektor als Dienstboten tätig waren, fehlte das Kapital für den sozialen Aufstieg. Integration fand hier bestenfalls durch Einheirat statt, was man auch in Pressburg und Ödenburg beobachten kann. Es gab aber auch in der Oberschicht zahlreiche gescheiterte Exulantenkarrieren.

Exulierende Gruppen konnten auch durch Begleitumstände schwer getroffen werden, wie die Glaubensflüchtlinge aus dem salzburgischen Defereggental zeigen. Der Versuch des Erzbischofs, diese geheimprotestantische Region 1684/85 durch Vertreibung zu disziplinieren und zu rekatholisieren, endete für viele Deferegger Familien in Armut und Isolation. Wenn auch die Lebensbedingungen im gebirgigen Hochtal prekär gewesen und teilweise durch Saisonarbeit geprägt waren, so können die evangelischen Deferegger keinesfalls als »Wirtschaftsflüchtlinge« bezeichnet werden. Der konfessionelle Charakter dieser »Migration«, die eine Ausweisung war, steht fest. Es begann mit der Wegnahme der Kinder und setzte sich in der schubweisen Aufteilung der Exulanten in eine Reihe südwestdeutscher Städte (Leutkirch, Isny, Lindau, Kempten) fort, die sich jeweils nur einen Teil an Arbeitskräften auswählten. Hier gab es keine Rücksicht auf »Konfessionsgenossen« oder familiäre Bindungen; der wirtschaftliche Bedarf steuerte Exulantenschicksale und letztlich die Zerstreuung in Kleingruppen im ganzen süddeutschen Raum. Unter solchen Bedingungen konnte sich aber nicht einmal ein Ansatz ökonomischer Wirksamkeit durch die Deferegger

---

23 Konrad Barthel, Exulanten und Zuwanderer im Evang.-Luth. Dekanat Altdorf bei Nürnberg von 1626 bis 1699 (Quellen und Forschungen zur fränkischen Familiengeschichte 7, Nürnberg 2000) 132, 200; Schnabel, Österreichische Exulanten (wie Anm. 8) 469–484; Georg Heilingsetzer, Wellen der Emigration aus Oberösterreich im 17. Jahrhundert, in: Festschrift Heide Dienst zum 65. Geburtstag, hg. von Anton Eggendorfer/Christian Lackner/Willibald Rosner (Forschungen zur Landeskunde von Niederösterreich 30, St. Pölten 2004) 59–70, hier 69.

24 Johann Oberhumer, Hans Bernrather (Bernreuther). *Oberösterreichische Heimatblätter* (1964) 77–82.

Exulanten entwickeln.[25] Eine ähnliche Perspektive hatten später die ca. 5.200 »Unangesessenen«, d. h. die besitzlosen Dienstboten unter den etwa 22.000 Ausgewiesenen der großen »Salzburger Emigration« 1732. Die Vertreibung und der Marsch ins Elend mündeten neben der damit verbundenen Entwurzelung wieder in »Selektionen«. Nur die später abziehenden Gruppen dieser großen Ausweisung zogen mit nach Ostpreußen und fanden dort teilweise ein besseres Los.[26] Nutzen und Bedarf überlagerte jetzt entscheidend konfessionelle Solidarität, dies ist nicht nur bei den Salzburgern in Ostpreußen-Litauen, sondern auch bei den habsburgischen Transmigrationen nach Siebenbürgen ablesbar. Wenn die Ansiedlung der Salzburger Exulanten 1732 für König Friedrich Wilhelm I. in Preußen zum guten Teil ein wirtschaftlicher Erfolg war, hing das mit der Masse von etwa 20.000 Migranten zusammen. Flexibilität der Exulanten, aber auch grundherrschaftliche Eingriffe stellten aber vielfach die Weichen zu Entfaltung oder Abstieg.[27] Dass solche Ansiedlungsprojekte immer mit Risiken verbunden waren, zeigt sich auch im Fall der »Salzburger« in Ebenezer in Georgia oder in den Niederlanden (Seeland, Cadzand).[28] Nur wenige Beispiele der Transmigranten-Kolonisation in Siebenbürgen können als wirtschaftlich erfolgreich eingestuft werden (Großpold, Neppendorf). Das lag aber auch an den spezifischen Vorgängen staatlicher Deportation im 18. Jahrhundert.

Die kommunale Wirksamkeit österreichischer Exulanten war also zunächst dort bedeutend, wo Ketten- und Gruppenzielwanderung nach dem Dreißigjährigen Krieg entvölkerte oder durch die Kriegsfolgen unbesiedelte Orte auffüllten. Dies konnte aber auch dort der Fall sein, wo eine bestimmte religiöse Identität innovative Le-

---

25 Ute Küppers-Braun, Zerrissene Familien und entführte Kinder. Staatlich verordnete Protestantenverfolgung im Osttiroler Defereggental (1684–1691). *JGPrÖ* 121 (2005) 91–168, hier 131–134; Alois Dissertori, Auswanderung der Defereggger Protestanten 1666–1725 (Schlern-Schriften 235, Innsbruck 1964) 116–122; Rudolf Leeb, Die große Salzburger Emigration von 1731/32 und ihre Vorgeschichte (Ausweisung der Defereggger 1684), in: Glaubensflüchtlinge. Ursachen, Formen und Auswirkungen frühneuzeitlicher Konfessionsmigration in Europa, hg. von Joachim Bahlcke (Religions- und Kulturgeschichte in Ostmittel- und Südosteuropa 4, Berlin 2008) 277–305, hier 285–292; Martin Madrutter, Die Defereggger Protestanten (Dipl. Arb., Wien 2002); Krawarik, Exul Austriacus (wie Anm. 4) 195–198. Siehe dazu auch Eberhard Fritz, Christliche Nächstenliebe oder ökonomisches Kalkül? Probleme der Aufnahme von Salzburger Exulanten im Herzogtum Württemberg. *Blätter für Württembergische Kirchengeschichte* 110 (2010) 241–263.

26 Peter Putzer, Spuren der ersten Opfer des Rechtsbruchs von 1731/32 im deutschen Südwesten. *JGPrÖ* 110/111 (1994) 99–129, hier 105–118; Leeb, Die große Salzburger Emigration (wie Anm. 25) (siehe Literatur).

27 Horst Kenkel/Elsbeth Kaste-Mather/Gerhard Florey, Salzburger in Ostpreußen, Holland und Amerika, in: Reformation. Emigration. Protestanten in Salzburg. Ausstellung 21. Mai – 26. Oktober 1981 Schloß Goldegg – Pongau, Land Salzburg (Salzburg 1981) 123–137, hier 123–128; Leeb, Die große Salzburger Emigration (wie Anm. 25) 297–300; Krawarik, Exul Austriacus (wie Anm. 4) 199–203. Immerhin 400 Salzburger Familien erlebten einen klaren sozialen Abstieg.

28 Leeb, Die große Salzburger Emigration (wie Anm. 25) 300–304 (siehe Literatur).

bensformen schuf. Dieses Phänomen erscheint bei den Täufern in Mähren besonders ausgeprägt. In der zweiten Hälfte des 16. Jahrhunderts entfalteten sich dort wirtschaftlich blühende Gemeinwesen, die trotz gegenreformatorischem Druck lange ihre Position bewahren konnten.[29]

Der Wiederaufbau landurbaner Zentren und verwüsteter Agrargebiete Frankens und Schwabens war ohne Zweifel eine große Leistung. Als nicht unwesentlich erscheint dabei, dass zum guten Teil jüngere Menschen immigrierten, deren Flexibilität in der Situation von Nutzen war. Bekannt ist etwa, dass gerade Zimmerleute ihre Chancen erkannten und ergriffen, indem sie Hausruinen billig aufkauften, renovierten und weiter verkauften. Grenz- und unterbäuerliche Schichten aus dem Mühlviertel scheinen immer wieder die Verhältnisse der Nachkriegszeit genutzt und davon auch profitiert zu haben. Die wirtschaftliche Bedeutung der ländlichen Exulanten zeigt sich – ganz ähnlich wie bei den schon genannten urbanen Eliten – spiegelbildlich unter umgekehrten Vorzeichen auch in den Herkunftsländern: In den Erblanden vollzog sich regional eine größere Entsiedlung und längere Verödung: im mittleren Mühlviertel und Teilen des Waldviertels, am Hausruck oder im Gegendtal (Kärnten) sowie in vielen Städten (unter anderem Steyr, Wels, Waidhofen an der Ybbs, Villach). Vor allem im Land ob der Enns und den östlich anschließenden niederösterreichischen Vierteln kam es zu größeren demographischen Verlusten.[30] Befragen wir dabei zunächst die Matriken der Pfarre Gresten, von wo relativ spät (ca. 1655–1670) hunderte Bewohner nach Franken oder Westungarn emigrierten. Die Stichproben bei den Taufen 1633/1634 und 1649 zeigen ein Charakteristikum: Während gewöhnlich die Zahl der Taufen um 100 lag, gab es nach 1630 eine auffallend geringe Zahl an Hochzeiten (10–20) – es war genau jene Zeit, in der sich Geheimprotestanten anderswo, häufig auch im »Ausland« verheiraten ließen. 1649 deuteten 27 Eheschließungen in der Grestener Nikolaikirche auf inzwischen eingetretene Barrieren gegen das »Auslaufen« hin. Die Stichprobe 1663 während der Migration bestätigt gerade noch etwa gleich bleibende Taufzahlen (98), die Zahl der Ehen sank hingegen um ein Drittel ab (18). Nach dem Ende der Exulantenphase schwankte 1676/1677 die Taufstatistik um 70 – also ein Einbruch um bis zu 30 %. Die Zahl der Eheschließungen hatte sich inzwischen schon wieder »normalisiert« (~30).[31] Die hier erhobenen »Heiratskreise« erstrecken sich überwiegend auf die lokale Topographie bzw. die direkte Umgebung.

---

29 Krawarik, Exul Austriacus (wie Anm. 4) 22–28. Siehe dazu auch einschlägige Arbeiten von Astrid von Schlachta. U. a. Astrid von Schlachta, Gehorsame Untertanen – unbequeme Siedler: die Hutterer von 1578 bis 1619 (Diss., Innsbruck 2002).

30 Ein fatales Beispiel ist Oberneukirchen: 1704 machten die Wehrfähigen (208) nur ein Fünftel der Einwohnerzahl von 1657 (1071) aus. Vgl. *Historisches Ortslexikon von Oberösterreich*, 2. Teil. URL: www.oeaw.ac.at [Abfragedatum: 2011) 93; Eberhard Krauss, Die Emigration nach Franken – Orte, Namen, Zahlen, in: Evangelisch! Gestern und Heute einer Kirche. Ausstellung des Landes Niederösterreich und der Evangelischen Kirche in Niederösterreich Schallaburg 2002, hg. von Gustav Reingrabner (St. Pölten 2002) 133–142, hier 140. In der Ortschaft Martinsberg im Waldviertel lagen über 50 % der Häuser öde.

31 Pfarrmatriken von Gresten aus dem Diözesanarchiv St. Pölten: Taufbuch 1a (1630–1659),

Gleichzeitig nahm in dieser Zeit nach 1670 der Zuzug einen Aufschwung. Die Zuzügler kamen aus der Lunzer Gegend sowie aus Regionen der Steiermark; ein Handwerker kam von Altdorf bei Kloster Weingarten in Baden-Württemberg. Die allmähliche »Auffüllung« der abgewanderten Bevölkerung geschah also fast ausschließlich durch Binnenwanderung und nicht durch obrigkeitliche, immigrationsfördernde Maßnahmen.[32]

Ein grundsätzlich ähnliches Bild ergeben Stichproben in Bad Leonfelden, ein Markt mit einiger Bedeutung für den Durchgangsverkehr nach Böhmen, wo in den 1660er Jahren die konfessionell begründete Abwanderung der Obrigkeit unangenehm auffiel. 80 % der Eheleute in der Bartholomäus-Kirche stammten 1666 aus dem Umland von bis zu 20 km, ein Zuwanderer (der Schulmeister!) kam aus Bayern. Auch hier war der demographische Verlust nur vorübergehend. Im Jahr 1680 wurde wieder stärker im Marktort selbst geheiratet, ein Zugezogener kam aus Böhmisch Krumau.[33] Dieses Spektrum verschiebt sich leicht, wenn bedeutende Durchgangsorte überprüft werden. Ein Beispiel dafür ist Grieskirchen am Hausruck, das von mehreren Exulantenwellen bis etwa 1665 betroffen war. Die Heiratskreise zeigen 1675 in der Statistik 20 % Bürgerheiraten und ungefähr 5 % Markt-Umlandbeziehungen, dafür aber 65 % Ehen von Pfarrangehörigen untereinander außerhalb des Marktes. Eigentliche Zuwanderer von weither kamen aus Wels, Perg, aber auch aus Ingolstadt, Rosenheim oder Bautzen.[34] Wenn das auch nur Momentaufnahmen sind, so lässt sich doch eine Tendenz erkennen: Die Überwindung demographischer Engpässe in Orten und Kleinregionen wurde offenbar durch Binnenwanderung und eine nachfolgende höhere Fertilität erzielt und nicht durch organisierte Immigration aus katholischen Regionen. Freilich waren Chancen für Zuwanderung und Integration aus entfernten Gebieten in wichtigen urbanen Zentren höher. Solche Ergebnisse werden durch weitere Stichproben in einstigen Exulantenzentren wie St. Georgen im Attergau, Peuerbach oder Eferding bestätigt. Diese Vorgänge stehen ganz im Gegensatz zu den seit etwa 1680 im Wiener Becken aufgefüllten Orten, die nicht zuletzt aufgrund der Türkenkriege ruinös und entvölkert da lagen; denn dort sind sehr wohl gleichsam frühmerkantilistische Maßnahmen für die Immigration aus Westösterreich und Süddeutschland erkennbar.

1633/34, 1649 fol. 51–57; Taufbuch 1b (1661–1693) fol. 1–12 und 60–82; Trauungsbuch 1a, 1633/34, 1649 fol. 51–57; Trauungsbuch 1b, fol. 13–15 und 131–148.

32 Adolf Layer, Siedlung und Bevölkerung, in: Handbuch der bayerischen Geschichte, Bd. III/2: Franken, Schwaben, Oberpfalz bis zum Ausgang des 18. Jahrhunderts, hg. von Max Spindler (München ^{2}1979) 1043–1058, hier 1046. Layer nimmt eine erhebliche Wiederbesiedlung oberösterreichischer Güter durch Personen aus Südschwaben an.

33 Matriken aus dem Oberösterreichischen Landesarchiv Linz: Trauungsbuch Bad Leonfelden 1 (1666–1674) fol. 137–142; Trauungsbuch 2 (1675–1716) fol. 599–601.

34 Matriken aus dem Oberösterreichischen Landesarchiv Linz: Trauungsbuch Grieskirchen 4 (1675–1700, nicht foliert) mit 40 Hochzeiten.

Ein statistischer Vergleich der Population in den Städten Steyr, Wels oder Villach zeigt, dass erst 1750 60–80% der Zahl von 1600 erreicht wurden.[35] Ein regionaler Schrumpfungsprozess bei Bevölkerung, Produktion und Handel gehört zu den wichtigsten Kennzeichen der »Krise des 17. Jahrhunderts«. Natürlich ist dies nicht allein auf die Migration der Exulanten zurückführbar; Kriegseinwirkungen, Epidemien, Klimawandel und eine sozialdisziplinierende Politik griffen ineinander. Der eigentliche Anstoß für diese negative Entwicklung kam allerdings in vielen Fällen in der Tat aus dem Bereich einer harten Gegenreformation. Dazu soll als Beispiel die Stadt Gmunden beleuchtet werden, die als Zentrum der landesfürstlichen Salzwirtschaft galt (Sitz des Salzamtes). Durch die einschlägigen Maßnahmen von 1625–1627 wurden allein 65 bürgerliche Hausbesitzer vertrieben, während 30 Bürger noch blieben. Extremer Gewissenszwang und stadtfeindliche Agitation des Salzamtmannes Prugglacher ließen die Bürgerzahl bis 1640 auf 24 sinken, wobei die Verarmung rasch um sich griff. Von den insgesamt 211 Stadt- und Vorstadthäusern, wo Bürger und Kammergutsarbeiter lebten, wurden nur noch 86 bewohnt. Zahlreiche Häuser waren im Bauernkrieg niedergebrannt, andere wurden verlassen, sodass nur noch Ruinen übrig blieben. Noch 1664 waren erst 125 Häuser wieder bewohnt, wobei es bloß 25 Bürger- und 30 Handwerkerhäuser gab. Dass überhaupt eine merkbare Wiederbesiedlung einsetzte, war dem Stadtrat zu verdanken; er verkaufte wegen der Notlage die Häuser meist um ein Viertel des einstigen Wertes. Verarmte Gewerbetreibende und deren erlahmender Gewerbefleiß konnten nur mehr teilweise die Schlüsselfunktion Gmundens in der Versorgung des Salzkammergutes ausfüllen. Salzhandel und Salzwirtschaft waren in eine arge Depression geschlittert. In der Stadt Gmunden ging es erst um 1700 wieder aufwärts.[36]

Solche Ereignisse führten namentlich in Oberösterreich zu längerem Stillstand in der gewerblichen Innovation. Vielleicht war das geringe Selbstbewusstsein des späteren Bürgertums ein Erbe der Exulantenzeit. Außerdem fand eine wirtschaftlich-gesellschaftliche, in gewisser Hinsicht auch religiöse Umorientierung der Erblande statt, infolge derer der romanische Süden bevorzugt wurde und die Bindungen zum »Reich« vielfach gekappt wurden.[37] Der Verlust des Rückhalts durch den Adel brachte die Geheimprotestanten in eine prekäre Lage. Gerade diese kryptoprotestantische Existenz rettete vielen Evangelischen ihre berufliche Existenz. Ein größerer Exodus hätte ohne Zweifel auch größeren volkswirtschaftlichen Schaden angerichtet.

---

35 Kurt Klein, Die Bevölkerung Österreichs vom Beginn des 16. bis zur Mitte des 18. Jahrhunderts (mit einem Abriß der Bevölkerungsentwicklung von 1754 bis 1869), in: Beiträge zur Bevölkerungs- und Sozialgeschichte Österreichs. Nebst einem Überblick über die Entwicklung der Bevölkerungs- und Sozialstatistik, hg. von Heimold Helczmanovszki (Wien 1973) 47–112, hier 71 f. und 106. Bei Steyr waren der Tiefpunkt (–35%) um 1680 und der Schaden für das Eisenwesen signifikant.

36 Franz Hufnagl, Die Maut zu Gmunden. Entwicklungsgeschichte des Salzkammergutes (Wien–Köln–Weimar 2008) 420–422.

37 Heilingsetzer, Wellen der Emigration (wie Anm. 4) 69 f.; Krawarik, Exul Austriacus (wie Anm. 23) 266.

In der zweiten Hälfte des 17. Jahrhunderts veränderten sich im Reich allmählich die Interessen vor allem der urbanen Kommunen. Ihr Schicksal hatte allerdings auch mit unzumutbaren Rahmenbedingungen und dem sozialen Hintergrund ihrer Heimat zu tun. Religiöse Identität in der Fremde hatte angesichts merkantilistischer Interessen kaum mehr Nutzen für konfessionell motivierte solidarische Politik. Deshalb fanden die vertriebenen Deferegger oder Halleiner nach 1680 andere Verhältnisse in den Gastländern vor und »verschwanden« im individuellen Arbeitskräftebedarf süddeutscher Kleinstädte. Im Zeitalter des Absolutismus und Merkantilismus ergriff der ökonomische Nutzen die Fürsten selbst. Welch verschiedenartige Folgen konfessionelle Migration und Deportation haben konnten, wird an der großen Emigration aus Salzburg und den etwa gleichzeitig beginnenden Transmigrationen in den Erblanden deutlich. Konfessionelle Identität und Standhaftigkeit besaßen beide Gruppen: Die Salzburger migrierten ins »gelobte Land« nach Ostpreußen und schufen bald prosperierende Gemeinwesen, die Österreicher wurden zwangsweise und selektiv gruppenweise nach Siebenbürgen »verpflanzt« und fanden sich dort mit wenigen Ausnahmen nicht zurecht.[38] Dieser Kontrapunkt vermittelt eindrücklich, dass eben nicht nur konfessionelle Überzeugung, sondern auch das soziale Umfeld für den wirtschaftlichen Erfolg notwendig war. Im Erzbistum Salzburg hatte der Abzug der Protestanten mit 15 % der Bevölkerung eine deutlich größere Dimension. Manche Teilregionen im Pinzgau und Pongau blieben verödet, die Nachbesiedlung verlief schleppend. Dazu nur drei Beispiele: Bei Pfarrwerfen oder St. Johann im Pongau wird nach der Emigration die Häuserzahl von 1730 lange nicht erreicht. In Orten des Flachgaus dagegen (wo es wenig Exulanten gab) liegt die Häuserzunahme bis 1770 bei ca. 20 %. Im Gasteinertal ist zu diesem Zeitpunkt noch immer ein Bevölkerungsverlust von über 10 % erkennbar.[39] Von diesem wirtschaftlichen und sozialen Aderlass erholte sich das Land einige Jahrzehnte nicht.

Fazit: Es lassen sich bei den Exulanten und Emigrationsströmen nur wenige Gemeinsamkeiten herausfiltern. So stellten diese Protestanten ihr Bekenntnis in der Regel über wirtschaftliche und persönliche Vorteile. Soziale Herkunft und Integration in der neuen Heimat prägten weitgehend den weiteren Lebensweg. Das Risiko von Armut und Not beim Gang in die Fremde war latent vorhanden. Umso höher sind individuelle und kommunale Leistungen bei Existenzwahl und Wiederaufbau zu bewerten. Bei den Exulanten des 17. Jahrhunderts dürfte die gewerbliche Jugend in der Migration Vorteile gehabt haben, wie die Trauungen und das Heiratsverhalten in Exulantenstädten nahe legen. Nur ein kleinerer Teil der Migranten aus bäuerlichem und unterbäuerlichem Milieu konnte seine Lebensumstände verbessern. Dem vielfach angesprochenen Erfolg in der neuen Heimat – sicher auch beeinflusst durch

38 Siehe dazu die eingehende Monographie von Erich Buchinger, Die Landler in Siebenbürgen. Vorgeschichte, Durchführung und Ergebnis einer Zwangsumsiedlung im 18. Jahrhundert (München 1980).

39 Historisches Ortslexikon von Salzburg URL: http://www.oeaw.ac.at/vid/download/historts lexikon/Ortslexikon_Salzburg.pdf (Abfragedatum: 2013) 6, 73, 76.

konfessionelle Identität und Solidarität – standen die negativen Folgen für die alten Heimatregionen gegenüber. Man sollte dabei beachten, dass gerade im ländlichen Raum die demographische Wirkung selten länger sichtbar blieb. Zum einen ging herrschaftlich intendierte Wiederbesiedlung ähnlich »schleichend« von sich, wie die Migration der Exulanten und vollzog sich als Binnenwanderung, die in Kombination mit höherer Fertilität für die Überwindung des Bevölkerungsverlustes sorgte. Zum anderen fanden die rekatholisierten Landleute, aber auch die in der Heimat sesshaft gebliebenen Geheimprotestanten, bessere Entfaltungsmöglichkeiten vor, weil der Bevölkerungsdruck nachließ. Dass Land und Stadt dennoch lange wirtschaftlich stagnierten, lag unter anderem auch an den Wirkungen des katholisch-absolutistischen Gesellschaftssystems im österreichischen Raum: an der sich entfaltenden Bürokratie, an blockierenden Zünften, an der Steuerpolitik und an sozialdisziplinierenden Maßnahmen.

Evangelische als Industriegründer im Oberen Traisental

Von Walter Pusch

Wirtschafts-, Sozial- und Technikgeschichte sind eng miteinander verbunden. Jede dieser Disziplinen führt erst durch ihre Verbindungen miteinander in das Alltagsleben der Menschen hinein – dann wird diese Geschichte eine spannende Geschichte. Allerdings ist sie nicht leicht zu beschreiben, da sich der Historiker auch auf wirtschaftliche und technische Denkweisen einlassen muss. Da die meisten Firmengeschichten, nach Aussage von Dr. Cornelius Grupp, einem der erfolgreichsten Unternehmer im Traisental, »meist stinklangweilig« sind, weil nur die Besitzerfamilien gerühmt werden, wird in diesem Beitrag versucht, im beschriebenen Sinn die Fakten und Entwicklungen aufzuzeichnen.

I. Abgrenzung und Grundlagen

Über die »Industriegründer« hinausgehend sollen hier auch jene Persönlichkeiten behandelt werden, die mit erfolgreichen Umstrukturierungen den Fortbestand der jeweiligen Unternehmen über Jahrzehnte oder Generationen hinaus ermöglicht haben.

Das Obere Traisental, flussaufwärts ab Traisen, umfasst mit seinen Quellflüssen, Traisen aus dem Bereich Türnitz und Unrechttraisen aus dem Bereich St. Aegyd am Neuwald, den größeren Teil des Verwaltungsbezirkes Lilienfeld. Es ist eine von Süden nach Norden verlaufende Tallandschaft in den niederösterreichischen Kalkvoralpen. Durch die vielen Niederschläge ist die Wasserführung der Traisen ziemlich gleichmäßig. Die reiche natürliche Bewaldung war bis ins 19. Jahrhundert ein Mischwald aus Laub- und Nadelbäumen und damit für metallurgische Nutzung gut geeignet. Die Wasserkräfte der Traisen, gemeinsam mit dem Holzaufkommen der Wälder, führten schon in der Frühen Neuzeit zu einer Nutzung für die Eisenverarbeitung. Rohstahl und Roheisen wurden vor allem aus den jenseits der steirischen Landesgrenze liegenden Produktionsstätten (z. B. Gußwerk, Niederalpl) geliefert. Kurze Transportwege für das Rohmaterial von dort waren gegeben. Bis zum Beginn des 19. Jahrhunderts gab es keine Straßen im heutigen Sinne, sondern bestenfalls Karrenwege. Als natürliche Ressourcen für die Industrialisierung im oberen Traisental sind daher Wald- und Wasserkraft sowie die relativ günstigen Transportwege für das Rohmaterial anzusehen. Ferner begünstigten die Grundherrschaften Stift Lilienfeld und Graf Hoyos (Hohenberg, als Nachfolger der vertriebenen Jörger) Gewerbe außerhalb der wirtschaftshemmenden, starren Zunftregelungen, die etwa noch im 19. Jahrhundert der niederösterreichischen Eisenwurzen zum Verhängnis wurden.[1]

1 Karl Bachinger, Der Niedergang der Kleineisenindustrie in der niederösterreichischen

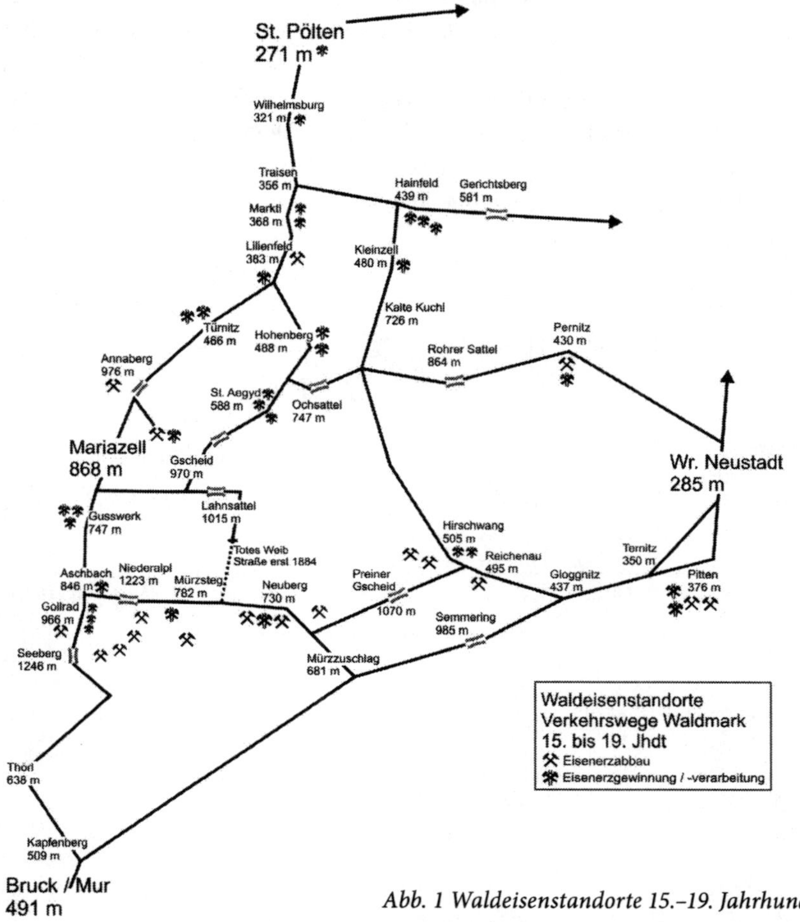

Abb. 1 Waldeisenstandorte 15.–19. Jahrhundert

Die Anzahl der benötigten handwerklichen und industriellen Arbeitskräfte konnte im oberen Traisental nur bedingt gestellt werden, obwohl ihr Bedarf, nach unseren heutigen Maßstäben, gar nicht so hoch war. Immerhin war eine traditionelle Facharbeiterschaft aus den Schmieden und den Wagnereibetrieben vorhanden, die längs der Straßen die notwendige Infrastruktur für den Fuhrwerksbetrieb bildeten. Für die Holzarbeit wurden bekanntlich die fachlich hoch qualifizierten, geheimprotestantischen Holzknechte aus der Dachsteinregion angeworben.[2]

Das Traisental gehört, wirtschaftlich gesehen, zur Waldeisenregion,[3] deren relativ kleine Vorkommen an Eisenerzen die Basis für Eisengewinnung und -verarbeitung

---

Eisenwurzen (1850–1914). Fallstudie einer industriellen Regression (Dissertationen der Universität Wien 86, 1972).

2 Otto Mörtl, Evangelische Holzknechte vom Ötscher bis zur Rax (Bad Vöslau 1992) passim.

3 Walter Pusch/Ludwig Heistinger/Ferdinand Kickinger, Es begann mit dem Gstettenhammer. Von der Zeugschmiede zur Spitzentechnologie am Industriestandort Marktl/Lilienfeld (Wien 2008) 16–19.

seit dem Mittelalter waren. Die Region war unabhängig von den Monopolisten Innerberg (Eisenerz) und Vordernberg (Leoben). In Zeiten hoher Konjunktur hatten die Landesherren besonderes Interesse an diesen Nischenproduzenten. Gründer und Betreiber von Proto-Industrien mit besonderer Bedeutung für das Traisental waren vom 16. bis gegen Ende des 18. Jahrhunderts der steirische Hammerherr Pögl (Kanonenrohrproduktion in Thörl bei Aflenz),[4] das Stift St. Lambrecht (Mariazell-Gusswerk),[5] das Stift Lilienfeld (Eisenwerk in Annaberg-Schmelz) und das Ärar (Bergbau und metallurgische Betriebe um Annaberg-Schmelz).[6] Mit der fast hundert Jahre verspäteten Abkehr vom Monetarismus hin zum Merkantilismus in der Zeit Maria Theresias und Josephs II., versuchte auch das Haus Habsburg die Wirtschaft zu beleben. Auch Protestanten wurden in diesem Zusammenhang, schon vor Erlass des Toleranzpatentes, in den habsburgischen Erblanden stillschweigend geduldet.

Übersicht

Im oberen Traisental sind bis heute folgende Industriebetriebe tätig – wobei die heutigen Firmennamen nicht mehr die ursprünglichen sind:[7]

Name, Standort	Gründung	Gründer	Sparte zur Gründungszeit	Sparte 2013
VA Gießerei Traisen Georg Fischer Fittings	1836	Georg Fischer	Weicheisenguss Stahl- u. Temperguss	Stahlguss Tempergussfittings
Neuman Aluminium Lilienfeld Marktl	1780	Nikolaus Oesterlein	Bestandteile für Militär, Gewehre	Aluminium Butzen, Strangpressprofile, Fließpressteile
PREFA Lilienfeld-Marktl	1880	Fried. v. Neuman	Eisenwerke	Aluminium, Dach-, Wandsysteme
Isoplus Fernwärmetechnik, Furthof	1820	Daniel Fischer	Eisenwerke	Fernwärme, Isolier systeme
Hohenberg	1887	K. Wittgenstein	Feilenfabrik	
Roth-Technik St. Aegyd	1794	Jakob Fischer	Säbelklingen	KFZ u. Rohrtechnik
Seilwerk Teufelberger St. Aegyd	1809	Jakob Fischer	Stahldrähte	Drahtseile

4 Gertraud Wagenhofer, Das Eisengußwerk bei Mariazell von seiner Gründung bis zur Übernahme durch das Aerar (1742–1800) (Dissertation Graz 1991) 84.

5 Matthias Pichler, Geschichte der Gemeinde Gußwerk. Mit 51 Abbildungen (1 Skizze) (Horn ²1976) 21–42.

6 Walter Pusch/Heidemarie Lampl, Versuche zur Nutzung der Erzvorkommen im Bereich Lilienfeld. *Res Montanarum* o. B. (im Druck).

7 In diesen Industriebetrieben sind heute über 2.000 Personen beschäftigt. Das Haupteinzugsgebiet für diese Betriebe sind die politischen Gemeinden Traisen, Lilienfeld, Hohenberg, St. Aegyd und Türnitz und St. Veit a. d. Gölsen. Diese Ortsgemeinden haben zusammen etwa 18.000 Einwohner. Die Industriebetriebe sind alle bis heute in der Metallverarbeitung tätig und prägen als Arbeitgeber die Region.

Nicht von Bestand war das Buntmetallwalzwerk von Arthur Krupp in Traisen (1883–1931), eine Außenstelle der Berndorfer Metallwarenfabrik. Nicht überlebt haben auch die Fruhwirtsche Gewehrfabrik bzw. ihr Nachfolgebetrieb, die Zeugschmiede in Freiland (1807–1900), deren Gründer aus der Büchsenmacherinnung kam. Weiters nicht überlebt haben auch die drei Sensenhämmer in Türnitz, die von 1825 bis 1950 in Betrieb waren. Der Schlüssel zum Überleben war die Anpassung der Produkte und der Produktionstechnik an die veränderten, von außen aufgezwungenen Rahmenbedingungen.[8] Bis auf die Betriebe in Freiland und Türnitz handelte es sich in allen Fällen um Gründungen von Protestanten.

II Die evangelischen Industriegründer, ihre Herkunft und ihre Leistungen

Zu den Industriegründungen im Oberen Traisental kam es, wie schon erwähnt, erst im Zuge der Maria-Theresianischen und Josephinischen Reformen, als auch protestantische Handwerksmeister wie Georg Jaquemar[9] zuwandern durften – Jaquemar selbst ist beispielsweise nach dem Toleranzpatent als Gründungsmitglied der Evangelischen Gemeinde H. B. Wien als Spender eingetragen. Zu den geduldeten protestantischen Schlüsselkräften zählte auch J. H. G. v. Justi, der als Merkantilist, Rhetoriker und Experte als Professor an der Maria-Theresianischen Akademie tätig war. Sein Halbbruder Delius konvertierte allerdings, um ein Stipendium und später (1770) eine Professur an der Bergakademie Schemnitz/Banská Štiavnica zu erhalten.[10] Die erste Gründungswelle im Oberen Traisental ist mit den Namen Jakob Fischer (aus Suhl in Thüringen), Georg Fischer (aus Schaffhausen), Nikolaus Oesterlein (aus Asch in Böhmen) und Johann Waenzel (Frankenau in Kurhessen) verbunden. Es handelte sich um hochbegabte Handwerker, die im Industriebereich, ohne Beschränkung durch das Zunftwesen, tätig wurden. Sie hatten sich durch Intuition und Beobachtung hervorragende Fachkenntnisse erworben und konnten ihr technisches Können auch in entsprechende Produktionsverfahren umsetzen. Demgegenüber kann man die sich später ansiedelnden Industriellen, wie Karl Wittgenstein (ab 1887), Alfred Lenz (ab 1894) und auch Alfred Krupp, als reine Unternehmer charakterisieren: Karl Wittgenstein hatte das besondere Talent, bestehende Betriebe zu analysieren und zu reformieren. Alfred Lenz verdiente sein Geld mit Rüstungsgütern. Alfred Krupp

---

8 Walter Pusch, Bewahren und Verändern. Überlebensstrategien des Gstettenhammers in Marktl bei Lilienfeld (Niederösterreich) durch drei Jahrhunderte. *Res Montanarum* 50 (2012) 121–139.

9 Peter Karner, Die Gründung der Evangelischen Gemeinde H.C. zu Wien, in: Die evangelische Gemeinde H. B. in Wien. Jubiläumsfestschrift, hg. von Dems. (Wien 1986) 46–65, hier 51; H. Jaquemar war 1779 als Handschuherzeuger eingewandert. Vgl. Hans Georg Jaquemar, Erinnerungen (Manuskript o. O. 1950/52).

10 Friedrich P. Springer, Delius gegen Justi – ein Bruderzwist. *Res Montanarum* 44 (2008) 20–29, hier 20 f.

nutzte in Traisen vorübergehend die dortige höhere Wasserkraft für eine Außenstelle seines Buntmetallwerkes in Berndorf. Schließlich ist noch Friedrich von Neuman zu nennen, der zwischen diesen beiden Exponentengruppen (Produktionstechniker und Unternehmer) stand und ab 1862 als »Verleger«/Eisenhändler tätig war.[11]

II.1 Nikolaus Oesterlein 1747–1809 (k.k. privilegierte Gewehrfabrik in Lilienfeld)

Nikolaus Oesterlein stammte aus einer lutherischen Schlosserfamilie in der reichsrechtlich abgesicherten und traditionsreichen protestantischen Enklave Asch bei Eger.[12] Der Beruf des Schlossers und Schmiedes bedeutete damals viel mehr als heute, er beinhaltete nämlich auch umfassende Kenntnisse in der Verarbeitung von Stahl. Nikolaus Oesterlein selbst scheint zwar in den Kirchenbüchern des Stiftes Lilienfeld als katholisch auf, seine Brüder Josef und Christof sowie verschiedene Nachkommen finden sich aber in den Matriken der Wiener Evangelischen Gemeinde A. C. Da er bereits vor dem Toleranzpatent, nämlich 1775, in Lilienfeld als Unternehmer tätig war und von Anfang an Holz aus den Stiftswäldern benötigte, könnte man ihn zunächst als eine Art »geschäftskatholischen« Geheimprotestanten bezeichnen.

Nikolaus Oesterlein war gemeinsam mit seinen Brüdern zuerst nach Wien gewandert, um dort eine Schlosserwerkstätte zu betreiben. Diese entwickelte sich zu einem Armeelieferanten: Es wurden Säbel, Säbelscheiden, Lanzen u. a. produziert.[13] Wegen der dort verfügbaren Wasserkraft zog er ins Traisental und betrieb ab 1775 den »Gstettenhammer« in Lilienfeld-Marktl – zunächst wohl nur als Pächter, da er ihn erst 1792 erwarb. Außerdem kaufte er 1788 ärarische Rohrhämmer in Hainfeld, die er allerdings 1801 wieder abgab, um seine Produktion in Marktl zu konzentrieren.[14] Nachdem er die Büchsenmacher-Gesellenprüfung abgelegt hatte, erhielt er 1786 einen ersten Auftrag für die Umarbeitung von 500 Deutschmeistergewehren, wobei er außerhalb der Büchsenmacher-Zunft tätig war, wie dies ja im Bestreben der josefinischen Reformen lag. Mit Innovationen bei Gewehren musste er sich rasch einen guten Namen geschaffen haben, da 1787 ein Umarbeitungsauftrag für 12.000 Stück folgte. Aufträge für das Infanteriegewehr M 1784 machten eine Vergrößerung seiner Werkstätten nötig. Die Säbelherstellung wurde in der Folge, in Abstimmung mit Jakob Fischer, eingestellt. Oesterleins besonderen Fähigkeiten bestanden darin, dass er entgegen dem Büchsenmacherhandwerk, das einzelne Gewehre ohne konsequente Arbeitsteilung fertigte, immer mehr auf austauschbare Einzelteile umstellte. Außerdem besaß er ein außerordentlich entwickeltes metallurgisches Verständnis

---

11 Hans Vogler, Die Eisenverarbeitung an der oberen Traisen und Gölsen (1790–1870) (Dissertation Wien 1970) 125.

12 Friedrich Mauer, 50 Jahre Evangelisches Waldkirchlein St. Aegyd a. N. Festschrift (St. Aegyd 1953) 12 f.

13 Vogler, Die Eisenverarbeitung an der oberen Traisen (wie Anm. 11) 158.

14 Fritz von Neuman, Die Entstehung der Industrie im Bezirk Lilienfeld, in: Heimatkunde des Bezirkes Lilienfeld, hg. von Franz Klinger/Norbert Mussbacher/Walter Sachs, Bd. 1 (Wien ^{2}1971) 146–232, hier 181; Siehe auch Springer, Delius gegen Justi (wie Anm. 10) 27.

sowie auch organisatorische Fähigkeiten.[15] Er stieg zum größten privaten Militärgewehrhersteller der Monarchie auf (zwischen 1805 und 1808 hatte Oesterlein einen ca. 30 %igen Anteil an den österreichischen Armeeeinkäufen) und war in die Einführung des Militärgewehres M 1797/98 eingebunden.[16] Oesterlein lieferte pro Jahr 25.000 bis 30.000 Stück an Gewehren.[17]

Um den Bedarf an Holzkohle für den Schmiedebetrieb zu sichern, schloss Oesterlein 1796 mit dem Stift Lilienfeld einen Abstockungsvertrag zur Nutzung einer Fläche von 1.200 ha.[18] Für die notwendigen Holzarbeiter und Köhler, die aus der Gruppe der Rax-Ötscher-Holzknechte stammten, wurde im Engelthal eine Siedlung für 15 Familien angelegt, einschließlich einer Kapelle für die evangelischen Holzknechte und einer »Winkelschule« für kursweisen Unterricht durch Wanderlehrer.[19] Für die Kapelle überlegte Oesterlein auch die Anschaffung eines Abendmahl-Bildes.[20] Zur Sicherung der Schleifsteinversorgung erwarb Oesterlein 1799 die Nutzungsrechte am Schleifsteinabbau in Waidhofen an der Ybbs.[21] Mit der Produktion waren 400 bis 500 Leute beschäftigt, davon bis zu 350 in Marktl. Übrigens wurden 1809 von den

---

15 Tagebuch einer Reise durch Steyermark mit besonderer Hinsicht auf Industrie, Fabriken und Manufakturen. *Vaterländische Blätter für den österreichischen Kaiserstaat* (3. Jahrgang Nr. IV. vom 18. Mai 1810) 33–41, hier 38; vgl. auch VOGLER, Die Eisenverarbeitung an der oberen Traisen (wie Anm. 11) 97–112.

16 Dessen Einführung war nötig geworden, weil sich herausgestellt hatte, dass die Franzosen bereits mit treffsichereren Waffen ausgestattet waren.

17 VOGLER, Die Eisenverarbeitung an der oberen Traisen (wie Anm. 11) 97–112. Um die Fähigkeiten der Unternehmerpersönlichkeit Nikolaus Oesterlein zu erfassen, ist es nötig, auf sein Produkt und die nötige Technologie einzugehen. Ein Militärgewehr M 1787/98 wog mit Bajonett ca. 4,5 kg, das Kaliber war 17,6 mm und die Gesamtlänge betrug 1.502 mm. Zum Laden musste das Gewehr auf den Boden gestellt werden, die in Papier gewickelte Pulverladung wurde von oben in den Lauf gesteckt und mit dem Ladestock hinunter geschoben. Anschließend wurde die Bleikugel mit etwa 35 g zur Dichtung nachgestoßen. Klein gewachsene Männer, wie Franz Schubert, konnten ein solches Gewehr nicht bedienen, was in den Meldeunterlagen vermerkt war. Vgl. dazu Peter HÄRTLING, Schubert. Zwölf Moments musicaux und ein Roman (München 1996) 115. Ein solches Gewehr bestand hauptsächlich aus Stahlteilen, die freiformgeschmiedet, gefeilt und geschliffen waren, der Lauf war »feuergeschweißt« und nachgebohrt. Die »Rohrhämmer« waren eigentlich Gewehrlaufschmieden. Ein solcher Lauf, zusammen mit seiner »Schwanzschraube« wog 1,9 kg und verschlang 27 % der Herstellkosten für ein Gewehr, vor allem, weil das absatzweise Verschweißen des Rohlaufes, der aus einer in der Längsrichtung gebogenen Schiene bestand, oft 50 % Ausschuss ergab. Ein ganz anderer Bauteil, der 14,2 % der Kosten verschlang, war das Feuersteinschloss. Dieses wog 436 g und bestand aus 22 Einzelteilen, das kleinste davon hatte weniger als 1 g! Für diese Kleinteile wurden gezielt weichere und härtere Stahlrohteile eingesetzt bzw. deren Härte bei der Bearbeitung beeinflusst.

18 Stiftsarchiv Lilienfeld, Waldamt.

19 Johann SCHWEIGER, Das vergessene Dorf. Kleine Heimatkunde Innerwiesenbach (St. Veit an der Gölsen [3]2005) Textabschnitt über die evang. Siedlung Engelthal.

20 MAUER, 50 Jahre Evangelisches Waldkirchlein (wie Anm. 12) 12.

21 Horst WEINEK, Dokumentation der untertägigen Schleifsteingewinnung im Raume Waidhofen an der Ybbs (Eisenerz 2003) 15.

siegreichen Franzosen Gewehre und Gewehrbestandteile im Wert von 72.000 bis 84.000 fl. beschlagnahmt, entsprechend waren das 3.600 bis 4.000 Stück oder 1,5 bis 2 Monatsproduktionen.[22]

1809 starb Nikolaus Oesterlein und hinterließ seine Witwe Helena und neun unmündige Kinder. Der älteste Sohn, Carl, war zehn Jahre alt. Nikolaus' Bruder Josef übernahm bis zur Großjährigkeit von Carl die Führung der Betriebe. Durch den Rückgang der Aufträge und die Erbschaftsabwicklung überlebten diese nur mit Mühe. 1823 wurde die Gewehrproduktion in Marktl gänzlich eingestellt und eine Wagenachsenproduktion aufgenommen.[23] Um Kapital für die nötigen Umstellungen (Ausbau des nördlich gelegenen Werksteils »am Hegnach« zu einem Eisenwerk) zu bekommen, wurde der »Gstettenhammer« 1826 an Johann Waenzel verpachtet und 1828 an ihn verkauft. Carl Oesterlein erwarb das Recht, den Zerrennhammer nun nicht mehr für die Gewehrproduktion, sondern für andere Produkte verwenden zu dürfen. Es folgten tiefgreifende Veränderungen: die berühmteste davon war die Nutzung einer weiteren Gefällstufe der Traisen für ein ab 1832 betriebenes Schwarzblechwalzwerk. Dieses zählte um 1870 mit seiner Produktion von bis zu 2.000 t pro Jahr zu den Größeren seiner Art.[24]

So war Carl Oesterlein als weitsichtiger Techniker und Unternehmer erfolgreich seinem Vater gefolgt. Allerdings verstarb er 1841. Die Walzenständer seines Blechwalzwerkes waren bis 1980 für das spätere Aluminium-Blechwalzwerk in Betrieb. Seine Witwe Anna schaffte es, zehn Kinder aufzuziehen (das älteste war 1841 erst 13 Jahre alt) und das gut gehende Unternehmen zu führen. Es kam zur Expansion nach Pitten, d. h. es erfolgte die Einbeziehung von Erzbergbau und Hochöfen. Somit hatte die Firma Oesterlein nun drei Standorte: Marktl, Pitten und Wien. Schwerpunkte waren aber mit etwa 60 % Marktl und der Bergbau in Schrambach. Die Überschätzung der Ertragskraft des Unternehmens durch die Generation der Kinder Anna Oesterleins sowie Konjunkturschwankungen führten zur Krise und 1877 zum Konkurs. 1880 kam es zur Exekution.[25]

22 Vogler, Die Eisenverarbeitung an der oberen Traisen (wie Anm. 11) 111.

23 Neuman, Die Entstehung der Industrie im Bezirk Lilienfeld (wie Anm. 14) 159.

24 Pusch/Heistinger/Kickinger, Es begann mit dem Gstettenhammer (wie Anm. 3) 63. Die Vormaterialversorgung (Platinen oder Flammeln) erfolgte aus dem Werksteil Hegnach; dort waren Puddelwerk, Patschhammer, Schweißwerk und Grobwalzwerk vorhanden. Für den Betrieb war bereits die Verwendung mineralischer Kohle vorgeschrieben, weshalb Carl Oesterlein mit der Erschließung des Schrambacher (ein Teil von Lilienfeld) Kohlenbergbaus begann.

25 Neuman, Die Entstehung der Industrie im Bezirk Lilienfeld (wie Anm. 14) 154. Als langjähriger Abnehmer der Produkte und Vorfinanzierer der Produktion übernahm die Fried. v. Neuman OHG, Eisengroßhändler in Wien, Werk und Besitz in Lilienfeld/Marktl und in Lilienfeld/Schrambach.

II.2 Jakob Fischer 1743–1809 (Säbelklingen und Feilen St. Aegyd)[26]

Jakob Fischers Vater Martin war nach einer wechselhaften Familiengeschichte als Büchsenmacher in Suhl/Thüringen tätig. Jakob, evangelisch A.C., erlernte an diesem traditionellen Büchsenmacherstandort (Suhler Jagdwaffen gibt es noch heute) das Büchsenmacherhandwerk. Er verließ Suhl, wanderte wohl 1765 nach Österreich aus und trat als Büchsenmacher in die Armee ein. Wegen seiner Fachkenntnisse avancierte er zum Oberschlossermeister (Werkstättenleiter der Militär-Monturs-Kommission in Krems). Da er die Bewilligung bekam, in den ärarischen Werkstätten auch auf eigene Rechnung zu arbeiten, konnte er mit seinem Nebenverdienst (Herstellung von Säbelklingen mit besonderer Elastizität und haltbarer Schärfe) das Grundkapital ansammeln, das er brauchte, um sich selbständig zu machen. Er kaufte Häuser in Rehberg, Krems und Stein sowie eine Hammerschmiede in Rehberg. Dort richtete er 1775 bis 1780 seine Werkstätte für Säbelklingen, Feilen und Werkzeuge ein. 1783 erwarb er zur Vergrößerung den Teschenhammer in Hainfeld, um Armeeausrüstungsgüter zu produzieren. Er hatte eine jährliche Lieferverpflichtung für 700 Kavallerie- und 100 Husarenklingen auf 10 Jahre übernommen. Die steigenden Aufträge veranlassten ihn 1794, nach St. Aegyd zu übersiedeln. Dort war er auch näher an seinen Vormateriallieferanten, am Gusswerk bei Mariazell (damals vom Religionsfond verwaltet) und bei Neuberg/Mürz. 1801 expandierte er nach Furthof/Hohenberg, 1803 erwarb er das Eisenbergwerk und die Hochöfen am Niederalpl. Neben Säbelklingen produzierte er auch Feilen der Marke Anker. 1800 betrug die ärarische Auftragssumme 80.180 Gulden. 1808 wurden Grenadier-, Kavallerie- und Pontoniersäbel (das sind Säbel mit Sägerücken für Pioniere) produziert. 1809 lag die Monatskapazität bei 2.000 Husaren- und 2.000 Grenadiersäbeln. 1809 beschlagnahmten die Franzosen bei Fischer Waffen im Wert von 22.370 fl. Die Vaterländischen Blätter (Beobachtung am 18. Juli 1808) beschreiben Jakob Fischer wie folgt:

> »Ihr Eigenthümer hat sich bloß durch Industrie vom Oekonomieschlosser zum Besitzer so ansehnlicher Werke emporgeschwungen. Er ist ein schlichter, thätiger Mann, der überall, wie ein gemeiner Arbeiter zugreift und ebenso gekleidet ist.«[27]

Jakobs einziger Sohn, Daniel (1773–1833), arbeitete im Sinne seines Vaters weiter und nutzte seine Sachkenntnisse und technologische Begabung innovativ: Blechwalzwerk 1819, Tiegel-Guss-Stahlhütte (gemeinsam mit Martin Miller) 1825, Frischöfen, Puddelstahlwerk 1839, Drahtwalzwerk 1840, Drahtstifte und Drahtseilwerk 1845. Um 1840 wurden bereits etwa 800 Personen, davon 200 Holzknechte, beschäftigt. Die Fertigstellung der Semmeringbahn 1854 führte vorübergehend zu einer Umorientierung der verkehrsgebundenen Wirtschaft. Mürzzuschlag war die nächste Bahnstation, auch für den Bereich Niederalpl und Mariazell. Erst 1878 wurde Schrambach,

26 Vogler, Die Eisenverarbeitung an der oberen Traisen (wie Anm. 11) 125.

27 Bemerkungen auf einer Reise durch einige Gegenden von Oesterreich unter und ob der Enns. *Vaterländische Blätter für den österreichischen Kaiserstaat* 3. Jg., Nr. XVIII (6. Juli 1810) 177–182, hier 180.

1893 Kernhof, die Bahnverbindung für das obere Traisental. Daniels Sohn und Nachfolger (für St. Aegyd-Hohenberg) Anton wurde 1868 als »Fischer Ritter von Ankern« geadelt.[28] 1869 wurde das Unternehmen in eine Aktiengesellschaft umgewandelt (die St. Egydy-Kindberger Eisen- und Stahlbetriebs Gesellschaft). Anton Fischer wurde erster Präsident des Verwaltungsrates, schied aber nach dem Börsenkrach 1873 aus. Anton Fischer v. Ankern erwarb einen bedeutenden Gutsbesitz in Kirchberg am Walde und stiftete je ein Pensionshaus in St. Aegyd und Hohenberg. 1881 wurde das Unternehmen in die neue Österreichisch-Alpine-Montangesellschaft als selbständiges Unternehmen einbezogen. Für diesen Unternehmensteil erwarb Karl Wittgenstein 1887 die Aktienmehrheit.

II.3 Johann Waenzel 1768–1860 (Waenzel-Gewehr: Hinterlader aus Marktl)

Johann Waenzel stammte aus Frankenau in Kurhessen. Er gehörte zu jenen begabten und innovativen Handwerkern, die nach Österreich wanderten, um dort Erfolg zu suchen. Dass Johann Waenzel evangelisch war, ist bis vor einigen Jahren überhaupt nicht bekannt gewesen, auch innovative Handwerker verschwiegen oft mehr als sie sagten (wie bei ihren Berufsgeheimnissen). Erst 1986 erschien im Waldeckischen Landeskalender Korbach/Bad Wildungen ein Aufsatz von Anneliese Morlang,[29] der uns Johann Waenzel von dieser Seite seiner Persönlichkeit zeigt: als Stifter (1856!) eines Kapitals von 2.150 fl. für seine Herkunftsgemeinde, die evangelisch-lutherische Kirchengemeinde Frankenau. 1856 sprach der 78jährige Johann Waenzel auf der kurhessischen Vertretung in Wien vor und stiftete, vertraglich abgesichert, seiner Heimatgemeinde 2.000 Gulden und 150 Gulden in Obligationen für die Armen von Frankenau. Der Gesandte Trebisch schilderte ihn ähnlich, wie Jakob Fischer aus St. Aegyd geschildert worden war: bescheiden auftretend, aber sachkundig und standhaft. Zur Übernahme dieses Kapitals reiste 1858 Anna Elisabeth Schelberg, geb. Waenzel, mit ihren Töchtern Marie (geb.1847) und Elisabeth (geb.1850), in Begleitung eines Gemeindevertreters, mit der gerade fertiggestellten Westbahn nach Wien. Anneliese Morlang, die Urenkelin von Anna Elisabeth Schelberg, hat die Geschichte der Übergabe 1986 veröffentlicht. Das Vermögen wurde bis zu dessen völliger Entwertung durch die Inflation 1923 von der evangelisch-lutherischen Kirchengemeinde Frankenau verwaltet. Die Erträge wurden jährlich nach dem Silvestergottesdienst vom Pfarrer an Bedürftige verteilt.[30] Waenzel begann in Wien mit einem Eisenwarengeschäft und pachtete dann den »Gstettenhammer« in Marktl von der schon erwähnten evangelischen Familie Oesterlein. Anfangs wurden Hauen, Krampen, Pflugbestandteile und Sägeblätter produziert, ab Mitte der 30er Jahre auch Wagenachsen und

28 K. Klemisch, Geschichte der Werksgruppe St. Aegyd 1794–1899, in: 100 Jahre Böhler Edelstahl 1870–1970, hg. von Gebr. Böhler & Co. AG (Wien 1970) 169–193.

29 Anneliese Morlang, »Wiener Geld« für die Armen in Frankenau. Der Gewehrfabrikant Johann Waenzel vergass seine Heimatstadt nicht. *Waldeckischer Landeskalender* 259 (1986) 83–85.

30 Pusch/Heistinger/Kickinger, Es begann mit dem Gstettenhammer (wie Anm. 3) 123–125.

Schwarzblech, 1834 bereits Steinschlossgewehre. Ab 1849 war Waenzel in der Lage, jährlich 6.000 Infanteriegarnituren zu liefern. Ab 1857 führte Johann Waenzels Sohn Franz (1811–1882) zusammen mit seinem Vater als Teilhaber den Betrieb.

In den 50er Jahren des 19. Jahrhunderts waren Konstruktion und Fertigungsverfahren für Gewehre im Umbruch (Wechsel vom Vorder- zum Hinterlader). 1864 führte Franz Waenzel Schießversuche mit Hinterladern durch.[31] Die österreichische Niederlage in der Schlacht bei Königgrätz gab den Anstoß zum Entschluss der Heeresverwaltung, die Infanteriebewaffnung auf Hinterlader umzustellen. Aus den 33 Vorschlägen wurde der von Waenzel vorgelegte als am besten bewertet,[32] wohl auch, weil der Umbau kostengünstig durchführbar war. Waenzel erhielt den Auftrag. 31 Gewehrhersteller bauten in einem Jahr 55.800 Gewehre um! Franz Waenzel wurde Ritter der Eisernen Krone III. Klasse und erhielt eine Gratifikation von 15.000 Gulden (er selbst hatte allerdings seine Vorleistungen mit 60.000 Gulden bewertet). Ab 1868 wurden neue Gewehre aber nicht mehr von Waenzel, sondern von Werndl geliefert. Dieser hatte die maschinellen Fertigungsmethoden in den USA studiert und die entsprechenden Rundhämmermaschinen angeschafft. Schon vor 1868 lieferte Werndl (mit 400 bis 500 Beschäftigten) fünf Mal so viel wie Waenzel. 1872 wurde bei Waenzel, bedingt durch ein Abkommen mit Werndl, die Gewehrproduktion eingestellt.[33] Die Anzahl der in Marktl beschäftigten Facharbeiter sank von 60 auf 30 (zwischen 1890 und 1899 werden etwa 90 Personen beschäftigt gewesen sein[34]). Das Waenzelwerk produzierte weiter Schwarzbleche, Achsen und Geräte für den land- und forstwirtschaftlichen Bedarf. Franz Waenzel hatte 1881 das Werk an seinen Sohn Johann (geb. 1838) übergeben. Er selbst zog zu seiner legitimen Tochter Anna Demel, geb. Meister, nach Annaberg, wo er 1882 verstarb. Seine sieben ehelichen Kinder fühlten sich als vermögende Mitglieder des großbürgerlichen Mittelstandes. Nur Johann versuchte den Betrieb bis zum Verkauf weiterzuführen. 1899 wurde das Werk von der Firma C. G. Petzold & Co gekauft, dann jedoch geschlossen. 1907 bis 1929 wurde dort von Pfauter/Mahler ein Graupappenwerk betrieben. Nach und nach erwarb die Firma Fried. v. Neuman alle Liegenschaften, zuletzt 1936 die Wasserkraftanlage.

II.4 Arthur Krupp 1856–1938 (Buntmetallwalzwerk Traisen)

Als Teilhaber bzw. Besitzer der Berndorfer Metallwarenfabrik, die auf dem in Alfred Krupps Werken in Essen entwickelten Löffelwalzwerk zur Herstellung von Bestecken basierte, nützte die Familie Krupp (Hermann Krupp 1814–1879, Vater von Arthur Krupp) die Eröffnung der Bahnverbindung Leobersdorf–Berndorf–Hainfeld–Traisen–St.Pölten (ab 1877), um ein Zweigwerk in Traisen (1883) zu errichten.[35] Bestim-

31 Neuman, Die Entstehung der Industrie im Bezirk Lilienfeld (wie Anm. 14) 176–180.

32 Vogler, Die Eisenverarbeitung an der oberen Traisen (wie Anm. 11) 144–146.

33 Neuman, Die Entstehung der Industrie im Bezirk Lilienfeld (wie Anm. 14) 178.

34 Ebenda 180.

35 Hans-Peter Pallwein, Die Industrialisierung des oberen Traisentales (Dipl. Arb. Wien 1978) 67 f.

mend war, dass die Wasserkraft der Triesting in Berndorf zum Antrieb eines größeren Blechwalzwerkes nicht ausreichte, aber in Traisen die Gefällstufe der Traisen unterhalb des Wasserrechtes von Oesterlein/Neuman genutzt werden konnte. Vormaterial für das Walzwerk (Gussplatten aus Messing, Kupfer, Nickel und der Berndorfer Bestecklegierung Alpaka) wurde mit der Bahn in firmeneigenen, blau gestrichenen Güterwagen antransportiert und nach den ersten Walzoperationen wieder über die 50 km lange Strecke zurückgefahren. Beschäftigt wurden etwa 100 Mitarbeiter. Vermutlich »erbte« Arthur Krupp, als er mit 23 Jahren, nach dem Tod seines Vaters, die Geschäftsführung übernahm, dieses Projekt. Durch die rasche Entwicklung der nicht mehr an die Wasserkraft gebundenen Energie (Kohle und Dampf), war das Konzept nicht sehr tragfähig. Unter dem reformierten Arthur Krupp,[36] tief religiös und konservativ erzogen, entwickelten sich die Fabrik und die Ortschaft Berndorf expansiv. 1879 hatte Berndorf 2.000 Einwohner, 1910 12.700. Produziert wurden Bestecke (bis 48.000 pro Tag!), Tafelgeräte und Messingpatronenhülsen. Mit dem reformiert geprägten und zugleich patriarchalischen Denken der Familie Krupp entstanden in Berndorf weit über dem damaligen Standard liegende Wohnsiedlungen. Die Pflichtschulen, mit ihren bemerkenswerten »Berndorfer Stilklassen«, trugen wesentlich zur Entwicklung von Stilgefühl bei den Besteck- und Tafelgerätearbeitern bei. Auch kulturelle Aktivitäten wurden gesetzt. Arthur Krupp trieb auch die Verselbständigung der evangelischen Predigtstelle Berndorf voran. Das Einvernehmen des sich als Patronatsherren fühlenden Krupp mit den gewählten Ausschussmitgliedern war allerdings nicht immer das Beste. Die von ihm im Tudorstil geplante evangelische Kirche wurde nie gebaut. 1918, sechs Monate vor der Abdankung Kaiser Karls, war er noch zum Geheimen Rat ernannt worden. Die Reformgesetzgebung 1918–1920 entsprach nicht seinem politischen Denken.

II.5 Georg Fischer 1804–1888 (Stahl- und Weicheisengießerei Traisen)

Georg Fischer aus Schaffhausen hatte 1833 das Werk Traisen gegründet, das nach einer wechselvollen Firmengeschichte 1990 wieder mehrheitlich als Georg Fischer Fittings GmbH in den Georg Fischer Konzern eingegliedert wurde. Johann Conrad Fischer[37] (1773–1854), Vater von Georg, Ratsherr im reformierten Schaffhausen, war ein überaus erfolgreicher Innovator in der Eisen- und Stahlindustrie des 19. Jahrhunderts.[38] Er hatte 1802 eine Mühle bei Schaffhausen in eine Gießerei umgestaltet und

36 Kurt Schlieben, Evangelisch im Triestingtal. Geschichte der Protestanten vom 16. Jahrhundert bis zur Gegenwart (Berndorf 2011) 68–110.

37 Siehe als Orientierung Art. Johann Conrad Fischer (Metallurge), in: http://www.wikipedia.org [Abfragedatum: 9. 7. 2013].

38 Damals standen Tiegelgussstahl und schmiedbares Gusseisen im Brennpunkt der Entwicklungen. Anfänglich konnte Gussstahl nur als Tiegel-Gussstahl hergestellt werden. Dazu musste der, im teigigen Zustand gewonnene, Schweiß-Stahl veredelt werden. Dies geschah durch Erhitzen und Behandeln mit metallurgischen Schlacken in kleinen Tiegeln (z. B. 35 kg). Die Zusammensetzung der Schlacken war ein streng gehütetes Geheimnis, das fallweise erst am Totenbett an den Nachfolger weitergegeben wurde. Zum Aufschmelzen waren Temperaturen

besuchte 1824 seinen Sohn Georg in Wien, der dort am Polytechnischen Institut studierte. Beeindruckt vom österreichischen Patentrecht, ließ er in Wien auch den von ihm erfundenen, nickellegierten Werkzeugstahl patentieren. Es folgte der Ankauf einer Hammerschmiede in Hainfeld, die zum Gussstahlwerk umgestaltet wurde. 1828 reichte er seine Erfindung »Temperguss« zum Patent ein: Sprödem, festen Gusseisen wird durch Reaktion mit Eisenoxid (meist Erz) so viel Kohlenstoff entzogen, dass es schmiedbar wird. 1833 kaufte Georg Fischer, der Teilhaber und Leiter des Hainfelder Betriebes war, den Winter'schen Hammer in Traisen und richtete dort ebenfalls ein Gussstahlwerk ein. Die Hauptprodukte waren Maschinenbauteile und Spindeln für Gießereien. Der zweite Sohn Johann Conrads, Berthold Fischer, übernahm 1838 die Leitung des Traisner Betriebes, der damals etwa zehn Leute beschäftigte. 1844 kaufte er diesen seinem Bruder ab. 1843/44 wurde in Traisen die Erzeugung von Temperguss aufgenommen. Auf der Gewerbeausstellung 1845 in Wien und der Weltausstellung 1851 in London wurden Erzeugnisse von Berthold Fischer mit Medaillen ausgezeichnet, die Gießerei in Traisen wurde die berühmteste des Kontinents.[39] Neben ihrer herausragenden technischen Innovationskraft waren die Angehörigen der Familie Fischer in reformierter Tradition Vertreter der Fürsorgepflicht: In Schaffhausen wurde 1867 eine Krankenversicherung für die Beschäftigten eingeführt, 1876 die Unfallversicherung und 1880 das erste Betriebsrestaurant. 1873 verkaufte Berthold Fischer das Werk an Dr. Sigmund Schudel, den Schwiegersohn seines Bruders. Es wurde modernisiert und vergrößert. 1894 wurde es an die Brüder Lenz verkauft. Die Fischer'sche Stahl- und Weicheisen-Gießerei in Traisen hatte damals 200 Mitarbeiter. Der Anteil des Rüstungsgeschäftes war nicht signifikant. Das Stammwerk in Schaffhausen expandierte um diese Zeit gewaltig – mit entsprechendem Kapitalbedarf – und wurde in eine Aktiengesellschaft umgewandelt. Die Belegschaft war von 550 (um 1880) auf 1.600 (um 1900) angewachsen.

II.6 Alfred v. Lenz 1861 (Feinstahlwerke Traisen)

1894 kauften die Brüder Alfred, Guido und Edgar v. Lenz die Fischer'sche Gießerei in Traisen und bauten diese zu einem großen Heereslieferanten aus. Geschäftsführer war Alfred v. Lenz. Hauptprodukte waren Artilleriegeschosse und Kartuschen.[40] Die Beschäftigtenzahl stieg von 200 (1894) auf 1.200 (1914). Der Höchststand im Ersten Weltkrieg war 7.000.[41]

Die Familie Lenz geht auf den reformierten Johann Lenz (1796–1873) aus Morgan in Preußen zurück. Dieser war in die Dienste der österreichischen Armee getreten und wurde in Österreich tätig und ansässig.[42] Er und seine sechs Kinder, soweit sie

über 1.500° C nötig und die Schmelztiegel mussten den Temperatur- und Schlackenbelastungen gewachsen sein.

39 Schlieben, Evangelisch im Triestingtal (wie Anm. 36) 72.

40 Neuman, Die Entstehung der Industrie im Bezirk Lilienfeld (wie Anm. 14) 194.

41 Pusch/Heistinger/Kickinger, Es begann mit dem Gstettenhammer (wie Anm. 3) 122.

42 Persönliche Mitteilung von Alfred Lenz aus Klosterneuburg.

auch reformiert (H.C.) waren, sind in den Kirchenbüchern der Evangelischen Pfarrgemeinde H.B. Wien Innere Stadt eingetragen.[43] Einer der Söhne war Ludwig Alfred Lenz, H.C., geb. 1828 (oder 1832?) in Neunkirchen. Dieser wurde 1888 mit dem Ehrenwort »Edler« geadelt.[44] Die Tätigkeit der Brüder von Lenz in Traisen kann man nur verstehen, wenn man näher auf deren Vater eingeht.

Ludwig Alfred Lenz wurde in Neunkirchen geboren, wo sein Vater (Johann L.) eine Messinggießerei betrieb und besaß. Nach der Familienüberlieferung war er während der Revolution 1848 Mitglied des Akademischen Korps.[45] Dies scheint allerdings in seinem Lebenslauf, den er am 17. Juli 1888, fast ein Monat nach der Unterzeichnung seiner Nobilitierung durch Franz Joseph I., einreichte, nicht auf.

Aus dem Curriculum Vitae von Ludwig Alfred Lenz lässt sich Folgendes feststellen:[46]

Er besuchte die Polytechnische Lehranstalt in Wien (ab 1871 Technische Hochschule). Diese schloss er vor 1871 mit einer, der Matura gleichwertigen, Prüfung ab, die Absolventen konnten 17 oder 18 Jahre alt sein. Er war zur praktischen Ausbildung im Eisenbahnwesen in Belgien, Frankreich und Deutschland. 1854/55 diente er ein Jahr lang an der Semmeringbahn in Mürzzuschlag als Ingenieur, dann bei der österreichischen Staatseisenbahngesellschaft bis 1857. Anschließend begab er sich zum Studium der Stahlindustrie nach England und Schweden und kehrte 1859 zurück, um die Leitung der Messinggießerei seines Vaters Johann Lenz in Wien zu übernehmen. 1866 errichtete er in Wien eine mechanische Werkstätte und Eisengießerei, 1872 eine Gas-Fabrik (Gaswerk) in Mödling. Im Jahre 1860 verehelichte er sich mit Fräulein Amalia Komonowitsch. Aus dieser Ehe entsprossen zahlreiche Kinder. Im Curriculum vitae von Ludwig Alfred Lenz aus 1888 werden neun (aber ohne Namen) noch als lebend angeführt. Von vier Söhnen weisen die Taufmatriken H.C. den zusätzlichen Taufnamen Baillie aus: Baillie Alfred Johann, Baillie Johann Georg Guido, Baillie Edgar Peter Anton, Oskar Franz Baillie.

An Ehrenstellen sind genannt:
1865–1867 Gemeinderat von Wien
1867–1872 Landtagsabgeordneter für den Bezirk Groß-Enzersdorf
1870–1873 und 1879–1885 Reichsrathsabgeordneter
1870 bis zum heutigen Datum Mitglied der Donauregulierungscommission
1883 bis zum heutigen Datum Mitglied des Postsparkassen-Beirathes
1863–1887 Verwaltungsrath der k.k. Kaiserin Elisabeth Westbahn
1873 bis zum heutigen Datum Verwaltungsrath der k.k. Kaiser Ferdinands Nordbahn
1863 bis zum heutigen Datum Verwaltungsrath an der Wiener Handels-Academie
1863–1886 Mitglied des Presbyteriums an der evangelischen Gemeinde H.C. in Wien und Mitglied des Schulvorstandes derselben.

43 Taufmatriken der Evangelischen Pfarrgemeinde H.B. Wien I.
44 Österreichisches Staatsarchiv, Adelsregister, AVA, Faszikel 43, Akt. Nr. 5081, 1888.
45 Persönliche Mitteilung von Alfred Lenz aus Klosterneuburg.
46 Curriculum Vitae im Österreichischen Staatsarchiv, Adelsregister, AVA, Faszikel 47.

Außergewöhnlich sind die zusätzlichen Taufnamen Baillie für Georg, Edgar und Oskar: Barbara Baillie, die Taufpatin von Alfred Lenz, war vermutlich die Witwe des englischen Eisenbahntechnikers John Baillie (1806–1859). Dieser war 1837 bei der Inbetriebnahme der Kaiser Ferdinands-Nordbahn zur Personal-Einschulung für die Stephenson-Lokomotiven nach Österreich gekommen. Er gründete 1839 die Nordbahnwerkstätte und erfand 1846 die Baillie'sche Schneckenfeder für Waggonpuffer, die bis ca. 1920 Standard der österreichischen Bahn war. Außer der Vernetzung mit dem Bahnwesen, dem größten industriellen Auftraggeber der damaligen Zeit, ist auch die Vernetzung zum Heereswesen gegeben: Zumindest die Söhne Alfred, Edgar, Arthur und Adolf waren Einjährig-Freiwillige Reserveoffiziere; ihr Onkel Viktor Adolf Lenz (1834–1900), Chef-Maschinist bei der Donaudampfschifffahrtsgesellschaft (DDSG), war Vater des Generalstabsoffiziers und späteren Feldmarschall-Leutnants Johann Lenz, r.k. (1859, pensioniert 1904).[47]

Alfred Lenz war 1888 in den Besitz des Adelsprädikates seines Vaters gelangt. Aufgewachsen in der bestens vernetzten Großfamilie, mit Vorfahren, die es verstanden hatten, sich ein Vermögen zu schaffen, war er sehr selbstbewusst und ließ sich nach dem Erwerb der Gießerei in Traisen auch zum Bürgermeister wählen.[48] Zügig betrieb er den Aufstieg des Werkes Traisen zum Armee-Zulieferanten.

Die Art der Produkte bedingte statt der früheren schmalen, vertikalen Fertigungskette eine breite, horizontal angelegte Organisation: Während bei der vertikalen Kette jede Arbeitsgruppe, durch Übernahme und Weitergabe von Zwischenprodukten, zu einer als sinnvoll empfundenen Arbeitsweise mit festem Platz im Produktionsablauf eingegliedert war, hatte die horizontale Organisation als Kennzeichen die Austauschbarkeit von Arbeitsgruppen mit gleichen Aufgaben. Entsprechend änderten sich auch die Ansprüche an die Mitarbeiter und das Führungspersonal: Bei schmaler, vertikaler Organisation konnte nur jemand »Chef« sein, der fachliche Autorität besaß und Anregungen seiner Mitarbeiter beurteilen und aufgreifen konnte. Bei horizontaler Organisation war autoritäres Durchsetzen gemeinsamer Vorgaben für die gleichwertigen Arbeitsgruppen unvermeidlich. Diese fühlten sich leicht zu Befehlsempfängern degradiert. Der autoritäre Führungsstil der Familie Lenz und die Weigerung, allmählich einsetzende gesellschaftspolitische Veränderungen wie Koalitionsfreiheit, gleiches Wahlrecht sowie eine Beschränkung des Arbeitstages auf acht Stunden zu akzeptieren, löste den größten Metallarbeiterstreik der Monarchie aus: Den Traisner Metallarbeiterstreik 1905. Über diesen Streik gibt es eine umfangreiche Literatur. Deshalb sei hier die zusammenfassende Darstellung im »Gstettenhammer« wiedergegeben:[49]

Am 16. April 1905 wählten die Dreher des Werkes Traisen einen Vertrauensmann und ersuchten die Firma um Freigabe des 1. Mai. Der Vertrauensmann wurde am 17. April entlassen und das Ersuchen abgelehnt. Eine darauffolgende, teilweise Arbeits-

47 Österreichisches Staatsarchiv, Qualifikationslisten, KA.

48 Franz Lettner, Aus der Arbeiterbewegung im Bezirk Lilienfeld (Traisen 1970) 24.

49 Pusch/Heistinger/Kickinger, Es begann mit dem Gstettenhammer (wie Anm. 3) 126 f.

niederlegung wurde abgebrochen, als die Streikenden glaubten, dass Mitarbeiterorganisationen geduldet würden. Aber als weitere Vertrauensleute entlassen wurden, wurde an die Firma ein Memorandum gerichtet mit dem Wunsch nach Anerkennung der Organisation und der Vertrauensmänner, Einführung einer zehnstündigen Arbeitszeit, Lohnauszahlung jeden Samstag, Festsetzung von Mindesttageslöhnen (4 Kronen für Facharbeiter, 3,20 K für männliche Hilfsarbeiter, 1,60 K für weibliche Hilfsarbeiter), Akkordsätzen mit Verdiensten von mehr als 65 % des Normallohnes, Überstunden- und Sonntagszuschlägen von 25 % sowie anständiger Behandlung durch die Vorgesetzten. Nach der Zurückweisung dieses Memorandums durch Alfred v. Lenz traten am 29. Mai ca. 400 Arbeiterinnen und Arbeiter von den 1.200 Beschäftigten in den Streik. Die Produktion wurde aber durch neu eingestellte Arbeitskräfte aufrechterhalten. Gegen die Streikenden machten, mit der Bahn antransportierte, Streikbrecher, im Volksmund Krowoten, Front: Sie traten in Gruppen, mit Knütteln bewaffnet, auf. Eine Zeitungsmeldung »[...] Herr Lenz wird wahrscheinlich heute einen Extrazug Arbeiter erhalten« belegt seine Einstellung. So überfiel am 30. Juli eine Gruppe von 200 Streikbrechern 25 im Streiklokal (Gasthof Brenn) versammelte Streikende und verlangte die Auslieferung eines gewissen Rudolf Müller, der »erschlagen« werden sollte. Die streikende Arbeiterschaft, auch jene der Firma Neuman, war über die andauernden Raufereien und Gewalttätigkeiten der Streikbrecher wütend, aber auch auf die Behörden, die diesem Treiben relativ untätig zusahen. Deshalb schickte die Firma Neuman am 2. August ein Protesttelegramm[50] an die Statthalterei (Landesregierung). Die Behörden wussten auch, dass bei großen Teilen des ortsansässigen Bürgertums Verständnis für die Anliegen der Gießereiarbeiter bestand. Der Bezirkshauptmann Ritter v. Hoch wurde durch den Statthaltereisekretär Dr. Wimmer praktisch abgelöst. Nach dem Überfall vom 30. Juli, der sogar zwei Tage zuvor in einer Lokalzeitung angekündigt worden war, kam es am 1. August im Arbeiterheim Wilhelmsburg zu einer Metallarbeiterversammlung mit Solidaritätserklärungen und in Gegenwart des Gewerkschaftssekretärs Franz Domes und des Reichtagsabgeordneten Schuhmeier wurde ein Generalstreik ausgesprochen. Statt des Generalstreiks wurde ein Spaziergang als Protestkundgebung für den 6. August 1905 in Traisen organisiert, zu der dann sternförmig aus Wilhelmsburg, dem inneren Traisental und dem Gölsental über 4.500 Teilnehmer erschienen. Um Ruhe und Ordnung aufrecht zu erhalten, wurden zusätzlich zu dem starken Gendarmerieaufgebot noch fast 1.000 Mann des Militärs eingesetzt. Die Demonstration verlief geordnet und ohne Gewalttätigkeiten. Nach Verhandlungen mit dem Bezirkshauptmann, dem Gewerkschaftssekretär Domes und dem Abgeordnetem Schuhmeier wurde der Streik am 21. August abgebrochen: 389 Streikende wurden entlassen und zum Teil delogiert, sie wurden nicht wieder eingestellt. Viele Forderungen der Streikenden wurden aber

50 Ebenda 127. Originaltelegramm im Niederösterreichischen Landesarchiv: hohes statthaltereipräsidium wien; herrengasse; wien fr marktl im traisenthal 2 33 2/8 8 15; »die bevölkerung marktls bittet dringendst den; anarchischen zuständen die durch die diktatur; des herrn von lenz hier platz gegriffen haben; energisch ein ende zu machen«; fried. v. neuman.

von der Firma erfüllt, sodass die Streikbrecher die Nutznießer des Streiks wurden. Der Streik hatte 86 Tage gedauert und kostete die Gewerkschaft 41.218 Kronen. Ein großer Teil der Streikenden hatte sich anderwärts Arbeit gesucht und Traisen definitiv verlassen. Ein gerichtliches Nachspiel zum Streik gab es noch: Alfred v. Lenz hatte aus seinem Wagen Revolverschüsse gegen zwei Demonstranten abgegeben und diese dabei verletzt. Er berief sich auf seine Offiziersehre und wurde wegen Notwehr freigesprochen.[51]

1917 verkaufte die Familie Lenz die Gießerei Traisen an den Waffenproduzenten Skoda-Wetzler, der diese um eine Kanonenfabrik zu erweitern begann. Das Verbot der Waffenproduktion nach dem Vertrag von St. Germain brachte Traisen in eine tiefe Krise, die lange Zeit in regelmäßigen Demonstrationszügen zur Bezirkshauptmannschaft nach Lilienfeld ihren Ausdruck fand. Eigentümer der »Feinstahlwerke Traisen, vormals Fischer« wurde die Leobersdorfer AG, die 1938 in die Alpine-Montan-Gesellschaft, dann in den Hermann-Göring-Werken aufging. 1946 wurde daraus ein Betrieb der USIA (= Verwaltung des sowjetischen Eigentums in Österreich), nach 1955 wieder ein Betrieb der Alpine-Montan-Gesellschaft bzw. VOEST-Alpine. 1990 übernahm die Gründerfirma Georg Fischer den Fittingsbereich als Mehrheitsgesellschafter, die Stahlgießerei ist ein Betrieb der VA Tech (= Voest Alpine Technologie AG). Nach dem Ersten Weltkrieg wurden zwei bewährte Standbeine wieder aktiviert: Der Spezial-Stahlguss für Maschinenbau und Hüttenwerksausrüstungen und die Fittings-Sparte. Im Zweiten Weltkrieg genoss die Traisener Stahlgießerei besonderen Qualitätsruf, den sie heute auf dem internationalen Markt verteidigt. Georg Fischer hat seine Fittingsproduktion auf Traisen konzentriert. Die Beschäftigtenzahl sank bis 1929 auf 500, stieg dann im Zweiten Weltkrieg bis auf 4.000, betrug in der USIA-Zeit dann schließlich 1.200. Heute ist sie mit etwa 900 Beschäftigten relativ stabil.[52]

Leider hat sich in Traisen Alfred v. Lenz weder als Kommunalpolitiker noch als Firmenchef eine gute Nachrede erworben. Allerdings wird die heutige evangelische Pfarrgemeinde A.u.H.B. St. Aegyd-Traisen nicht mit der Familie Lenz in Verbindung gebracht, sodass der Gemeinde daraus kein negatives Image erwachsen ist. Immerhin stellte die Familie ab April 1906 gelegentlich eine ihrer Werkshallen für Gottesdienste zur Verfügung.[53]

II.7 Karl Wittgenstein 1847–1913 (Manager, Kapitalist, Mäzen)

Wenn Friedrich Schiller über Karl Wittgenstein geschrieben hätte, wäre sein Zitat über Wallenstein berechtigt gewesen: »Von Hass und Missgunst der Parteien oft entstellt, schwankt sein Charakterbild in der Geschichte«. Bis heute überwiegen Darstellungen, in denen er als Geldmann, als undurchsichtiger Millionenzauberer, als gescheiterter Familienvater, nicht aber als Motor und Manager der österreichischen Stahlindustrie beschrieben wird. Seine Spezialität war ein herausragender Weitblick

51 Österreichisches Staatsarchiv, Qualifikationslisten, KA, 50.

52 Ebenda.

53 Mauer, 50 Jahre Evangelisches Waldkirchlein (wie Anm. 12) 13.

für zukünftige Entwicklungen und die Sanierbarkeit von Unternehmen. Karl Wittgenstein war für den Verfasser die »Einstiegsdroge« in das historische Arbeiten, als er daran ging, der Frage der Baugeschichte der evangelischen Kirche in St. Aegyd am Neuwalde, die mit Wittgenstein verknüpft ist, nachzugehen.[54] Das liegt nun schon 20 Jahre zurück.

1886 hatte Karl Wittgenstein die Aktienmehrheit an der, zur damaligen Österreichisch-Alpine Montan-Gesellschaft gehörenden, St. Egyder-Kindberger Eisen- und Stahl-Gesellschaft erworben. Dieses Unternehmen, das mit vertikaler Organisation von Eisenbergbau bis zur Herstellung von Säbelklingen und Drahtseilen durch technische Leistungen über Jahrzehnte berühmt geworden war, konnte in dieser Struktur das 19. Jahrhundert nicht überstehen. Bergbau und Stahlwerk waren zu klein, weitab von der Eisenbahn und nur über Gebirgsstraßen erreichbar. Von Niederalpl/Aschbach nach Mürzzuschlag waren etwa 35 km zurückzulegen, von Aschbach nach St. Aegyd etwa 40 km. Mit der Bahn nach Schrambach (ab 1878) war die Strecke von St. Aegyd über Hohenberg 15 km lang. Der problematische Kohlebergbau in Schrambach war auch qualitätsmäßig für die Eisengewinnung (keineswegs Kokskohle!) im herankommenden 20. Jahrhundert nicht geeignet. So dachte Karl Wittgenstein im Sinne seiner Erfahrungen: Bewahren und Verändern, d. h. bestehende Stärken durch das breit gewachsene technologische Know-how nützen. Nicht für die Zukunft modernisierbare Anlagen sollten geschlossen und die modernisierbaren Anlagen konsequent ausgebaut werden. Dies geschah dann nicht mehr auf der Basis des am Standort erzeugten Stahls, sondern mit Stählen aus Wittkowitz für Drähte und Drahtseile und mit Stählen aus Poldi-Hütte für Feilen. So war zwar die vertikale Kette für den Standort vermindert, die Wertschöpfung durch Steigerung arbeitsintensiver Produkte in Summe aber höher als vorher. Die Drahtseilproduktion wurde 2010 (!) neuerlich erweitert, das im Ersten Weltkrieg eingerichtete Rohrwerk 1983 durch einen Metall-Verarbeitungsbetrieb (Rothtechnik) ersetzt, die Feilenproduktion wurde bis 1982 betrieben. Sie wurde durch das Fernwärmewerk (Isoplus) abgelöst. Leider fehlte auch noch in der Zeit nach dem Zweiten Weltkrieg, als die Firma unter USIA-Verwaltung stand, sowie nach der Übernahme in die verstaatlichte Industrie das zündende Konzept, sodass die Beschäftigtenzahlen vom Höchststand um 1.000 auf ca. 500 zurückgingen.

St. Aegyd war aber nur eine Episode im Leben von Karl Wittgenstein als Manager in der Stahlindustrie. Mehr als eine Episode war sein »Jagdschloss« Hochreith (fast eine Villen-Feriensiedlung), Treffpunkt für Kunst und Kultur sowie Treffpunkt der Großfamilie bis heute. Zeugnis einer beeindruckenden Architektur ist das ausgebaute Bauernhaus »Bergerhöhe« seines Bruders Paul. Die architektonische Planung und Bauaufsicht hatte Josef Hoffmann inne.

---

54 Walter Pusch/Volker M. Schlacht/Karl Schwarz, Evangelische Familiengeschichten aus St. Aegyd (Wien 2003) passim; Walter Pusch, Baustein zur Aussenrenovierung 1999/2000 des Evang. Waldkirchleins St. Aegyd. Evang. Pfarrgemeinde A.u.H.B. (1999).

Karl Otto Clemens Wittgenstein[55] war wie seine Geschwister Anna Friederike, Marie Eugenie, Paul Josef Gustav, Hermine Fanny Josephine, Ludwig (Louis) Franz, Ottilie Ida Bertha und Clara in Leipzig-Gohlis geboren und getauft. 1851 zogen die Eltern Hermann Christian (geb. 1802 in Korbach) und Franziska Christiane Figdor (geb. 1814) nach Wien-Vösendorf, wo noch die weiteren Geschwister Franziska Lydia und Emilie Anna »Milly« sowie Emma Clothilde geboren wurden. Die Eltern Hermann Christian und Franziska Christiane waren 1839 in Leipzig evangelisch-lutherisch getauft worden. Hermann war Kaufmann, Franziska Tochter eines Großhandelsgesellschafters. Er besuchte bis zu seiner Relegierung 1864 vermutlich das Akademische Gymnasium in Wien: Als Gründe für die Relegierung 1864 werden Jugendstreiche tradiert. Er könnte aber auch das Vorbild für Robert Musils »Ulrich«, im »Mann ohne Eigenschaften«, gewesen sein, denn dieser wurde wegen Äußerung unzeitgemäßer Gedanken relegiert: »Er fand wenig Gefallen am Unterricht; Schwierigkeiten und Konflikte häuften sich und führten nach Abfassung eines Aufsatzes über die Unsterblichkeit der Seele zum großen Krach.«[56] Karl muss ein schwieriger Schüler gewesen sein: Schon mit elf Jahren versuchte er erstmals von zu Hause auszureißen. Sein Vater hatte über den sinnvollen Bildungsgang wohl bestimmte Vorstellungen.[57] Es folgte seine heimliche Ausreise mit gefälschtem Pass in die USA, wo er seinen Lebensunterhalt mit Gelegenheitsarbeiten, wie beispielsweise als Musiklehrer, Barkellner und Bootsführer, verdiente. 1867 kehrte er, durch die Initiative einer seiner Schwestern, mit der Familie versöhnt nach Wien zurück und besuchte, auf den Rat seiner Mutter hin, Kurse auf dem Polytechnischen Institut (ab 1871 TH Wien). Nach kurzen Tätigkeiten als Techniker in verschiedenen Unternehmen (von Kupelwieser hervorragend bewertet)[58] wurde er 1876 in den Verwaltungsrat der Teplitzer Walzwerke berufen, 1877 wurde er deren technischer Direktor. Hauptprodukt des Teplitzer Werkes waren Eisenbahnschienen. Es gelang Karl Wittgenstein, aus einem Auftrag für die österreichischen Bahnen auszusteigen und einen Großauftrag für Russland zu übernehmen, mit dem das Werk bis zur Kapazitätsgrenze ausgelastet war. Ein Husarenstück war 1880 der Erwerb der Allein-Lizenz für das Thomasstahlverfahren, das für den technischen Erfolg der böhmisch-mährischen Eisen- und Stahlindustrie eine Schlüsselfunktion einnehmen sollte. Er konnte sich, als eher kleiner Außenseiter, gegen den mächtigen Wettbewerb durchsetzen. Anschließend erwarb er mit ganz geringem Eigenkapital das Hauptaktienpaket der Prager Eisenindustriegesellschaft, die viel zu viel Zeit mit Versuchen beim Einsatz ungeeigneter Kokskohle verloren hatte, und führte das Unternehmen in eine erfolgreiche Zukunft.[59] Er wurde knapp

55 Georg GAUGUSCH, Die Familien Wittgenstein und Salzer und ihr genealogisches Umfeld. *ADLER. Zeitschrift für Genealogie und Heraldik* Band 21 4/8 (2001) 120–145, hier 123–135.

56 Karl WUCHTERL/Adolf HÜBNER, Ludwig Wittgenstein. Mit Selbstzeugnissen und Bilddokumenten (Rowohlts Monographien 275, Reinbek bei Hamburg [10]1996) 17.

57 Wilhelm BAUM, Ludwig Wittgenstein (Köpfe des 20. Jahrhunderts 103, Berlin 1985).

58 Jorn K. BRAMANN/John MORAN, Karl Wittgenstein. Business Tycoon and Art Patron. *Austrian History Yearbook* 15/16 (1979/80) 108–124, hier 108.

59 Georg GÜNTHER, Karl Wittgenstein und seine Bedeutung für den Aufbau und die Entwicklung

vor 1900 zum mächtigsten Manager und Aktionär für die ganze österreichische Eisenindustrie, einschließlich Witkowitz, dem größten Industriebetrieb Österreichs, und der Österreichischen Alpinen Montangesellschaft.

Wie schuf Karl Wittgenstein seinen märchenhaften Reichtum? Sein wichtigstes Startkapital waren seine Begabung, seine Arbeitskraft, seine ausreichenden Sachkenntnisse und sein extrem schneller Durchblick in komplexen Fragestellungen. Das erfolgreiche Überleben als Fremder in den USA, der Erfolg als Zeichner für das Teplitzer Walzwerk, der bedarfsgerechte Abverkauf von spezieller Lagerware und deren weitere Produktion für Russland, das Ausstechen der Konkurrenz beim Erwerb der Thomas-Stahl Patente durch Ausnützen des zögerlichen Verhaltens der Konkurrenz und das Überbieten (!) bei dem Erwerb von Unternehmen waren, wenn man es so sehen will, Husarenstücke. Damit wurden reiche Erzvorkommen Böhmens mit bestimmten Qualitätsmängeln plötzlich wertvoll. Und mit ähnlichen Erfolgen ging es weiter. Dazu kamen seine erfolgreichen Sanierungen, die natürlich nicht immer populär waren. Die Gründung und Beherrschung des Eisenkartells, das mit Schutzzöllen abgesichert Marktanteile und gute Preise sicherte, führte schließlich zu steigendem Widerstand und Resignation. Die mächtigsten Gesellschaftsschichten im damaligen Österreich waren die liberalen, erfolgreichen Nutzer der wirtschaftlichen Dynamik – Wittgenstein war dort herausragend – und nach wie vor die feudalistisch/legitimistische Aristokratie. Beide Gruppen waren nach innerster Überzeugung undemokratisch und sozialdarwinistisch. Die notwendigen Arbeitskräfte konnten durch die gebotenen Aufstiegschancen angeworben werden, denn nicht nur die klassischen Beamten passten ihr Verhalten den Mächtigen an, um sich verwirklichen und um ein besseres Leben für sich heraus schlagen zu können. Damit konnten sowohl der »Geldadel« als auch der »Blutadel« die notwendigen Arbeitskräfte gewinnen. »Geldadel« und »Blutadel« akzeptierten einander nur sehr eingeschränkt: Daher die wienerisch-abschätzig redensartliche Bezeichnung »Haben-Adel« für die Neureichen, dem Geldadel, zum Unterschied von »Sein-Adel«, dem Blutadel, abgeleitet vom Adelsgeschlecht Sayn-Wittgenstein. Als herausragender Vertreter des liberalen, großindustriellen Unternehmertums wurde Karl Wittgenstein immer mehr angefeindet. Ab 1898 agierte er nur mehr im Hintergrund: Damit wurde er aber seinen Kritikern, zu denen Karl Kraus gehörte, wohl noch unheimlicher. Karl Wittgensteins welterfahrener Weitblick als Erneuerer machte ihn zum gnadenlosen Rationalisierer – beeindruckt vom vergleichsweise hohen Lebensstandard der amerikanischen Arbeiter trat er konsequent für Produktivitätssteigerung durch Einsatz leistungsfähiger Maschinen ein[60] –, aber auch zum Gründungsmitglied der Wiener Secession und zum Wegbereiter der Moderne in der Kunst. Da er eine bestimmende Autorität war, konnten die acht hochbegabten Kinder seinen Weg nicht nachgehen. Rudolf und

der österreichischen Volkswirtschaft, in: Neue Österreichische Biographie 1815–1918. Erste Abteilung, Biographien. Bd. 4, hg. von Anton Bettelheim (Wien 1927) 156–163, hier 158–161.

60 Roman Sandgruber, Ökonomie und Politik. Österreichische Wirtschaftsgeschichte vom Mittelalter bis zur Gegenwart, in: Österreichische Geschichte, hg. von Herwig Wolfram (Wien 1995) 363.

Abb. 2: Evangelische Waldkirche St. Aegyd

Kurt, wahrscheinlich auch Hans, begingen Selbstmord, Paul wurde Pianist, Ludwig Philosoph. Auch bei den Töchtern kam die Kraft dieser Familie zum Ausdruck: Z. B. veranlassten die Schwestern Hermine und Margarete ihren Bruder Ludwig, der sich in einer Selbstfindungskrise befand, zur Idee und Ausführung des Wittgensteinhauses in Wien in der Kundmanngasse.[61] Margarete, verehelichte Stonborough, gestaltete die Villa Toskana in Gmunden zum Jugendstildenkmal.

War Karl Wittgenstein ein »Geheimprotestant«, weil seine acht Kinder katholisch getauft wurden? In den Augen seiner Tochter Helene war er ein strenger Protestant, in den Augen von Max Weber war er das Idealbild des zum wirtschaftlichen Erfolg getriebenen Reformierten. Nicht übersehen werden darf aber, dass Karls Bruder Louis (Ludwig), Finanzverwalter in der Familie Wittgenstein, von 1899 bis 1925 Obmann des Evangelischen Waisenversorgungsvereins war. Er war mit Maria Wilhelmine Franz, der Tochter des Superintendenten H. B. Dr. Gottfried Franz, verheiratet.[62] Der Evangelische Waisenversorgungsverein, 1861 konfessionsübergreifend (A. C. und H. C.) gegründet, betrieb um 1910 Waisenhäuser in Wien, St. Pölten und Bad Goisern. Allein für den Bau des Waisenhauses in Bad Goisern wendete »Louis« 200.000 K auf. Für die alljährlichen Rechnungsabgänge wendete die Familie Wittgenstein ebenso beträchtliche Summen auf. Demgegenüber war der finanzielle Aufwand für die Evangelische Waldkirche in St. Aegyd relativ bescheiden, aber damit wurde nicht nur (laut

61 Gaugusch, Die Familien Wittgenstein und Salzer (wie Anm. 55) 100.

62 Siegfried Tagesen, 150 Jahre Evangelischer Waisenversorgungsverein (Festschrift, Wien 2011) 25.

Dr. Erika Liebenwein[63]) die schönste evangelische Kirche in Österreich geschaffen, sondern auch das evangelische Leben im oberen Traisental nachhaltig gefördert. Dieser Bau, von Josef Hoffmann geplant und beaufsichtigt, ist noch bis 1965 weitgehend unbeachtet geblieben.

Presbyterium und Gemeindevertreterversammlung der Pfarrgemeinde A.u.H.B. St. Pölten beschlossen am 10./13. Juli 1902 den Kirchbau in St. Aegyd, der von dem inzwischen verstorbenen Pfarrer Petersen und Presbyter Moritz Schmid v. Schmidsfelden vorbereitet worden war.

Von den geschätzten Baukosten von 10.000 fl. konnten von der Gemeinde bestenfalls 3.000 fl. beschafft werden, man rechnete auch mit Pfarrer Erich Stökl, dem neuen St. Pöltner Pfarrer, und dessen bewährter Energie bei kirchlichen Stellen. Tatsache ist, das geht aus der Abrechnung hervor, dass 1902 bis 1904 von Wohltätern, einzelnen Freunden und Spendern 13.649,47 K, von evangelischen Spendern wie dem Gustav-Adolf-Werk, dem Evangelischen Bund, der Pfarrgemeinde Mitterbach, der Schulgemeinde Ulreichsberg (65,80 K), der Kernhofer Holzknechte (14 K) und der evangelischen Tischgemeinschaft und Pfarrgemeinde St. Pölten zusammen 5.104,90 K aufgebracht und damit die Rechnungen ausbezahlt wurden. Verschiedene Auszahlungsanweisungen sind mit »K.W.« abgezeichnet: Voraussetzung war aber, dass der Name Wittgenstein nicht an die Öffentlichkeit gebracht werden durfte, wofür sich Moritz Schmid v. Schmidsfelden persönlich bei Karl Wittgenstein verbürgte.[64] Was die am 7. Juni 1903 nach einer Bauzeit von nur neun Monaten eingeweihte Kirche wirklich gekostet hat, ist nicht eruierbar: Das geschenkte Grundstück und das Architektenhonorar scheinen nirgends mit Geldwert auf. Der Kirchenraum selbst dürfte dem Dachboden im Wohnhaus des Hoyosschen Pass-Knechtes Mathias Edelbacher, in dem 1896 der erste öffentliche evangelische Gottesdienst nach der Reformationszeit im Raum St. Aegyd stattfand, nachempfunden sein. Trotz der für sie fremdartigen Ausgestaltung empfanden die Familien der Holzknechte und Fabriksarbeiter die neue Kirche als die »ihre«. Beim ersten Weihnachtsgottesdienst war Pfarrer D. Hans Jaquemar von der Gottesdienstteilnehmerin Anna Edelbacher beeindruckt, die er als Mutter der Gemeinde bezeichnete.[65] Ebenfalls bei einem Weihnachtsgottesdienst überreichte Karl (oder Paul?) Wittgenstein dem Schulkind Oswald Pomberger – einer der ersten Täuflinge (1903) in der neuen Kirche und eines der 40 Enkelkinder von Mutter Edelbacher – eine Goldmünze, als Belohnung für ein aufgesagtes Gedicht.[66]

Karl Wittgenstein starb am 20. Jänner 1913 in Wien, im »Wittgenstein Palais« (heute Argentinierstraße 16). Jahrelang litt er an Kehlkopfkrebs. Sein Krebsleiden veranlasste ihn auch, dem Krankenhaus Lilienfeld die erste Röntgenstation zu spenden.

63 Persönliche Mitteilung von Erika Liebenwein.

64 Archiv der Evangelischen Pfarrgemeinde A.u.H.B. St. Pölten.

65 Jaquemar, Erinnerungen (wie Anm. 9).

66 Pusch, Baustein zur Aussenrenovierung (wie Anm. 54) 23.

II.8 Friedrich Christian v. Neuman (1821–1880) und Friedrich, Viktor und Emil v. Neuman (Eisenwerk, Zinkwalzwerk, Hermaltex, Aluminiumwalzwerk, PREFA, Neuman Aluminium)

1880 übernahm die Familie v. Neuman, auch Neuman v. Namslau, die Konkursmasse der Oesterleinschen Lilienfelder Eisenwerke. Friedrich Christian v. Neuman (geb. 1821 in Pressburg/Bratislava, A.C., gest. 1880 in Wien),[67] stand dabei für sich und seine Erben vor der Frage der Übernahme oder des Totalverlustes. Als bürgerlicher Handelsmann[68] hatte er 1855 eine Eisengroßhandlung[69] in Wien gegründet und sich schon seit 1862 für die Firma Oesterlein, als wichtigem Lieferanten, finanziell und organisatorisch engagiert. Das finanzielle Risiko war beträchtlich, denn nach der Übernahme war die finanzielle Lage über Jahre sehr angespannt. Die Firma wurde als OHG gegründet und bestand als solche bis 1979. Durch die Inhaber und die handelsrechtliche Rechtsform, bei der alle Gesellschafter solidarisch mit ihrem gesamten Vermögen hafteten, erwarb sich die Firma den Ruf der Seriosität und Solidität. Zwei Söhne (Friedrich 1853–1912 und Emil 1857–1936) hatten eine kaufmännische Ausbildung absolviert und waren bis zum Tode Friedrichs in Wien tätig. Emil v. Neuman war für die Finanzgebarung zuständig. Viktor v. Neuman (1854–1932) wurde 1880 Werksleiter in Marktl. Er absolvierte das Polytechnische Institut in Wien und war Einjährig-Freiwilliger mit 19. August 1871 und ab 1873 Leutnant der Reserve im k.k. Genieregiment (Pioniere). Nach seiner militärischen Qualifikationsbeschreibung[70] sprach er gut Französisch und Englisch, war Schwimmer, aber kein Reiter. Lediglich seine Kenntnisse des militärischen Dienstreglements wären bescheiden gewesen. Er war einige Zeit bei der Firma Cockerill in Seraing (Belgien) als Techniker tätig.[71]

Bei der Übernahme des Marktler Werkes befanden sich die Anlagen, mangels Geldmittel für laufende Instandhaltung und Investitionen, in einem desolaten Zustand.[72] Auch die aus den Mitteln einer Bruderlade zu bezahlenden Arzt- und Apothekerrechungen waren über Jahre unbezahlt geblieben. Bahnanschluss gab es seit 1878. Die Anteile am Schrambacher Kohlebergbau waren eine gute Basis für die Versorgung mit kalorischer Energie. Die Produktionsstruktur war aber vertikal gut aufgebaut, d. h. es gab eine lange Wertschöpfungskette, von Roheisen und Schrott über Puddelöfen, Schweißwerk, Grobwalzwerk und Stabstahl, einschließlich Achsenvormaterial, einerseits, Platinenwalzerei und Schwarzblechwalzwerk andererseits. Zuerst wurden die Wasserbauten erneuert und von Holzkonstruktionen auf Betongerinne umgebaut. Die Wasserräder wurden durch Turbinen ersetzt. Großen Weitblick bewies

67 Taufbuch der Evangelischen Gemeinde A.C. in Pressburg, aufliegend im Archiv Hlavneho Mesta Slovenskej Republicky Bratislavy, Matr, zv. 615, str. 85 (43), 67.

68 Taufbuch der Evangelischen Pfarrgemeinde A.B. Wien I.

69 Vgl. das F. v. N. Briefpapier der Firma Fried. v. Neuman, Zink- und Aluminiumwalzwerk Marktl im Traisental bis 1979.

70 Österreichisches Staatsarchiv, Qualifikationslisten, KA.

71 Neuman, Die Entstehung der Industrie im Bezirk Lilienfeld (wie Anm. 14) 188

72 Ebenda.

Viktor v. Neuman bei der Beurteilung der Zukunftsaussichten für das Schwarzblechwalzwerk. Obwohl dieses damals in Ausstattung und Produktionshöhe noch nicht im Hintertreffen war, wurde dessen Umstellung von langer Hand vorbereitet: Die Kapazitäten der Anlagen für die Vertikalstruktur sollten bestehen bleiben, aber nicht mehr für die Blechproduktion, sondern für die Stabeisen- und Profilproduktion genützt werden, die noch auszubauen war.[73] Die Puddelöfen wurden aufgelassen und zur Rohstahlversorgung zugekaufter Schrott und Siemens-Martin-Stahl eingesetzt. So konnte das Schwarzblechwalzwerk 1903 stillgelegt werden. Die eigene Schrottaufarbeitung blieb erhalten. Statt dieser stillgelegten Produktion wurde mit entsprechender, aber nicht investitionsintensiver, Umstellung 1904 die Produktion von Zinkblechen aufgenommen (das Walzen von Zinkblech erfordert viel weniger Energie als das Walzen von Schwarzblech, sodass breitere Bleche erzeugt wurden). Die Schrambacher Kohle wurde für Kohlenstaubfeuerung eingesetzt, die Turbinen mit Generatoren ergänzt und so das Werk auf Elektroantrieb umgestellt.

Damit waren Produktion, Produktionsanlagen und Infrastruktur für das 20. Jahrhundert gut aufgestellt. Die Firma Friedrich v. Neuman war Mitglied des Eisenkartells und des Zinkblechkartells. Nach dem Ersten Weltkrieg brach der donaueuropäische Markt für Wagenachsen[74] zusammen und diese Sparte wurde eingestellt. Dafür wurde die Zinkblechproduktion 1929/30 ausgebaut und durch eine Verarbeitung von Zinkwalzprodukten ergänzt (selbstverzehrende Gehäuse für Trockenbatterien). Mit diesen Produkten wurden die Krisenjahre der Zwischenkriegszeit relativ gut überstanden, wobei allerdings eine Verminderung der Vertikalstruktur verbunden war (die Wertschöpfung von Rohzink-Zinkblech ist relativ gesehen niedriger als sie Wertschöpfung von Schrott-Stabeisen). Durch Unterbrechungen der Beschäftigungszeiten (so genannte »Stotterdienstverhältnisse«[75]) wurde die Stammbelegschaft gehalten. Dies war die unausgesprochene Leitlinie des geschäftsführenden Gesellschafters Dipl.-Ing. Fritz v. Neuman (1918 und 1938 bis 1945), des Sohnes von Emil v. Neuman. 1938, nach dem »Anschluss«, passte das Stabeisenwalzwerk nicht mehr in die reichsdeutsche Planung und musste auf staatliches Geheiß geschlossen werden. Stattdessen wurde das Zinkblechwalzwerk um ein Zinkbandwalzwerk ergänzt und eine neue Firma, die Hermaltex-Holzfaserplattenfabrik Herbert v. Neuman KG gegründet, die Sägewerksabfälle zu Dämmplatten verarbeitete. Die Firma entging nach 1945 knapp der USIA-Verwaltung, lediglich die Fa. Hermaltex bekam einen öffentlichen Verwalter. Die Metallverarbeitung von Zink wurde durch die Verarbeitung von Aluminium ergänzt, bis 1985 Zink aus dem Produktionsprogramm gänzlich verschwand. Dipl.-Ing. Walther Pollak (1913–1981), Enkel von Emil v. Neuman, der Stalingrad und Kriegsgefangenschaft in Russland überstanden hatte, war Motor des Firmenüberlebens in der Nachkriegszeit. Beschäftigt waren ohne größere Schwankungen von 1880 bis 1938 etwa 300 Personen, von 1946 ansteigend bis 1976 320 bis 480. Der Ausstieg

73 Pusch/Heistinger/Kickinger, Es begann mit dem Gstettenhammer (wie Anm. 3) 106 f.
74 Neuman, Die Entstehung der Industrie im Bezirk Lilienfeld (wie Anm. 14) 189.
75 Pusch/Heistinger/Kickinger, Es begann mit dem Gstettenhammer (wie Anm. 3) 187.

aus der Rüstungsproduktion 1823 hatte zu stabilen Beschäftigungszahlen geführt. Heute, 2013, sind etwa 750 Personen am Standort Marktl beschäftigt. Bei dieser Zahl sind die weltweit tätigen Tochtergesellschaften nicht berücksichtigt. Der Aluminiummarkt stand ab 1970 unter einem gewaltigen Internationalisierungsdruck, dem die OHG auf Dauer nicht gewachsen war. Schlussendlich wurde der Ausgleich angemeldet und das Unternehmen 1981 von der süddeutschen Familie Grupp übernommen. Dr. Cornelius Grupp übernahm die Firmenleitung und führte die Firma, nach dem bewährten Rezept der Weiterentwicklung von Unternehmensstärken und der Umstrukturierung von nicht mehr marktfähigen Produktionen, erfolgreich in die Internationalisierung. Damit ging aber die protestantische Firma in katholische Hände über.

Friedrich Christian v. Neuman war 1864 bis 1876 Mitglied des Presbyteriums der Evangelischen Pfarrgemeinde A.B. Wien.[76] Seine Söhne waren angehalten, den Sonntagsgottesdienst zu besuchen, sie wurden (zur Kontrolle?) über den Inhalt der Predigt befragt. Da die »Großen« lieber ins Café zum Billardspielen gingen, schickten sie ihren jüngsten Bruder Emil, der ihnen vom Gottesdienst berichtete.[77] Ob das Verständnis der Predigten auch dazu geführt hat, dass sich Viktor und Emil später auch abseits der Norm politisch betätigten? Bei den Behörden galt um 1900 die Firma Friedrich v. Neuman als sozialdemokratisch, denn die Mitarbeiter wären mit Duldung der Eigentümer 100 % sozialdemokratisch organisiert.[78] Tatsächlich war das Einvernehmen mit den Besitzernachbarn Lenz eher schlecht. Nur so war es möglich, dass sich die Firma Neuman 1905 an die niederösterreichische Statthalterschaft wandte, um »den anarchischen zuständen, die durch die diktatur des herrn v. lenz hier platz gegriffen haben energisch ein ende zu machen«.[79] 1912 galt in der Hüttenindustrie noch der 12-Stunden-Tag: In der Sitzung des Eisenkartells vom 18. Juni 1912 berichtete Viktor v. Neuman über die in seinem Betrieb zu beobachtenden Vorteile des 8-Stunden-Tages.[80] Sein Bruder Emil war mit Viktor Adler so gut bekannt oder befreundet, dass er diesem 1897 einen taktischen Brief im Kampf um das gleiche Wahlrecht sandte.[81] Bedingt durch das Kurienwahlrecht auf kommunaler Ebene war Viktor 1882 bis 1918 Gemeinderat in Lilienfeld.[82] In diesem Zeitraum wurden in Lilienfeld z. B. Wasserleitung, Kanal und Krankenhaus gebaut, weshalb Viktor v. Neuman 1905 zum Ehrenbürger ernannt wurde. Emil v. Neuman wurde 1917 Ehrenbürger von Lilien feld.

76 Friedrich Preidel/Julius Ergenzinger, Die evangelische Kirchengemeinde A.C. zu Wien in ihrer geschichtlichen Entwicklung von 1781–1881 (Wien 1881).

77 Persönliche Mitteilung von Hertha Pollak.

78 Niederösterreichisches Landesarchiv, Polizeiberichte Lilienfeld.

79 Pusch/Heistinger/Kickinger, Es begann mit dem Gstettenhammer (wie Anm. 3) 127.

80 Die Enquete über das Eisenkartell. *Neue Freie Presse* Nr. 17178 (20. Juni 1912) 15.

81 Viktor Adler Archiv Wien: Brief von Emil v. Neuman an Viktor Adler (1897).

82 Karl Trattner, Protokolle der Gemeinderatssitzungen vom 1. September 1851 bis 28. Februar 1939 (Lilienfeld 1999).

Abb 3 Hertha Pollak, geb. v. Neuman 1968.

Viktor v. Neuman zahlte seinen Kirchenbeitrag an die evangelische Pfarrgemeinde A.u.H.B. St. Pölten[83] und unterstützte regelmäßig die evangelische Schulgemeinde Ulreichsberg.[84] Da er selbst kinderlos war, setzte er die Tochter seines Bruders Emil, Hertha (1888–1969), zur Universalerbin ein. Sie hatte, ebenfalls der Zeit voraus, wohl 1900 bis 1906 ein Lyzeum besucht und gegen den Willen der Familie ihre Heirat (1912) mit dem Finanzbeamten und Reserveoffizier Wilhelm Pollak durchgesetzt. Tief gläubig, mutig und bescheiden wie sie war, ertrug sie schwere Schicksalsschläge: Zwischen Herbst 1941 und Januar 1943 verlor sie ihren geliebten Mann, den jüngeren Sohn im Russlandfeldzug und den älteren Sohn als »in Stalingrad vermisst«. Durch ihre überzeugende und politisch unanfechtbare Art war sie die wichtigste Person zur Erhaltung der Eigentumsverhältnisse und der Handlungsfreiheit der Firma nach 1945.

Bildquellen

1 *Waldeisenstandorte 15.–19. Jahrhundert, aus: Verein für Marktler Industriegeschichte. Quelle Lit.Verzeichnis 3. Grafik Pusch/Wagner*
2 *Waldkirchlein St. Aegyd, aus: Evangelische Pfarrgemeinde St. Aegyd a. N. – Traisen Foto W. Pusch*
3 *Hertha Pollak, geb. v. Neuman, 1968, aus: Hertha Niescher, Perchtoldsdorf. Foto von Hochedlinger.*

83 Erster Bericht des Presbyteriums der Evangelischen Gemeinde A.u.H.B. St. Pölten (St. Pölten 1901) 19.

84 Schulchronik der Evangelischen Privatschule Ulreichsberg (verschollen ca. 2005).

Protestantische Unternehmer in Vorarlberg bis zum Ersten Weltkrieg

Von Hubert Weitensfelder

Das Engagement von Protestanten in Gewerbe und Industrie der Habsburgermonarchie ist ein bekanntes Phänomen. Die Glaubenszugehörigkeit vieler Wirtschaftstreibender ist allerdings bislang eher unzureichend erforscht, da sie in den Quellen oft nicht eigens erwähnt wird. So hat Wolfgang Meixner für den Zeitraum von ca. 1770 bis 1914 eine umfangreiche Datenbank von 2.592 Unternehmern in Cisleithanien erstellt. 81,3 % dieser Personen waren konfessionell nicht zuzuordnen. Lediglich 7,8 % waren als Katholiken, 6,9 % als Juden und 3,8 % als evangelisch ausgewiesen.[1] Für Vorarlberg vermochte Rupert Pichler in einer Studie unter 310 Unternehmern gar lediglich 24 Personen (7,7 %) konfessionell zu verorten, darunter acht Katholiken, zwölf Protestanten und vier Juden.[2] Dabei ist natürlich zu berücksichtigen, dass die Anhänger anderer Konfessionen als der katholischen relativ häufig als solche ausgewiesen sind. In mehreren Forschungsarbeiten, die ich vor einiger Zeit für das Amt der Vorarlberger Landesregierung durchgeführt habe, konnte ich unter anderem das Milieu der in diesem Land tätigen Industriellen genauer charakterisieren und in einer Reihe von Fällen die Religionsbekenntnisse feststellen. Auch weitere Untersuchungen der letzten Jahre haben mehr Licht auf diesen Aspekt geworfen.

I. Einige Grundlinien der Industrialisierung Vorarlbergs

Um die Mitte des 18. Jahrhunderts erfuhren Teile des heutigen Bundeslandes Vorarlberg rege wirtschaftliche Impulse aus der benachbarten Eidgenossenschaft und dem Bodenseeraum. Viele Bewohner spannten, webten und stickten in ihren Haushalten für Auftraggeber jenseits der Landesgrenzen. In Bregenz und Hard am Bodensee entstanden erste Textilmanufakturen. Seit Anfang des 19. Jahrhunderts erlebte in dieser Region insbesondere die Textilwirtschaft eine, im österreichischen Vergleich, recht frühe Industrialisierung. In der großen Marktgemeinde Dornbirn etwa nahmen 1811/12 erstmals eine mechanische Spinnerei und 1834 eine mechanische Weberei den Betrieb auf. Bis um 1870 wurden in Vorarlberg 31 Spinnereien, 23 Webereien, 18 Bleichen, 19 Färbereien und 17 Druckereien gegründet. Diese erste Phase

1 Wolfgang Meixner, Aspekte des Sozialprofils österreichischer Unternehmer im 19. Jahrhundert. Regionale und soziale Mobilität (Diss. phil. masch. Innsbruck 2001) 2 f., 136.

2 Rupert Pichler, Zum Sozialprofil der Vorarlberger Unternehmer im 19. und frühen 20. Jahrhundert, in: Durch Arbeit, Besitz, Wissen und Gerechtigkeit, hg. von Hannes Stekl/Peter Urbanitsch/Ernst Bruckmüller (Bürgertum in der Habsburgermonarchie 2, Wien–Köln–Weimar 1992) 254–276, hier 263.

der Industrialisierung vollzog sich im Rheintal und Walgau, zwischen Kennelbach im Norden und Bürs im Süden. Zum Betrieb der erforderlichen Maschinen nützten die Unternehmer jene Zonen, wo die Wasserläufe aus den umliegenden Bergen ins Tal übertraten.

In den Jahren 1870 bis 1872 wurden die Talregionen des Landes durch eine Eisenbahnlinie erschlossen. Sie verlief durch die Städte Bregenz, Feldkirch und Bludenz und eröffnete Schienenwege in die Schweiz und nach Bayern. Ab 1884 verband eine weitere Strecke durch das Klostertal Vorarlberg über einen Tunnel mit Tirol. In diesen Jahren setzte eine zweite Phase der Industrialisierung ein. Rund ein Dutzend Unternehmer aus der Schweiz und Deutschland gründeten neue Betriebe im Land. Im Raum Bregenz errichtete Karl Benger eine Wollwirkerei, Julius Maggi und Karl Heinrich Knorr etablierten Fabriken zur Erzeugung von Nahrungsmitteln. In Bludenz ließ sich die Firma Philipp Suchard als Schokoladenhersteller nieder. Die Industrie erfasste nun auch Ortschaften in der Rheinebene an der Grenze zur Schweiz: Zwischen Lustenau im Norden und Koblach im Süden nahmen viele hundert Stickmaschinen die Arbeit auf. Schließlich wurden durch den Bau von Nebenbahnen weitere ländliche Gebiete enger mit den Talzonen verbunden. 1902 erschloss ein Gleisstrang von Bregenz nach Bezau den Bregenzerwald, seit 1905 verkehrte eine weitere Bahn zwischen Bludenz und Schruns im Montafon.[3]

II. Protestantische Unternehmer: biografische Beispiele

Seit der Gegenreformation wurden die vorarlbergischen Herrschaften praktisch ausschließlich von Katholiken bewohnt. Die Einheimischen pflegten allerdings regen Umgang mit ihren Nachbarn. Viele von ihnen verdingten sich beispielsweise saisonal als Bauhandwerker im Bodenseeraum. Auch die Bewohner der verstreuten vorderösterreichischen Territorien im Norden und Nordwesten des Bodensees waren in ihrem Alltag oft mit Protestanten konfrontiert.[4]

Mit der Intensivierung wirtschaftlicher Kontakte und der Zuwanderung einzelner Protestanten gewann die Frage der Glaubenszugehörigkeit allmählich eine neue Brisanz. So versuchten Mitte der 1780er Jahre zwei Schweizer Kaufleute namens Schmid und Schindler, im Tannheimer Tal in Tirol eine Baumwollmanufaktur ins Leben zu rufen. Da die beiden aber keine Katholiken waren, weigerten sich die Einheimischen,

3 Zur Vorarlberger Wirtschaftsgeschichte seit der Mitte des 18. Jahrhunderts vgl. Hubert Weitensfelder, Industrie-Provinz. Vorarlberg in der Frühindustrialisierung, 1740–1870 (Studien zur historischen Sozialwissenschaft 29, Frankfurt/Main–New York 2001) und Christian Feuerstein, Wirtschaftsgeschichte Vorarlbergs von 1870 bis zur Jahrtausendwende (Konstanz 2009).

4 Zur wirtschaftlichen Aktivität in dieser Region vgl. etwa Hubert Weitensfelder, Textillandschaft Vorderösterreich. Gewerbe und Manufakturen in der zweiten Hälfte des 18. Jahrhunderts. *Das achtzehnte Jahrhundert und Österreich. Jahrbuch der Österreichischen Gesellschaft zur Erforschung des 18. Jahrhunderts* 16 (2001) 93–108.

für sie zu arbeiten. Große militärisch-politische Verwerfungen setzten weitere Migrationen in Gang. 1798 besetzten französische Truppen die Schweiz und eine Helvetische Republik wurde ausgerufen. In der Folge suchten einige Schweizer Zuflucht in Vorarlberg, unter ihnen Gesellschafter des großen Appenzeller Handelshauses Zellweger. Zwei Söhne Johann Zellwegers aus Trogen blieben eine Zeit lang im Land und betrieben Handel mit Leinwand und Mousseline. Manche Einheimische empfanden ihr Tun als Konkurrenz und äußerten Bedenken, weil sie Calvinisten seien.[5]

Auch die Gründer von Manufakturen in Vorarlberg wurden aufmerksam beobachtet. Zumindest konfessionell unverdächtig war Karl Bernhard Caspar, ein Kaufmann aus Rorschach im Kanton St. Gallen, dessen Vater aus Bregenz stammte. Caspar gründete Mitte der 1760er Jahre die erste Textilmanufaktur des Landes in Bregenz. Ausdrücklich wurde festgestellt, dass er in der Eidgenossenschaft katholische Familien mit Spinnarbeiten beschäftigte.[6] Erst dreißig Jahre später folgte ein zweiter Manufakturbetrieb im Land. Er geht auf einen Protestanten zurück: Samuel Vogel (1737–1816) stammte aus Illzach bei Mülhausen (Mulhouse) und übersiedelte um 1783 nach Emmendingen in der Grafschaft Hochberg (Baden), wo er Baumwolle und Hanf verarbeiten ließ.[7] Um 1794 übersiedelte Vogel nach Hard bei Bregenz und erwarb das Schlösschen Mittelweiherburg. Dort errichtete er mit seinen Söhnen sowie zwei Gesellschaftern aus Mülhausen und Lyon eine Produktionsstätte für Baumwollwaren und bald darauf eine Textildruckerei. Diese Branche wies im Land keine Tradition auf; Vogel musste daher auf auswärtige Fachleute zurückgreifen, darunter befanden sich viele Protestanten. Zu deren Zuzug vermerkte der Verfasser einer zeitgenössischen Chronik skeptisch: »Sie sind (...) Glaubends und aufführung halber bei den Harderleuten ganz verachtet und man will mit ihnen keine Gemeinschaft haben.« Um 1807 verließ Vogel das mittlerweile unter bayerische Herrschaft gelangte Vorarlberg und übersiedelte nach Oberösterreich, wo er sich weiterhin in der Textilbranche betätigte. Den Betrieb führte ab 1813 sein Schwiegersohn Philipp Karl Doppelmayr weiter. Nach einem Brand 1818 gab dieser aber die Druckerei auf und betrieb in der Folge eine chemische Schnellbleiche und Appretur.[8] Seine Kinder ließ Doppelmayr von einem evangelischen Prediger aus Appenzell-Ausserrhoden unterrichten.[9]

1814 kam Vorarlberg zu Österreich zurück. In den folgenden Jahrzehnten, der ersten industriellen Gründerzeit, migrierte eine größere Zahl von Firmengründern aus

5 Weitensfelder, Industrie-Provinz (wie Anm. 3) 50–53.

6 Ebenda 37–40.

7 Ebenda 44. Vgl. zu Samuel Vogel jetzt auch Michaela Schmölz-Häberlein, Kleinstadtgesellschaften. Weibliche und männliche Lebenswelten im Emmendingen des 18. Jahrhunderts (Vierteljahrschrift für Sozial- und Wirtschaftsgeschichte, Beiheft 220, Stuttgart 2012) 40 f., 56, 161 f., 236. Die Taufe von Vogels Sohn Karl Georg und Samuel Vogels Sterbedatum sind in den Büchern der evangelischen Gemeinde verzeichnet (freundliche Auskunft der Autorin).

8 Hubert Weitensfelder, Rote Bäche, schwarze Zahlen. Hard im Zeitalter der frühen Industrialisierung (1790 bis 1867), in: Die Tüchlebarone. Zur Geschichte der Textildruck- und Textilfärbeindustrie in Hard vom späten 18. bis zum frühen 20. Jahrhundert, hg. von Reinhard Mittersteiner (Hard 1999) 36–77, hier 36–39, hier zit. 38.

9 Weitensfelder, Rote Bäche (wie Anm. 8) 51.

anderen Territorien in das kleine Land. Ein wichtiger Grund für diesen Trend war, dass die Habsburgermonarchie sich wirtschaftspolitisch nach außen durch strenge Zollschranken schützte. Um diesen großen Markt für sich zu gewinnen, wagte deshalb eine Reihe risikofreudiger Kapitalbesitzer den Sprung über die Grenzen. Für den Zeitraum bis zum Jahr 1870 habe ich insgesamt 83 einheimische und zugereiste Unternehmer sowie Firmenteilhaber in Vorarlberg namhaft gemacht und etwas genauer untersucht. Davon stammten 47 aus dem Land selbst, 20 aus der Schweiz, neun aus deutschen Staaten, vier aus anderen Ländern der Habsburgermonarchie und drei aus Großbritannien. Die einheimischen Firmenbesitzer waren fast ausschließlich katholisch; zu den bekanntesten unter ihnen zählen Franz Martin Hämmerle, Franz Martin Rhomberg, David Fußenegger, Karl Ganahl und Christian Getzner. Aber auch die jüdische Gemeinde in Hohenems brachte einige Unternehmer hervor, darunter Josef, Philipp und Urban Rosenthal sowie Ephraim und Isaak Löwengard.[10]

In der Folge werden nun einige Unternehmer kurz charakterisiert, die bei der Gründung einer evangelischen Gemeinde in Vorarlberg Bedeutung erlangten. Die meisten der Genannten fassten in der ersten Industrialisierungswelle Fuß, zwei gehörten einer späteren Generation an.

Die früheste Zuwanderung erfolgte im Unterland, also im Norden des Landes, in der Nähe des Bodensees. Zu den ersten Protestanten zählte Samuel Schindler aus dem Kanton Glarus. Nach einem gescheiterten Versuch, in seiner Heimat eine größere Handweberei zu gründen, übersiedelte er mit seinen Söhnen Friedrich und Dietrich sowie mit seinem Schwiegersohn Melchior Jenny (1785–1863) nach Hard. 1825 erwarb Jenny dort eine bestehende Kottondruckerei. Gemeinsam mit seinen Verwandten gründete er an mehreren Standorten in Hard und im nahe gelegenen Kennelbach weitere Betriebe zum Färben und Bleichen sowie zum mechanischen Spinnen und Weben.[11] Die Teilhaber brachten aus dem Glarus die Türkischrotfärberei mit, eine sehr anspruchsvolle Technik, um vor allem Baumwollstoffe mit leuchtenden Farben zu versehen.[12] Diese fanden unter anderem großen Absatz für die Erzeugung volkstümlicher Kleidungsstücke in den östlichen Regionen der Habsburgermonarchie. 1836 investierten Jenny & Schindler die enorme Summe von 440.000 Gulden in den Bau einer großen Spinnerei in Kennelbach. Zu diesem Zweck gründeten sie eine Aktiengesellschaft. Daran beteiligte sich auch Johanna Ebner, die Gattin des Vor-

---

10 Weitensfelder, Industrie-Provinz (wie Anm. 3) 193 f. Zu Rosenthal vgl. Christoph Volaucnik, Die Hohenemser Betriebe der Gebrüder Rosenthal, in: Industriearchäologie. Nord-, Ost-, Südtirol und Vorarlberg, hg. von Christoph Bertsch (Innsbruck 1992) 287–299; ferner Werner Matt, Fabrikanten, Bürgermeister und Großbürger: Philipp und Anton Rosenthal, in: Von Salomon Sulzer bis »Bauer & Schwarz«. Jüdische Vorreiter der Moderne in Tirol und Vorarlberg, hg. von Thomas Albrich (Innsbruck 2009) 169–200.

11 Weitensfelder, Industrie-Provinz (wie Anm. 3) 105 f.; Daten zur Firmengeschichte ebenda 503 f.

12 Franziska Abgottspon, Das Farbenreich. Zur Geschichte und Technik des Textildrucks und der Textilfärberei bei Jenny & Schindler, in: Die Tüchlebarone (wie Anm. 8) 78–153, hier 86–107.

arlberger Kreishauptmanns Johann Nepomuk von Ebner, des höchsten Beamten im Land.[13]

Viele Arbeiter bei Jenny & Schindler stammten aus der Schweiz, darunter eine Reihe von Protestanten. Nach wie vor waren aber »Akatholiken« in den kleinen Industriegemeinden nicht gerne gesehen, außerdem boten diese nicht genügend Wohnraum für die Zuwanderer. Dieser Umstand führte bereits früh zur Errichtung eigener Wohnhäuser für die Beschäftigten. Das älteste noch erhaltene Objekt dieser Art in Kennelbach wurde um 1850 gebaut.[14] Dadurch gewannen die Betriebe an Attraktivität für zuziehende Arbeitskräfte. Die firmeneigenen Wohnungen erleichterten den Fabrikanten auch die Kontrolle über ihre Beschäftigten. Die Schaffung großindustrieller Anlagen durch die Teilhaber hatte übrigens auch neuartige Formen des Arbeitskampfes zur Folge: In den Betrieben von Jenny & Schindler fanden die ersten Streikmaßnahmen im Land statt. 1837 verweigerte eine Reihe von Webern und Druckern in Hard die Arbeit, nachdem die Unternehmer Lohnkürzungen verfügt hatten. Wenige Wochen später streikten auch 14 Beschäftigte in Jennys Spinnerei in Lauterach. In beiden Fällen taten sich vor allem (katholische) Einheimische hervor, während sich die Auswärtigen sehr zurückhielten, da ihnen die Abschiebung aus dem Land drohte. 1841 traten schließlich Arbeiter der Spinnerei in Kennelbach in den Ausstand.[15]

Ein heute weniger bekannter Vertreter der ersten Generation war Konrad Gysi (1807–1885). Er stammte aus Zürich. Gysis Onkel beteiligte sich 1832 an der Errichtung einer mechanischen Weberei in Uster im Zürcher Oberland. Damals steckte die Handweberei in einer schweren Krise, einige Weber sahen durch die Fabrik ihre Arbeit gefährdet und zündeten das Gebäude an. Diese Erfahrung mit einem »Maschinensturm« könnte Konrad Gysi zur Migration bewogen haben. 1834 erwarb er eine mechanische Spinnerei in Fußach, später folgten eine Färberei und Druckerei in Rieden-Vorkloster und eine weitere Spinnerei in Dornbirn.[16] 1835 erhielt Gysi die Genehmigung zur Errichtung eines Wohnhauses für seine Arbeiter. Ein Bauplan ist überliefert; wenn das Gebäude wirklich zustandekam, würde es sich um das älteste nachweisbare Arbeiterwohnhaus in Vorarlberg handeln.[17]

Gysi wurde von den Bewohnern Fußachs argwöhnisch observiert. Mehrfach beschwerte sich der Fußacher Pfarrer, dass er in seiner Fabrik schulpflichtige Kinder beschäftige, von denen einige aus der Schweiz und aus Liechtenstein stammen; außerdem lasse er in der Nacht arbeiten. Darüber hinaus wurde 1844 angezeigt, dass

13 WEITENSFELDER, Industrie-Provinz (wie Anm. 3) 203, 356 f.

14 Christoph BERTSCH, ...und immer wieder das Bild von den Maschinenrädern. Beiträge zu einer Kunstgeschichte der industriellen Revolution (Berlin 1986) 56 f.

15 WEITENSFELDER, Industrie-Provinz (wie Anm. 3) 311 f.

16 Ebenda 195; Firmendaten ebenda 500. Eine Todesanzeige Gysis in: *Vorarlberger Landeszeitung*, 25. Juni 1885.

17 Reinhard JOHLER, Zum Ensemble einer Stadt: Bauern-, Bürger- und Arbeiterhäuser, in: Fabriken, Mühlen, Bauernhäuser. Zur Entstehung einer Industrielandschaft. Baupläne für Dornbirn und Umgebung aus der ersten Hälfte des 19. Jahrhunderts, hg. von Werner MATT (Dornbirn 1992) 32–54, hier 48 f., mit einer Abbildung des Grundrisses.

ein Aufseher einen vierzehnjährigen Knaben misshandelt habe. 1845 und 1855 verunglückten ein 14- und ein 13-jähriges Mädchen in Gysis Fabrik tödlich.[18] Der Unternehmer war noch aufgrund eines anderen Umstands in der Umgebung unbeliebt: Seine Fußacher Spinnerei war die einzige frühe Textilfabrik des Landes, die weitab von den kraftliefernden Bergbächen inmitten der Rheinebene lag. Er musste daher das Wasser für den Betrieb seiner Maschinen mittels eines so genannten Schwellwuhrs anstauen. Das verbriefte Recht zu dessen Nutzung stellte wiederum ein Hindernis für Versuche dar, das sumpfige Rheintiefland zu entwässern und so fruchtbares Land zu gewinnen. Dadurch zog Gysi den Unmut der Bevölkerung umliegender Gemeinden auf sich. Während der revolutionären Ereignisse 1848 machten Gerüchte die Runde, dass mehrere Arbeiter die Absicht hegten, ihn zu ermorden oder sein Haus anzuzünden. In diesem Jahr brannte seine Fabrik ab, als Ursache wurde Brandstiftung seiner Gegner in Erwägung gezogen. 1870 wurde Gysi beschuldigt, die Stauanlagen eigenmächtig erhöht zu haben. Daraufhin rissen mehrere Dutzend empörte Bewohner der Gemeinde Lustenau die Anlagen weg.[19]

Die meisten protestantischen Betriebsgründer betätigten sich im Textilsektor, aber auch eine andere Branche war vertreten. Mehrere Personen wanderten aus dem badischen Pforzheim ein, einem Zentrum der Schmuckwarenherstellung. Auch in diesem Fall könnten soziale Unruhen den Anlass für eine Standortverlagerung geliefert oder eine solche zumindest beschleunigt haben. 1839 brachen in Pforzheim Arbeiterunruhen aus, eine Reihe von Beschäftigten wandte sich unter anderem gegen die Firmen von Gülich und Dittler. Wenige Monate zuvor hatte Karl Gülich in Bregenz die Gründung eines größeren Betriebs beantragt, ein Teilhaber war Christian Dennig. 1842 folgte auch der Fabrikant Julius Dittler nach Bregenz.[20]

Weitere Ansiedlungen erfolgten im Vorarlberger Oberland, also in der Region südlich des Kummenbergs bei Götzis. In Satteins gründeten 1836 mehrere Kapitalbesitzer aus dem Kanton Glarus eine Rotfärberei und Baumwolldruckerei. Dabei handelte es sich um Johann Peter Elmer (geb. 1803 in Bilten), Johann Kaspar Zweifel (geb. 1801 in Bilten) und Mathias Schlittler (geb. 1804 in Niederurnen). Angesichts dieses Zuwachses ließen die österreichischen Behörden, wie so oft, strenge Kontrolle walten: Als Elmer 1837 von Glarus nach Satteins übersiedelte, durfte er seine bewegliche Habe zollfrei einführen; Bücher und Bilder mussten allerdings die rigide Zensur passieren.[21] Die Teilhaber waren Reformierte helvetischer Konfession, wobei Zweifels Stammbaum möglicherweise jüdische Vorfahren aufwies. 1853 ließ die Firma außerdem im angrenzenden Schlins eine Baumwollweberei und Spinnerei errichten.[22]

18 Weitensfelder, Industrie-Provinz (wie Anm. 3) 263–267.

19 Ebenda 247–252.

20 Ebenda 195 f.; Betriebsdaten zu Dittler ebenda 492 f. Zu Gülich und Dennig vgl. ebenda 512.

21 Hubert Weitensfelder, Buchhandel, Buchdruck, Lithographie und Lektüre in Vorarlberg vom Ende des 18. Jahrhunderts bis zum Bau der Arlbergbahn 1884. *Alemannia Studens. Mitteilungen des Vereins für Vorarlberger Bildungs- und Studenten-Geschichte* 6 (1996) 51–75, hier 70.

22 Manfred A. Getzner, Firmengeschichte Getzner, Mutter & Cie, Bludenz, Bd. 2/1: Mensch und

In den 1830er Jahren engagierten sich im Oberland außerdem Unternehmer aus England, Schottland und dem Schweizer Kanton Zürich bei der Gründung technisch ambitionierter Textilbetriebe. Zu ihnen zählten Peter Kennedy aus Manchester, John Douglass (1804–1870) – er war von seinem Stammsitz auf Schloss Tilquhillie bei Banchory in Schottland zugewandert – und Hans Kaspar Escher (1775–1859), Mitbegründer einer großen Maschinenfabrik in Zürich, sowie dessen Sohn Albert (1808–1845); dieser war mit einer Schwester Peter Kennedys verheiratet. Ihre wichtigste Gründung war eine mechanische Spinnerei und Weberei in der kleinen Ortschaft Thüringen. Für deren Errichtung sahen sie die Summe von 400.000 Gulden vor, die mit Hilfe einer Aktiengesellschaft aufgebracht wurde. 1837 wurde der Bau realisiert. Unter den Aktionären scheint Kreishauptmann Ebner auf.[23] 1839 installierten die Teilhaber zur Kraftversorgung des Betriebs eine der frühesten Turbinen der Habsburgermonarchie und im Jahr darauf die erste Dampfmaschine des Landes.[24] Ähnlich wie bei Jenny & Schindler oder Gysi zog diese Fabrik viele auswärtige Arbeitskräfte an, darunter eine Reihe von Protestanten. Für ihre Unterbringung wurde daher ein Wohngebäude für 120 bis 150 Beschäftigte errichtet.[25] Zu deren Versorgung bei Unglücks- und Sterbefällen wurde 1840 eine Fabrikskrankenkasse errichtet. Ihre Statuten sind die ältesten, die im Land überliefert sind. Ein Jahr später folgte übrigens eine weitere Kasse in der Spinnerei von Jenny & Schindler in Kennelbach.[26]

Die Gemeinde Thüringen hatte lange Zeit zum Territorium der »Freien Reichsherrschaft Blumenegg« gezählt; diese stand im Besitz des Stifts Weingarten bei Ravensburg und kam erst 1804 zu Österreich. Die Tradition geistlicher Herrschaft hinterließ deutliche Spuren in der Mentalität der Bewohner. 1838 wandte sich der Thüringer Pfarrer in mehreren Predigten gegen die neue Fabrik. Er warnte die Kirchenbesucher davor, ihre Kinder in diese »Mördergrube« zu schicken. Daraufhin verklagten John Douglass und sein Betriebsleiter den Priester beim Landgericht Bludenz; dieser äußerte aber weiterhin öffentlich Bedenken wegen gesundheitlicher und sittlicher Gefahren. Eine behördliche Untersuchung führte allerdings zu keinem Ergebnis. Aus Sorge um die Glaubenseinheit forderte der Geistliche später die Abhaltung einer Volksmission der Jesuiten für die Blumenegger Talgemeinden, die auch durchgeführt wurde.[27]

Maschine (Feldkirch ²1990) 51 f.; Firmendaten bei Weitensfelder, Industrie-Provinz (wie Anm. 3) 494.

23 Die geplante Summe bei Weitensfelder, Industrie-Provinz (wie Anm. 3) 203. Zu Ebner als Aktionär vgl. ebenda 356; Firmendaten ebenda 494 f.

24 Ebenda 236 f.

25 Eine Abbildung des Gebäudes von 1848 bei Gerda Leipold-Schneider, Escher-Kennedy-Douglass: Baumwollverarbeitung in Thüringen, in: Villa Falkenhorst, hg. von Andreas Rudigier (Bludenzer Geschichtsblätter 66/67, Bludenz 2002) 21–32, hier 26.

26 Weitensfelder, Industrie-Provinz (wie Anm. 3) 296.

27 Karl Gerstgrasser, Falkenhorst und der Protestantismus in Thüringen, in: Villa Falkenhorst (wie Anm. 25) 61–68, hier 61 f., 64 f.

Einige Angehörige der zweiten Generation protestantischer Zuwanderer machten ebenfalls von sich reden. Einige Popularität erlangte John Douglass' Sohn John Sholto (1838–1874). Er war ein frühes aktives Mitglied des Vorarlberger Landesmuseumsvereins und zählte zu den ersten Archäologen des Landes, an dessen Vergangenheit ihn vor allem die Römerzeit faszinierte. 1870 veröffentlichte er die erste ausführlichere Darstellung über die Römer in Vorarlberg. Außerdem befasste sich John Sholto Douglass mit den Naturwissenschaften und der Geologie, vor allem mit Fossilien; dem Landesmuseumsverein vermachte er eine naturwissenschaftliche Sammlung. Darüber hinaus war er ein leidenschaftlicher Kletterer und Jäger. Er gehörte dem Österreichischen Alpenverein und später der Sektion Vorarlberg des Deutschen Alpenvereins an; beide Sozietäten schlossen sich 1873 zusammen. Er entwarf die Pläne für die erste Schutzhütte für Bergsteiger am Lünersee, die nach seinem Ableben nach ihm benannt wurde. John Sholto Douglass fand einen jähen Tod während einer Jagd, als er im Radonatobel abstürzte.[28] Seine Witwe Vanda, geborene von Poellnitz, heiratete später den Maler Jakob Jehly, ihre Tochter Grete Gulbransson-Jehly machte sich als Schriftstellerin einen Namen.[29]

Im Unterland frönte ein weiterer Industriellensohn der Liebe zur Archäologie. Samuel Jenny (1837–1901), der Sohn Melchior Jennys, hatte als Heranwachsender privaten Unterricht durch den aus Wernigerode im Harz stammenden Schriftsteller und Pädagogen August Wilhelm Grube erhalten.[30] Nach Absolvierung eines technischen Studiums übernahm er in Hard eine Türkischrotfärberei und -druckerei sowie eine Handdruckerei und darüber hinaus eine mechanische Weberei im angrenzenden Lauterach.[31] Jenny war Mitbegründer des Landesmuseumsvereins und dessen langjähriger Obmann sowie k.k. Konservator der Zentralkommission für Kunst und historische Denkmäler. Er engagierte sich stark für die Freilegung der Reste des römischen »Brigantium« in Bregenz.[32]

28 Brigitte TRUSCHNEGG, John Sholto Douglass (1838–1874), in: Villa Falkenhorst (wie Anm. 25) 69–80.

29 Jürgen THALER, Vanda Jehly (1840–1902), verwitwete Mrs. Douglass, geb. Baronin von Poellnitz, in: Villa Falkenhorst (wie Anm. 25) 81–91.

30 WEITENSFELDER, Industrie-Provinz (wie Anm. 3) 317.

31 Reinhard MITTERSTEINER: Stoff für Millionen. Zur Wirtschafts- und Sozialgeschichte Hards in der Ära der Firma S. Jenny (1867 bis 1914), in: Die Tüchlebarone (wie Anm. 8) 154–245, hier 155.

32 Vgl. zu Douglass und Jenny auch Brigitte TRUSCHNEGG, Vorarlberg und die Römer. Geschichtsbewußtsein und Landesgeschichte im Wechselspiel (1800–1945) (Schriften der Vorarlberger Landesbibliothek 4, Graz 2001) 54 f., 59 f.

III. Vorgeschichte und Gründung der evangelischen Gemeinde in Vorarlberg

Bei der Etablierung dauerhafter Strukturen für die protestantischen Zuwanderer spielten Unternehmer eine bedeutende Rolle. Bereits im Jahr 1835 ersuchten Jenny & Schindler um die Anstellung eines reformierten Geistlichen auf eigene Kosten und um den Bau eines Friedhofs für Nichtkatholiken. Sie beschäftigten damals nach eigenen Angaben 100 reformierte Arbeiter, nämlich 84 Erwachsene und 16 Jugendliche unter 16 Jahren. Da die Teilhaber die Errichtung einer mechanischen Weberei planten, erwarteten sie eine weitere Vermehrung. Hinter ihrem Gesuch stand offenbar das Bemühen, eine ausreichende Zahl zukünftiger Facharbeiter zu rekrutieren, indem sie diesen die Möglichkeit eröffneten, ihren Glauben zu praktizieren. Kurze Zeit später erregte das Eintreffen eines reformierten Geistlichen in Hard großes Aufsehen. Der Ortspfarrer argumentierte, Andersgläubige dürften erst ab einer Zahl von 500 Personen ein Bethaus und eine Schule errichten. Der Bregenzer Landrichter meinte, die nächste protestantische Kirche in St. Margarethen im Kanton St. Gallen liege nur eine Stunde entfernt, der Harder katholische Friedhof könne auch Protestanten aufnehmen. Er regte an, das Unternehmen solle mehr Katholiken beschäftigen, und warnte vor einem Präzedenzfall. Jenny & Schindler erwiderten darauf, dass sie keine öffentliche Kirchengemeinde planten. Ihre Landsleute Jenny, Aebly & Co. aus Glarus hätten bereits 50 Jahre zuvor für ihre Manufaktur in Schwanenstadt (Oberösterreich) einen reformierten Geistlichen zugestanden bekommen. Kreishauptmann Johann Nepomuk Ebner ergänzte, die Fabrikanten benötigten Drucker aus der Schweiz, da die Harder Bevölkerung leichtsinnig, unzuverlässig und unredlich sei. Die Auswärtigen bei Jenny & Schindler stammten aus dem Kanton Glarus. Zu den Harder Protestanten kamen 20 in der Spinnerei Konrad Gysis in Fußach. In Bregenz, Fußach, Höchst, Wolfurt und Dornbirn wollten angeblich weitere 71 Protestanten am Gottesdienst teilnehmen. Ebner empfahl die Genehmigung eines Seelsorgers, sprach sich aber gegen einen protestantischen Friedhof aus. Das Gesuch wurde aber schließlich in Wien abgelehnt.[33]

Im Vormärz, während der Revolution und in den anschließenden Jahren politischer Restauration blieben die protestantischen Versuche, Institutionen zu schaffen, ohne Erfolg. Im Jahr 1857 konstituierte sich in Bregenz der Vorarlberger Landesmuseumsverein, welcher auch ein Sammelbecken fortschrittlich gesinnter Zeitgenossen darstellte; zu ihnen zählten einige Protestanten. Im gleichen Jahr ersuchten 372 Glaubensgenossen aus Bregenz und Umgebung um die Zulassung einer evangelischen Gemeinde, wobei sie vom Kreishauptmann Sebastian von Froschauer unterstützt wurden. Dagegen wandten sich, neben anderen, der Bregenzer Pfarrer und der Brixner Fürstbischof Vinzenz Gasser. 1860 initiierte Ernst Freiherr von Pöllnitz ein Ansuchen um die Baubewilligung für einen evangelischen Friedhof auf einem

33 Weitensfelder, Industrie-Provinz (wie Anm. 3) 276 f.

Grundstück, das Melchior Jenny auf dem Bregenzer Ölrain erworben hatte.[34] Pöllnitz stammte aus dem fränkischen Bayreuth und war mit einer schottischen Adeligen verheiratet. 1842 hatte er Schloss Riedenburg bei Bregenz und nach dessen Verkauf 1854 das alte Schlösschen Babenwohl erworben, das er für Wohnzwecke gründlich umbauen ließ (heute beherbergt das Gebäude die Vorarlberger Landesbibliothek). Seine Tochter Vanda war mit John Sholto Douglass in Thüringen verheiratet.[35] Gegen Poellnitz' Vorhaben protestierte aber die Stadtverwaltung und behauptete, in Bregenz lebten nur acht protestantische Familien mit rund 60 Angehörigen, dazu kämen noch einige Dienstboten und Fabrikarbeiter. Dennoch bewilligte der Innsbrucker Statthalter Erzherzog Karl Ludwig prinzipiell das Bauvorhaben. Eine entscheidende Wende brachte schließlich das kaiserliche »Protestantenpatent« vom 8. April 1861. Im gleichen Monat trafen Protestanten in der Villa des Bregenzer Kaufmanns Ferdinand von Schwerzenbach zusammen. Dort übernahm Pöllnitz den Vorsitz über ein Komitee für die Vorarbeiten zu einer protestantischen Gemeinde, dem neben Schwerzenbach unter anderen auch Samuel Jenny angehörte.[36]

Noch deutlicher wird der Anteil der Industriellen in der konstituierenden Versammlung der Vorarlberger evangelischen Gemeinde, die am 29. Dezember 1861 im Schloss Babenwohl über die Bühne ging. Zum weltlichen Vorsitzenden bzw. Kurator wurde Poellnitz gewählt. Mitglieder des Presbyteriums waren Schwerzenbach, der Arzt Theodor Müller, der Kaufmann Jakob Weberbeck und Karl Neuss (alle aus Bregenz), ferner Melchior Jenny und der Fabriksteilhaber Arnold Schindler aus Hard, der Fabriksdirektor Salomon Marty aus Kennelbach, Mathias Schlittler (Satteins) und John Douglass (Thüringen) sowie der Fabrikant Robert Honegger (Frastanz). Zum Kassier wurde der Schmuckwarenerzeuger Christian Dennig bestimmt. Bis zur Einweihung der neu errichteten evangelischen Kirche auf dem Ölrain in Bregenz 1864 standen die Häuser von Fabrikanten auch für Gottesdienste zur Verfügung, darunter die Villa Gülich in Bregenz (1847 erbaut, heute Künstlerhaus Palais Thurn und Taxis) und die prächtige »Villa Falkenhorst« der Familie Douglass in Thüringen.[37] Dort hielt außerdem der aus Biberach stammende Pastor Eduard Kohler einige Probepredigten. Er wurde später zum ersten evangelischen Geistlichen im Land bestellt.[38]

Bei der Gründung der evangelischen Gemeinde in Vorarlberg dominierten somit die Eliten aus Industrie und Kaufmannschaft. Vermögen, Ansehen und gesellschaftliche Vernetzung der beteiligten Personen stellten wichtige Faktoren für diesen Akt

---

34 Lukas Ospelt, Das Protestantenpatent von 1861 im Spiegel der öffentlichen Meinung Vorarlbergs. *Montfort. Vierteljahresschrift für Geschichte und Gegenwart Vorarlbergs* 46 (1994) 208–237, hier 209.

35 Norbert Schnetzer, Ernst Freiherr von Poellnitz (1813–1900), in: Villa Falkenhorst (wie Anm. 25) 105–120.

36 Ospelt, Protestantenpatent (wie Anm. 34) 209 f.

37 Wolfgang Olschbaur, Zur Gründungsgeschichte der evangelischen Gemeinde in Vorarlberg, in: Evangelisch in Vorarlberg. Festschrift zum Gemeindejubiläum, hg. von Dems./Karl Schwarz (Bregenz 1987) 22–35, hier 27, 32 f.; Ospelt, Protestantenpatent (wie Anm. 34) 212.

38 Gerstgrasser, Falkenhorst und der Protestantismus (wie Anm. 27) 66–68.

dar, der gegen den heftigen Widerstand erheblicher Teile der Landesbevölkerung vollzogen wurde. Allerdings boten die Protestanten des Landes kein einheitliches Bild: Vertreten waren Anhänger des Helvetischen und des Augsburger Bekenntnisses ebenso wie Anglikaner. Somit bestanden nicht unbeträchtliche Unterschiede zwischen Unter- und Oberland.

IV. Politik und »Kulturkampf«

Protestanten spielten bei mehreren Gelegenheiten eine Rolle in der Vorarlberger Politik, wie einige Beispiele belegen. So bildete sich, nach Jahrzehnten politischer Repression, während der Revolution 1848 in Bregenz ein »Politischer Verein der Volksfreunde«. Dessen Mitglieder trafen sich zwei Mal in der Woche, sie lasen demokratische Zeitungen und diskutierten. Als Vereinskassier fungierte Julius Dittler. Dieser war auch im Bregenzer Turnverein aktiv, der sich 1849 konstituierte, als Beirat scheint dort außerdem Christian Dennig auf.[39]

Mit dem Ende des Neo-Absolutismus formierten sich allmählich dauerhafte politische Lager im Land. 1861 erhielt Vorarlberg einen Landtag zugestanden; dieser wurde ein Jahrzehnt lang von den Liberalen dominiert. Ihre Machtbasis lag in den Städten Bregenz, Feldkirch und Bludenz sowie in größeren Gemeinden wie Dornbirn. Nur zögernd entwickelte sich auch eine klerikal-konservative Fraktion. Die Gelegenheit zu einer frühen Auseinandersetzung mit politischen Akzenten bot das »Protestantenpatent«; es erregte heftig die Gemüter und veranlasste viele Geistliche zu öffentlichen Kundgebungen. Wenige Tage nach seinem Inkrafttreten brannte in der Nacht vom 18. auf den 19. April 1861 die mechanische Weberei von Jenny & Schindler in Kennelbach nieder; als Ursache wurde religiös motivierte Brandstiftung in Erwägung gezogen. In diesen Wochen unterzeichneten allein in Tirol 32.000 Personen eine Petition zur Wahrung der Glaubenseinheit, gerichtet an den Landtag. Auch in Vorarlberg kamen 15.000 Unterschriften zusammen. Dafür sprachen sich auch 101 der 105 Gemeindevorstehungen aus, Ausnahmen bildeten die Städte und der Markt Dornbirn. Der ehemalige Kreishauptmann Ebner, selbst ein überzeugter Katholik, sprach in seinem Tagebuch von einer »Protestantenhetze« unter den Vorarlberger Bauern.[40]

Auch die Gemeinderatswahlen wurden von dieser neuartigen Streitkultur erfasst. In Bregenz wurde 1864 die Etablierung der evangelischen Gemeinde zum Wahlkampfthema: Dort wandte sich der katholische Kolping-Gesellenverein gegen den Bürgermeister Anton Kinz, weil dieser zu wenig energisch gegen den Neubau der Kirche aufgetreten sei. Die konservativen Wahlwerber forderten, »keinen Beamten,

39 Hubert Weitensfelder, Kein Aufstand, nur Protest: Vorarlberg und die Revolution von 1848/49, in: »Schwarzrotgold'ne Banner küssen«. Die Jahre 1848/49 als Zeitenwende im Bodenseeraum, hg. von Werner Matt/Wolfgang Weber (Konstanz 1999) 139–165, hier 148 f.

40 Ospelt, Protestantenpatent (wie Anm. 34) 215–220.

keinen Protestanten, keinen Kinz u. keinen Kaiser« zu wählen; letztere Aufforderung bezog sich auf den liberalen Advokaten Anton Kaiser. Dennoch gelangten schließlich zwei Protestanten in den Gemeindeausschuss.[41]

Wenige Jahre später sorgten neue staatliche Ehegesetze für erhebliche Aufregung. 1868 wurden die Bürger dem Eherecht des Allgemeinen Bürgerlichen Gesetzbuches unterstellt. Für den Fall, dass ein Geistlicher eine Trauung mit dem Argument eines Ehehindernisses verweigere, das nach staatlichem Recht nicht bestand, war nun die Schließung einer »Not-Zivilehe« vor einer weltlichen Behörde möglich. Diese Möglichkeit nützte noch im gleichen Jahr der Lochauer Bierbrauer und Wirt Johann Reiner, der die Protestantin Maria Friederika Häussler aus Württemberg heiraten wollte. Wegen der Konfession der Braut verweigerte der Pfarrer das Eheaufgebot; nach einem Rekurs ans Innenministerium setzte sich Reiner aber durch. Unter den Zeugen des Eheschließungsprotokolls scheint Ferdinand Schwerzenbach auf.[42]

1870 erlitten die Liberalen bei den Landtagswahlen eine vernichtende Niederlage, in der Folge dominierten die Konservativen das regionale Parlament. Dadurch gewann der »Kulturkampf« zwischen den weltanschaulichen Lagern erneuten Aufschwung. So erregte 1876 das erste »Zivilbegräbnis« großes Aufsehen. In diesem Jahr verstarb der aus Schruns stammende Schmiedegeselle Johann Josef Zudrell so überraschend, dass er nicht mehr mit den Sakramenten versehen werden konnte. Für den Schrunser Pfarrer war er ein »notorisch Ungläubiger«. Da Zudrell ohne ein Zeichen der Reue gestorben war, verweigerte ihm der Priester ein kirchliches Begräbnis. Die darauffolgende Bestattung ohne geistlichen Beistand gestaltete sich zu einer Demonstration des liberalen Lagers, daran nahm, neben anderen, John Sholto Douglass' Witwe Vanda teil.[43]

Seit etwa 1890 vollzogen die dominierenden politischen Lager einen grundlegenden Wandel. Aus den Altkonservativen entwickelte sich die christlichsoziale Bewegung, während die Liberalen von den Deutschnationalen abgelöst wurden. Damit im Zusammenhang entflammte ein »zweiter Kulturkampf«, der erneut öffentlichkeitswirksam zelebriert wurde. Ein Ziel seiner politischen Gegner wurde etwa Samuel Jenny, der als größter Steuerzahler in Hard und politisch Liberaler großen Einfluss auf die Gemeindepolitik ausübte. Mit dem Harder Pfarrer stand ihm ein erbitterter Gegner gegenüber. 1899 kritisierte der Geistliche im »Vorarlberger Volksblatt«, dass Jenny am 8. Dezember (Mariä Empfängnis) seine Beschäftigten, wie bereits in früheren Jahren, unter Androhung der Entlassung arbeiten hatte lassen. Er erklärte, Jenny beute unterbezahlte Zuwanderer aus Welschtirol aus, denen er miserable Unterkünfte zur

---

41 Hubert WEITENSFELDER, Bregenz – Liberalismus und Tourismus am Bodensee, in: Kleinstadtbürgertum in der Habsburgermonarchie 1862–1914, hg. von Peter URBANITSCH/ Hannes STEKL (Bürgertum in der Habsburgermonarchie 9, Wien–Köln–Weimar 2000) 171–216, hier 187 f., hier zit. 187.

42 Hubert WEITENSFELDER, »Römlinge« und »Preussenseuchler«. Konservativ-Christlichsoziale, Liberal-Deutschnationale und der Kulturkampf in Vorarlberg, 1860 bis 1914 (Wien–München 2008) 164–166.

43 Ebenda 168.

Verfügung stelle. In der Folge richteten die Vorarlberger christlichsozialen Reichsratsabgeordneten in Wien eine anklagende Interpellation an den Handelsminister.[44]

In diesen Jahren inszenierten die Exponenten des deutschnationalen Lagers außerdem eine »Los von Rom«-Bewegung, in der sie Austritte aus der katholischen Kirche und einen Konfessionswechsel ins evangelische Lager forcierten. Im Zuge dieser Aktion traten zwei deutschnationale Mitglieder des Bregenzer Turnvereins zum Protestantismus über. In der Folge wurden sie im »Vorarlberger Volksblatt« als »Apostaten« gebrandmarkt.[45] Einer der beiden, der Rechtsanwalt Hermann Schmid, griff ein weiteres »heißes Eisen« auf, indem er öffentlich für die Förderung der Feuerbestattung eintrat.[46] Diese war jedoch 1886 von Papst Leo XIII. streng untersagt worden und wurde in Österreich nicht praktiziert.

Das heikle Thema des Religionsübertritts und das Verhältnis zwischen den Konfessionen erfuhr 1913 eine weitere Zuspitzung. Den Anlass dazu gab der Vorarlberger »Wissenschaftliche Club«, der Paul Grafen Hoensbroech zu einem Vortrag über den Jesuitenorden nach Dornbirn einlud. Hoensbroech (1852–1923) entstammte einer westfälischen Familie und hatte das Jesuitengymnasium »Stella matutina« in Feldkirch absolviert. Nach einigen Jahren im Jesuitenorden hatte er diesen wieder verlassen und war zum Protestantismus übergetreten. In einem Buch griff er die Jesuiten und ihre Erziehungsprinzipien heftig an und verarbeitete darin seine eigenen Erfahrungen. Hoensbroechs Vortrag in Dornbirn wurde von den Behörden verboten. Um diese Maßnahme zu umgehen, organisierte der deutschnationale Rechtsanwalt Anton Zumtobel seinen Auftritt als Privatveranstaltung in einem Wirtshaus. Dazu erschienen mehrere hundert Gäste.[47] Es ist nicht überliefert, wie viele »echte« Protestanten diesem Ereignis beiwohnten.

V. Zusammenfassung: Eine eigene Signatur?

Versucht man das Wirtschaftsverhalten protestantischer Unternehmer in Vorarlberg zu charakterisieren, ergeben sich gewisse Muster. Einige dieser Zuwanderer brachten aus fortgeschrittenen Gewerberegionen neuartige Branchen ins Land, beispielsweise Samuel Vogel die Textildruckerei, Jenny & Schindler die Türkischrotfärberei. Manche investierten besonders hohe Summen in den Bau großer und technisch anspruchsvoller Anlagen, wobei sie sich der, in Vorarlberg neuen, Rechtsform der Aktiengesellschaft bedienten (Jenny & Schindler, Douglass). Escher-Kennedy-Douglass installierten außerdem erstmals eine Dampfmaschine und eine Turbine im Land, mit

44 Mittersteiner, Stoff für Millionen (wie Anm. 31) 174–178.

45 Weitensfelder, »Römlinge« (wie Anm. 42) 170.

46 Hubert Weitensfelder, Fabriken, Kühe und Kasiner: Dornbirn im Zeitraum von 1770 bis 1914, in: Geschichte der Stadt Dornbirn, Bd. 2: Von der Frühindustrialisierung bis zur Jahrtausendwende, hg. von Werner Matt/Hanno Platzgummer (Dornbirn 2002) 11–128, hier 94.

47 Weitensfelder, »Römlinge« (wie Anm. 42) 222 f.

der letzteren zählten sie zu den Pionieren in Österreich. Für ihre Arbeiter errichteten einige dieser Teilhaber die ältesten überlieferten Betriebskrankenkassen (Douglass, Jenny & Schindler) und Wohnhäuser (Gysi, Jenny & Schindler), bei Jenny & Schindler gingen außerdem die ersten industriellen Arbeitskämpfe über die Bühne. Ohne dass der Beitrag einheimischer Firmengründer unterschätzt werden soll, ergibt die Kombination dieser Faktoren doch eine recht auffällige Spur dieser Gruppe durch die frühe Industriegeschichte des Landes. Wie gezeigt wurde, spielten ihre Angehörigen auch bei der Etablierung einer evangelischen Gemeinde im Land eine bedeutende Rolle. Bei Schilderung dieser Ereignisse haben die Autoren ihren Fokus immer wieder auf die Eliten gerichtet. Dagegen wurden Fabrikarbeiter, Dienstboten und kleine Gewerbetreibende aufgrund mangelnder Präsenz in den Quellen und stärkerer Fluktuation gerne übersehen. Im historischen Rückblick entsteht dadurch ein Ungleichgewicht. Denn in absoluten Zahlen gerechnet bildeten gerade die Angehörigen dieser Schichten das Gros der »Akatholiken« im Land.

Wirtschaft und Protestantismus in Kärnten zwischen 1850 und 1930. Drei biographische Annäherungen

Von Alexander Hanisch-Wolfram

I. Vorbemerkungen

Das Verhältnis bzw. die Zusammenhänge zwischen der gesellschaftlichen Lage, Position und Entwicklung des Protestantismus und der wirtschaftlichen (insbesondere der industriellen) Entwicklung in Kärnten im 19. bzw. 20. Jahrhundert ist bislang wissenschaftliches Brachland. Dies gilt allerdings keineswegs nur für diesen Zeitraum.

Untersuchungen liegen bislang im Wesentlichen nur zu einem recht begrenzten Zeitraum vor – und zu einer relativ kompakten Fragestellung. Konkret geht es dabei um die These (bzw. Frage), inwieweit die Maßnahmen der Gegenreformation – und hier insbesondere die Ausweisung des evangelischen Adels in den Jahren 1628/29 – die wirtschaftliche Entwicklung des Landes Kärnten nachhaltig geschädigt hätten. Dabei kommt bzw. kam vor allem der Bergbau in den Blick (wie dies ja auch schon hinsichtlich der Ausbreitung und Verwurzelung der Reformation vielfach der Fall war, die lange Zeit zu einem erheblichen Teil den nach Kärnten zugewanderten Knappen zugeschrieben wurden). Die Frage nach dem Zusammenhang zwischen der Gegenreformation bzw. insbesondere der Auswanderung des evangelischen Adels und dem Niedergang des Kärntner Bergbaus (und hier wiederum vor allem des Edelmetallbergbaus) hat sich dabei zu einer regelrechten Forschungskontroverse entwickelt, ausgehend zunächst von Karl von Ployers, bereits 1789 vorgebrachter, »Emigrationsthese«, die einen maßgeblichen Zusammenhang zwischen Gegenreformation und Bergbaukrise behauptete.[1] Dabei ist wohl nicht von der Hand zu weisen, dass einige der vorgebrachten Argumente und Stellungnahmen eher konfessions- als wirtschaftsgeschichtlich motiviert waren. Werner Drobesch hat im Jahr 1992 zu diesem Diskurs festgehalten:

> »Die im Verlaufe der gegenreformatorischen Politik Ferdinands II. bewirkte Protestantenemigration konnte sich allein aufgrund der Zeitdifferenz zur Krise [die schon im 16. Jahrhundert eingesetzt hatte] auf den Edelmetallsektor und in weiterer Folge auf die ökonomische Verfaßtheit des Landes nicht auswirken. Wenn es überhaupt zu irgendwelchen Auswirkungen der gegenreformatorischen Politik auf den wirtschaftlichen Ablauf gekommen ist, dann nur sehr peripher. Damit steht aber fest, daß die Gegenreformation

1 Eine Zusammenfassung dieses sehr lange andauernden Diskurses bietet Hermann Wiessner, Geschichte des Kärntner Bergbaues, Bd. I: Geschichte des Edelmetallbergbaues (Archiv für vaterländische Geschichte und Topographie 32, Klagenfurt 1950) 13–18. Dort finden sich auch die einzelnen Literaturhinweise.

insgesamt nicht für den Kapitalverlust, der in den Wirtschaftszentren ohnehin gering war, verantwortlich zu machen ist.«[2]

II. Der Kärntner Protestantismus im Rahmen der Kärntner Wirtschaftsgeographie des 19. Jahrhunderts

Um die Mitte des 19. Jahrhunderts befand sich der Protestantismus in Kärnten am Ende einer Phase, die wohl am treffendsten mit den Begriffen von Stagnation und Konsolidierung umrissen ist.[3] Einerseits hatte sich nach der unmittelbaren Toleranzzeit (also etwa der Zeitraum des josephinischen Reformjahrzehnts) nur eine einzige neue Gemeinde konstituieren können (in Waiern bei Feldkirchen). Ebenso waren die Gesamtzahlen der Protestanten in Kärnten, im Vergleich zum ausgehenden 18. Jahrhundert, sogar leicht rückläufig. Andererseits hatten sich die unter teils schwersten (materiellen) Bedingungen gebildeten Gemeinden stabilisieren können. Die Pastorate und ihre Filialen verfügten über Bethäuser, Pfarrhäuser sowie – und dies war gerade in Kärnten von Bedeutung – ein blühendes evangelisches Schulwesen. Nimmt man das Jahr 1851 als Stichdatum, so gab es in Kärnten 15 Pastorate, in denen insgesamt immerhin 34 evangelische Gemeindeschulen unterhalten wurden. So wäre es – nicht zuletzt auch angesichts der zahlreichen Bethausum- und ausbauten und Schulbauten (noch in den 1830er und 1840er Jahren) – keineswegs der Realität entsprechend, lediglich von einer Stagnation zu sprechen. Der Kärntner Protestantismus um 1850 war ein gefestigter Protestantismus, die Gemeinden hatten keineswegs ein sorgenfreies, aber ein stabiles Leben.

Hinsichtlich der sozialen und geographischen Streuung des Kärntner Protestantismus in der Mitte des 19. Jahrhunderts sind zwei wesentliche Charakteristika zu nennen: Es war ein fast ausschließlich oberkärntnerischer Protestantismus und es war ein weitestgehend bäuerlicher Protestantismus.[4] In Unterkärnten (d. h. im östlichen Teil des Landes) hatten sich bis in die zweite Hälfte des 19. Jahrhunderts

2 Werner Drobesch, Die frühneuzeitliche Wirtschaft Kärntens (16. bis 18. Jahrhundert), Bergbau und Industrialisierungsversuche als Dynamisierungsfaktoren im Prozeß der Proto-Industrialisierung, in: Kärntner Landeswirtschaftschronik, hg. von der Gesellschaft für Wirtschaftsdokumentationen (Klagenfurt 1992) 181–214, hier 186.

3 Untersuchungen zum Kärntner Protestantismus in der ersten Hälfte des 19. Jahrhunderts sind bislang eher selten. Zusammenfassend sei verwiesen auf Alexander Hanisch-Wolfram, Protestanten und Slowenen in Kärnten. Wege und Kreuzwege zweier Minderheiten 1780–1945 (Klagenfurt 2010) 31–40.

4 Eine ausführliche Studie für das ausgehende 19. Jahrhundert zu dieser Frage bietet Fritz Pichler, Die Verbreitung der Protestanten in Kärnten. Eine statistisch-kulturhistorische Studie. *Vierteljahresschrift für Volkswirtschaft, Politik und Kulturgeschichte* 116/4 (1892) 149–198. Vgl. zu dieser Frage auch Wilhelm Wadl, Bemerkungen zur Umsetzung des Toleranzpatentes in Kärnten, in: Glaubwürdig bleiben. 500 Jahre protestantisches Abenteuer. Kärntner Landesausstellung Fresach 2011. Wissenschaftlicher Begleitband, hg. von dems. (Archiv für vaterländische Geschichte und Topographie 101, Klagenfurt 2011) 339–348, hier 342–344.

lediglich zwei Filialgemeinden gebildet, in Eggen am Kraigerberg und in Wolfsberg. Die Bildung eigenständiger Pfarrgemeinden sollte dann erst im 20. Jahrhundert folgen. Die Toleranzgemeinden Kärntens bauten auf dem bäuerlichen Geheimprotestantismus des 18. Jahrhunderts auf – und angesichts der bereits erwähnten Grenzen des Wachstums im frühen 19. Jahrhundert blieb dies auch lange Zeit so bestehen. In den Städten wuchs evangelisches Leben erst langsam wieder, die erste »Stadtgemeinde« entstand 1864 in Klagenfurt. Aufgrund einer statistischen Analyse der konfessionellen Verhältnisse in Kärnten konstatierte Fritz Pichler 1892 eine sehr ungleiche Verteilung der Protestanten in Kärnten, auch hinsichtlich der wirtschaftlichen Zentren:

> »Wenn man einerseits es begreiflich finden kann, dass Wallfahrtsorte von Protestanten sehr wenig oder vorwiegend gar nicht besiedelt sind, so fällt doch die genugsame, jedenfalls geringer gewordene und teils auch ganz mangelnde Ansässigkeit oder zeitweilige Zugehörigkeit von Protestanten an Bergwerks- und Fabriksorten, also an Stellen wirklichen Verdienst-Erwerbes infolge vieler geleisteter Arbeit in zeitlicher Hinsicht sehr auf.«[5]

Hinsichtlich bedeutender Fabriksorte nennt Pichler beispielhaft Hüttenberg, Lölling, Feistritz im Rosental, Brückl, Unterferlach, Silberegg, Treibach, Rosenbach, St. Gertraud im Lavanttal, Waldstein, Schwemmtratten, Seeland, Pölling und Frantschach als Industriestandorte, an denen kein einziger Protestant lebe. Dazu komme noch eine Reihe anderer bedeutender Standorte (z. B. Prävali/Prevalje, Krems, Liescha), an denen nur sehr vereinzelte Evangelische beheimatet seien. Pichler setzt dies in Verbindung mit dem Zuzug evangelischer Bergarbeiter im frühen 16. Jahrhundert, weshalb dieses Fehlen des protestantischen Bevölkerungselementes umso erstaunlicher sei[6] – allerdings erscheint dies aus den angedeuteten historischen Entwicklungen (allen voran dem Rückzug des Geheimprotestantismus in die Täler und Bergregionen Oberkärntens) durchaus als eine schlüssige Folge.

III. Wirtschaft, Industrie und Protestantismus in Kärnten zwischen 1850 und 1918 – drei biographisch-gemeindegeschichtliche Skizzen

Im Folgenden soll versucht werden, anhand der Biographien dreier Persönlichkeiten, die für die wirtschaftliche Entwicklung Kärntens in der zweiten Hälfte des 19. und im frühen 20. Jahrhundert bedeutsam waren, eine Annäherung an die Querverbindungen zwischen der Entwicklung der evangelischen Gemeinden bzw. Kirche und der Wirtschaftsentwicklung des Landes Kärnten herzustellen. Dabei handelt es sich sowohl hinsichtlich der jeweiligen Biographien als auch der jeweiligen Gemeinden nur um kurze Hinweise, die ausreichen sollen, um den Kontext und die maßgeblichen Verbindungen einsichtig zu machen.

5 Pichler, Verbreitung der Protestanten (wie Anm. 4) 162 (konkrete Beispiele vgl. ebenda 164).
6 Ebenda 165.

III.1 Hugo Henckel Donnersmarck und Wolfsberg

Karl Hugo Lazarus Anton Reichsgraf Henckel von Donnersmarck wurde am 26. April 1811 in Siemianowitz in Preußen geboren;[7] nach Studien in Breslau und Berlin übernahm er 1832 den Familienbesitz der Standesherrschaft Beuthen in Oberschlesien. 1846 erwarb Henckel-Donnersmarck die Herrschaften Wolfsberg und St. Leonhard im Kärntner Lavanttal, ein Jahr später erlangte er sogar die Landstandschaft in Kärnten. Sitz der Herrschaftsverwaltung war das Schloss Wolfsberg, in den Jahrhunderten zuvor unter anderem lange Zeit Sitz der Bambergischen Verwaltung in Kärnten. Hier hat Henckel-Donnersmarck nachhaltige Spuren hinterlassen, indem er das Schloss in den Jahren 1846 bis 1854 im Tudorstil umbauen ließ – was retrospektiv als ambivalent, mitunter sogar explizit negativ beurteilt wurde und wird.[8] Am 4. Oktober 1890 starb Hugo Henckel-Donnersmarck in Wien, er wurde in Wolfsberg beigesetzt.

Die Herrschaften in Kärnten, die Henckel-Donnersmarck erworben hatte, gehörten zu den traditionellen Bergbaugebieten des Landes. Sie umfassten unter anderem Eisenbergbaue, Kohlengruben und Hüttenwerke.[9] Abgerundet wurde der Besitz 1851 durch den Erwerb des Eisenerzbergbaues und des Hochofens in Waldenstein. 1851/52 wurde in Zeltweg (Steiermark) ein Puddlings- und Walzwerk geschaffen; die Verlegung von Frantschach bei Wolfsberg nach Zeltweg war vor allem durch die günstigere Versorgung durch Kohle bedingt. Einen Aufschwung erlebte Frantschach erst wieder ab 1860, als es zu einem Zulieferbetrieb für die Wagenfedernfabrik in Kollnitz bei St. Paul wurde. Nach der neuerlichen Stilllegung 1878 wurde 1881 in Frantschach eine Zellulosefabrik errichtet. Entsprechend dem allgemeinen Niedergang, in dem sich der Kärntner Bergbau im Laufe des 19. Jahrhunderts befand, wurde im Juni 1876 der Betrieb der Hochöfen in St. Leonhard und in Waldenstein eingestellt, lediglich der Hochofen in St. Gertraud wurde weiter betrieben – 1883 wurde aber auch dieser stillgelegt. In Waldenstein wurde 1897, bereits nach dem Tod Henckel-Donnersmarcks, eine Farbenmühle eingerichtet. So schuf Hugo Henckel-Donnersmarck jedenfalls die Grundlagen für eine industrielle Neuausrichtung der Betriebe des Lavanttales, die bis weit in das 20. Jahrhundert Bestand haben sollten.

Neben seinen Initiativen und Erfolgen auf industriellem Gebiet war Henckel-Donnersmarck noch auf zwei anderen Gebieten innovativ tätig. Bereits in Schlesien widmete er sich der Pferdezucht, auf seine Bemühungen gehen die Halbblutpferde zurück. Ebenfalls bereits in Schlesien und dann auch in Kärnten widmete er sich schließlich der Landwirtschaft. Nach 1846 bemühte er sich um die Einführung des

---

7 Zur Biographie von Hugo Henckel-Donnersmarck vgl. Art. Henckel von Donnersmarck, Hugo Graf. *Österreichisches Biographisches Lexikon* 1815–1950, Bd. II (1959) 271 f.; Anton Kreuzer, Kärntner – biographische Skizzen: 19./20. Jahrhundert (Klagenfurt 1996) 44–47.

8 Hugo Henckel-Donnersmarck, Burg Wolfsberg. Ein Beitrag zu ihrer Baugeschichte. *Carinthia I* 152 (1962) 202–231; Wilhelm Deuer, Burgen und Schlösser in Kärnten (Klagenfurt 2008) 252–255.

9 Die industriellen Aktivitäten Henckel-Donnersmarcks in Kärnten sind zusammenfassend dargestellt in Karl Dinklage/Alfred Wakolbinger, Kärntens gewerbliche Wirtschaft von der Vorzeit bis zur Gegenwart (Klagenfurt 1953) 293 f., 373.

Edelobstbaues im Lavanttal sowie um Verbesserungen auf dem Gebiet der Forst- und Jagdverwaltung. In den Jahren 1885 bis 1889 legte er in Wolfsberg einen Wildpark an.

Im Fall des Hugo Henckel Donnersmarck ist grundsätzlich festzuhalten, dass er nicht direkt als Förderer einer evangelischen Gemeinde auftrat, sondern eher auf Umwegen zu einer Art indirektem Mäzen wurde. 1857 wurde Eduard Schrikell zum General-Bevollmächtigten des Grafen und zum Generaldirektor von dessen Unternehmungen im Lavanttal. Schrikell war zudem evangelisch und hatte daher eine ganz unmittelbare (und persönliche) Sicht der extremen Diasporalage, in der sich die Protestanten des Lavanttales befanden. Am 24. Dezember 1857 trat dann ein Ereignis ein, das – gleichwohl es ein trauriger Anlass war – zur Initialzündung der Gemeindegründung werden sollte:[10] Laura Henckel-Donnersmarck, die Ehefrau Hugos und selbst evangelisch, verstarb (ihr wurde ein bemerkenswertes Mausoleum am Ostrand von Wolfsberg errichtet, dem 1862 auch eine künstlerisch beachtenswerte Liegefigur hinzugefügt wurde[11]). Dieser Todesfall veranlasste Schrikell, die Initiative zu ergreifen, um die Lage der Evangelischen zu verbessern und er hatte damit raschen Erfolg: Auf seine Fürsprache hin schenkte (?[12]) Graf Henckel-Donnersmarck am 25. Dezember 1857 (!) den evangelischen Einwohnern Wolfsbergs und seiner Umgebung von dem zum Meierhof zu Neudau gehörenden und sich südlich an der von Wolfsberg dorthin führenden Straße gelegenen Grundstück (zur Steuergemeinde Priel gehörend) eine Fläche von einem Joch zur Anlegung eines evangelischen Friedhofes und für sonstige kirchliche Zwecke. Im folgenden Jahr, im Sommer 1858, konnte man den Pfarrer von Waiern, Adam Wassertheurer, dafür gewinnen, nach Wolfsberg zu kommen und einen Abendmahlsgottesdienst zu feiern. Im August ließ Schrikell erheben, welche Kosten der Bau eines Friedhofes und einer Kirche verursachen würde. Als die entsprechenden Vorlagen die Ausführung eines Baues als möglich erscheinen ließen, versammelte er am 30. Jänner 1859 die Evangelischen zu einer Beratung, deren Resultat es war, dass sie sich als Filialgemeinde Wolfsberg der Kirchengemeinde Feldkirchen-Waiern konstituierten, Vorsteher wählten sowie den Bau von Friedhof und Kirche und schließlich die jährlich zweimalige Feier eines Gottesdienstes mit Abendmahl beschlossen (diese Gründung wurde von der Landesregierung am 20. März 1859 bestätigt). Bemerkenswert ist daran vor allem auch der Blick auf die Größe dieser Filialgemeinde: In Wolfsberg und Umgebung zählte man damals gerade einmal 42 Evangelische (!) – die allerdings im Rahmen der noch im Jänner 1859 erfolgten Zeichnung fast ein Drittel der auf 5.623 fl. veranschlagten Bausumme für eine Kirche sammeln konnten (mangels entsprechender Quellen ist dies nicht zu be-

10 Vgl. zum Folgenden: Pfarrarchiv Wolfsberg, Geschichte der Pfarrgemeinde ab 1863, Denkschrift vom 6. November 1859.

11 Eva Börsch-Supan/Ulrich Harb, Das Mausoleum der Familie Henckel-Donnersmarck in Wolfsberg. *Österreichische Zeitschrift für Kunst und Denkmalpflege* 40 (1986) 28–44.

12 Diese Angabe der Denkschrift von 1859 ist insofern zu hinterfragen, als es vom 26. Oktober 1867 einen Kaufvertrag für das fragliche Grundstück gibt, der das verloren gegangene Original von 1859 ersetzen sollte (vgl. Festschrift anlässlich der Neugestaltung der evangelischen Kirche Wolfsberg 9. Juli 1972 [Wolfsberg 1972] 12). Demnach hätte der Kaufpreis 105 fl. betragen.

legen, es liegt angesichts des Kontextes allerdings die Vermutung nahe, dass wohl ein erheblicher Teil der Summe von Schrikell stammte, unter Umständen kam auch ein Beitrag von Hugo Henckel-Donnersmarck selbst). Die Grundsteinlegung der Kirche erfolgte dann am 31. Juli 1859, Anfang November desselben Jahres wurde der Friedhof eingeweiht. Die Einweihung der Kirche erfolgte am 14. November 1861.

Bis zur Entstehung einer eigenen Pfarrgemeinde in Wolfsberg sollte es allerdings noch einige Zeit dauern.[13] Zunächst schloss man sich 1863/64 der neuen Pfarrgemeinde in Klagenfurt als Filialgemeinde an. Erst 1934 konstituierte sich schließlich die evangelische Pfarrgemeinde Wolfsberg-Völkermarkt, die die beiden Bezirke gleichen Namens umfasste. Zwanzig Jahre später, im März 1954, wurde Völkermarkt dann eine eigenständige Gemeinde.

III.2 Carl David Ernst Wahliß, Pörtschach und Velden

Eine nachhaltige Prägung auf ganz anderem Gebiet erfuhr die Kärntner Wirtschaft durch den am 1. März 1837 in Oschatz (Sachsen) geborenen Carl Ernst David Wahliß.[14] Wahliß arbeitete zunächst als Handelsreisender einer Porzellanmanufaktur, eröffnete aber bald nach seiner Heirat im Jahr 1863 im Heinrichshof, in der Wiener Kärntner Straße, ein eigenes Geschäft. Dank seiner Gewinne konnte er 1879 das »Porzellanhaus« (Kärntner Straße 17) errichten lassen, dessen Fassade mit Porzellan verkleidet wurde. In den 1880er Jahren eröffnete Wahliß noch ein Geschäft in London, 1893 wurden seine Produkte im Rahmen der Weltausstellung in Chicago gezeigt. 1900 erkrankte Wahliß, der ohnehin an Asthma litt, an einer Lungenentzündung, an der er am 18. Juli in Wien verstarb.

Das Engagement des Porzellanfabrikaten in Kärnten begann im Jahr 1883, als er in Pörtschach am Wörthersee einen beträchtlichen Grundkomplex zwischen der Hauptstraße und der Seezunge erwarb, wo er einen Park und etwa ein Dutzend Sommervillen erbauen ließ – es war dies auch jene Zeit, in der mehrere Orte entlang des Sees eine Blüte als Sommerfrische erlebten.[15] Wahliß sollte durch diese Aktivitäten zu einem der maßgeblichen Wegbereiter und Pioniere des modernen Tourismusortes Pörtschach werden. Das größte Haus der Anlage wurde das »Etablissement Wahliß«, der Vorgängerbau des heutigen Parkhotels. Im Rahmen eines Kärntenaufenthaltes von Kaiser Franz Joseph, anlässlich militärischer Manöver, kam der Herrscher auch nach Pörtschach, wo Wahliß ihm persönlich seine Anlage vorführen konnte. Der

13 Festschrift Wolfsberg (wie Anm. 12) 11–15; Festschrift zum 120jährigen Jubiläum der Begründung der evangelischen Kirche in Wolfsberg (Wolfsberg 1977) 12–18.

14 Zu seiner Biographie vgl. Anton Kreuzer, Kärntner – biographische Skizzen: 12.–20. Jahrhundert (Klagenfurt 2001) 89–92.

15 Die Anfänge und die ersten Jahrzehnte der »Sommerfrische«-Kultur (auch entlang des Wörthersees) sind nachgezeichnet bei Heidi Rogy, Tourismus in Kärnten. Von der Bildungsreise zum Massentourismus (18.–20. Jahrhundert) (Archiv für vaterländische Geschichte und Topographie 87, Klagenfurt 2002) 145–189. Zur Entwicklung des Tourismus in Pörtschach um 1900 vgl. Joachim Eichert, Jenseits von Bad Ischl – sommerfrischende »Gesellschaft« in Pörtschach um 1900. *Carinthia II* 193 (2003) 493–500.

zweite Ort am Wörthersee, in dem Wahliß zum Wegbereiter des modernen Tourismus werden sollte, war Velden;[16] hier erwarb er 1891 das herunter gekommene Schloss Velden[17] (das im späten 16. Jahrhundert von den damals evangelischen Khevenhüllern errichtet worden war) und ließ es entsprechend alter Pläne wieder aufbauen (wenn auch nicht in der ursprünglichen Größe). Das Schloss wurde als Luxushotel eingerichtet und hatte mit der Parkvilla und der Strandvilla noch zwei Dependancen. Schon im ersten Jahr nach der Eröffnung des Schlosshotels erfuhr der Tourismus in Velden eine Steigerung um 24 %.

Das Wirken von Carl E. D. Wahliß rund um den Wörthersee war allerdings nicht nur ein wesentlicher Impuls für die Entwicklung des Tourismus, sondern auch für das evangelische Leben entlang des Sees. Das gesamte Gebiet rund um den See gehörte ab den 1860er Jahren zur Pfarrgemeinde Klagenfurt (Johanneskirche), es gab hier allerdings keine regelmäßigen Gottesdienste. Zu einer ersten in diesem Kontext wesentlichen Person wurde der 1857 in Weißbriach geborene Christof Mößlacher, so wie Wahliß Hotelier in Velden. Er war 1892 auch zum Gemeinderat in Velden gewählt worden und einer der Wortführer der – damals sehr kleinen – Gruppe Evangelischer in Velden.[18] Dieser kleinen Gruppe stellte Wahliß nun das Turmzimmer von Schloss Velden für evangelische Gottesdienste zur Verfügung. Diese Möglichkeit sollte allerdings nur für wenige Jahre bestehen: Nach dem Tod Wahliß' im Jahr 1900 wurde das Schlosshotel von seiner Witwe Anna Wahliß (1839–1903) weitergeführt, die aber – obwohl selbst Tochter eines Pastors – die Versammlungen der Evangelischen im Haus offenbar nicht mehr unterstützte. Auch unter der Leitung der Tochter Anna Elisabeth (1865–1937) war Schloss Velden kein evangelischer Gottesdienstort mehr. Ab November 1900 fanden diese Gottesdienste in der Villa Rummel statt (am ersten dortigen Gottesdienst nahmen zwölf Personen teil – Berichte über diesen Gottesdienst hoben ausdrücklich den schwachen Besuch hervor).[19] Angesichts dessen, dass der Gottesdienst in der Villa Rummel vom 25. November 1900 in den recht detaillierten Aufzeichnungen der zuständigen katholischen Pfarre als erster evangelischer Gottesdienst in Velden vermerkt wurde, ist anzunehmen, dass die Versammlungen im Schloss sehr diskret, wenn nicht gar heimlich organisiert wurden. In den folgenden Jahren[20] kam es zur mehr oder weniger regelmäßigen Abhaltung von Gottesdiensten

16 Zur Entwicklung des Tourismus in Velden im späteren 19. und frühen 20. Jahrhundert vgl. Hans-Peter Lesjak, Vom Bauern- und Fischerdorf zum Weltkurort. Die Erfolgsgeschichte des Veldener Sommertourismus, in: Marktgemeinde Velden am Wörther See. Geschichte – Kultur – Natur, hg. von der Marktgemeinde Velden am Wörther See (Klagenfurt 2010) 243–266.

17 Zur (Bau-)Geschichte von Schloss Velden und dessen Adaptierung durch Wahliß vgl. Wilhelm Deuer, Schloss Velden am Wörthersee. Vom adeligen Lustschloss zum Tourismussymbol, in: Marktgemeinde Velden am Wörther See. Geschichte – Kultur – Natur (Klagenfurt 2010) 146–159.

18 Vgl. zum Folgenden Karl Frick/Dieter Kiko/Hans Viertler (Bearb.), Geschichte der evangelischen Pfarrgemeinde A.B. Velden am Wörthersee (Velden 2004) 29–31.

19 Vgl. dazu auch Peter G. Tropper, Kirchliches Leben in der Marktgemeinde Velden am Wörther See, in: Marktgemeinde Velden am Wörther See (wie Anm. 17) 308–336, hier 332 f.

20 Zur weiteren Entwicklung vgl. Geschichte der Pfarrgemeinde Velden (wie Anm. 18) 32–61.

und zur Einrichtung eines eigenen evangelischen Friedhofsabschnittes. Erst nach 1945 wurde Velden zunächst eine Predigtstation der Pfarrgemeinde Pörtschach, ehe es 1994 zur selbständigen Pfarrgemeinde wurde.

So wie in Velden ermöglichte Wahliß auch in Pörtschach um 1900 die Abhaltung evangelischer Gottesdienste;[21] die wesentlichen Impulse für die Entstehung eines eigenständigen Gemeindelebens sollten in den nachfolgenden Jahrzehnten dann allerdings in viel stärkerem Maße von dem etwa zehn Kilometer nördlich gelegenen Moosburg ausgehen.

Mitte der 1890er Jahre unterstützte Wahliß auch die noch jungen diakonischen Einrichtungen in Kärnten, als er dem Pfarrer von Waiern und Gründer der dortigen Anstalten, Ernst Schwarz, einen zinsenlosen Kredit von 10.000 Gulden gewährte, um ein evangelisches Schülerheim in Klagenfurt zu erwerben.[22]

III.3 Philipp Knoch und Klagenfurt

Philipp Knoch wurde am 2. Dezember in Zürich-Wipkingen geboren;[23] im Alter von 26 Jahren übersiedelte er 1883 nach Kärnten, wo er in St. Ruprecht (heute Stadtteil von Klagenfurt) eine Lederfabrik begründete.[24] Er setzte dabei auf herausragende Qualität, sodass die »Fabrikation vorzüglicher Ware, besonders eines überaus haltbaren Braunledertreibriemens, [...] die Verdrängung ausländ[ischer] Fabrikate in Österr[eich] und den Export«[25] ermöglichte. Von nachhaltiger wirtschaftlicher bzw. industrieller Bedeutung wurde aber insbesondere sein Engagement im Bereich der Herstellung von Zement. Der wirtschaftlich wie gesellschaftlich außerordentlich aktive Knoch starb am 3. Dezember 1929 in Wien. Am 9. Dezember 1929 wurde er im Garten seines Klagenfurter Hauses beigesetzt.

1892 hatte Knoch in Wietersdorf im Görtschitztal eine Hube erworben. Dort begründete er gemeinsam mit seinem Bruder Gottlieb Knoch (geb. 1859; ein anderer Bruder war im Übrigen Pfarrer geworden),[26] der nach dem Tod des Vaters ebenfalls

---

21 Ebenda 38. Mangels einer umfassenden Aufarbeitung der Geschichte der Pfarrgemeinde Pörtschach (es ist dies eine der ganz wenigen Pfarrgemeinden Kärntens, die bislang über keine eigene Festschrift oder dergleichen verfügt) müssen hier Details ausgespart werden.

22 Alexander Hanisch-Wolfram, Glaube, der in der Liebe tätig ist. Ernst Schwarz und die Diakonie in Waiern (Das Kärntner Landesarchiv 40, Klagenfurt 2011) 52–56.

23 Zur Biographie Philipp Knochs vgl. Art. Knoch, Philipp. *Österreichisches Biographisches Lexikon.* 1815–1950, Bd. III (1965) 444; Anton Kreuzer, Kärntner – biographische Skizzen: 18.-20. Jahrhundert (Klagenfurt 1996) 143 f. Zu seinem wirtschaftlichen Lebenswerk vgl. etwa Thomas Zeloth, Die Wirtschaft, in: Klein St. Paul. Natur – Geschichte – Gegenwart, hg. von Wilhelm Wadl/Thomas Zeloth (Klagenfurt 2005) 143–162, hier 153–159; Friedrich H. Ucik, Zement, in: Grubenhunt und Ofensau. Vom Reichtum der Erde. Landesausstellung Hüttenberg/Kärnten, hg. vom Kärntner Landesausstellungsbüro, Bd. 2: Beiträge (Klagenfurt 1995) 375–380, hier 377–379.

24 Dinklage/Wakolbinger, Kärntens gewerbliche Wirtschaft (wie Anm. 9) 396.

25 Art. Knoch (wie Anm. 23) 444.

26 Zu seiner Biographie vgl. Art. Knoch, Gottlieb. *Österreichisches Biographisches Lexikon.* 1815–1950, Bd. III (1965) 443.

nach Kärnten ausgewandert war, 1893 die »Wietersdorfer Portland- und Roman-Cementwerke«.[27] In diesem Betrieb übernahm Gottlieb Knoch die technische Leitung, sein Bruder Philipp die wirtschaftlichen Agenden. Zunächst wurde ein Schacht zum Brennen von Portland-Zement und Kalk errichtet, dazu kamen eine Kugel- und zwei Rohrmühlen. In den folgenden Jahren avancierte das Werk zu einem der Branchenführer der Monarchie. In den Jahren 1909 bis 1912 kam es zusätzlich noch zur Gründung bzw. zum Aufbau der »Alpenländischen Asbestschieferwerke Durit« in Wietersdorf, in denen die damals moderne Produktion von Asbestzementrohren aufgenommen wurde. 1920 wurde in Wietersdorf schließlich, durch die Vermengung von Kalk und Mergel, die künstliche Portlandzement-Herstellung eingeführt. In den ersten Jahrzehnten nach der Betriebsgründung erfolgte die Herstellung des Zements nahezu ausschließlich aus dem Naturportlandstein, der im Stolenbetrieb gewonnen wurde; erst in späteren Jahren wurde mit einer künstlichen Herstellung begonnen. Seit 1920 wurde Mergel aus den Steinbrüchen von Wietersdorf mit Kalk aus einem Steinbruch in der Nähe von St. Paul vermahlen und so der Ausgangsstoff für die Zementherstellung gewonnen. Für die soziale Entwicklung der Umgebung waren die Werke der Brüder Knoch insofern von Bedeutung, als im Laufe der Jahre Wohnbauten rund um die Anlagen entstanden, sodass ganze Arbeitersiedlungen heranwuchsen.

Neben seinen industriellen Aktivitäten hatte Philipp Knoch zwei weitere wirtschaftliche Standbeine: Er war Gesellschafter und Miteigentümer der Klagenfurter Buchdruckerei »Gutenberghaus« und nach dem Zusammenbruch der Kärntner Bank im Jahr 1926 wurde er Präsident der neu geschaffenen Bank für Kärnten (die aus der bisherigen Kärntner Bank und dem Bankhaus Fräss-Ehrfeld hervorgegangen war). Engagiert war Knoch zudem noch als erster Präsident des Kärntner Automobilclubs sowie als Präsident des Vereins der Schweizer in Kärnten. Zusätzlich zu diesen, ohnehin sehr umfassenden, Tätigkeiten war Philipp Knoch aber auch im ausgehenden 19. und frühen 20. Jahrhundert ein führendes Mitglied der evangelischen Pfarrgemeinde Klagenfurt.

Im Jahresbericht für 1893 wird Knoch erstmals als Presbyter der Pfarrgemeinde in Klagenfurt genannt; er wurde anstelle des nach Wien übersiedelten bisherigen Kurators (und Werksdirektors in Prävali/Prevalje, im heute zu Slowenien gehörenden Mießtal) Wilhelm Hupfeld in dieses Gremium gewählt.[28] Etwas mehr als zehn Jahre später trug Knoch dann einen erheblichen Beitrag zur Entwicklung der Gemeinde bei, den er eben aufgrund seiner wirtschaftlichen Position zu leisten imstande war. 1905 war aus dem Umfeld des evangelischen Frauenvereines der Pfarrgemeinde Klagenfurt heraus ein evangelisches Töchterheim begründet worden, das zunächst in einer angemieteten Wohnung eingerichtet wurde.[29] Im September 1906 waren in die-

---

27 Dazu Dinklage/Wakolbinger, Kärntens gewerbliche Wirtschaft (wie Anm. 9) 408 f.

28 Jahresbericht des Presbyteriums der evangelischen Gemeinde Augsburger und Helvetischer Confession in Klagenfurt für das Jahr 1893, 7 f.

29 Franz Reischer, Der Protestantismus in Klagenfurt von der Reformationszeit bis zur Gegenwart. Festschrift zur 100-jährigen Gründungsfeier der evangelischen Pfarrgemeinde Klagen-

sem Heim immerhin bereits 19 Mädchen untergebracht. Dies brachte allerdings auch Platzprobleme mit sich, da man zu diesem Zeitpunkt bereits ein gesamtes Stockwerk in dem Mietshaus benötigte. Nicht zuletzt wegen des erheblichen Mietzinses (zum Zeitpunkt September 1906 jährlich 1.620 Kronen) dachte man zunehmend an die Errichtung eines eigenen Hauses. Zu diesem Zweck erklärte sich Philipp Knoch nunmehr bereit, ein entsprechendes Haus im Gegenwert von 46.000 Kronen errichten zu lassen, sofern die Pfarrgemeinde den nötigen Baugrund erwerbe.[30] Durch Spenden und Zusagen aus dem Deutschen Reich und der Schweiz war dies noch 1906 möglich, sodass der Baubeginn bereits für 1907 angesetzt werden konnte (hinsichtlich der Relationen der nötigen Summen sei angemerkt, dass der 1.700 m^2 große Baugrund 11.300 Kronen kostete, also etwa ein Viertel dessen, was Knoch zu investieren bereit war). Die Grundsteinlegung für das Töchterheim fand schließlich am 15. Mai 1907 statt,[31] am 1. Februar 1908 erfolgte die Einweihung des neuen Gebäudes.[32] Eine gesicherte Zukunft hatte diese Einrichtung deshalb freilich noch nicht: Bereits im Jahresbericht für 1909 wurde vermerkt, dass das Töchterheim angesichts einer Schuldenlast von insgesamt 52.000 Kronen ein »rechtes Sorgenkind« der Gemeinde sei (zu diesem Zeitpunkt wurden in dem Heim 26 Mädchen versorgt).[33] Nach den Belastungen des Ersten Weltkriegs erfreute sich das Töchterheim dann in der Zeit der Ersten Republik noch einer recht soliden Existenz.

1914 wurde Philipp Knoch als Nachfolger des verstorbenen Buchhändlers und Verlegers Johannes Heyn zum Kurator der Pfarrgemeinde Klagenfurt gewählt. In den folgenden Jahren war er wiederum an einer sozialen Einrichtung beteiligt: Unter Leitung des Direktors König wurde 1913 am Fuße des Klagenfurter Kreuzbergls ein Schülerheim eingerichtet. Diese Gründung ist allerdings – vor allem hinsichtlich ihrer Vorgeschichte – keineswegs harmonisch verlaufen.[34] Von den von Ernst Schwarz begründeten diakonischen Anstalten in Waiern aus wurde bereits in den 1890er Jahren ein Schülerheim in Klagenfurt gegründet, dessen Leiter in späteren Jahren König werden sollte. Es kam allerdings zunehmend zu Konflikten zwischen der Leitung des Heimes und der, hinsichtlich des Sprengels zuständigen, Pfarrgemeinde Klagenfurt einerseits und Pfarrer Ernst Schwarz als Leiter der Anstalten in Waiern andererseits. Infolge dieser Konflikte kam es zum Bruch, sodass König ein eigenes Heim einrichtete. In der Folge regte König an, dieses Heim der Klagenfurter Pfarrgemeinde anzugliedern, was dort durchaus auf Interesse stieß. Knoch selbst stiftete jedenfalls 1917

---

furt (Klagenfurt 1964) 78 f.; Ders., Der Protestantismus in Klagenfurt und Unterkärnten im 19. und 20. Jahrhundert. *JGPrÖ* 100 (1984) 41–143, hier 110. Eine ausführliche Darstellung der Geschichte dieses Töchterheimes steht bislang aus. Neben den hier angeführten allgemeinen Eckdaten muss vorläufig auf die Jahresberichte der Pfarrgemeinde Klagenfurt verwiesen werden.

30 Die evangelische Pfarrgemeinde Klagenfurt im Jahre 1906. Bericht des Presbyteriums, 12.

31 Die evangelische Pfarrgemeinde Klagenfurt im Jahre 1907. Bericht des Presbyteriums, 5.

32 Die evangelische Pfarrgemeinde Klagenfurt im Jahre 1908. Bericht des Presbyteriums, 3.

33 Die evangelische Pfarrgemeinde Klagenfurt im Jahre 1909. Bericht des Presbyteriums, 7.

34 Hanisch-Wolfram, Glaube, der in der Liebe tätig ist (wie Anm. 22) 86–88.

ein Stipendium für evangelische Zöglinge dieses Heimes, wobei der Pfarrgemeinde das Vorschlagsrecht für die in Frage kommenden Kandidaten zukommen sollte.[35] Zu einer Vereinigung des »Schülerheims König« mit der evangelischen Pfarrgemeinde sollte es dann aber doch nicht kommen.

Welche Bedeutung das Engagement Knochs in der Klagenfurter Pfarrgemeinde hatte, wird aus dem Nachruf deutlich, der 1930 in der Zeitschrift »Lichter der Heimat« erschien:

> »Vor und nach der eindrucksvollen Feier [im Knoch'schen Haus in Klagenfurt] sangen die Zöglinge des evang. Töchterheimes Trauerchöre. Am Sonntag, den 15. Dezember versammelten sich sämtliche Presbyter in der Kirche nach dem Gottesdienste zu einer Trauer-Kundgebung«.[36]

Dabei ist natürlich in Rechnung zu stellen, dass Knoch insgesamt 36 Jahre lang im Presbyterium gewesen war und die letzten 15 Lebensjahre Kurator war. Aber in diesem Nachruf wurde auch das erwähnt, was ihm eben als nachhaltiges »Vermächtnis« zugerechnet wurde: die Schaffung des evangelischen Töchterheimes in Klagenfurt.

IV. Resümee

Ein resümierender Blick auf diese drei biographischen Skizzen, die Annäherungen an das Verhältnis von Wirtschaft bzw. Industrie und Protestantismus in Kärnten zwischen etwa 1850 und 1930 bieten sollen, zeigt einige Gemeinsamkeiten der beschriebenen Persönlichkeiten und deren Einwirken auf die Entwicklung evangelischen Lebens in Kärnten. Zunächst ist festzuhalten, dass es sich bei allen drei Personen um Zugewanderte handelt – dies mag ein Indiz dafür sein, dass es aufgrund des mehrfach erwähnten bäuerlich-ländlichen Hintergrundes der Kärntner Toleranzgemeinden schlichtweg kein Reservoir eines evangelischen Unternehmertums im Lande gab, dies musste erst durch Zuwanderung entstehen (gleiches trifft auf den evangelischen Adel zu, für den Henckel-Donnersmarck beispielhaft stehen kann). Die Verankerung im Land war dabei unterschiedlich; während Wahliß in Kärnten »nur« ein zusätzliches Standbein seiner Unternehmungen hatte, wurde es für Henckel-Donnersmarck und Knoch zu einer neuen Heimat, die nunmehr Mittelpunkt ihres Wirkens war.

Schließlich zeigen sich bei diesen Biographien aber auch die ganz unterschiedlichen Formen und Möglichkeiten wirtschaftlichen Unternehmertums. Anhand der drei skizzierten Biographien können gewissermaßen drei verschiedene Formen unterschieden werden. Hugo Henckel-Donnersmarck schuf eine Grundlage für die Entstehung einer evangelischen Gemeinde – und dies allerdings ohne erkennbares eigenes Interesse oder aktives Zutun zum Gemeindeleben. Wahliß hingegen unterstützte in ganz anderer Form, aber letztlich direkter, evangelisches Leben, indem er

35 Die evangelische Pfarrgemeinde Klagenfurt im Jahre 1917. Bericht des Presbyteriums, 10 f.

36 *Lichter der Heimat: evang. Gemeindebl. für Kärnten* 5, Nr. 2 (1930) 14. Ähnlich auch der Nachruf in: Die evangelische Pfarrgemeinde Klagenfurt im Jahre 1929. Bericht des Presbyteriums, 2 f.

gezielt die Abhaltung von Gottesdiensten ermöglichte, wo es bislang wenige oder gar keine gegeben hatte. Schließlich zeigt sich bei Philipp Knoch insofern eine andere Situation, als er nicht am Gemeindeaufbau beteiligt war, da die Pfarrgemeinde Klagenfurt schon seit 1864 bestand. Aber er war derjenige der drei beschriebenen Männer, der sich am unmittelbarsten und aktivsten in das Leben der Gemeinde einbrachte, nicht zuletzt über fünfzehn Jahre als Kurator. Einige Jahrzehnte zuvor, in der Phase des Gemeindeaufbaus in Klagenfurt, wäre seine Rolle unter Umständen eine andere gewesen – hier ist aber auch in Rechnung zu stellen, dass Knoch diejenige der beschriebenen Persönlichkeiten war, deren Familie über die engste kirchliche Bindung verfügte, was sich auch daran zeigt, dass einer seiner Brüder Pfarrer war.

Schließlich sind, ausgehend von den bisherigen Darstellungen und Überlegungen, mehrere Aufgaben zu skizzieren, denen man sich im Rahmen des Themas »Wirtschaft und Protestantismus in Kärnten« widmen könnte und sollte:

- Die Rolle eines wirtschaftlichen »Mäzenatentums« beim Aufbau der evangelischen Gemeinden in Kärnten. Dies beginnt bereits in der Toleranzzeit, als beispielsweise Kaspar Spittaler in Bleiberg eine führende Rolle einnahm[37] und führt bis weit in das 20. Jahrhundert, als etwa die Entstehung der Pfarrgemeinde in Radenthein mit der damaligen Führung des ortsansässigen Magnesitwerkes verbunden war.[38] In Betracht zu ziehen sind schließlich auch Sonderfälle wie die Toleranzgemeinde in Dornbach, wo der katholische Graf Hieronymus Lodron als Mäzen auftrat und – offensichtlich aus einer grundsätzlichen Sympathie dem Protestantismus gegenüber – wesentliche Auslagen der neuen Gemeinde bestritt.[39]
- In einer strukturellen Sicht wäre zu untersuchen, welches Verhältnis zwischen der evangelischen Siedlungsgeographie und der wirtschaftlichen Entwicklung Kärntens bestand bzw. ob hier spezifische Zusammenhänge zu erkennen sind – etwa welche Rolle wirtschaftliche Faktoren bei der Entstehung neuer Gemeinden gespielt haben oder ob hier ganz andere Faktoren maßgeblich waren.
- Analog zu den hier nur im Überblick geschilderten Biographien wäre zu fragen, welche Persönlichkeiten der Kärntner Wirtschaftsgeschichte Protestanten waren und ob und in welchen Formen sich dies auf ihr Unternehmertum ausgewirkt hat (bzw. sich diese wiederum in die Gemeindeentwicklungen eingebracht haben).
- Schließlich – dies betrifft letztlich wieder auch ganz andere Fragestellungen – ist eine Wirtschaftsgeschichte der einzelnen evangelischen Gemeinden als Desiderat festzustellen. Es ist vielfach festgestellt worden, dass die einzelnen Gemeinden un-

37 Oskar Sakrausky, Geduldet und gleichberechtigt. 200 Jahre evangelische Pfarrgemeinde Bad Bleiberg (Bad Bleiberg 1983) 16 f.

38 50 Jahre Evangelische Pfarrgemeinde – evangelische Johanneskirche Radenthein. Eine kurze Geschichte mit vielen Bildern (Radenthein 2004) 8–13.

39 200 Jahre Evangelische Pfarrgemeinde A.B. Dornbach 1790–1990 (Gmünd 1990); Alexander Hanisch-Wolfram/Wilhelm Wadl (Hg.), Glaubwürdig bleiben – 500 Jahre protestantisches Abenteuer. Kärntner Landesausstellung Fresach 2011. Katalog (Klagenfurt 2011) 129–131; Alexander Hanisch-Wolfram, »Zum besten der akatholischen Gemeinden in Kärnten« – Bemühungen um eine evangelische Superintendenz in der Toleranzzeit. *Carinthia I* 202 (2012).

ter schwierigen finanziellen Bedingungen lebten und vielfachen wirtschaftlichen Belastungen ausgesetzt waren. Eine detaillierte Untersuchung steht hier freilich noch aus (Gleiches gilt im Übrigen für die Anstalten der Inneren Mission bzw. Diakonie).

Es sind dies einige Bausteine, aus denen eine evangelische Wirtschaftsgeschichte Kärntens entstehen kann, zu der es bislang nur sehr Weniges gibt. Dies mag auch damit zusammenhängen, dass die Schwerpunkte der Forschung bislang vor allem auf die frühe Toleranzzeit (bis etwa 1790) und dann wiederum auf das 20. Jahrhundert (als markanten Punkt kann man hier die »Los-von-Rom«-Bewegung nennen) gelegt wurden. Bei der Betrachtung des 19. Jahrhunderts ging es wiederum vielfach um die Schritte auf dem Weg »von der Duldung zur Gleichberechtigung«. Die Erforschung des ökonomischen Umfeldes von Gemeindeentwicklung, -aufbau und -ausbau könnten allerdings künftig noch wertvolle Hinweise auf die strukturelle Entwicklung des Kärntner Protestantismus im 19. und 20. Jahrhundert ergeben.

Eisenstadt/Neufeld an der Leitha – eine untypische Gemeinde des Burgenlandes

Von Herbert Rampler

Die Entwicklung im heutigen Burgenland, als bis 1921 zu Ungarn gehörend, unterscheidet sich wesentlich von den anderen Gebieten Österreichs. Zugleich unterscheidet sich die Entwicklung der heutigen evangelischen Pfarrgemeinde Eisenstadt/Neufeld an der Leitha wesentlich von der der anderen burgenländischen Gemeinden. Man könnte zugespitzt auch sagen, dass Eisenstadt/Neufeld die einzige »österreichische« unter den burgenländischen Gemeinden sei.[1] Und sie ist die einzige Gemeinde des Burgenlandes, die ihre Entstehung der Industrialisierung verdankt. Darauf soll hier das Hauptaugenmerk gerichtet sein.

I. Reformation, Gegenreformation und langes Schweigen

Dass die Reformation im westungarischen Grenzraum[2] auch auf dem Gebiet der heutigen Pfarrgemeinde Eisenstadt/Neufeld schnell und umfassend Raum gegriffen hat (einige kroatisch geprägte Gemeinden ausgenommen), verbindet sie mit den übrigen Gemeinden des heutigen Burgenlandes.[3]

---

1 »Das erscheint umso interessanter, als diese Pfarrgemeinde in verschiedener Hinsicht deutliche Unterschiede im Selbstverständnis und in der Entwicklung gegenüber den anderen evangelischen Pfarrgemeinden im Burgenland aufweist. Sie ist darinnen eher mit vielen Pfarrgemeinden im restlichen Österreich zu vergleichen.« Vgl. Gustav Reingrabner, Evangelisch in Eisenstadt. Zur Geschichte des Protestantismus und seiner Institutionen, in: Eisenstadt. Bausteine zur Geschichte, hg. von Harald Prickler/Hans Seedoch (Eisenstadt 1998) 348.

2 Bernhard Hans Zimmermann, Das Luthertum in Eisenstadt in Geschichte und Gegenwart 1532–1932 (Evangelischer Presseverband Österreich. Landesverband Burgenland, 2. stark erweiterte und verbesserte Auflage – Das Erscheinungsjahr geht nur indirekt aus dem Vorwort hervor.). Nach Reingrabner, Eisenstadt (wie Anm. 1) 387 Anm. 2 handelt es sich um Zimmermanns theologische Dissertation (Wien 1934). »Der Erscheinungsort und das Jahr ist gegenüber anderen Angaben zu korrigieren; richtig ist: Unterschützen 1934.« Auf dieses grundlegende Werk Zimmermanns beziehen sich fast alle späteren Arbeiten. Einen wichtigen Beitrag leistete die 1953 fertiggestellte Dissertation des Neufelder Historikers und späteren Bundeskanzlers Fred Sinowatz, Reformation und katholische Restauration in der Grafschaft Forchtenstein und Herrschaft Eisenstadt (Burgenländische Forschungen 35, Eisenstadt 1957). Zur Reformation im Raum des heutigen Burgenlandes vgl. jetzt auch Rudolf Leeb, Die lutherische Reformation im westungarisch-burgenländischen Raum, in: Luther und die Evangelisch-Lutherischen in Ungarn und Siebenbürgen. Augsburgisches Bekenntnis, Ethnie und Politik vom 16. Jahrhundert bis 1918, hg. von M. Fata/A. Schindling (im Druck).

3 Für einige Jahre in den 70er-Jahren des 16. Jahrhunderts gab es in Eisenstadt ausschließlich evangelische Geistliche. Neben Jakob Beygewither (1569–1582) und dem zweiten Prediger Albert Bölliger (?–1581) war es vor allem Stephan Consul, ein Mitarbeiter des slowenischen Reformators Primus Truber, der für die Evangelisierung der kroatischen Gemeinden zuständig

Sie unterscheidet sich aber darin, dass die Gegenreformation hier tiefer und nachhaltiger gewirkt hat[4] und öffentliches evangelisches Bewusstsein für mehr als 250 Jahre kaum merkbar war.

Sind fast alle der heute 29 burgenländischen lutherischen Gemeinden Toleranzgemeinden, in denen sich das evangelische Leben der Reformationszeit – wenn auch mit manchen Kämpfen und Brüchen – nach 1781 fortgesetzt und in eigener Tradition verfestigt hat, wie dies in keinem anderen der österreichischen Bundesländer der Fall ist, so war dies auf dem Gebiet der heutigen Pfarrgemeinde Eisenstadt/Neufeld nicht der Fall. Es gab weder öffentliches Auftreten von Protestanten noch Ansätze zur Gemeindegründung.[5] Vereinzelt lassen sich evangelische Bürger in Eisenstadt nachweisen, so leitete ab 1804 Heinrich Schmidt aus Weimar das kleine Esterhazy'sche Hoftheater,[6] aber erst Zuzüge nach der Mitte des 19. Jahrhunderts führten zu ersten Versuchen einer Gemeindebildung.[7]

II. Erste Ansätze zur Gemeindebildung

Nach den damaligen Rechtsgrundlagen hatte die Initiative zu einer Gemeindegründung von den Gemeindegliedern selbst auszugehen.[8] Zunächst sammelte sich in Ei-

---

war. Vgl. Zimmermann, Luthertum (wie Anm. 2) 70 ff. Consuls Wirksamkeit wird wohl richtig von Reingrabner, Eisenstadt (wie Anm. 1) 379 für die Zeit von 1569 bis 1579 angegeben. Die Angabe Zimmermanns über die Dauer der Tätigkeit Consuls in der Überschrift (»1558–1579« S. 70) scheint ein Druckfehler zu sein, da er in der Folge 1567 als Amtsantritt nennt und Frühjahr 1568 als Beginn der »Tätigkeit unter den hiesigen Kroaten« (S. 77). Interessant ist bei Sinowatz, Reformation und katholische Restauration (wie Anm. 2) 22, 30 ff., 37 f., 51 ff., 60 ff., 63 ff., 66 ff., 96 ff., 112 ff. die genaue Auflistung, in wie vielen dieser kleinen Orte in der Umgebung Eisenstadts evangelische Pfarrer und Prediger, auch flacianisch geprägt, tätig waren: Eisenstadt, St. Georgen, Klein-Höflein, Groß-Höflein, Donnerskirchen, Schützen am Gebirge (Gschieß), Purbach, Müllendorf, Breitenbrunn – um nur die zu nennen, die im Gebiet der heutigen Pfarrgemeinde Eisenstadt/Neufeld liegen. Auch Mattersburg (damals Mattersdorf), Oggau und St. Margarethen werden behandelt. Zum westungarischen Flacianismus vgl. Leeb, Die lutherische Reformation (wie Anm. 2). Heute umfasst die Gemeinde Eisenstadt/Neufeld drei Städte (Eisenstadt, Neufeld und Purbach) und 18 politische Gemeinden (Steinbrunn, Müllendorf, Großhöflein, Zillingtal, Wulkaprodersdorf, Siegendorf, Zagersdorf, Klingenbach, Trausdorf, Oslip, Schützen, Donnerskirchen, Breitenbrunn, Stotzing, Loretto, Hornstein, Leithaprodersdorf, Wimpassing – Kleinhöflein und St. Georgen wurden in Eisenstadt eingemeindet). Zum Bezirk Eisenstadt-Umgebung gehören noch mit zwei Gemeinden (Oggau, St. Margarethen) die Pfarrgemeinde der Freistadt Rust und für sich allein Mörbisch (mit einem besonders hohen Anteil an Evangelischen).

4 Zimmermann, Luthertum (wie Anm. 2) 22 ff.; Sinowatz, Reformation und katholische Restauration (wie Anm. 2) 51 ff.

5 Vgl. Reingrabner, Eisenstadt (wie Anm. 1) 348 f.

6 Zimmermann, Luthertum (wie Anm. 2) 35 f. (Gleichzeitig wirkte übrigens auch Johann Nepomuk Hummel in Eisenstadt).

7 Reingrabner, Eisenstadt (wie Anm. 1) 348, 355 f.

8 Zu den schwierigen Zusammenhängen des Entstehens dieser neuen westungarischen

senstadt eine Gruppe von Personen, die für den 1. März 1885 eine erste Versammlung der in Eisenstadt und Umgebung wohnenden Protestanten einberief, zu der sich zwölf Männer einfanden.[9]

Die führenden Persönlichkeiten waren zum einen Josef Paul von Király, studierter Theologe und Direktor des evangelischen Lyceums in Schemnitz, seit 1853 in Ödenburg am dortigen Lyceum, der als Pensionist 1883 samt seiner Frau und Tochter Berta nach Eisenstadt kam, um am Tätigkeitsort seiner hier als Bürgerschullehrerin tätigen Tochter Emma seinen Lebensabend zu verbringen.[10] Er wurde der erste Kircheninspektor von 1885 bis 1897. Zum anderen war es der Rechtsanwalt Matthias Laschober, 1842 in Stuben bei Bernstein geboren, der nach seinen Studien und einer Erziehertätigkeit 1870 nach Eisenstadt kam. Hier entfaltete er eine weit gespannte öffentliche Tätigkeit. Die Eisenstädter Sparkassa, der Casino-Verein, die Bürgerschule, die Preßburg-Oedenburger Bahnlinie, die Landstraße über das Leithagebirge und vieles andere verdanken zum guten Teil ihm ihre Entstehung.[11]

Im Jänner 1886 kam es zur Konstituierung als Filialgemeinde von Ödenburg.[12] Deren Konvent stimmte am 18. Juli zu und zehn Tage später erfolgte die Genehmi-

---

Gemeinde im Kontext der historischen Entwicklung und der rechtlichen Voraussetzungen vgl. die Arbeit des früheren Superintendenten des Burgenlandes Gustav Reingrabner in der von Reinhold Arthofer (dem langjährigen, für Neufeld zuständigen stellvertretenden Kurator) herausgegebenen Festschrift: Gustav Reingrabner, Die Evangelische Gemeinde in Neufeld in der Evangelischen Kirche, in: Reinhold Arthofer, Festschrift 100 Jahre Evangelische Kirche A.B. Neufeld an der Leitha 1904–2004 (Eisenstadt–Neufeld/Leitha 2004) VI–XVII.

9 Die Entwicklung ist ausführlich und namentlich dargestellt bei Zimmermann, Luthertum (wie Anm. 2) 37 ff. Die Zitate in seiner Arbeit sind eine wichtige Quelle, da sie archivalisch nicht mehr erhalten sind und bei der Zimmermann eigenen akribischen Art der Quellenbehandlung als zuverlässig gelten dürfen. In einem von Dr. Christoph Kirchbaumer dankenswerterweise übermittelten Typoskript seines Vaters Dr. Friedrich Kirchbaumer, dem ersten Pfarrer mit Amtssitz in Eisenstadt (1936–1948) über seine Amtszeit (»Evangelisches Leben in Eisenstadt von 1936–1948«) heißt es in einem Nachtrag auf S. 5: »Die drei anderen Kirchenbücher und das gesamte Pfarrarchiv wurden von den Russen verheizt, darunter leider auch die von Dr. Bernhard Hans Zimmermann so liebevoll gesammelten Bilder der alten Pfarrherrn. Besonders bedauernswert ist der Verlust sämtlicher Sitzungsprotokolle, die wertvolle geschichtliche Daten enthalten haben.«

10 Biographie bei Zimmermann, Luthertum (wie Anm. 2) 85 ff. nach einer ungarischen Quelle mit Würdigung der Persönlichkeit von Király, seines Umgangs mit Gelehrten und Dichtern (Grillparzer), als Poet, launiger Redner und Gesellschaftsmensch. Vgl. auch Ders., Josef Paul von Király (1810–1887), ein Polyhistor und seine Beziehung zu Eisenstadt. *Burgenländische Heimatblätter* 31 (1969) 75 ff. Tochter Berta Király gründete den ersten Kindergarten in Eisenstadt. So gibt es in freistädtischer Weisheit seit einigen Jahren nicht eine der Familie Kiraly gewidmete Straße, sondern eine »Emma und Berta von Kiraly-Straße«, was eine Herausforderung nicht nur für Briefeschreiber und Schildermaler, sondern auch für die Bewohner der neuen Siedlung darstellt. Übrigens befindet sich diese neue Straße in unmittelbarer Nähe der Laschoberstraße, die vom zentralen Kreisverkehr zum Bahnhof führt.

11 Biographie bei Zimmermann, Luthertum (wie Anm. 2) 87 f. Er war Lokalkircheninspektor in Eisenstadt von 1887 bis 1897. Die im Pfarramt heute vorhandenen Informationen über Király und Laschober stützen sich auf Zimmermann und bringen keine neuen Erkenntnisse.

12 Dem Entwurf ist zu entnehmen, dass die Seelenzahl damals 71 war. Vgl. ebenda 42.

gung der Distriktsversammlung des Kirchendistrikts jenseits der Donau, womit die Errichtung der Filiale kirchlich anerkannt war.[13]

Der erste öffentliche evangelische Gottesdienst nach der Reformationszeit wurde am 10. Mai 1888 (!), am Fest Christi Himmelfahrt, im Saal des Hotels »Zur Weißen Rose« gefeiert; Király hat ihn nicht mehr erlebt. »Es waren das Gottesdienste mit deutscher und ungarischer Predigt«, gehalten von Pfarrer Brunner und Pfarrer Stiegler aus Ödenburg.[14]

Der »Harmonium- und Kirchenfonds« der jungen Filialgemeinde stand damals auf schwachen Beinen. Als Anfang der 1890er-Jahre die einstige St. Joseph-Kapelle – am Beginn der Permayrstraße gegenüber dem Bezirksgericht –, die nur mehr als Magazin diente, zum Verkauf stand, wurde der von Laschober u. a. gut vorbereitete Ankauf vom katholischen Stadtpfarrer vereitelt, sodass »bis zum heutigen Tag [1934; H. R.] noch keine eigene Stätte für die gottesdienstlichen Veranstaltungen der Gemeinde zur Verfügung steht«.[15]

III. Neufeld rückt in den Blickpunkt

Der § 27 der Kirchenverfassung von 1891/93 für die Evangelische Kirche A.C. in Ungarn trug der Tatsache Rechnung, dass auch abseits der gewachsenen Mutter- und Tochtergemeinden sich vereinzelt, aber zunehmend, Evangelische angesiedelt hatten:

> »Sämtliche bürgerliche Gemeinden des ungarischen Staates werden mit besonderer Berücksichtigung der Territorial-, Bevölkerungs- und Verkehrs-Verhältnisse, durch die betreffenden Kirchendistricte den Muttergemeinden und dort, wo es die Nothwendigkeit erheischt, den einzelnen Missions-Kreisen zugetheilt.«[16]

Der Konvent des »Kirchendistriktes jenseits der Donau« 1897 in Papa bestimmte Eisenstadt zum Mittelpunkt eines von Ödenburg betreuten »Missionskreises«, der auch die Diaspora der Umgebung, vor allem Neufeld umfassen sollte.[17] Da aber die Situation in Eisenstadt stagnierte[18] und die Zahl der Evangelischen nach der Errichtung der Jutefabrik in Neufeld rasch anstieg, verlagerte sich der Schwerpunkt der Missions-

13 Ebenda 41 ff.; Reingrabner, Eisenstadt (wie Anm. 1) 357. Das ausführliche Statut ebenda 385 f.

14 Zimmermann, Luthertum (wie Anm. 2) 43.

15 Ebenda 44.

16 Reingrabner, Neufeld (wie Anm. 8) XII. Die kirchenrechtlichen Bestimmungen werden von ihm auf S. XI f. ausführlich dargestellt, weil sie die Rahmenbedingungen für die weitere Entwicklung regeln.

17 Reingrabner, Eisenstadt (wie Anm. 1) 358; Zimmermann, Luthertum (wie Anm. 2) 45.

18 Schon 1888 klagte Laschober über »längere Zeit hindurch währenden schlechten Besuch der Presbytersitzungen«. Dies schmerzte ihn, da – wie er in einer Einladung schrieb – »die Teilnahmslosigkeit im Allgemeinen sehr herabstimmend wirkt, im Besonderen aber auch noch den regelrechten Geschäftsgang empfindlich hindert«. Vgl. Zimmermann, Luthertum (wie Anm. 2) 43 f.

station dorthin, sodass Neufeld 1900 dann auch deren offizieller Mittelpunkt wurde.[19]

IV. Die Jutefabrik in Neufeld und Max Baum

Im Jahr 1889 nahm die »Actiengesellschaft der ersten Ungarischen Jute-Spinnerei und Weberei«, später »Hitiag« (Hanf-, Jute- und Textilindustrie A.G.) ihren Betrieb auf,[20] nach Meinung der Ödenburger Handels- und Gewerbekammer das »größte Unternehmen seiner Art in der ganzen Monarchie«.[21] Nach großen wirtschaftlichen Schwierigkeiten wurde am 1. Juli 1893 Max Baum als kaufmännischer Direktor berufen.[22]

Generaldirektor Baum stammte aus Breslau[23] und schaffte es nicht nur, die Firma zu konsolidieren und zu neuen wirtschaftlichen Erfolgen mit sozialer Verantwortung zu führen,[24] sondern sein besonderes Anliegen war es auch, die wachsende Schar der Evangelischen in Neufeld, »hauptsächlich Deutschwestungarn, Magyaren, aber auch Slovaken und Tschechen«,[25] zudem noch Facharbeiter aus den übrigen Gebieten der Monarchie und dem Deutschen Reich zu sammeln.[26] »Als Direktor und Retter der Jutefabrik hatte er den Einfluss, in Neufeld die Gleichstellung der Protestanten mit den Katholiken zu beginnen.«[27] 1897 wurde der erste Gottesdienst in der Kantine

19 Ebenda 46; Reingrabner, Neufeld (wie Anm. 8) XIII u. ö. Da in der einschlägigen Literatur fast nur die deutschen Namen Eisenstadt/ung. Kismarton und Neufeld a. d. Leitha/ung. Lajtaujfalu verwendet wurden, geschieht dies der Einfachheit halber auch hier.

20 Ausführliches zu dem bis 1972 bestehenden Unternehmen bei Hans Hahnenkamp, Die burgenländische Industrie, Teil 2 (1885–1921) (Eisenstadt ²1995) 371 ff. Vgl. auch Jakob Baxa, Die Festschrift der SIEGENDORFER ZUCKERFABRIK. Conrad Patzenhofer's Söhne. Siegendorf bei Eisenstadt, Burgenland (Wien 1952).

21 Hahnenkamp, Burgenländische Industrie (wie Anm. 20) 379.

22 Ebenda.

23 Biographie bei Zimmermann, Luthertum (wie Anm. 2) 88.

24 Die Fabrik hatte z. B. eine eigene Betriebskrankenkasse. Hahnenkamp, Burgenländische Industrie (wie Anm. 20) 379.

25 Zimmermann, Luthertum (wie Anm. 2) 46.

26 Reinhold Arthofer, Festschrift 100 Jahre Evangelische Kirche A.B. Neufeld an der Leitha 1904–2004 (Eisenstadt–Neufeld/Leitha 2004) 4 u. ö. Es ist daher anzumerken, dass der »Grundstock« der Evangelischen sowohl in Eisenstadt als auch in Neufeld – ganz im Gegensatz zu den übrigen Gemeinden des heutigen Burgenlandes – nicht bodenständig verankert, sondern aus verschiedenen Gegenden zugewandert war.

27 Albert Gernot Absenger, 350 Jahre Neufeld. Eine chronikartige Geschichtsdarstellung, (Neufeld 2002) 154. Eine Kurzfassung unter demselben Titel wurde 2002 an alle Bürger – mittlerweile war Neufeld (1997) zur Stadt erhoben worden – verteilt. Unter dem Titel »Neufeld. Chronik III« erschien 2007 eine »Verdichtung der gesamten Ortshistorie als Folge- und Erweiterungsband von Lang- und Kurzfassung der 2002 erschienenen chronikartigen Geschichtsdarstellung«.

der Jutefabrik[28] gefeiert. Damals wurden 85 evangelische Seelen gezählt[29] – Neufeld hatte mittlerweile bereits mehr Gemeindeglieder als Eisenstadt. Im Jahre 1900 wurde Neufeld Sitz einer »Missionsstation«. Als deren erster Pfarrer wurde Gustav Adolf Ludig berufen (bis 1902), der spätere Schwiegersohn Baums.[30]

Als Planungen für den Bau einer eigenen Kirche begannen, setzte zu deren Verwirklichung Direktor Baum seine Kontakte (u. a. auch nach Deutschland) ein.[31] Der Pfarrer zur Zeit des Kirchbaus war Dr. Karl Pröhle.[32] Nach der »stillen Grundsteinlegung« am 11. Oktober 1903 konnte dann das in neugotischem Stil erbaute kleine Kirchlein am 28. August 1904 eingeweiht werden.[33]

V. Eine Kirche als Industriedenkmal

Deutlich ist, dass die Impulse für die Entwicklung der heutigen Pfarrgemeinde Eisenstadt/Neufeld Ende des 19. Jahrhunderts ohne die Industrialisierung in Neufeld nicht zu denken sind. Und die wiederum ist eine Besonderheit im Burgenland, das vorwiegend landwirtschaftlich geprägt war: »Bis in die 1970er-Jahre stimmt es, dass im gesamten restlichen Burgenland weniger Industriearbeitsplätze bestehen als in Neufeld mit mehr als 3500 Arbeitnehmer/innen (Jutefabrik, Bergwerk, Chemiebetrieb Medinger).«[34]

Im Zusammenhang mit der umfassenden Sanierung der Kirche von Neufeld in den Jahren 1994–1999,[35] welche eines der wenigen gut erhaltenen und mühevoll von

---

28 »heute Stadtsaal«. Vgl. ebenda 153.

29 Zimmermann, Luthertum (wie Anm. 2) 46.

30 Ebenda 81f.

31 Der Kirchbau ist ausführlich dokumentiert bei Arthofer, 100 Jahre Neufeld (wie Anm. 26) 7 ff. Bemerkenswert ist, dass der (2011 verstorbene) Kuratorstellvertreter in mühevoller Arbeit ungarische Quellen benutzt hat, deren Auswertung nach dem Verlust des eigenen Archivs – siehe Anm. 11 – besonders wertvoll erscheint (einige Ungenauigkeiten mögen nachgesehen werden).

32 Zimmermann, Luthertum (wie Anm. 2) 82. Da ein Überblick über Pfarrer und Kircheninspektoren, Kuratorinnen und Kuratoren nicht Gegenstand dieser Arbeit ist, sei auf die Überblicke ebenda 68 ff. sowie Arthofer, 100 Jahre Neufeld (wie Anm. 26) 38 ff. verwiesen. Biographien im Text und z. T. bei Karl Fiedler, Pfarrer, Lehrer und Förderer der ev. Kirche A.u.H.B. Im Burgenlande (Burgenländische Forschungen 40, Eisenstadt 1959). Die Namen ab 1900 (nach Zimmermann, Luthertum [wie Anm. 2] 81 ff.): Gustav Adolf Ludig (1. Nov. 1900 bis 23. Juli 1902), D.Dr. Karl Pröhle (Sept. 1902 bis Sept. 1906), Josef Schrödl (1. Okt.1906 bis 15. Feber 1915), Franz Kron (29. März 1915 bis 1. Mai 1917), Karl Frank (4. Juni 1917 bis Herbst 1919).

33 Ebenda 47 f.; ausführlich bei Arthofer, 100 Jahre Neufeld (wie Anm. 26) 8–13.

34 Albert Gernot Absenger, Sozialdemokrat Ludwig Leser: Politische Karrieren zwischen Komintern und Antikomintern, (Diss. Wien 2009) 81. Vgl. auch Ders., 350 Jahre Neufeld (wie Anm. 27) 9. Zu den einzelnen Betrieben vgl. Hahnenkamp, Die burgenländische Industrie (wie Anm. 20).

35 Wieder ausführlich dokumentiert bei Arthofer, 100 Jahre Neufeld (wie Anm. 26) 29 ff.

der evangelischen Gemeinde mit Unterstützung der Stadtgemeinde renovierten »alten« Gebäude in Neufeld darstellt, wurde deshalb eine Bewusstseinsbildung initiiert, die in Erinnerung rufen wollte, dass diese Kirche nicht nur als ein evangelisches Glaubenszentrum, sondern auch als ein Arbeiter- und Industriedenkmal zu betrachten ist. Im damaligen Spendenaufruf »Die Evangelische Kirche in Neufeld bekommt ein neues Kleid« (1999) hieß es:

> »Die Evangelische Kirche in Neufeld an der Leitha ist nicht nur der Raum, in dem evangelische Christen ihre Gottesdienste feiern. Sie ist zugleich eines der letzten erhaltenen historischen Bauwerke der Stadt und Industrie- und Arbeiterdenkmal. Die Verantwortlichen der Evangelischen Pfarrgemeinde Eisenstadt/Neufeld an der Leitha haben deshalb beschlossen, die Kirche vor dem Verfall zu retten, obwohl ihre finanziellen Möglichkeiten dies eigentlich nicht erlauben.«36

Die Bemühungen erwiesen sich als erfolgreich, sie wurden von den Medien und der politischen Öffentlichkeit bereitwillig übernommen und wirken bis in die Gegenwart nach.

Zur Unterstützung wurde ein überparteiliches und überkonfessionelles Personenkomitee ins Leben gerufen, das für sich schon ein Stück Zeitgeschichte ist und es wert wäre, angeführt zu werden. Es belegt, dass die evangelische Gemeinde in Neufeld seit Direktor Baums Zeiten fest und überparteilich in Neufeld verankert ist.

VI. Probleme in Neufeld

Zunächst sorgte der Aufschwung in Neufeld auch für eine Konsolidierung in Eisenstadt.

> »Seit es evangelische Geistliche in Neufeld gab und dort das evangelische Leben solchen Aufschwung nahm, war es auch mit der geistlichen Versorgung der Filialgemeinde Eisenstadt besser bestellt. Es gab nun allmonatliche Gottesdienste […] sowie an den zweiten Tagen der hohen kirchlichen Feste.«[37]

Die ambitionierten Versuche, auf der Parzelle hinter der Kirche ein Pfarrhaus zu bauen, wurden durch die Kriegswirren und danach durch die Währungsreform verhindert. Die wirtschaftlichen Schwierigkeiten der Jutefabrik taten ein Übriges. Der Pfarrer, Karl Frank (1917–1919),[38] konnte nur mehr dadurch leben, dass er »um Taglohn Schreiberdienste in der Kanzlei des Braunkohlenbergwerkes« tat.[39]

Mit seinem Abgang gingen alle Hoffnungen auf eine Besserung zu Ende. »Die Pfarrgemeinde, die aus dem Missionskreis entstanden war, war zusammengebro-

---

36 Aussendung an alle Haushalte in Neufeld und den angrenzenden Orten. Inhalt: H. Rampler, optische Gestaltung: Peter Gfrerer – Archiv der Evang. Pfarrgemeinde.

37 Zimmermann, Luthertum (wie Anm. 2) 50.

38 Ebenda 84.

39 Ebenda 53. Zum Braunkohlenbergwerk in Neufeld (bis 1958) vgl. Hahnenkamp, Burgenländische Industrie (wie Anm. 20) 162 ff.

chen.«[40] Der unstete, wandernde, aber immer wieder für bestimmte Anliegen zu begeisternde Bernhard Hans Zimmerman schrieb damals in seiner Publikation, mit der er das alte Feuer wieder auflodern lassen wollte, auf poetische Weise: »So glich das Leben in der Gemeinde Neufeld-Eisenstadt damals eher einem langsam erkaltenden und erlöschenden als einem Glut und Hitze spendenden Feuer, dessen Ausstrahlungen wärmen und in die dunkle Nacht und Umwelt einen hellen Schein werfen.«[41] »Von Eisenstadt selbst und den dortigen Evangelischen war vorerst anscheinend auch keine Initiative zu erwarten.«[42]

Die Betreuung von Eisenstadt wurde laut oberkirchenrätlicher Anordnung von 1922 dem Ruster Senior Kasper[43] übertragen, die von Neufeld dem Wiener-Neustädter Pfarrer Emil Matthaei.[44] Zudem verließ Kircheninspektor Direktor Baum 1923 Neufeld und zog nach Hinterbrühl, wo er 1930 verstarb.[45]

VII. Neue Ansätze in Eisenstadt

1921 kam das heutige Burgenland aufgrund der Pariser-Vorortverträge (Trianon) zu Österreich. Und dadurch 27 evangelische – lutherische – Pfarrgemeinden mit zahlreichen Tochtergemeinden, dazu die reformierte Gemeinde in Oberwart. Teile dreier ungarischer Seniorate aus zwei Kirchendistrikten kamen zu Österreich. Diese Gemeinden schlossen sich 1922 zu drei burgenländischen Senioraten – Süd, Mitte, Nord – zusammen, wobei Neufeld zum mittleren gehörte. 1924 wurde aufgrund der eigenständigen Entwicklung, wegen der vielen Schulen des Burgenlandes und aus manchen anderen Gründen eine eigene Superintendenz Burgenland gebildet (damit die drittälteste in Österreich – mit 27 Gemeinden und drei Senioraten). Zum ersten Superintendenten wurde Theophil Beyer in Oberschützen gewählt,[46] wo sich auch dessen Amtssitz befand.[47]

40 Reingrabner, Eisenstadt (wie Anm. 1) 360.

41 Zimmermann, Luthertum (wie Anm. 2) 55.

42 Reingrabner, Eisenstadt (wie Anm. 1) 361.

43 Zimmermann, Luthertum (wie Anm. 2) 84.

44 Zur Biographie vgl. Herbert Rampler, Evangelische Pfarrerinnen und Pfarrer der Steiermark (Graz 1998) 200; Zimmermann, Luthertum (wie Anm. 2) 82 f.

45 Ebenda.

46 Ausführlich zur kirchlichen Organisation vgl. Reingrabner, 60 Jahre Evangelische Superintendenz A.B. Burgenland. *Lebendiges Evangelium 1* (1984). Vgl. dazu Herbert Rampler, 50 Jahre Sitz der Evangelischen Superintendentenz A.B. Burgenland in Eisenstadt, ungedr. Vortrag (Eisenstadt 2007).

47 Sitz der Superintendentur war die Pfarrgemeinde des Superintendenten, also Oberschützen ab 1924, und dann ab 1940 mit Sup. Dörnhöfer Nickelsdorf. Die 7. Superintendentialversammlung des Jahres 1953 in Oberschützen beschloss dann einen festen Amtssitz des evangelischen Superintendenten in der Landeshauptstadt Freistadt Eisenstadt. Ende September 1956 wurde der Amtssitz des Superintendenten von Nickelsdorf nach Eisenstadt verlegt, am 5. September 1957 wurde die Weihe des neuen Hauses der Superintendentur Burgenland feierlich vorgenommen. Vgl. Rampler, 50 Jahre (wie Anm. 46) 6.

Sowohl der im Frühjahr 1924 verstorbene Senior Jakob Breyer (Mörbisch) als auch sein Nachfolger Josef Kasper (Rust) bemühten sich um eine eigene Pfarrstelle für die Neufelder/ Eisenstädter Gemeinde. Da in Neufeld kaum eine Möglichkeit bestand, kam zunehmend Eisenstadt als Sitz des Pfarramtes in den Blick. Der Gustav-Adolf-Verein machte seine Mithilfe davon abhängig, »dass der Nachweis geführt werde, dass sowohl Eisenstadt selbst, als auch die anderen burgenländischen Gemeinden sich zu angemessenen eigenen Anstrengungen für die Verwirklichung des Planes verbindlich gemacht haben«.[48]

In einem Gesuch Senior Kaspers vom 2. August 1926 heißt es zum Abschluss: »Ist die Pfarre besetzt, kann ein junger Mann vieles tun und wirken, daß in Bälde ein Pfarrhaus und auch eine Kirche aufgebaut werde.«[49]

Inzwischen war 1925 Eisenstadt zum »Sitz der Landesregierung und des Landtags« bestimmt worden, was den Bemühungen für einen Pfarrer und eine evangelische Kirche in der künftigen Landeshauptstadt zusätzlichen Auftrieb gab. Die wesentlichen Impulse gingen in der Folge von Superintendent Beyer aus, der im Rahmen seiner ersten Visitationsreise am 7. Mai 1926 Eisenstadt besuchte und die Unterstützung der burgenländischen Gemeinden versprach. Interessant ist seine damalige Einschätzung der Situation: »Als wichtigstes Erfordernis für den Aus- und Aufbau des Eisenstädter Gemeindelebens bezeichnete Superintendent Beyer weder den Bau einer Kirche, noch den des Pfarrhauses, sondern die Berufung einer geeigneten geistlichen Kraft.«[50] Das war in der Tat der entscheidende Punkt für die weitere Entwicklung.[51]

Er wurde dadurch verwirklicht, dass Superintendent Beyer den wiederum zu seinem Superintendentialvikar gewählten Bernhard Hans Zimmermann sozusagen für Eisenstadt »freigab«, der dort die Pastorisierung am Sitz der Landesregierung und des Landtages vorantreiben sollte.[52] Parallel dazu verliefen die ursprünglich von der Neufelder Gemeindeversammlung 1927[53] angeregten Bemühungen, die Filiale Eisenstadt zur Muttergemeinde zu machen und den Sitz des Pfarramtes dorthin zu

48 Zimmermann, Luthertum (wie Anm. 2) 59, die Entwicklung und Korrespondenz ausführlich auf 57 ff.

49 Ebenda 60.

50 Ebenda.

51 Auf die Einzelheiten, Korrespondenzen, Geldfragen kann hier verzichtet werden, sie sind bei Zimmermann, Luthertum (wie Anm. 2) 66 ff. ausführlich dokumentiert. Auch der leise Vorwurf der anderen Gemeinden, dass sich alle um Eisenstadt bemühen, die Eisenstädter selber aber noch zu wenig Engagement zeigen, vor allem, was den finanziellen Beitrag zur Kirche betrifft. »Eisenstadt muß sich weher tun! Auf einmal wird es nicht gehen, aber allmählich! Überall, wo die Kirchengemeinden existieren wollen, muß heutzutage die Steuerschraube angezogen werden.« So Konsenior Fiedler (Lutzmannsburg) in seinem Revisionsbericht 1928. Vgl. ebenda 61.

52 Rampler, Pfarrer (wie Anm. 44) 296. Die Biographie Zimmermanns dort ausführlich 296 ff. Eine umfassende Bibliographie gibt Karl Schwarz, In memoriam Prof. Dr. Bernhard Hans Zimmermann. *JGPrÖ* 109 (1993) 77 ff.

53 Reingrabner, Eisenstadt (wie Anm. 1) 360.

verlegen. Dies wurde schließlich nach mancherlei Schwierigkeiten von der Kirchenleitung mit 25. November 1933 genehmigt.[54]

Die evangelische Pfarrgemeinde A.B. Eisenstadt mit Tochtergemeinde Neufeld – ein seltener Fall des Wechsels zwischen Mutter und Tochter – war damit kirchliche und rechtliche Realität geworden.

Zimmermann stürzte sich sozusagen in dieses Abenteuer, versuchte durch unzählige Reisen und Vorträge Gelder aufzutreiben, ebenso durch eigene Schriften[55] – und er war in seinem Bemühen erfolgreich, wenn auch nicht ohne Reibungsverluste.

Die Auferstehungskirche Eisenstadt mit Pfarrhaus, in so genannter »gruppierter Bauweise« (»alles unter einem Dach«) errichtet, konnte am ersten Adventsonntag 1935 eingeweiht werden.[56] Zimmermann hat dazu auch eine Festschrift herausgege-

---

54 Ausführlich ebenda 361 ff.

55 Zimmermann, Das Luthertum in Eisenstadt (Eisenstadt 1930) – ein erster Ansatz seiner späteren Dissertation – vgl. Anm. 2.

56 Historikern braucht man nicht zu erklären, welch Sonderfall es in der Geschichte der Evangelischen Kirche in Österreich ist, dass im Jahre 1935 eine evangelische Kirche in einer Landeshauptstadt direkt an der alten Stadtmauer, also mittlerweile fast im Zentrum gelegen, eingeweiht werden konnte, noch dazu unter großer Beteiligung der auch politischen Öffentlichkeit. Vgl. Reingrabner, Eisenstadt (wie Anm. 1) 366 ff.
Interessant ist das für eine evangelische Kirche untypische große Wandbild, vom Pfarrer von Hietzing, dem späteren Univ. Prof. Dr. Erwin Schneider 1939 gestaltet, das Szenen aus dem Leben Jesu darstellt und den zeitgeschichtlichen Kontext nicht verleugnen kann. Typisch für Schneider (vgl. Gemeindesaal Leoben u. ö.) verleiht er den biblischen Personen gerne die Gesichtszüge damals lebender Personen, in diesem Fall von Personen aus der Pfarrgemeinde Eisenstadt und aus seiner eigenen Gemeinde Wien-Hietzing. Das Bild »gliedert sich in eine Reihe biblischer Ereignisse, die bildlich ineinandergreifend dargestellt sind. Es handelt sich um Szenen aus dem Leben Jesu: Beginnend von der Geburt über die Taufe, Jüngerberufung, Heilungen, Verurteilung, Kreuzigung und Auferstehung. Die in den bildlichen Szenen dargestellten Personen sind weitgehend Leute aus der Pfarrgemeinde Eisenstadt bzw. aus der Gemeinde des Künstlers in Wien 13. In der Mitte des Bildes ist eine Mutter mit einem kleinen Mädchen und einem Baby dargestellt. Die Mutter trägt die Züge von Melitta Kirchbaumer, geb. 11. 2. 1916, der Gattin des Pfarrers Dr. Friedrich Kirchbaumer. Das kleine Mädchen ist Gertrud Kirchbaumer, verheiratete Mayerhofer. Das Baby in den Armen der Mutter zeigt Christoph, den heutigen Pfarrer Dr. Christoph Kirchbaumer in Wien-Hietzing. Die zwei jungen Männer im Boot (Berufung von Petrus und Andreas) zeigen die beiden Söhne von Dr. Schneider. Der Blonde im Vordergrund ist Martin. Er war Pilot und wurde während des Zweiten Weltkrieges abgeschossen. Der junge Mann mit Bart, teilweise verdeckt, ist Erwin Schneider. Er ist zur Zeit Pfarrer in Wien-Lainz. Der Mann mit blauer Arbeitskleidung trägt die Gesichtszüge von Dr. Friedrich Kirchbaumer. Die gleichen Gesichtszüge finden wir bei Joseph in der Geburtsgrotte, jedoch mit blonden Haaren (Dr. Kirchbaumer war allerdings dunkelhaarig). Im Mittelteil des Freskos, unter der erhobenen Hand Jesu, ist ein blonder, langhalsiger Mann zu sehen. Er hat die Züge des damaligen Kirchendieners Josef Szilagy (aus Siebenbürgen stammend). In der Einzugsszene in Jerusalem ist ganz rechts Frau Margarethe Kuhles, geb 1917, dargestellt. Sie lebt heute in Wien 17. Die Dame davor in Schwarz hat die Gesichtszüge von Frau Josephine Kirchbaumer, der Mutter von Pfarrer Dr. Friedrich Kirchbaumer. In der Auferweckungsszene, halbrechts unten, hat sich der Maler Dr. Erwin Schneider selbst dargestellt. Er trägt ein grünes Hemd und schaut direkt aus dem Bild in die Gemeinde.« (Beschreibung der Personen von

ben.[57] Für die Wahl zum ersten Pfarrer mit Amtssitz in Eisenstadt am 22. September 1934 war Zimmermann als einziger Kandidat vorgeschlagen. Mangels erforderlicher Beteiligung war die Wahl erfolglos.[58]

Zimmermann verließ dann die Gemeinde, um in Erlangen das Studieninspektorat am Auslands- und Diasporatheologenheim zu übernehmen. Sein bunter und vielschichtiger Lebensweg führte ihn dann aber wieder ins Burgenland zurück, bevor er am Ende seiner beruflichen Laufbahn Archivar und Bibliothekar des Evangelischen Oberkirchenrates in Wien wurde.[59]

Zum ersten Pfarrer der neu organisierten Gemeinde mit Amtssitz in Eisenstadt wurde am 17. Oktober 1935 der bisher in Wien-Hietzing tätige Vikar Dr. Friedrich Kirchbaumer gewählt; er wurde mit 1. Februar 1936 bestätigt.[60] Kirchbaumer war Pfarrer in Eisenstadt bis 1948.[61]

Die Tochtergemeinde Neufeld war in diesen Jahren zwar formal noch immer vorhanden (der Kuratorstellvertreter der Gemeinde hatte aus Neufeld zu kommen), praktisch hatten aber die Neufelder ihre Befugnisse an die gemeinsamen Organe der Pfarrgemeinde übertragen.[62]

1999 entschied die Gemeindevertretung, die Tochtergemeinde aufzulösen (unter Wahrung der Neufelder Rechte für die Bestimmung über Kirche und Grundbesitz) und gleichzeitig den Namen der Pfarrgemeinde wieder auf ihren Ursprung zurückzuführen und Neufeld mit hineinzunehmen. Daher lautet der offizielle Name der

---

Dr. Arthofer aufgrund der Angaben der Tochter von Pfarrer Dr. Kirchbaumer, Gertrude Mayerhofer, im Jahr 1995 [60-Jahr-Jubiläum der Kirche] – Pfarrarchiv Eisenstadt.)

57 Bernhard Hans Zimmermann, Festschrift zur Weihe der evangelisch-lutherischen Auferstehungskirche und des neuen Pfarrhauses in Eisenstadt, Burgenland (Eisenstadt 1935). Das auf S. 13 abgebildete »Gartenhäuschen in der Rochusgasse, von Juli 1933 bis Oktober 1935 Sitz des Pfarramtes« wurde später durch einen Raum zur Küsterwohnung erweitert und war viele Jahre lang Gemeindesaal (28 m²). Am 9. Juni 2013 konnte nach Ankauf des Nachbarhauses, einer ehemaligen Arztpraxis, ein neues »Evangelisches Gemeindezentrum Eisenstadt« eröffnet werden.

58 Reingrabner, Eisenstadt (wie Anm. 1) 365; Rampler, Pfarrer (wie Anm. 44) 297.

59 Die Verbindung zu Eisenstadt blieb zeitlebens erhalten, so war er bis ins hohe Alter regelmäßiger Teilnehmer an den monatlichen Veranstaltungen des Burgenländischen Landesarchivs.

60 Reingrabner, Eisenstadt (wie Anm. 1) 366. Die von Reingrabner angesprochene »innere Zerrissenheit«, gegen die Kirchbaumer anzukämpfen versuchte, »wurde durch die drückenden Schulden verstärkt«. Vgl. ebenda 369. Ihm zufolge war Eisenstadt 1938 – bezogen auf die Zahl der Gemeindeglieder – »die vierthöchstverschuldete Gemeinde der österreichischen Kirche« (S. 370).

61 Ihm folgten: Mag. Heinrich Haselauer von 1949 bis 1982, Mag. (ab 1993 Dr. theol) Johann Holzkorn von 1984 (Vikar ab 1982) bis 1997, Dr. Herbert Rampler ab 1998. »Die seit 1956 [Eisenstadt als Sitz der Superintendentur – H. R.] bestehende 2. Pfarrstelle, die mit dem Superintendenten Albert Dornhöfer [richtig Dörnhöfer – H. R.] (bis 1962) und Hans Gamauf (1962–1975) besetzt war, erlosch aufgrund der veränderten kirchlichen Situation mit 1.10.1975.« Vgl. Reingrabner, Eisenstadt (wie Anm. 1) 379. Diese zweite – für den Superintendenten in der Gemeinde der Landeshauptstadt vorgesehene – Pfarrstelle hatte kaum eine praktische Bedeutung.

62 Ebenda 375.

Pfarrgemeinde seit 1999: »Evangelische Pfarrgemeinde A.B. Eisenstadt/Neufeld a. d. Leitha«.[63]

In dieser Zeit wurde auch auf Vorschlag des Pfarrers der Vorsitz in den Gremien der Kuratorin übertragen.[64]

VIII. Eisenstadt/Neufeld an der Leitha – eine untypische Gemeinde des Burgenlandes

Was der frühere Superintendent Gustav Reingrabner, der profundeste Kenner der Geschichte der Evangelischen im heutigen Burgenland und ihrer Gemeinden, in seinem Beitrag über Eisenstadt als »Abschließende Feststellungen« angemerkt hat, scheint nach wie vor aktuell zu sein, auch die Entwicklung danach scheint er richtig eingeschätzt zu haben:

> »Die jetzt bestehende Evangelische Pfarrgemeinde A.B. Eisenstadt-Neufeld mit dem Sitz in Eisenstadt ist aus den **Wurzeln des späten 19. Jahrhunderts** [Hervorhebung H. R.] entstanden und hat in besonderem Maße – mehr als andere burgenländische evangelische Pfarrgemeinden – an den Auswirkungen der gesellschaftlichen, politischen und geistigen Entwicklungen mitgetragen. Das war seit der Gründung so, das erweist sich auch in Gegenwart als Tatsache und wird wohl angesichts der städtischen Struktur der Landeshauptstadt und der geringen Tradition in der Pfarrgemeinde auch so bleiben.«[65]

Durch Zuzüge, quasi aus dem Nichts, ist die hiesige Pfarrgemeinde entstanden. Ohne mit den anderen burgenländischen Gemeinden vergleichbarer eigener Tradition ist sie mehr oder weniger glücklich zusammengewachsen aus unterschiedlichsten Traditionsströmen. Sie ist geprägt von den damaligen äußeren Umständen der Industrialisierung (nicht von der Jahrhunderte alten – wenn auch gebrochenen – Kontinuität der meisten burgenländischen Gemeinden). Der Anteil der Evangelischen der Pfarrgemeinde A.B. Eisenstadt/Neufeld a. d. Leitha an der dortigen Gesamtbevölkerung ist nicht mit den traditionellen burgenländischen Pfarrgemeinden vergleichbar. Zu unterschiedlich sind die Entwicklungen, zu unterschiedlich auch die konfessionellen

---

63 Eine leise Ironie der Kirchengeschichte. Eine Tochtergemeinde im Burgenland – wo es aufgrund der historischen Entwicklung (Schulgemeinden) deren mehr gibt als im gesamten übrigen Österreich – aufzulösen, ist schwierig.

64 Die Liste der Kuratoren/Kuratorinnen der Gemeinde: 1885–1887 Josef Paul Király von Barcsfa; 1887–1897 Matthias Laschober, Rechtsanwalt; 1897–1913 Paul Szente, Rechtsanwalt; 1913–1921 Dr. Max Filiczky, Rechtsanwalt; 1921–1928 Dr. Hans Brunner, Rechtsanwalt; 1928–1931 Albert Lackner, pens. Oberingenieur; 1931–1934 Ing. Arnold Ilkow, Zivilgeometer (ab 1938 Bürgermeister von Eisenstadt); 1934–1935 Medizinalrat Dr. Friedrich Schrauf; 1935–1938 Hermann Pennersdorfer; 1938–1948 Karl Schaedel, Postdirektor; 1948–1958 Karl Taschner, Amtsleiter; 1958–1964 Hofrat Dipl. Ing. Helmut Bruckner, Beamter; 1964–1981 Josef Ritthammer, Amtsdirektor der Post; 1981–1985 Ludwig Kastner, Kaufmann; 1985–1993 Oberst Andreas Dürr, Offizier; 1993–2005 Mag. Heidrun Kirchauer, Professorin; seit 2005 Mag. Christa Grabenhofer, Professorin. Nach Reingrabner, Eisenstadt (wie Anm. 1) 380.

65 Ebenda 378.

Mehrheitsverhältnisse (vgl. etwa: 75 % in Mörbisch, 45 % in Rust, 4,5 % Evangelische im Eisenstädter Gemeindegebiet, im Bezirk Oberwart beträgt der Anteil der Evangelischen mehr als 30 %).

Die Evangelische Pfarrgemeinde hat sowohl massiv Anteil am Aufschwung der Landeshauptstadt nach dem Fall des Eisernen Vorhangs 1989 als auch an der Expansion der politischen Umgebungsgemeinden genommen. Die geringe Tradition ist möglicherweise mentalitätsgeschichtlich im Vergleich zu den benachbarten Pfarrgemeinden Mörbisch oder Loipersbach ein Nachteil – es gilt, nicht am Ort traditionell geprägte, aber mit in das Gemeindeleben eingebrachte Formen der Spiritualität fruchtbar zu machen.

Dass Eisenstadt weiterhin eine Gemeinde der »Zuograsten« ist, verwundert angesichts ihrer Geschichte nicht.[66] Woher sollen die Evangelischen eines in der Gegenreformation konsequent rekatholisierten und vor 100 Jahren noch verschlafenen Dörfchens auch kommen?[67] Waren es in früheren Jahrzehnten – abgesehen von der Gründergeneration in Neufeld – vor allem Zuzüge aus dem Südburgenland, hat sich jetzt der geographische Raum, aus dem die Zugezogenen stammen, gleichsam internationalisiert. So erhoben sich etwa im Tauferinnerungsgottesdienst vom Juni 2013 bei der Frage nach der Herkunft der Anwesenden mindestens so viele gebürtige Deutsche als in Eisenstadt Aufgewachsene. Dazu kommen Gemeindeglieder aus England und aus Südkorea (die Verbindungen der Gemeinde mit der Pädagogischen Hochschule, der Fachhochschule und dem Konservatorium spielen hier eine Rolle). Von den 17 Konfirmierten des Jahres 2013 hatten drei Mütter aus Skandinavien. Die Zahl der Taufen überwiegt durchwegs die der Beerdigungen. Eine nicht geringe Anzahl an Wahlgemeindeanträgen, vor allem aus dem unmittelbar angrenzenden Niederösterreich (wo – großteils ebenso zugezogen – der Mittelpunkt des Berufs- und Schullebens in Eisenstadt ohne jeden Kontakt zur zuständigen niederösterreichischen Pfarrgemeinde liegt), machte sich im Zusammenhang mit Taufen und Konfirmationen bemerkbar. Zusätzlich zu den »gestandenen« Mitgliedern der Gemeindevertretung kamen durch Taufen, Konfirmationen und auch Gemeindefahrten neue Verantwortliche in die Gremien.

Statistisch gesehen ist Eisenstadt/Neufeld eine der wenigen zahlenmäßig wachsenden Gemeinden des Burgenlandes. Gab es 1935 zur Zeit des Kirchbaus 550 Evan-

---

66 Von den elf Presbytern der Pfarrgemeinde stammen zwei aus Eisenstadt, einer aus Neufeld (mit Großeltern, die im Zuge der Industrialisierung aus Köszeg zugewandert sind). Von den aktuellen Gemeindevertreter/innen stammen 4 aus Eisenstadt, 5 aus dem Südburgenland (die frühere starke Zuwanderung aus dem Südburgenland hat sich auf Österreich und Europa erweitert), 1 aus Neufeld, 1 aus Siebenbürgen, 1. aus Oberösterreich, 2 aus Salzburg., 5 aus Wien, 3 aus der Steiermark, 2 aus dem Nordburgenland, 6 aus Deutschland. Einige Gemeindevertreter/innen waren ursprünglich römisch-katholisch.

67 1934 hatte die Landeshauptstadt 8.897 Einwohner, mit Stichtag 9. September 2013 13.510 (Hauptwohnsitze) – Auskunft Bürgermeisterbüro der Freistadt Eisenstadt.

gelische im Gemeindegebiet,[68] waren es 1960 760; 1982 dann 947; 1998 1.182 Evangelische.[69] Der Seelenstandbericht 2012 sieht Eisenstadt/Neufeld – gerade eben Mörbisch und Pöttelsdorf überholend – mit 1.543 Gemeindegliedern – nach Gols, Pinkafeld, Markt Allhau und Oberschützen als mittlerweile fünftgrößte Gemeinde des Burgenlandes.[70]

Wenn man dem kirchlichen PC-Programm »EGON« glauben darf (die Angaben schwanken), gab es in den letzten Jahren jährlich an die 100 Zuzüge und um 50–60 Wegzüge – d. h., dass sich die Zusammensetzung der Gemeindeglieder pro Jahr um ca. 10 % verändert hat.

Auch wenn die Gottesdienstzahlen nicht mit anno dazumal und mit den »gestandenen« traditionellen evangelischen Gemeinden des Burgenlandes vergleichbar sind, so hatte Eisenstadt/Neufeld im Jahr 2011 immerhin die höchsten Gottesdienstbesuche seit mehr als zehn Jahren. In Zeiten, in denen mancherorts Organisten rar sind, ist es nicht selbstverständlich, dass drei Jahrzehnte lang bewährte Kirchenmusiker/innen ihren Dienst wahrnehmen.

Im Jahre 2004 wurde die »Evangelische Akademie Eisenstadt« gegründet und auf Wunsch des damaligen Presbyteriums als eigenständiger evangelisch-kirchlicher Verein konstituiert, aber in enger Verbindung mit der Pfarrgemeinde. »Der Verein, dessen Tätigkeit nicht auf Gewinnerzielung ausgerichtet ist, befasst sich mit Fragen des Glaubens und der Gesellschaft aus evangelischer Sicht im ökumenischen Kontext. Die Arbeit soll wissenschaftlich begleitet und grenzüberschreitend sein.«[71]

»Wir sind des Wanderns müde [...]« sagte ein Vater anlässlich der Taufe eines der Kinder, nachdem die Familie – durch Studium und Beruf mehrfach durch Österreich geschüttelt – nun endlich ein Zuhause im Umkreis von Eisenstadt gesucht hat. Den vielen Zuziehenden auch eine geistliche Heimat – über das quantitative Wachstum hinausgehend – in einer traditionsarmen, aber spannungsreichen Pfarrgemeinde zu bieten, darin besteht wohl die große Herausforderung für die nächsten Jahre.

68 Reingrabner, Eisenstadt (wie Anm. 1) 380.

69 Gemeindeinterne Aufzeichnungen des Verfassers aufgrund der Matrikenbücher, Jahresberichte und Seelenstandsberichte.

70 *Amtsblatt für die Evangelische Kirche in Österreich* 1 (2013) 9.

71 Die erste Veranstaltung war am 30. April./1. Mai 2005 unter dem Titel »Grenzenlos evangelisch« der Entwicklung der evangelischen Kirche in den vier Nachbarregionen des Burgenlands – Komitat Vas, Komitat Győr/Moson/Sopron, Seniorat Bratislava, Slowenien (Prekmurje/Übermurgebiet) – gewidmet. Das Symposion fand in den Räumlichkeiten der damals noch existierenden Pädagogischen Akademie (Wolfgarten) statt. Die Referenten waren Mag. Pál Lackner (Evang. Militärbischof von Ungarn), Pfr. Dr. Miloš Klátik aus Bratislava-Petržalka, Slowakei (heute Generalbischof), Pfr. Mag. Leon und Mag. Elisabeth Novak – eine gebürtige Lutzmannsburgerin – aus Murska Sobota, Slowenien; Senior i. R. Dr. Peter Altmann (Rust). Die Festpredigt im Gottesdienst hielt Dr. Vladár Gábor, Dekan der reformierten theologischen Hochschule in Pápa und Pfarrer der reformierten Kirchengemeinde in Sopron.

Arbeiterschaft, Soziale Frage und evangelische Kirche im Österreich des 19. und beginnenden 20. Jahrhunderts

Von Karl-Reinhart Trauner

I. Einleitung

Als 1781 durch das Toleranzpatent Kaiser Josephs II. Evangelisch-Sein wieder erlaubt wurde, hatte die Industrielle Revolution – wenn überhaupt – gerade erst begonnen. Ein gängiges Schulbuch kann zusammenfassen:

> »In der zweiten Hälfte des 18. Jahrhunderts begann der Auflösungsprozeß der vorindustriellen, ständischen Gesellschaftsordnung. Gleichzeitig setzte der allmähliche Übergang zur Industriegesellschaft ein. [...] Die seit dem 17. Jahrhundert einsetzende Landflucht vergrößerte die Zahl der Arbeitskräfte in den Städten.«[1]

Auch wenn sich die letzte Bemerkung auf die Situation in Großbritannien bezieht, gilt sie zeitverzögert auch für den mitteleuropäischen Raum.

Nur ein kurzer Hinweis muss genügen, dass es bereits vor Einsetzen der Industriellen Revolution Zusammenhänge zwischen Arbeitsleben und Konfession gegeben hat. Man denke nur an den Protestantismus im Erzstift Salzburg, dessen Vernichtung im 17. und 18. Jahrhundert auch massive wirtschaftliche Folgen nach sich zog.[2]

II. Der Sog der Ballungszentren

Die Bevölkerung Cisleithaniens wuchs in der zweiten Hälfte des 19. Jahrhunderts durchschnittlich um 0,96 % p. a.; in Wien (bezogen auf das heutige Stadtgebiet) lebten 1869 898.900 Menschen, 1910 bereits 2.083.500, das ist eine Zunahme um 232 % oder 5,7 % p. a. »Dieses [...] Wachstum war, bei geringem Geburtenüberschuß, fast ausschließlich auf Wanderungsgewinne zurückzuführen [...].«[3] Bereits in der Biedermeierzeit waren die Ballungszentren Anziehungspunkt für eine Zuwanderung von kleinen Handwerkern und Arbeitern; aus den so genannten Zuschickprotokollen, die die Aufnahme der Arbeit von Gesellen bei Meistern verzeichnen, geht hervor, dass z. B. zahlreiche Tischlergesellen aus Nord- und Mitteldeutschland nach Wien zuwanderten.[4]

---

1 Herbert Hasenmayer/Walter Göhring, Neuzeit. Vom Westfälischen Frieden bis zum Ersten Weltkrieg (Wien 1974) 66.

2 Siehe den Beitrag in diesem Band von Hans Krawarik.

3 Ernst Bruckmüller, Sozialgeschichte Österreichs (Wien–München 1985) 368–372, hier 369.

4 Vgl. u. a. Gustav Otruba, Berufsstruktur und Berufslaufbahn vor der Industriellen Revolution, in: Der niederösterreichische Arbeiter. Studien zur Sozial- und Wirtschaftsstruktur

Interessant ist aber auch, dass zahlreiche der bedeutendsten Unternehmer eingewanderte Protestanten waren.[5]

Das Fallbeispiel des Handwerksgesellen Gottfried Löwigt soll diese Entwicklung illustrieren.[6] Er wurde 1801 in Anhalt-Dessau geboren; seine Familie war (so kann man mit an Sicherheit grenzender Wahrscheinlichkeit annehmen) seit der Reformationszeit durchgängig evangelisch. Gottfried Löwigt lernte das Tischlerhandwerk und ging 1822 auf die Walz, um nach umfangreichem Wandern schließlich 1828 in Wien anzukommen. Hier wurde er Mitglied der Evangelischen Kirche Augsburgischen Bekenntnisses. 1837 wurde ihm die österreichische Staatsbürgerschaft verliehen. Einige Monate später heiratete in der katholischen Pfarre Gumpendorf der nunmehr Sechsunddreißigjährige eine katholische Wienerin nach katholischem Ritus. Entsprechend der damaligen Rechtsordnung (Art. 6 des Toleranzpatents) hatten bei einer konfessionsverschiedenen Ehe im Falle eines protestantischen Vaters und einer katholischen Mutter die Töchter der Konfession ihrer Mutter, die Söhne der Konfession ihres Vaters zu folgen. 1843 wurde Gottfried Löwigt die Gewerbebefugnis erteilt; damit trat er in die Reihen der Wiener befugten Tischler.

Die weltanschaulich-politische Ausrichtung der kleinen Handwerker und Arbeiter – religions- und konfessionsübergreifend – wurde bereits im Zuge der Revolution 1848/49 deutlich. Vier Fünftel der 1848 Märzgefallenen waren Handwerker bzw. Arbeiter.[7] Auch wenn in Wien die Kommunistische Partei nicht an Boden gewinnen konnte – Karl Marx verließ Wien ohne Erfolg[8] – so kann doch davon ausgegangen werden, dass zahlreiche Revolutionäre, gerade aus der Arbeiterschaft und aus dem Kleinhandwerk, mit kommunistischen bzw. sozialistischen Ideen sympathisierten. Schon bald ergaben sich auch innerhalb der Revolutionäre Richtungsstreitigkeiten. Im August 1848 kam es zu massiven Auseinandersetzungen zwischen der Nationalgarde und Notstandsarbeitern. Das Ergebnis waren 22 Tote und rund 300 Verwundete.[9]

Eine der Hauptforderungen der Revolution war die Glaubensfreiheit; andere waren die nach »Preßfreiheit« und demokratischer Gesellschaftsordnung. Das richtete sich in erster Linie gegen die politische Macht der römisch-katholischen Kirche. Hans Kudlich kann schreiben: »Während Metternich, die katholischen Bischöfe, die

---

Niederösterreichs in Vergangenheit und Gegenwart, Bd. 4: Untersuchungen über Berufsprobleme der niederösterreichischen Arbeiterschaft in Gegenwart und Vergangenheit, 2. Teilbd., hg. von der Kammer für Arbeiter und Angestellte in Niederösterreich (Wien 1952).

5 Vgl. u. a. schon Heinrich Benedikt, Die wirtschaftliche Entwicklung in der Franz-Joseph-Zeit (Wiener historische Studien 4, Wien 1958) 25 f.

6 Zu Gottfried Löwigt vgl. Karl J. Trauner, Gottfried Löwigt. Ein Beitrag zur Geschichte des Handwerks im 19. Jahrhundert, in: Jahresbericht 1971–72, hg. vom Mariahilfer Gymnasium (Wien 1972) 7–19.

7 Wolfram Siemann, Die deutsche Revolution von 1848/49 (Neue Historische Bibliothek 266, Frankfurt/Main 1985) 65, Tab. 8.

8 Richard Charmatz, Lebensbilder aus der Geschichte Österreichs (Wien 1947) 28.

9 Bruckmüller, Sozialgeschichte (wie Anm. 3) 354 f.; Gerd Holler, Gerechtigkeit für Ferdinand. Österreichs gütiger Kaiser (Wien–München 1986) 232.

Spitzen der Aristokratie und das ganze officielle Österreich mit den Jesuiten gingen, befanden sich die österreichischen Massen im entgegengesetzten Lager.«[10] Das mehr oder weniger liberale Gedankengut der Revolution verband sich in vielerlei Art mit einem Antiklerikalismus. Die katholische Kirche war zu eng mit dem verhassten System Metternich verbunden gewesen und vertrat tendenziell konservative Interessen. Luft machte sich der Antiklerikalismus u. a. in einer ersten Austrittswelle aus der römisch-katholischen Kirche und der Entstehung einer deutschkatholischen Gemeinde in Wien.[11]

Die evangelische Kirche stand nicht im Zentrum der Revolutionsereignisse. Sie war keinesfalls Ziel des revolutionären Unmuts, aber sie stellte sich auch nicht, wie die deutschkatholische, als revolutionäre Alternative zur konservativen römisch-katholischen Kirche dar. Dass die evangelischen Theologiestudenten Wiens die revolutionären Ideen durchaus mittrugen,[12] ändert nichts an dieser Grundtendenz. Es wirft zwar ein beredtes Licht auf die weltanschauliche Verortung der Theologen in der Mitte des 19. Jahrhunderts, eine bestimmende Kraft zu sein verhinderte aber allein schon ihre geringe Zahl. Ähnliches gilt letztlich auch für jene Geistlichen wie Gustav Porubszky in Wien,[13] die in öffentlichen Reden, aber auch Predigten, vor allem die Forderung nach mehr politischen Mitspracherechten und nach einer Verfassung vertraten.[14] Gleiches geschah auch durch jene Geistliche, die zu verschiedenen öffentlichen Entscheidungsgremien abgeordnet waren.[15] Beim Begräbnis der so genann

10 Hans Kudlich, Rückblicke und Erinnerungen, Bd. 1 (Wien–Pest–Leipzig 1873) 161.

11 Gertrud Habres, Der Deutschkatholizismus in Österreich (Diss. Wien 1960) 34 f. und 64. Einen Überblick über die deutschkatholische Bewegung in Cisleithanien gibt Wolfgang Häusler, Die deutschkatholische Bewegung in Österreich. Von der »Theologie der Revolution« zu den Anfängen des Freidenkertums, in: Die Habsburgermonarchie 1848–1918, Bd. IV: Die Konfessionen, hg. von Adam Wandruszka/Peter Urbanitsch (Wien 1985) 596–615.

12 Karl W. Schwarz, Die Wiener Protestantisch-Theologische Lehranstalt im Frühjahr 1848. *Amt und Gemeinde* 44/9 (1983) 87–91; Ders., »Ein verlassenes Stiefkind« vor dem »Tempel der Freiheit«. Die Wiener Protestantisch-theologische Lehranstalt im Frühjahr 1848. *»Mensch-Wissenschaft–Magie«. Mitteilungen der Österreichischen Gesellschaft für Wissenschaftsgeschichte* 25 (2007) 145–160.

13 Gustav Porubszky, Unsere Verpflichtungen in dieser bewegten Zeit. Zwei Predigten, gehalten am 25. und 26. März 1848, in der evangelischen Kirche A.C. zu Wien (Wien 1848); Ders., Der evangelische Christ den religiösen Zeiterscheinungen gegenüber. Predigt (Wien 1848).

14 Vgl. zusammenfassend Gustav Reingrabner, Protestanten in Österreich. Geschichte und Dokumentation (Wien–Köln–Graz 1981) 209–214.

15 Carl Samuel Schneider im konstituierenden Reichstag als Abgeordneter des Wahlkreises Bielitz/Bielsko[-Biała], Superintendent Gottfried Franz im Niederösterreichischen Landtag und Gustav Probuszky im Wiener Gemeinderat. Vgl. Karl Vocelka, Verfassung oder Konkordat? Der publizistische und politische Kampf der österreichischen Liberalen um die Religionsgesetze des Jahres 1868 (Studien zur Geschichte der österreichisch-ungarischen Monarchie 17, Wien 1978) 62; Peter Karner, Reformierte Pfarrer und Lehrer, in: Die evangelische Gemeinde H.B. in Wien, hg. von Dems. (Wien 1986) 124–155, hier 131–133; Rudolf Till, Theologen in der Wiener Stadtvertretung. *Jahrbuch des Vereins für Geschichte der Stadt Wien* 13 (1957/58) 203–226, hier 206 f., 213 f. und 224 f.

ten Märzgefallenen am 17. März 1848 waren »zahlreiche Geistlichkeit, katholische, griechische, reformirt-evangelische«, ein lutherischer und sogar ein »israelitischer« Geistlicher beteiligt.[16]

Die evangelische Kirche fand sich jedoch in einem – gewissermaßen natürlichen – Schulterschluss mit den Revolutionären. Die Mittel des gegen die römisch-katholische Kirche gerichteten Liberalismus waren Maßnahmen, die den evangelischen Kirchen zugute kamen. Diese konnten deshalb zum ersten Mal seit dem Toleranzpatent von den politischen Ergebnissen der Revolution profitieren und sowohl nach außen (Erlaubnis von Kirchtürmen, selbständige Matrikenführung, ...) als auch nach innen (Verfassungsentwurf, ...) einen Konsolidierungsprozess in Richtung Emanzipation und Autonomie einleiten.[17] Auch wenn nach dem Zusammenbruch der Revolution alle beschlossenen Gesetze aufgehoben wurden, blieben trotz Neoabsolutismus und Konkordat 1855 – der Zeit sprach Anastasius Grün aus der Seele, der es als »gedrucktes Canossa« bezeichnete[18] – dennoch die allermeisten Zugeständnisse an die evangelischen Kirchen bestehen.

Auch wenn die evangelische Kirche keinen tragenden Faktor in den revolutionären Ereignissen darstellte, waren die Ideen der Revolution dennoch innerhalb der Kirche wirkungsmächtig. Das presbyterial-synodale Prinzip, das die Planungen für eine neue Kirchenverfassung bestimmte, spiegelt in einem gewissen Sinn die Ideen der Revolution wider, ebenso wie der angepeilte Schulterschluss zwischen den beiden evangelischen »Schwesternkirchen«.[19]

Man darf dennoch nicht übersehen, dass den bäuerlichen Toleranzgemeinden die Ideen der Revolution weitgehend fremd gewesen waren, auch wenn die Revolution gerade ihnen in manchem etwas nützte; mit einem am 7. September 1848 von Kaiser Ferdinand unterzeichneten Patent wurden die Untertänigkeit und das »schutzobrigkeitliche Verhältnis« aufgehoben.[20]

Auch wenn die evangelische Kirche keine »Revolutionskirche« war, ließ sich ein revolutionäres Weltbild links-liberaler Prägung, wie es bei den meisten kleinen Handwerkern und Arbeitern vorherrschend gewesen sein mag, durchaus mit der Zugehörigkeit zu einer evangelischen Kirche vereinbaren; im Gegensatz zur römisch-katholischen Kirche. Die Arbeiterschaft bzw. das Industrieproletariat mit seinem hohen sozialen Bedarf war von den evangelischen Kirchen Österreichs jedoch noch kaum entdeckt worden; zu sehr war man mit der eigenen Binnenentwicklung beschäftigt.

---

16 Friedrich Unterreiter, Die Revolution in Wien, Bd. 1 (Wien 1848) 99.

17 Vgl. noch immer Karl W. Schwarz, Kirchenreform zwischen Staatsaufsicht und Grundrechtsfreiheit. Die evangelische Toleranzkirche 1848/49 im Spannungsfeld von Kirchenfreiheitspostulaten, Patronatspflichten und Dotationswünschen (Diss. Wien 1983).

18 Josef Vesely, Der Liberalismus und die religiöse Frage in Altösterreich, in: Jahresbericht 1968/69, hg. von der Höheren Technischen Bundeslehranstalt Wien 4 (Wien 1969) 15–24, hier 16; Charmatz, Lebensbilder (wie Anm. 8) 80.

19 Friedrich Daniel Schimko, Das kirchlich-religiöse Leben im constitutionellen Staate mit besonderer Rücksicht auf die österreichische Monarchie (Wien 1850) I (Vorrede).

20 Ernst Violand, Die sociale Geschichte der Revolution in Österreich (Leipzig 1850) 187–200.

Für die Bauernschaft bedeutete jedenfalls die Revolution die endgültige Befreiung von den letzten grundherrlichen Lasten und damit eine deutliche soziale Verbesserung; den Arbeitern brachte die Revolution keine soziale Besserstellung.

Anfänglich war die österreichische Industrie starken Schwankungen unterworfen. Das hatte massive Folgen für das entstehende Industrieproletariat und die Arbeiterschaft,

> »die in ihren Anfängen ein Bild des restlosen moralischen und sozialen Tiefstandes bietet. Es ist die Zeit, in der Alkoholismus, Kriminalität und Prostitution als die untrennbaren Begleiterscheinungen und gräßlichen Schattenseiten dieser wachsenden Industriearbeitermassen erscheinen«.[21]

Die lange Depression zwischen 1873 und 1896 bewirkte eine deutliche Verschärfung der sozialen Lage des Arbeiterproletariats wie auch der Kleingewerbetreibenden, während andererseits die Zahl der Mittel- und Großbetriebe anstieg.[22] In diesen Jahren wurde einer der prominentesten »Sandler« (Obdachlosen) Wiens geboren, der überdies evangelischer Konfession war: Karl Baron, genannt Baronkarl.[23]

Bereits im Vormärz war das Gewerbe im Abstieg begriffen. Aus den selbständigen Gewerbetreibenden wurden oft nur noch bescheidene Ergänzungs- und Zulieferbetriebe;[24] das Handwerk wurde auf einen »Nebenschauplatz« des Wirtschaftslebens[25] verdrängt. Gottfried Löwigt musste sich als Galanterietischler spezialisieren. Das Jahr 1859 brachte in Österreich die Gewerbefreiheit, was eine weitere empfindliche Schwächung der kleinen Meister bewirkte.[26] Es war wohl der gewerbliche Nie-

---

21 Ernst MAYER, Die Geschichte der sozialen Bewegungen in Österreich. *Österreich in Geschichte und Literatur (mit Geographie)* 3, Sonderheft »Österreich 1848–1918« (1959) 72–85, hier 79. Einen Überblick gibt Rolf SCHWENDTER, Armut und Kultur der Wiener Jahrhundertwende, in: Die Wiener Jahrhundertwende. Einflüsse–Umwelt–Wirkungen, hg. von Jürgen NAUTZ/ Richard VAHRENKAMP (Studien zur Politik und Verwaltung 46, Wien–Köln–Graz ²1996) 677–693. Eine zeitgenössische Untersuchung von Herkner – die sich zwar auf die Situation im Deutschen Reich bezieht, die sich aber nicht sehr von der in Österreich unterschieden haben wird – bietet zeitgenössische Einblicke in das Arbeiterelend: Heinrich HERKNER, Die Arbeiterfrage. Eine Einführung (Berlin 1894, ⁷1921). Für Österreich im Speziellen vgl. aber auch das 1908 erschienene Buch von Emil KLÄGER, Durch die Wiener Quartiere des Elends und des Verbrechens. Ein Wanderbuch aus dem Jenseits (Wien 1908) sowie die Studie von Eugen von PHILIPPOVICH, Die Wiener Wohnungsverhältnisse. *Archiv für soziale Gesetzgebung und Statistik* 7 (1894) 1–28.

22 MAYER, Geschichte der sozialen Bewegungen (wie Anm. 21) 84 f.; BRUCKMÜLLER, Sozialgeschichte (wie Anm. 3) 389.

23 Monika SALZER/Peter KARNER, Vom Christbaum zur Ringstraße. Evangelisches Wien (Wien 2008) 33 f.

24 Vgl. zur Situation des Tischlerhandwerks Heinz ZATSCHKE, 550 Jahre jung sein (Wien 1958) 35 f.

25 Robert ENDRES, Revolution in Österreich 1848 (Wien 1947) 44. Zu den Entwicklungen im Bereich der Beschäftigung vgl. auch die entsprechenden Teile bei Hannes HOFBAUER/Andrea KOMLOSY, Das andere Österreich. Vom Aufbegehren der kleinen Leute. Geschichten aus vier Jahrhunderten (Wien 1987).

26 Eugen Peter SCHWIEDLAND, Über den Einfluß der Gewerbefreiheit auf die Lage des Kleinge-

dergang, der Gottfried Löwigt bewog, im Jahre 1865 sein Gewerbe zurückzulegen, um sich dann zur Ruhe zu setzen. 1871 starb er und wurde auf dem evangelischen Friedhof in Matzleinsdorf – heute ein Teil des zehnten Wiener Gemeindebezirkes – begraben.

Der Niedergang des Kleingewerbes traf auch seine Familie. Gottfried Löwigts Frau Josepha verarmte gänzlich und war zuletzt in verschiedenen Armenhäusern untergebracht; sie starb erst 1891. Die Entwicklung setzte sich bei Gottfried Löwigts Nachkommen fort. Sein Sohn Leopold Löwigt, geboren 1844 und wie sein Vater evangelisch, wurde Vergolder; zum Meister brachte er es jedoch nicht mehr. Mit ihm gehörte die Familie endgültig dem Proletariat an.

III. Protestantismus und Liberalismus

Der Liberalismus nahm von jeher zwei Richtungen an: Ein »rechter« Flügel[27] fand sich vornehmlich im besitzenden Bürgertum in Form eines Wirtschaftsliberalismus (»Manchesterliberalismus«), wie er sich nach 1848 im so genannten Schwarzenbergschen System durchsetzte, im intellektuellen Bürgertum in Form eines politischen Liberalismus, der sich z. B. in der Forderung nach einer Verfassung Ausdruck verlieh.[28] Nahezu konträr entwickelte sich ein »linker« Liberalismus in Form von Sozialismus, Marxismus oder Kommunismus (in den verschiedensten Färbungen).

In beiden Richtungen fanden sich Evangelische. Die wirtschaftsliberalen Reformen Karl Ludwig (seit 1849 Freiherr von) Brucks, eines reformierten Kaufmannssohns aus Elberfeld im rheinischen Industriegebiet, verbesserten zwar die Lage für Industrielle, führten damit aber auch zum Niedergang des Kleingewerbes und zu einer Verschärfung der sozialen Frage. Bruck war als Exponent des besitzenden Bürgertums knapp nach Ausbruch der Revolution an die Spitze des neu geschaffenen Handelsministeriums berufen worden und erstrebte eine völlige Neugestaltung der Wirtschaftsordnung im Sinne wirtschaftsliberaler Interessen. Seine politische Karriere reichte über die Zeit der Revolution hinaus.[29]

---

werbes (Wien 1896) 15 und Johann Jedlička, Geschichte der Genossenschaft der Tischler in Wien (Wien 1894) 126; Bruckmüller, Sozialgeschichte (wie Anm. 3) 384–389 und 403 f.

27 Es werden hier der Einfachheit halber plakativ die Begriffe »rechts« und »links« in jener Form verwendet, wie sie heute verstanden werden; wohl wissend, dass diese Zuordnungen schwierig sind. Gruppierungen, die heute als »rechts« bezeichnet werden (also v. a. die verschiedenen deutschnationalen Parteien), verstanden sich in der Monarchie, übrigens gemeinsam mit Sozialisten, als »Linke«.

28 Karl-Reinhart Trauner, Liberalismus und österreichischer Protestantismus. *JGPrÖ* 127/128 (2011/2012) 59–100.

29 Richard Charmatz, Minister Freiherr von Bruck, der Vorkämpfer Mitteleuropas. Sein Lebensweg und seine Denkschriften (Leipzig 1916); Georg Franz, Liberalismus. Die deutschliberale Bewegung in der Habsburgischen Monarchie (München 1955) 68 f.; Ferdinand Tremel, Die wirtschaftlichen Folgen der Revolution. *Österreich in Geschichte und Literatur (mit Geographie)* 3, Sonderheft »Österreich 1848–1918« (1959) 46–57, hier 48–51.

Eine Fülle weiterer Namen evangelischer Industrieller und Wirtschaftstreibender könnte genannt werden: Theodor von Hornbostel, die Herren von Schoeller, … Sie scheinen Max Webers These vom protestantischen, eigentlich reformierten, Ursprung des Kapitalismus zu bestätigen.[30]

Aber auch auf Seiten der »Linken« gab es evangelische Proponenten; der bekannteste von ihnen ist zweifellos Viktor Adler, der Führer der österreichischen Sozialdemokratie. Er war – wenngleich auch nicht unbedingt aus betont religiösen Gründen – 1885 vom Judentum zum Protestantismus konvertiert; sein Taufpate war der evangelische Engelbert Pernerstorfer, ebenfalls eine führende Persönlichkeit der Sozialdemokratie.[31]

Es mag vielleicht sogar seine evangelische Sozialisation der Grund dafür gewesen sein, dass sich Eduard Leisching um das Bildungswesen für sozial benachteiligte Schichten kümmerte. Auf seine Initiative ging die 1887 erfolgte Gründung des heutigen Polycollege-Wiener Volksbildungsverein zurück. Er wurde als Zweigverein Wien und Umgebung des Allgemeinen niederösterreichischen Volksbildungsvereins gegründet. Interessanterweise war Leisching bemüht, die Bildungsarbeit für die Arbeiterschaft und die Handwerker aus der Tagespolitik herauszuhalten.[32] Bereits 1867 war mit dem Wiener Arbeiterbildungsverein in Gumpendorf der erste branchenübergreifende Arbeiterverein entstanden.[33]

Als Institution traten die evangelischen Kirchen jedoch weder hier noch dort in Erscheinung; die evangelischen Persönlichkeiten wirkten individuell, ohne betonten Bezug zu ihrer Kirche. Das Evangelisch-Sein ließ sich offenbar mit einer »linken« ebenso wie mit einer »rechten« Weltanschauung vereinbaren und präjudizierte in keine Richtung. Das unterschied sie vom Katholizismus, der aus seinen konservativen politisch-weltanschaulichen Prämissen keinen Hehl machte.

Die Neuordnung der evangelischen Kirchen in der zweiten Hälfte des 19. Jahrhunderts war jedoch nur auf der Basis eines liberalen Gedankenguts möglich. Das gilt einerseits für die innere Entwicklung, geprägt von einem demokratischen, presbyterial-synodal genannten Prinzip, andererseits aber auch für den »Weg von der Duldung zur Gleichberechtigung«, wie dieser Prozess, vor allem der Jahre zwischen 1848 und 1868, sehr häufig bezeichnet wird. 1861 wurde mit dem Protestantenpatent (RGBl. 41/1861) den Evangelischen weitgehende Gleichberechtigung verliehen, die

30 Max Webers Abhandlung »Die protestantische Ethik und der Geist des Kapitalismus« entstand in den Jahren 1904 und 1905 und erschien zuerst in der Zeitschrift Archiv für Sozialwissenschaft und Sozialpolitik im Jahr 1905. Vgl. Max Weber, Die protestantische Ethik und der Geist des Kapitalismus. *Archiv für Sozialwissenschaft und Sozialpolitik* 20 (1904) 1–51 und *Archiv für Sozialwissenschaft und Sozialpolitik* 21 (1905) 1–110.

31 Lucian O. Meysels, Victor Adler. Die Biographie (Wien–München 1997) 49 f.

32 Eduard Leisching, Ein Leben für Kunst und Volksbildung. Eduard Leisching 1858–1938. Erinnerungen, hg. von Robert A. Kann/Peter Leisching (Fontes rerum Austriacarum 1/11, Wien 1978).

33 Mayer, Geschichte der sozialen Bewegungen (wie Anm. 21) 83; Bruckmüller, Sozialgeschichte (wie Anm. 3) 405–410.

Maigesetze des Jahres 1868 (RGBl. 47, 48 und 49/1868) höhlten die Bestimmungen des Konkordats weitgehend aus und ermöglichten damit eine tatsächliche Gleichbehandlung der Kirchen im praktischen Lebensvollzug.[34]

Die rechtliche Besserstellung der evangelischen Kirche in Österreich und die sich damit ergebende leichtere Gründung von Pfarrgemeinden fiel mit den personellen Zuwächsen durch die Industrialisierung zusammen. In Cisleithanien bestanden im Jahre 1890 bereits 80 evangelische Pfarrgemeinden; 1800 waren es noch 20 gewesen. In den Industriezentren und entlang der Industrieachsen entwickelten sich neue Pfarrgemeinden, in denen sich sowohl Vertreter des »linken« als auch des »rechten« Liberalismus zusammenfanden. Auf dem Gebiet des heutigen Österreich sind das vor allem die so genannten Südbahngemeinden Niederösterreichs mit ihren Tochtergemeinden, aber auch die Steiermark. Diese neuen Pfarrgemeinden waren aufgrund der religiösen Herkunft und Sozialisation ihrer Mitglieder – übrigens auch ihrer Pfarrer – höchst inhomogen; das bezog sich auf die soziale sowie nationale Herkunft, auf die Konfessionszugehörigkeit, aber auch auf den persönlichen Bezug zu Kirche und Glaube.[35]

Ein gutes Beispiel für diese Entwicklung ist Marburg a. d. Drau (Maribor). Es kam hier zu einer nachhaltigen Veränderung durch die aufkommende Industrialisierung; Marburg wurde zu einem »industrial district«.[36] Zum Agglomerationsverstärker[37] wurde die Eisenbahn; im Falle Marburgs die Südbahn und die Kärntnerbahn. Mit ihr kamen Angestellte und Arbeiter in die Stadt; unter ihnen auch zahlreiche Protestanten. Die kleine evangelische Gemeinschaft in Marburg

> »erhielt […] schon in und nach dem Jahre 1848, als die Südbahn ihre Schienen bis an die Thore der Stadt rückte, einen etwas bedeutenderen Zuwachs; als aber die ungeheue-

34 Vgl. zusammenfassend Karl W. SCHWARZ, Vom Exercitium religionis privatum zur Privatisierung des Religionsbekenntnisses. Der Protestantismus im Spiegel seines Ringens um Religionsfreiheit zwischen 1848 und 1938, in: Mensch, Staat und Kirchen zwischen Alpen und Adria 1848–1938. Einblicke in Religion, Politik, Kultur und Wirtschaft einer Übergangszeit, hg. von Werner DOBRESCH/Reinhard STAUBER/Peter G. TROPPER (Klagenfurt 2007) 29–50; DERS.: Von der Toleranz zur Religionsfreiheit. Der Weg der Evangelischen Kirche in Österreich vom Protestantenpatent zum Protestantengesetz. *Jahrbuch des Oberösterreichischen Musealvereines* 156 (2011) 183–197.

35 Hans JAQUEMAR, Innere Mission. Das Werden und Wirken der organisierten christlichen Liebestätigkeit in der evangelischen Kirche Österreichs (Wien 1951) 17 f.; Ernst HOFHANSL, Industrialisierung und Protestantismus im Lande, in: Evangelisch! Gestern und Heute einer Kirche (Ausstellungskatalog des Landes Niederösterreich und der Evangelischen Kirche in Niederösterreich, Schallaburg 2002) 177–183.

36 Vgl. zur Entwicklung solcher »industrial districts« in Österreich u. a. Gerhard MEISSL, Die gewerblich-industrielle Arbeitswelt in Cisleithanien mit besonderer Berücksichtigung der Berufszählungen 1890 und 1910, in: Die Habsburgermonarchie 1848–1918, Bd. IX/1/1: Soziale Strukturen: Von der feudal-agrarischen Bevölkerung zur bürgerlich-industriellen Gesellschaft: Lebens- und Arbeitswelten in der Industriellen Revolution, hg. von Helmut RUMPLER/Peter URBANITSCH (Wien 2010) 323–377, v. a. 360–366 und 375–377.

37 Renate BANIK-SCHWEITZER, Der Prozess der Urbanisierung, in: Die Habsburgermonarchie 1848–1918 (wie Anm. 36) 185–232, hier 187–189.

> ren Werkstätten derselben Bahn bald wie durch einen Zauberschlag hier entstanden und evangelische Werkführer und Arbeiter an sich zogen, [...] erstarkte dieselbe in unerwartet rascher Weise«.[38]

Bis zu 1.300 Beschäftigte fanden Arbeit in der Südbahnwerkstätte, die 1863 eröffnet wurde. Als Wohnmöglichkeit für diese Arbeiter entstand hier auch eine, 1874 fertiggestellte, 40 Häuser umfassende, große Arbeitersiedlung.[39]

Zunächst waren es die Ingenieure und höheren Angestellten der Südbahn, die nach Marburg zogen und hier – wenn sie evangelisch waren oder wurden – der Pfarrgemeinde zugehörten.[40] Die meisten der Arbeitsmigranten, wie auch der hier beheimateten Arbeiter, bekannten sich zur deutschen Nationalität oder kamen aus deutschen Ländern.[41] Später, ab den 1880er Jahren, kamen auch immer mehr »einfache« Bedienstete evangelischen Glaubens zur Pfarrgemeinde, die allerdings, wenn sie Bedienstete der Südbahn waren, auf der anderen Seite der Drau (Drava) in der Arbeiterkolonie wohnten; auch zahlreiche der Kasernen waren auf der anderen Seite der Drau.

Die Industrialisierung bewirkte damit massive Veränderungen in der sozialen Zusammensetzung der Pfarrgemeinde, die bei ihrer Gründung 1862 für etliche Jahrzehnte eine bürgerlich dominierte Gemeinschaft war. »Im 19. Jahrhundert waren es Elitegemeinden [ ]: Adlige, Militär, eingewanderte Bürger, verhältnismäßig viele Ausländer«,[42] die jedoch einer gehobenen Schicht angehörten; so beschreibt 1927 Pfarrer Gerhard May aus Cilli (Celje), der spätere lutherische Bischof in Österreich, die erste Entwicklungsstufe der untersteirischen Pfarrgemeinden.

Diese neue Situation konnte überraschende Effekte auf das pfarrgemeindliche Leben haben. Sperrte ein Betrieb zu, wie beispielsweise 1903 die Dampfsäge in Leibnitz, war das unter Umständen mit einem deutlichen Verlust an Gemeindegliedern, die sich andernorts nach einer neuen Arbeitsstätte umsehen mussten, verbunden. Die

38 Evangelische Pfarrgemeinde Marburg, Jahresbericht 1864, 2.

39 Jože Curk, Maribor. Ein Führer durch die Stadt und ihre nähere Umgebung (Maribor 2000) 15 und 97 sowie Tamara Griesser-Pečar, Maribor/Marburg an der Drau. Eine kleine Stadtgeschichte (Wien–Köln–Weimar 2011) 191 f. Die Siedlung war sehr modern gestaltet: Ab 1870 gab es einen Kindergarten, ab 1873 eine Schule für die Arbeiterkinder und ab 1874 ein Verpflegungsmagazin (Konsum und Kantine) sowie eine eigene Badeanstalt.

40 Die Eisenbahnbediensteten waren ihrem Selbstverständnis nach durch eine gewisse Vorrangstellung gekennzeichnet. Vgl. Jiří Kořalka, Die Entstehung der Arbeiterklasse, in: Die Habsburgermonarchie 1848–1918, Bd. IX/1/2: Soziale Strukturen: Von der feudal-agrarischen Bevölkerung zur bürgerlich-industriellen Gesellschaft: Von der Stände- zur Klassengesellschaft, hg. von Helmut Rumpler/Peter Urbanitsch (Wien 2010) 813–847, hier 837.

41 Arnold Suppan, Die Untersteiermark, Krain und das Küstenland zwischen Maria Theresia und Franz Joseph (1740–1918), in: Zwischen Adria und Karawanken, hg. von Dems. (Deutsche Geschichte im Osten Europas, Berlin 1998) 264–339, hier 301; Oliver Kühschelm, Das Bürgertum in Cisleithanien, in: Die Habsburgermonarchie 1848–1918 (wie Anm. 40) 849–907, hier 871 macht auf den Mangel an technisch ausgebildeten Slowenen aufmerksam, der u. a. auf das Fehlen einer geeigneten Ausbildungsstätte zurückzuführen ist.

42 Gerhard May, Deutsch-evangelisches Leben in Slowenien. *Die Evangelische Diaspora. Beihefte* 13 (1927) 17.

Schließung der Leibnitzer Dampfsäge bedeutete einen Wegzug von 22 Personen, was immerhin rund ein Fünftel der Gemeindemitglieder von Leibnitz war.[43]

Überhaupt führte die stetige Migration der Arbeiter auch zu einem Problem für die Pfarrgemeinden. Viele der Arbeitsmigranten kamen nur zeitbefristet, siedelten sich nicht dauerhaft an und fanden deshalb oft keine familiäre Bindung. Eine Erfassung der evangelischen Gemeindeglieder war massiv erschwert, ebenso wie eine kontinuierliche Betreuung. Viele der jüngeren Arbeiter und Angestellten – wie auch das Militär – konsolidierten sich daher in den Wohngemeinden (sowohl den politischen, wie auch den kirchlichen) sozial nicht.

Eine andere soziologische Verschiebung betraf die Geschlechterverteilung. Sie wich bei der Marburger Pfarrgemeinde deutlich von der Gesamtsituation ab.[44] Die Arbeitsmigranten waren in erster Linie männlich. Die Jahresberichte zeigen im Vergleich mit den Volkszählungsergebnissen, dass der Anteil der Männer um 1880 deutlich über dem sonst üblichen Wert lag. Da überproportional viele der Arbeitsmigranten evangelisch waren, wirkte sich dieser Effekt bei der Pfarrgemeinde besonders deutlich aus. Kurz gesagt: Die Pfarrgemeinde Marburg jener Jahre war männlich dominiert.

Die Industrialisierung und die Soziale Frage, hinter der sich ganz konkrete soziale Not verbarg, führten in der zweiten Hälfte des 19. Jahrhunderts nicht nur, aber auch bei der evangelischen Kirche, zu zahlreichen sozialen Maßnahmen. Diese hatte es zwar auf pfarrgemeindlicher Ebene schon immer gegeben, nun wurden die diakonischen Aktivitäten aber von selbständig tätigen Vereinen,[45] zumeist in Form einer so genannten Anstaltsdiakonie, das heißt in eigens eingerichteten Häusern (»Anstalten«), wahrgenommen.

Bereits frühzeitig hatte es diakonische Initiativen gegeben. Der reformierte Industrielle Rudolf von Arthaber hatte sich nicht nur bei der Gründung des Niederösterreichischen Gewerbevereins 1833 engagiert, sondern 1844 eine so genannte »Kinderbewahranstalt« in Döbling (ab dem Ende des 19. Jahrhunderts ein Bezirk Wiens)

---

43 Evangelische Pfarrgemeinde Marburg, Jahresbericht 1903, 10 f.

44 Zahlen nach den Angaben in *Die Ergebnisse der Volkszählung … vom 31. December 1880 in den im Reichsrathe vertretenen Königreichen und Ländern*, hg. von der k. k. Statistischen Central-Commission (Österreichische Statistik 1, Wien 1882); *Special-Orts-Repertorium von Steiermark/Obširen imenik krajev na Štajerskem [1880]* (Special-Orts-Repertorien der im Österreichischen Reichsrathe vertretenen Königreiche und Länder 4, Wien 1883) und Friedrich UMFLAUFT, Die Österreichisch-Ungarische Monarchie. Geographisch-statistisches Handbuch mit besonderer Rücksicht auf politische und Cultur-Geschichte (Wien–Pest–Leipzig 1883) 519.

45 Dieser Vereinsprotestantismus bot nicht nur weitere Handlungsmöglichkeiten, sondern entsprach auch dem bürgerlich-liberalen Selbstverständnis; der § 23 des Protestantenpatents von 1861 erlaubte die Bildung von Vereinen. Vgl. die zeitgenössische Erläuterung von Gustav PROBUSZKY, Die Rechte der Protestanten (Wien 1867) 122 (§ 249). Karl W. Schwarz verwendete den Begriff »Vereinsprotestantismus« in Anlehnung an die geläufige Form des Vereinskatholizismus bei seiner Ansprache am 20. März 2011 in der Lutherischen Stadtkirche Wien anlässlich der Festveranstaltung des Waisenhausvereins.

ins Leben gerufen.[46] 1858 wurde in Wien als erste dieser Initiativen die Gründung eines Waisenhauses durch den Waisenversorgungsverein initiiert. 1873/74 gründete der aus Melk gebürtige Pfarrer Ludwig Schwarz in der eben (1872) entstandenen Pfarrgemeinde Gallneukirchen den Oberösterreichischen Verein für Innere Mission. Die diakonische Arbeit in Gallneukirchen eröffnete immer weitere Arbeitszweige, vor allem auch durch die Errichtung eines Diakonissenmutterhauses, das 1909 eingeweiht wurde,[47] so wie die Diakonissen überhaupt einen wesentlichen Anteil an der kirchlichen Sozialarbeit hatten.[48]

In Wien gründeten die Pfarrer Paul von Zimmermann und Carl Alphonse Witz-Oberlin[49] 1896 eine weitere Diakonissenanstalt, der 1909 ein Krankenhaus angeschlossen wurde. Außerdem entstanden im kärntnerischen Waiern durch Pfarrer Ernst Schwarz und in Treffen durch eine Stiftung der Gräfin Elvine de la Tour[50] Anstalten für Waisen, Behinderte, Kranke und Alte. Weitere Anstalten entstanden z. B. in Stanislau (Stanislaw, seit 1962 Iwano-Frankiwsk) in Galizien in der heutigen Ukraine.

Noch vor Beginn des Ersten Weltkrieges schlossen sich die verschiedenen Anstalten und Vereine unter der Leitung des damaligen galizischen Superintendentenstellvertreters und Leiters der Stanislauer Anstalten, Theodor Zöckler,[51] zum Zentralverein für Innere Mission zusammen. Sein überaus rühriger Generalsekretär war Hans Jaquemar.[52]

Zahlreiche andere, kleine und große Initiativen wären zu nennen. Die Methodistin Amelie von Langenau widmete sich vor allem den Folgen des Alkoholmissbrauchs in weiten Bereichen der Arbeiterschaft, und zwar nicht nur der männlichen, sondern auch der weiblichen.[53]

---

46 Jakob Baxa, Art. Arthaber, Rudolf, Edler v. *NDB* 1 (1953) 402; Erwin Jaquemar, Diakonische Arbeit in Wien, in: Evangelisch in Wien. 200 Jahre evangelische Gemeinden. 76. Sonderausstellung des Historischen Museums der Stadt Wien, 11. Februar bis 2. Mai 1982 (Wien 1982) 24–26.

47 Jaquemar, Innere Mission (wie Anm. 35) 26–38; Evangelisches Diakoniewerk Gallneukirchen (Hg.), 125 Jahre Diakoniewerk. Nächstenliebe in unserer Zeit (Gallneukirchen 1999).

48 Carl Jilius Bauer, Die Geschichte der evangelischen Diakonissensache in Österreich. Sonderdruck aus: Evangelische Vereins- und Liebestätigkeit in Österreich (Klagenfurt 1905).

49 Carl Alphonse Witz-Oberlin (Hg.), Evangelische Vereins- und Liebestätigkeit in Österreich (Klagenfurt 1905). Zu Witz-Oberlin vgl. Georg Loesche, Dr. theol. Charles Alphonse Witz-Oberlin. Pfarrer, Oberkirchenrat, Professor in Wien (Wien 1920); Karner, Reformierte Pfarrer und Lehrer (wie Anm. 15) 136 f.

50 Jaquemar, Innere Mission (wie Anm. 35) 39–47. Eine anschauliche Lebensbeschreibung gibt Liselotte von Eltz-Hoffmann, Im Gegenwind. Persönlichkeiten des österreichischen Protestantismus (Wien 2003) 137–146.

51 Jaquemar, Innere Mission (wie Anm. 35) 48–54. Außerdem Erasmus Zöckler, Ihr sollt leben! Theodor Zöckler: Gründer des einst größten Hilfswerks im Osten Europas (Leipzig 2011).

52 Jaquemar, Innere Mission (wie Anm. 35) 55–65. Ein Lebensbild gibt Gustav Entz, Pfarrer Dr. theol. Hans Jaquemar. Eine biographische Skizze. *JGPrÖ* 72 (1956) 69–110.

53 Salzer/Karner, Christbaum (wie Anm. 23) 99 f.

Folgen der Industrialisierung für das Leben der Pfarrgemeinden finden sich überdies auf weiteren Gebieten. Auch wenn das männliche Geschlecht in der Pfarrgemeinde – als Folge der industriellen Agglomeration – überproportional vertreten war, bot gerade das pfarrgemeindliche Leben den Frauen eine gewisse Plattform der gesellschaftlichen Gleichberechtigung und Anerkennung, die ein Gegengewicht zur rechtlichen Unmündigkeit der Frauen bildete.[54] Überdies entsprach die neue Rolle der Frau dem Ideal einer modernen Gesellschaft, zu dem auch die evangelische Kirche eine Affinität hatte.

1874 wurde in Marburg der Frauenverein gegründet, der innerhalb der Gemeinde soziale Aufgaben wahrnahm. Lange stand diesem Ida Reiser, die Frau des ehemaligen Marburger Bürgermeisters, vor, die insgesamt im Marburger gesellschaftlichen Leben eine tragende Rolle bekleidete. Das jahrzehntelang durch den Frauenverein veranstaltete Weihnachtsfest für arme Kinder wurde im Zuge der immer lauter werdenden Sozialen Frage ausgebaut. 1913 wurden immerhin über 100 Kinder beschenkt.[55] Trotz der bürgerlichen Dominanz, auch im Frauenverein, stand die Frauenemanzipation in einem wirkungsgeschichtlichen Zusammenhang mit der Arbeiterbewegung,[56] was wiederum die soziologische Vernetzung der Pfarrgemeinde mit der Arbeiterschaft im Zuge der Los-von-Rom-Bewegung unterstreicht.

Bei der Nennung der Frauenemanzipation ist überdies auf eine evangelische Vorkämpferin der Frauenbewegung hinzuweisen: Marie Lang.[57] Gemeinsam mit Rosa Mayreder und Auguste Fickert bildete sie den radikalen Flügel der österreichischen Frauenbewegung. Sie war Mitbegründerin und Vorstandsmitglied des Allgemeinen Österreichischen Frauenvereines und gründete die Wiener Settlement-Bewegung.

Doch trotz des zunehmenden Anteils an Arbeitern und kleinen Handwerkern in den Pfarrgemeinden: Die Entscheidungsgremien waren bürgerlich bzw. großbürgerlich bestimmt, Vertreter der Arbeiterschaft oder des Handwerks finden sich in den reichen Großstadtgemeinden kaum. Das gilt nicht nur für Marburg.[58] Unter den 29, im Jahre 1861 gewählten, Presbytern der Gemeinde Wien A.B. waren 15 Fabrikanten, neun Akademiker und Beamte und drei »Literaten«.[59]

---

54 Zur Rechtsstellung der Frauen in Österreich vgl. Diemut Majer, Frauen–Revolution–Recht. Die großen europäischen Revolutionen in Frankreich, Deutschland und Österreich 1789 bis 1918 und die Rechtsstellung der Frauen. Unter Einbeziehung von England, Russland, der USA und der Schweiz (Europäische Rechts- und Regionalgeschichte 5, Zürich–St. Gallen 2008) 273–304; Waltraud Heindl, Geschlechterbilder und Geschlechterrollen. Ideologie und Realität, in: Die Habsburgermonarchie 1848–1918 (wie Anm. 36) 701–741, hier v. a. 709 f.

55 Evangelische Pfarrgemeinde Marburg, Jahresbericht 1913, 9.

56 Majer, Frauen–Revolution–Recht (wie Anm. 54) 197 u. ö.

57 Irmgard Sparholz, Marie Lang und ihre Bedeutung für die Sozialreform in Österreich im ausgehenden neunzehnten Jahrhundert (Dipl. Arb. Wien 1986).

58 Boštjan Zajšek, Nemška evangeličanska skupnost v Mariboru [= Die deutsche evangelische Gemeinde in Marburg] (1862–1945) (Dipl. Arb. Maribor 2008) 88.

59 Helmut Gamsjäger, Protestantismus und Arbeiterschaft in Österreich, in: Religiöser Sozialismus im Protestantismus. Paul Tillich zum 100. Geburtstag. Ein Tagungsbericht, gemeinsam veranst. mit der Arbeitsgemeinschaft Christentum und Sozialismus (ACUS) und dem Dr. Karl-

Teile der Arbeiterschaft hegten deshalb Misstrauen gegenüber der »Fabrikantenkirche«. In den Jahren der Los-von-Rom-Bewegung, als man sich auch aktiv um die Arbeiterschaft bemühte, schrieb der Los-von-Rom-Pfarrer Othmar Hegemann: »Gerade in der Übertrittsbewegung haben wir am meisten darunter zu leiden, daß die evangelische Kirche als reaktionär überall verschrieen ist.«[60]

In den verschiedenen kirchlichen Institutionen erfolgte zwar eine konkrete christliche Nächstenliebe an den sozial Schwachen, dies geschah aber ohne deren institutionelle Einbindung. Die Gründung dieser Institutionen ist aber in diesem Zusammenhang bemerkenswert, trafen sich in manchen von ihnen doch die beiden Richtungen des Liberalismus: Der Industrielle Rudolf von Arthaber war nicht nur Vertreter des Wirtschaftsliberalismus, sondern auch, nicht zuletzt aus christlicher Verantwortung heraus, sozial tätig. Dasselbe gilt auch für Louis (Ludwig) Wittgenstein,[61] der nicht nur erfolgreicher Industrieller, sondern ab der Jahrhundertwende auch Leiter des Waisenhausvereins war, den er maßgeblich aus seinem Privatvermögen förderte.[62]

Schon in den 1880er Jahren waren das Hauptarbeitsgebiet der Wiener Diakonissen »unermüdliche Wege und Besuche zu Hauskranken aller Stände und Berufe [...]. Diese zahlreichen Besuche, besonders in den Armenvierteln, eröffneten ihnen Einblick in das mannigfache und oft himmelschreiende Elend von Glaubensgenossen [...]«.[63] Auch in der Pfarrgemeinde Marburg waren Diakonissen tätig. Sie hatten eine beeindruckende Leistungsstatistik. Im Jahr 1909 machte die Diakonisse Charlotte von Borke 911 Krankenbesuche, 543 Gemeindebesuche und leistete an insgesamt 104 ganzen Tagen sowie zusätzlich in 11 Nächten Krankenpflege.[64] Auch wenn also in der praktischen Arbeit der Diakonie das Arbeiter- und Kleinhandwerkermilieu, ebenso wie das der verarmten Bauernschaft, eine wichtige Rolle spielte, entwickelte sich jedoch nie eine spezifische Arbeiterdiakonie.

Renner-Institut Wien vom 30. Mai bis 1. Juni 1986, hg. von Johannes DANTINE (Veröffentlichungen der Evangelischen Akademie Wien 4, Wien 1987) 19–26, hier 20 f. Für die reformierte Pfarrgemeinde in Wien kann Ähnliches gesagt werden, vgl. den *Wahlzettel zur Wahl von 15 Presbytern* aus dem Jahr 1895, abgebildet in: SALZER/KARNER, Christbaum (wie Anm. 23) 15.

60 Brief von Othmar Hegemann an Paul Braeunlich vom 4. Februar 1904, zit. nach: Lothar ALBERTIN, Nationalismus und Protestantismus in der Österreichischen Los-von-Rom-Bewegung um 1900 (Diss. Köln 1953) 155.

61 Monika SALZER/Peter KARNER, Art. Ludwig (Louis) Wittgenstein. Der Millionär als Sozialist, in: DIES., Christbaum (wie Anm. 23) 158–160.

62 Dass er deshalb als »Sozialist« bezeichnet werden kann, scheint aber überzogen. Das würde die Subüberschrift bei SALZER/KARNER, Christbaum (wie Anm. 23) 158 nahelegen.

63 JAQUEMAR, Innere Mission (wie Anm. 35) 144 f.

64 Evangelische Pfarrgemeinde Marburg, Jahresbericht 1909, 43. Die Privatpflege wurde nicht nur Evangelischen angeboten. Im Berichtszeitraum 1909 leistete die Gemeindeschwester an 50 ganzen Tagen und zusätzlich in zwei Nächten bei Evangelischen sowie an 54 ganzen Tagen und in neun Nächten bei Katholiken Pflegedienst.

IV. Sozialdemokratie und Protestantismus

Leopold Löwigt musste mit seiner Familie um 1880 wegen seiner sozialistischen Gesinnung nach Breitensee, heute ein Teil des 14. Wiener Gemeindebezirks, aussiedeln. »Vor der Einbeziehung in die Großkommune war Breitensee das Dorado der aus Wien ›Abgeschafften‹, die sich mit Vorliebe diese Ortschaft [...] zu wählen pflegten.«[65] Aus dem »Wiener Polizei-Rayon abgeschafft« wurde man wegen einer kriminellen oder ordnungswidrigen Handlung; und dazu gehörte u. a. auch eine sozialistische Einstellung. Damit entstand aber in Breitensee ein typischer Wiener Arbeiterbezirk. Auch dort setzte mit dem Bau der Westbahn die große Veränderung ein. 1856 standen 43 Häuser mit 750 Bewohnern, 1890, bei der Eingemeindung, bereits 243 Häuser mit 3.245 Bewohnern. In knapp mehr als drei Jahrzehnten war aus dem Dorf ein Großstadtbereich geworden, aus dem Bauernort ein Fabriksgebiet. Einen wesentlichen Beitrag dazu leisteten die Kasernen- und Schulbauten.

Leopold Löwigt und seine Frau Franziska, die er 1872 geheiratet hatte, erzogen ihre Kinder ganz im Sinne des Marxismus des ausgehenden 19. Jahrhunderts, gewissermaßen im Sinne einer späten Aufklärung, das heißt areligiös, jedoch auf dem Boden einer humanitas; aus der Kirche traten sie nicht aus. Menschliche Fehler und Schwächen durften nicht gezeigt werden: man war nicht neugierig, lehnte Titel ab, trat stets für das Recht ein und anderes mehr.

Im Deutschen Reich hatten sich, anders als in Österreich, Vorformen eines religiös getragenen Sozialismus entwickelt,[66] auch wenn der Protestantismus, ähnlich wie in Österreichs Zentren, »rein bürgerlich akzentuiert« war.[67] – Karl Völker widmete diesen Vorformen in seinem Beitrag zum 100-Jahr-Jubiläum der Wiener Evangelisch-Theologischen Fakultät über »Sozialismus und Christentum im 19. Jahrhundert« breiten Raum.[68]

Die Stellung der linken politischen Richtungen gegenüber der Religion war wechselhaft; einig waren sie in der Ablehnung jeglichen Klerikalismus. Das betraf in Österreich de facto nur die römisch-katholische Kirche; im Deutschen Reich stellte sich die Angelegenheit seitenverkehrt dar:

---

65 Richard Groner, Wien wie es war (Wien–Leipzig 1922) 50 f. Zur Entwicklung von Breitensee vgl. auch Hertha Wohlrab, Penzing. Geschichte des 14. Wiener Gemeindebezirkes und seiner alten Orte (Wiener Heimatkunde o. Bd., Wien [2]1991) v. a. 38 f.

66 Günter Brakelmann, Evangelischer Bund und evangelische Arbeitervereinsbewegung, in: Evangelisch und Ökumenisch, hg. von Gottfried Maron (Kirche und Konfession 25, Göttingen 1986) 129–155; Ewald Hein-Janke, Religiöser Sozialismus im Protestantismus, in: Religiöser Sozialismus im Protestantismus (wie Anm. 59) 1–17.

67 Heiner Grote, Sozialdemokratie und Protestantismus zur Zeit der Reichsgründung, in: Der Wirklichkeitsanspruch von Theologie und Religion, hg. von Dieter Henke/Günther Kehrer/Gunda Schneider-Flume (Festschrift Ernst Steinbach zum 70. Geburtstag, Tübingen 1976) 35–55, hier 49.

68 Karl Völker, Sozialismus und Christentum im 19. Jahrhundert, in: Religion und Sozialismus. Festschrift zur hundertjährigen Jubelfeier der evangelisch-theologischen Fakultät in Wien, hg. vom Professoren-Kollegium (Berlin–Lichterfelde 1921) 111–137, hier 122–128 und 132–135.

»Mit leidenschaftlicher Abneigung aber polemisierte die [sozialdemokratische; Anm. des Verf.] Partei gegen die damals vorherrschende Richtung, den gutbürgerlich-wohlanständigen Protestantismus, der keine Spannung mehr wahrhaben wollte zwischen Kultur und Religion, der einem vordergründigen Geistesfrieden der Moderne huldigte und der trotz seines unbestreitbar hohen Bildungsniveaus nur in wenigen Vertretern Gespür bewies für die aufkommenden ungeheuren sozialen Probleme.«[69]

Der Antiklerikalismus war ein liberales Erbe der Revolution; es betraf Sozialisten bzw. Sozialdemokraten genauso wie Deutschnationale, die bis in die 1880er Jahre noch Teil einer gemeinsamen Bewegung, der Deutschen Linken, waren.

»Die Massenparteien, die je nach primärer Zielsetzung als Klassen- oder auch als Integrationsparteien auftreten, entstammen in Österreich eigentlich allesamt einer demokratisch-liberalen Opposition gegen den herrschenden elitären Liberalismus, ausgedrückt im sogenannten ›Linzer Programm‹ (1882), an dessen Ausarbeitung unter anderen der deutschnationale Georg *von Schönerer*, der (spätere) Christlichsoziale Robert *Pattai*, die (späteren) Sozialdemokraten Viktor *Adler* und Engelbert *Pernerstorfer* und der dem jüngeren, deutsch-national orientierten Liberalismus nahestehende Historiker Heinrich *Friedjung* beteiligt waren. Demokratische und soziale Züge (Forderungen nach Wahlrechtserweiterung und Sozialgesetzgebung) treten hier neben nationalistischen (Forderung nach Zollunion mit Deutschland) auf.«[70]

Erst Mitte der 1880er Jahre trennten sich Deutschnationale und Sozialisten bzw. Sozialdemokraten.

Der Antiklerikalismus kam im Linzer Programm deutlich zum Ausdruck, indem es als Ziel formulierte, »daß insbesondere solche Männer, welche infolge ihrer Stellung nicht in der Lage sind, ihrer Überzeugung unter allen Umständen Ausdruck zu geben, also Priester und Staatsbeamte […] von der Wählbarkeit in den Reichsrat ausgeschlossen werden«.[71] Noch 1903 klagte der tschechische Priester Rudolf Vrba, dass sich in ihrer antikirchlichen Agitation die Alldeutschen und die Sozialdemokraten zu überbieten suchten und er zitiert Pernerstorfer, der geschrieben hatte, dass »der römische Fetischismus keine Religion« sei.[72]

Eine christlich-soziale Arbeiterbewegung konnte sich niemals etablieren, was nicht nur auf massive Vorbehalte seitens der Arbeiterschaft zurückzuführen war; immerhin waren die Repräsentanten der Macht nach wie vor der Adel, das Militär und die katholische Geistlichkeit. Aber eine christlich-soziale Arbeiterbewegung stieß – zumindest anfänglich – auch auf den Widerstand des Klerus gegenüber der Christlich-Sozialen Partei. Nach der Jahrhundertwende war die Christlich-Soziale Partei dann aber zu einer staatserhaltenden, sozial-konservativen Partei geworden.[73]

---

69 Grote, Sozialdemokratie und Protestantismus (wie Anm. 67) 55.

70 Bruckmüller, Sozialgeschichte (wie Anm. 3) 429 (Kursivsetzungen durch Verf.).

71 Heinrich Schnee, Georg Ritter von Schönerer. Ein Kämpfer für Alldeutschland (Reichenberg/Liberec [3]1943) 131.

72 Rudolf Vrba, Österreichs Bedränger. Die Los-von-Rom-Bewegung (Praha/Prag 1903) 90.

73 Mayer, Geschichte der sozialen Bewegungen (wie Anm. 21) 81, 90.

»Die parteioffizielle Linie [der Sozialdemokratie; Anm. des Verf.] dieser Zeit war betont antiklerikal, wenn es um die Zurückweisung kirchlichen Machtanspruchs in Staat und Gesellschaft ging, erlebte man doch die Kirche als parteipolitisch agierenden Gegner, den es auf allen Ebenen zu schwächen galt. [...] Die Sozialdemokratie bekämpfte zwar die tagespolitisch agierende katholische Kirche, doch schon gegenüber den evangelischen Kirchen war die Frontstellung deutlich schwächer ausgeprägt. Zur Altkatholischen Kirche – viele ihrer Mitglieder, sogar führende Geistliche, waren Sozialdemokraten – bestand ein ausgesprochen freundliches Verhältnis.«[74]

Darauf, dass Viktor Adler 1885 evangelisch geworden war, wurde bereits hingewiesen.

Das hatte vielfältige Gründe. Einerseits sah man in der evangelischen Kirche einen natürlichen Verbündeten in der Frontstellung gegenüber dem Konkordat, das als zentrales Hemmnis für eine Verbesserung der sozialen Lage angesehen wurde, andererseits gab es durchaus sozialdemokratische Stimmen, die von einer breiten gesellschaftlichen Zusammenarbeit mit dem bürgerlichen Spektrum redeten. 1868 betonte Heinrich Oberwinder, Mitbegründer des Gumpendorfer Arbeiterbildungsvereins und ab 1869 Mitarbeiter der Volksstimme, das gemeinsame liberale Band zwischen der sozialistischen Arbeiterschaft und dem nationalen Bürgertum.[75]

Es kam nie zu einer positiven Hinwendung der Sozialdemokratie zur evangelischen Kirche; Religionskritik bestimmte sozialistisches Denken. Siegmund Berger, ein bekannter Freidenker der Zwanziger Jahre, erinnerte sich an die 1880er Jahre:

»*Büchner, Molischer* [...], *Lange* und vor allem Friedrich *Strauß* und *Haeckel* haben damals die studierende Jugend revolutioniert. Beichtzwang und religiöse Übungen, Kirchen- und Tempelgänge (der Schulbeginn wurde durch Gebete einzelner Vorbeter oder im Klassenchor eingeleitet) haben uns die Pfaffen aller Riten recht verhaßt gemacht.«[76]

Im Blick standen jedoch in allererster Linie die römisch-katholische Kirche und ihr Klerikalismus. Immerhin hatte diese in ihrer, von Papst Leo XIII. unterzeichneten, Enzyklika »Diuturnum illud« aus dem Jahre 1881 Sozialismus und Kommunismus als »Pestseuchen, grauenhafte Mißgeburten, ja geradezu Totengräber der menschlichen Gesellschaft, weil sie das Recht der Obrigkeit nicht von Gott ableiten, sondern von der breiten Masse des Volkes« bezeichnet.[77]

Aber auch den evangelischen Kirchen stand man sozialdemokratischerseits skeptisch gegenüber. Das lag nicht nur an der Zahl evangelischer Industrieller, sondern auch an der Änderung der politischen Perspektive. Wurde die evangelische Kirche bis zur Mitte des 19. Jahrhunderts, in einer rein österreichischen Perspektive, gewis-

---

74 Gerhard STEGER, Ein beendeter Konflikt. Kirchen und Sozialdemokratie, in: Die ersten 100 Jahre. Österreichische Sozialdemokratie 1888–1988 (Ausstellungskatalog), hg. von Helene MAIMANN (Wien–München 1988) 259 f., hier zit. 259.

75 CHARMATZ, Lebensbilder (wie Anm. 8) 104 f.

76 Franz SERTL, Die Freidenkerbewegung in Österreich im zwanzigsten Jahrhundert (Dissertationen der Universität Wien 5, Wien 1995) 36 (Kursivsetzungen durch Verf.).

77 Carl MIRBT, Quellen zur Geschichte des Papsttums und des römischen Katholizismus (Tübingen ^{2}1901) 394 f.

sermaßen in der Opferrolle wahrgenommen, so änderte sich das nicht nur mit der gesellschaftlichen Emanzipation der evangelischen Kirchen, sondern auch durch den Wechsel zu einer gesamtdeutschen, zum Teil internationalen Perspektive. Im Deutschen Reich hatte die evangelische Kirche eine ähnliche gesellschaftliche Rolle wie in Österreich die römisch-katholische. »Die beiden großen Kirchen erschienen [...]«, so konnte 1921 der Wiener Kirchenhistoriker Karl Völker ausführen, »der deutschen Sozialdemokratie als die festesten Stützen des von ihr auf das erbitterste bekämpften Staates«.[78]

Die Sozialdemokratische Partei wandte sich »unter Berücksichtigung von taktischen und strategischen Erfordernissen der Alltagspolitik (offiziell) vornehmlich gegen die politisierende Kirche, unter Ausklammerung der Religion, die zur Privatsache erklärt wurde«.[79] Mit dieser Definition nahm man den Artikel 6 des Erfurter Programms der reichsdeutschen Sozialdemokratie aus dem Jahr 1891 auf.

Die 1897/98 von Georg Schönerer initiierte Los-von-Rom-Bewegung zwang die Sozialdemokratie neuerlich zu einer Positionierung in Sachen der Religion, implizierte die alldeutsche Los-von-Rom-Bewegung sehr wohl doch einen Übertritt zur evangelischen Kirche. 1899 überlegte man seitens der Sozialdemokratie, ob man nicht eher los von der Kirche gehen sollte; ohne Hinwendung zum Protestantismus oder zu einer anderen Kirche.[80] Die von Viktor Adler vertretene Position, dass Religion Privatsache sei, konnte sich schließlich in der Partei durchsetzen. Damit ergab sich aber auch eine gewisse Offenheit gegenüber der Los-von-Rom-Bewegung.

V. Die Dynamik der Los-von-Rom-Bewegung

Unter den Vorzeichen eines Vielvölkerstaates verbanden sich im Österreich der zweiten Hälfte des 19. Jahrhunderts nationale und soziale Frage. »Die wachsende Betonung nationalen Selbstbewußtseins [...] konnte [...] die wirtschaftliche Integration kaum fördern«[81] und verschärfte damit auch die Soziale Frage, die sich mit der nationalen vernetzte. Mit der Los-von-Rom-Bewegung bekam diese Verbindung zusätzlich noch eine religiös-konfessionelle Dimension.

1897/98 begann die Los-von-Rom-Bewegung, als der Parteiführer der österreichischen Alldeutschen, Georg (Ritter von) Schönerer, den Ruf, los von Rom zu gehen, zu einem der Hauptpunkte seiner Politik machte. Er verband diesen Ruf mit der impliziten Aufforderung, evangelisch zu werden. Die Motivation des Kirchenaus- bzw. Kirchenübertritts war für Schönerer primär keine religiöse, sondern eine politische. Lehre und Dogma standen nicht im Kreuzfeuer der Kritik – wurden aber propagandistisch-polemisch behandelt –, sondern der Klerikalismus.

78 Völker, Sozialismus und Christentum (wie Anm. 68) 115.
79 Sertl, Freidenkerbewegung (wie Anm. 76) 72.
80 Ein sozialdemokratisches ›Los von der Kirche!‹. *Ostdeutsche Rundschau* vom 18. Mai 1899.
81 Bruckmüller, Sozialgeschichte (wie Anm. 3) 367.

Der Kampf gegen den Klerikalismus sollte der alldeutschen Bewegung wieder Stoßkraft verleihen, die herrschenden gesellschaftlichen und politischen Schichten sollten unter Zugzwang kommen. Schönerer hatte für einige Jahre tatsächlich die politische Initiative an sich gerissen. Die weitere politische Radikalisierung war der Preis dafür.

Ein Beispiel für eine persönliche, politische und religiöse Entwicklung bietet der Arbeiterdichter Alfons Petzold; er ist, neben der von Geburt aus evangelischen Ada Christen,[82] ein Vertreter der in Österreich eher spärlichen Arbeiterdichtung. Petzold wurde 1882 in Wien geboren, katholisch getauft und auch katholisch erzogen; seine Eltern stammten allerdings aus Sachsen und waren evangelisch. Wie er in seinem autobiographischen Roman »Das rauhe Leben« aus dem Jahr 1920 eindringlich schildert, wurde sein Vater auf dem Sterbebett zur Konversion zum Katholizismus gezwungen.[83] Diese erlebte Praxis der römisch-katholischen Kirche ist für Petzold Ausgangspunkt seiner persönlichen Entwicklung, die er in seinem autobiographischen Roman Revue passieren lässt. Ursprünglich war er, der sich letztendlich dem Sozialismus zuwandte, ein Anhänger Karl Luegers und schob die Schuld am Arbeiterelend dem Judentum zu:

> »[...] als ich das Wesen klerikaler Barmherzigkeit bei der Behandlung meines Vaters zur Genüge kennengelernt hatte, flaute meine Begeisterung für den christlich-sozialen Führer immer mehr ab, und bald war aus dem ehemaligen Klosterschüler ein deutschnationaler Maulheld geworden, der in *Bismarck* den größten Helden des deutschen Volkes sah«.[84]

In den letzten Jahren des 19. Jahrhunderts erfuhr seine Positionierung unter Einfluss der alldeutschen Los-von-Rom-Propaganda einen weiteren Schliff:

> »Statt Karl *Lueger* hieß nun mein Held K. H. *Wolf*, und ich verschlang jede in der Zeitung abgedruckte Rede dieses alldeutschen Führers. Ich schrieb eine Menge Kampf- und Spottverse gegen die Pfaffen, in denen ich, wie früher in den Juden, die alleinigen Urheber alles Übels auf Erden erblickte.«[85]

Das negative Moment der Los-von-Rom-Bewegung spricht Petzold sehr präzise an:

> »Mein sehnlichster Wunsch war deshalb, aus der katholischen Kirche aus und in die protestantische einzutreten. Gesteigert wurde er durch die ›Los von Rom‹-Bewegung, die in diesen Tagen ihren Höhepunkt erreichte [...].«[86]

Petzolds erfolgte Konversion hatte also primär negative Beweggründe.

Die alldeutsche Los-von-Rom-Bewegung sprach in erster Linie die intellektuell-bürgerlichen Kreise an. Schönerers politisches Herz schlug für die Bauern, seine treu-

82 Eduard Beutner, Widerstand und Resignation. Zur Lyrik der österreichischen Schriftstellerin Ada Christen, in: Unterdrückung und Emanzipation, hg. von Rudolf G. Ardelt/Wolfgang J. A. Huber/Anton Staudinger (Festschrift Erika Weinzierl zum 60. Geburtstag, Wien–Salzburg 1985) 15–37.

83 Alfons Petzold, Das rauhe Leben. Der Roman eines Menschen (Graz–Wien–Köln 1979) 108 f.

84 Ebenda 282 (Kursivsetzung durch Verf.).

85 Ebenda 206 f. (Kursivsetzungen durch Verf.).

86 Ebenda 207.

este Gefolgschaft war die Studentenschaft; »[...] er selbst, aus der ihm doch zu innerst wohnenden Bürgerlichkeit des Denkens und Fühlens [wandte] sich zuvörderst an die bürgerliche Intelligenz [...] statt an die Arbeiterschaft.«[87] Dennoch gab es, Petzold ist ein Beispiel dafür, auch Vertreter der Arbeiterschaft und des Kleingewerbes, die mit der alldeutschen Bewegung sympathisierten. Immerhin vertrat Schönerer durchaus in manchem die Interessen der »kleinen Leute«.

In inhaltlicher Hinsicht war die Los-von-Rom-Bewegung an den tatsächlichen und den Möchtegern-Intellektuellen orientiert; viele der Los-von-Rom-Propagandisten stammten aus Akademikerkreisen. Statistisch waren aber die Los-von-Rom-Gänger aus der Arbeiterschaft und dem Kleingewerbe bestimmend.

Die sozialistische bzw. sozialdemokratische Bewegung stand, wohl auch aus parteitaktischen Gründen,[88] der Los-von-Rom-Bewegung kritisch gegenüber. Der österreichische Parteiführer der Sozialdemokratie, Viktor Adler, sprach am 11. April 1899 auf einer Versammlung in Wien zur inneren Politik und beurteilte zum ersten Mal öffentlich die Los-von-Rom-Bewegung:

> »Man sucht auf deutschnationaler Seite die sogenannte Los-von-Rom-Bewegung ins Leben zu rufen, und von vielen Seiten wurde erwartet, daß diese von den Sozialdemokraten mit Enthusiasmus begrüßt werden wird. Diese stehen der Sache sehr kühl gegenüber. Die Herrschaft des Klerikalismus wird dadurch nicht beseitigt, daß einige tausend Leute, die längst nicht mehr katholisch waren, Protestanten werden. Der Klerikalismus und seine Gefahr für Österreich steckt tief in den Knochen, und der Charakter des Volkes wird durch eine Änderung des Bekenntnisses, selbst wenn sie sehr umfangreich wäre, nicht geändert.«[89]

Die Los-von-Rom-Bewegung hatte, nach einigen Anfangsschwierigkeiten, nicht zuletzt deshalb, weil sie einen seit Jahrzehnten brodelnden Konfliktpunkt polarisierend zum Thema machte, in den ersten Jahren spektakuläre Erfolge. Nicht nur alldeutsche Parteigenossen gingen los von Rom, sondern auch zahlreiche Arbeiter, die der Sozialdemokratie nahestanden. Das brachte diese in einen gewissen Handlungszwang.

Bei verschiedenen Protestveranstaltungen nahmen nun hohe sozialdemokratische Parteivertreter positiv zur Los-von-Rom-Bewegung Stellung. Eine der wirkungsvollsten dieser Versammlungen war die der Wiener Metallarbeiter Ende November

87 Friedrich Walter, Wien. Die Geschichte einer deutschen Großstadt an der Grenze, Bd. 3: Die neueste Zeit (1790–1918) (Wien 1944) 302.

88 Die Haltung zur Los-von-Rom-Bewegung war ein wichtiger Indikator für das Verhältnis zwischen Sozialdemokraten und Alldeutschen. Ergänzten sich in Niederösterreich die Interessen von Sozialdemokraten und Deutschnationalen, die politisch in Niederösterreich kaum mehr präsent waren, gewissermaßen, so waren die beiden politischen Lager in Böhmen in einer harten Konkurrenzsituation. Bei den Reichsratswahlen im Jahre 1901 hatte die Sozialdemokratie 13 ihrer 14 Sitze an die Alldeutschen verloren. Aus Böhmen kam nun eine Abwehrreaktion gegen einen zu engen Schulterschluss mit den Alldeutschen über die Los-von-Rom-Bewegung. Vgl. Sertl, Freidenkerbewegung (wie Anm. 76) 173. Die Parteileitung in Wien zog sich daraufhin wieder von der Los-von-Rom-Propaganda zurück und erklärte die Frage eines Kirchenaus- oder -übertrittes für eine Privatfrage.

89 Albertin, Nationalismus und Protestantismus (wie Anm. 60) 158.

1904. »In ihr herrschte Los-von-Rom-Stimmung«,[90] und der Redner bezeichnete dies als ein allgemeines Merkmal der Haltung der 90.000 Wiener Sozialdemokraten, die in ihrer Mehrzahl katholisch wären.[91] Die aufsehenerregendste Versammlung war dann aber die Kundgebung am 15. Dezember 1904 in den Wiener Sophiensälen. Auf dieser Versammlung sprachen die sozialdemokratischen Politiker Franz Schuhmeier, Engelbert Pernerstorfer und Karl Seitz. Schuhmeier betonte, dass die Los-von-Rom-Bewegung in der Arbeiterschaft selbst entstanden sei, forderte den Kirchenaustritt nun aber doch mit fast programmatischer Schärfe und legte den Übertritt zum Protestantismus oder zur Altkatholischen Kirche nahe: »Werden Sie meinetwegen evangelisch oder altkatholisch, Religion ist Privatsache. Aber in der Papstkirche zu bleiben, das ist keine Privatsache, das ist ein Verbrechen an den eigenen Kindern.«[92]

Trotz der anfänglich zögernden Haltung der Sozialdemokratie hatte die Los-von-Rom-Bewegung die Arbeiterschaft unabhängig ihrer Parteiaffinität erfasst. Karl Fraiß, ein bewusst evangelisch-kirchlich orientierter, dabei ein streng nationaler Los-von-Rom-Agitator in der Steiermark, berichtete im Juli 1907 an Pfarrer Paul Braeunlich vom Evangelischen Bund aus der Steiermark:

> »Die Arbeiterschaft tritt jetzt der Los-von-Rom-Bewegung merklich näher als bisher, so sehr, daß nun auch die sozialdemokratische Parteileitung der Steiermark sich demnächst befassen wird. [...] Nun habe ich mir aber in der letzten Zeit möglichste Mühe gegeben, von den bereits stärker beginnenden Arbeiterübertritten so viel als nur möglich ist, in unser Lager[93] herüberzuleiten, habe mich bemüht, Vorurteile und Mißverständnisse auf sozialdemokratischer Seite auszugleichen, habe Fühlung gesucht mit evangelischen Sozialdemokraten und endlich in Graz, Leoben und Marburg besondere Agitationsausschüsse aus Arbeitern zustande gebracht. Darin sitzen teils nationale, teils sozialdemokratische Arbeiter gemischt durcheinander; alle sind aber sehr eifrig für uns tätig [...].«[94]

Die Los-von-Rom-Bewegung stellte die evangelische Kirche vor große Probleme. Zunächst einmal ging es darum, nicht in den Strudel der politischen Auseinandersetzungen gezogen zu werden; man wehrte sich gegen jegliche Form der Ideologisierung.[95] Die größte Herausforderung hing aber damit zusammen, dass nach mehr als 100 Jahren der relativen quantitativen Stagnation innerhalb kürzester Zeit eine große Menge an Personen in die Kirche eintrat; bis zum Ausbruch des Weltkrieges in Cisleithanien rund 75.000, auf dem Gebiet des heutigen Österreich rund 40.000.[96]

---

90 Ebenda 170.

91 Vgl. den diesbezüglichen Bericht im *Neuen Wiener Tagblatt* vom 30. November 1904.

92 *Arbeiterzeitung* vom 11. März 1905.

93 Meint Fraiß hier die evangelische Kirche im Gegensatz zur römisch-katholischen, aber auch zur altkatholischen, oder meint er das politische Lager der Alldeutschen? Wohl eher das erstere!

94 Albertin, Nationalismus und Protestantismus (wie Anm. 60) 178.

95 Karl-Reinhart TRAUNER, Die Los-von-Rom-Bewegung. Gesellschaftspolitische und kirchliche Strömung in der ausgehenden Habsburgermonarchie (Szentendre ^{2}2006) 574–594.

96 Rudolf LEEB, Der österreichische Protestantismus und die Los-von-Rom-Bewegung, in: Protestantische Mentalitäten, hg. von Johannes DANTINE/Klaus THIEN/Michael WEINZIERL (Wien 1999) 195–230, hier 202–204; Karl-Reinhart TRAUNER, Periodisierung und Quantifizierung der

Das veränderte die evangelische Landkarte und das Bild mancher Pfarrgemeinden tiefgreifend.

In manchen der schon länger bestehenden Pfarrgemeinden kam es deshalb auch zu massiven inneren Spannungen, die de facto auch soziale Spannungen waren. Man drohte sogar nicht nur mit dem Rückzug des Kurators, sondern auch mit dem des Pfarrers. Salzburg wie auch Marburg a. d. Drau können hier genannt werden.[97]

Zwei Beispiele mögen die Gesamtsituation, die sich in ähnlicher Form v. a. auch in Böhmen findet, illustrieren. In Fürstenfeld bestand eine große k.k. Tabakfabrik. In den letzten Jahren des 19. Jahrhunderts fand sich hier eine kleine Gemeinschaft Evangelischer, die immer mehr anwuchs. 1898 wurde deshalb seitens der Grazer Pfarrgemeinde die Gründung einer Filialgemeinde beschlossen, die 1899 behördlich genehmigt wurde. Als 1899 der erste Vikar in Fürstenfeld, Wilhelm Ilgenstein, seinen Dienst antrat, traf er auf eine Gemeinschaft von rund 200 bis 250 Personen unter der Führung Franz Muhrs, eines Arbeiteraufsehers aus der Tabakfabrik und Leiters der Lesegottesdienste, mit einem eigenen, allerdings recht mäßigen Versammlungslokal, dem so genannten Eiskeller.[98] Die meisten der Gemeindemitglieder waren Landarbeiter oder Arbeiter; der größte Arbeitgeber war die »k.k. Tabakfabrik, wo fast alle Frauen unserer Gemeinde den Unterhalt der Familie verdienen müssen [...]«.[99] – Es mag vielleicht ein Erbe seiner Tätigkeit in Fürstenfeld sein, dass Wilhelm Ilgenstein 1914 eine Untersuchung über »Die religiöse Gedankenwelt der Sozialdemokratie« vorlegte.[100]

Die pfarrgemeindliche Infrastruktur wuchs jedenfalls sehr schnell: Noch 1899 erhielt Ilgenstein die Staatsbürgerschaft, 1900 wurde er ordiniert, 1903 zum Pfarrer bestellt, gleichzeitig konnte ein neu gebautes Pfarrhaus eingeweiht werden. Als Ilgenstein 1906 Fürstenfeld verließ, fand er einen Nachfolger in Pfarrer Richard Karl Roth, der 1910 den durchaus repräsentativen Bau der Heilandskirche einweihen konnte. Innerhalb von nur knapp mehr als zehn Jahren war hier eine vollständige Pfarrgemeinde »aus dem Nichts« entstanden. In weiterer Folge wurde auch noch ein

»Los-von-Rom-Bewegung« im heutigen Österreich,in: *Standpunkt. Zeitschrift des Evangelischen Bundes in Österreich* 208 (2012) 3–32.

97 Zu Salzburg und dem Rückzug Pfr. Heinrich Aumüllers vgl. u. a. Lieselotte von Eltz-Hoffmann, Heinrich Gottfried Aumüller (Salzburg 2001) 79–94. Vgl. weiter Karl-Reinhart Trauner, »Los von Rom!« in Salzburg. Ein Geisteskampf an der Wende vom 19. zum 20. Jahrhundert. *Mitteilungen der Gesellschaft für Salzburger Landeskunde* 148 (2008) 199–235. Zu Marburg und dem Rückzug Pfr. Josef Goschenhofers vgl. Evangelische Pfarrgemeinde Marburg, Jahresbericht 1903, v. a. 8. Der *Deutsche Bote*, ein Jahrbuch mit Kalender aus Marburg, berichtet in der Rubrik »Freud und Leid eines Jahres« (vom September 1903 bis September 1904) ebenfalls davon. Vgl. *Deutscher Bote* (1905) 25–32c [sic!], hier 28.

98 Wilhelm Ilgenstein, Das Evangelium in Österreich. Bilder aus der Vergangenheit und Gegenwart, Selbsterlebtes aus den Anfängen der evangelischen Bewegung in Steiermark (Kaiserswerth a. Rhein 1930) 81–84.

99 Ebenda 144. Vgl. zu diesem Sachverhalt auch ebenda 85 f., 110 f.

100 Wilhelm Ilgenstein, Die religiöse Gedankenwelt der Sozialdemokratie. Eine aktenmäßige Beleuchtung der Stellung der Sozialdemokratie zu Christentum und Kirche (Berlin 1914).

Kindergarten eröffnet. Die baulichen Maßnahmen wären hier, wie auch in anderen der neu entstehenden Pfarrgemeinden, ohne die konsequente Hilfe des Gustav-Adolf-Vereines nicht möglich gewesen.[101] Umgekehrt unterstützte man seitens der jungen Gemeinden sehr bald die österreichischen diakonischen Einrichtungen.[102]

Als zweites Beispiel soll wieder die in der Los-von-Rom-Bewegung bereits seit rund 40 Jahren bestehende (1862 gegründete) Pfarrgemeinde Marburg a. d. Drau herangezogen werden: Zwischen 1903 und 1910 traten hier insgesamt 1.440 Personen der Pfarrgemeinde bei, die 1898 nur etwa 350 Mitglieder gehabt hatte. Im Mittel traten damit zwischen 1903 – dem Jahr, in dem Ludwig Mahnert seinen Dienst in Marburg antrat – und 1910 jährlich 180 Neumitglieder ein.[103] Die Spitze findet sich im Jahre 1905, wo insgesamt 405[104] so genannte Neuprotestanten zur Gemeinde stießen.

Die große Zahl an Übertritten machte eine deutlich vergrößerte kirchliche Infrastruktur notwendig, die sich v. a. in der Gründung neuer Pfarrgemeinden, im Besonderen aber neuer Predigtstationen und Tochtergemeinden ausdrückte. Auf dem Gebiet des ehemaligen Cisleithanien wurden zwischen 1898 und 1923 aus 80 evangelischen Pfarrgemeinden 151.[105] Dazu kamen zahlreiche Filialgemeinden und Predigtstationen.

Neue evangelische Gruppen oder Gemeinden formierten sich vielerorts aus der Dynamik einer prosperierenden Bewegung, oft ohne Zutun des eigentlich zuständigen Pfarrers. Sehr bald entstand damit ein massiver Bedarf an Geistlichen, den die kleine evangelische Kirche Österreichs keinesfalls abdecken konnte. Viele der neuen Gemeinschaften bzw. Gemeinden griffen deshalb zur Selbsthilfe und wandten sich an den (reichsdeutschen) Evangelischen Bund.[106] Hier hatte sich bald ein eigener Arbeitszweig, die so genannte Österreich-Arbeit, entwickelt, der sich zum Ziel gesetzt hatte, die neuen Gemeinden zu versorgen, unter anderem durch Entsendung (einschließlich Bezahlung) von rund 110 so genannten Los-von-Rom-Geistlichen aus verschiedenen

---

101 Ilgenstein, Das Evangelium in Österreich (wie Anm. 98) 107 bringt es auf den Punkt: »[...] ohne den Gustav-Adolf-Verein können die jungen Gemeinden in Österreich keine Kirchen bauen.«

102 So wurde in Fürstenfeld die Kollekte am Familienabend 1900 für die Diakonie in Gallneukirchen bestimmt. Fürstenfeld war somit die erste Los-von-Rom-Gemeinde, die für Gallneukirchen gesammelt hat. Vgl. ebenda 95.

103 Wobei 1906 Radkersburg und 1909 Leibnitz als selbständige Gemeinden aus der Marburger Pfarrgemeinde herausgelöst wurden.

104 Im Eintrittsbuch sind 409 Reihenzahlen vergeben. Die Zahl 405 folgt dem Jahresbericht.

105 Ilgenstein, Das Evangelium in Österreich (wie Anm. 98) 75–79.

106 Zur Geschichte des reichsdeutschen Evangelischen Bundes vgl. Walter Fleischmann-Bisten/Heiner Grote, Protestanten auf dem Wege. Geschichte des Evangelischen Bundes (Bensheimer Hefte 65, Göttingen 1986); Armin Müller-Dreier, Konfession in Politik, Gesellschaft und Kultur des Kaiserreichs. Der Evangelische Bund 1886–1914 (Gütersloh 1998). Zur Geschichte des österreichischen Evangelischen Bundes vgl. Karl-Reinhart Trauner/Bernd Zimmermann (Hg.), 100 Jahre Evangelischer Bund in Österreich. Probleme und Chancen in der Diaspora-Arbeit (Bensheimer Hefte 100, Göttingen 2003).

reichsdeutschen Landeskirchen.[107] Sie, und nicht die österreichischen Geistlichen, wurden zu den kirchlichen Repräsentanten der neuen Gemeinden.

Sie nahmen dabei ihre Traditionen und Prägungen mit, die damit verstärkt nach Österreich hineinwirkten. Dazu gehörte auch eine bestimmte politische Gesinnung.[108] Im Deutschen Reich konnte man aber auf eine längere kirchliche Tradition zurücksehen, die sich mit der Sozialen Frage und dem Verhältnis zwischen der evangelischen Kirche und dem Sozialismus bzw. der Sozialdemokratie beschäftigte;[109] zu denken ist hier v. a. an Adolf Stöcker, der 1893 sogar zwei Vorträge über die »christlich-sociale Frage« in Wien hielt.[110] So berichtet Wilhelm Ilgenstein aus Fürstenfeld von Familienabenden, die er nach dem Vorbild seiner eigenen Landeskirche in seiner neuen Pfarrgemeinde einführte und die dort als große Neuerung empfunden wurde.[111] Zu nennen wären hier auch Gemeindeausflüge.[112] Einen ähnlichen öffentlichen Effekt hatte seine 1903 geschlossene Ehe, der Einzug einer Pfarrfrau in das Pfarrhaus und das Leben einer Pfarrfamilie.[113]

Das Aufsehen, das solche offensiven Neuerungen mit sich brachten, wirkte nicht nur als Magnet für weiter entfernt lebende Protestanten – im Falle Fürstenfelds aus dem Gebiet des heutigen Burgenlands[114] – sondern auch für Katholiken, auch wenn diese, wie beispielsweise Ilgenstein betont, nicht aktiv missioniert wurden.[115] Das bedingte auch eine zunehmende Frontstellung der römisch-katholischen Kirche. Hier verband sich die politische Frontstellung zwischen Arbeiterschaft und römisch-katholischer Kirche mit den konfessionellen Implikationen der Los-von-Rom-Bewegung. Im zunehmend konfessionell gespannten Klima wird auch die soziale Schwäche der Protestanten instrumentalisiert. So wurde den oststeirischen Evangelischen durch den Hartberger Kreisdechanten Franz Monschein ihre Armut abschätzig zum Vorwurf gemacht.[116] Ein besonderer Fall trat in Fürstenfeld ein, als die soziale Schwäche der Arbeiterschaft konfessionell ausgenutzt wurde, um auf sie massiven Druck auszuüben. Viele der Arbeiter mussten ihre Kinder in einen unter katholischer Aufsicht stehenden Kindergarten (»Asyl«) geben; hier wurden sie jedoch mit Duldung

---

107 Ilgenstein, Das Evangelium in Österreich (wie Anm. 98) 54.

108 Walter Fleischmann-Bisten, Die Orientierung der österreichischen Protestanten nach dem »Reich« 1903 bis 1938 – dargestellt am Beispiel des »Evangelischen Bundes zur Wahrung der deutsch-protestantischen Interessen«. *JGPrÖ* 112 (1996) 119–136.

109 Vgl. z. B. Aus Süddeutschland §§§ ›Kirche und Socialdemokratie‹. *Evangelischer Hausfreund. Zeitschrift zur Förderung evangelisch-christlichen Lebens* 11 (1891) 173.

110 Adolf Stoecker, Die christlich-sociale Frage. Zwei Vorträge, in: Wiener Evangelische Vorträge, erste Sammlung (Wien-Währing [1893]) 135–168.

111 Ilgenstein, Das Evangelium in Österreich (wie Anm. 98) 92.

112 Ebenda 102 f., der die entsprechenden Passagen aus Hans Wegener, Morgendämmerung in der Steiermark. Erlebtes und Erlauschtes aus der Los von Rom-Bewegung, mit einem Geleitwort von P. Rosegger (Mörs 1902) übernimmt.

113 Ilgenstein, Das Evangelium in Österreich (wie Anm. 98) 130 f.

114 Ebenda 125 u. ö.

115 Ebenda 115.

116 Ebenda 139.

der katholischen Seite als »evangelisches Gesindel« beschimpft. Als dies Widerspruch erregte, bedrohte man die Evangelischen mit dem Hinauswurf, was einer sozialen Katastrophe gleichgekommen wäre. Die betroffenen Eltern konnten diesem Druck aber schließlich doch widerstehen.[117] – Kein Wunder, dass die Pfarrgemeinde dann einen evangelischen Kindergarten (»Kinderheim«) baute.

Neben dem schon genannten Wilhelm Ilgenstein in Fürstenfeld war einer der vom Evangelischen Bund nach Österreich entsandten Los-von-Rom-Vikare der ebenfalls schon genannte Ludwig Mahnert.[118] Er kam im Jahr 1900 zur Evangelisation nach Mahrenberg (Marenberg; heute: Radlje ob Dravi) und wurde 1903 Nachfolger von Josef Goschenhofer als Pfarrer von Marburg; er war »der« Los-von-Rom-Pfarrer Marburgs. Über die Grenzen der Pfarrgemeinde hinaus war er überdies einer der profiliertesten Geistlichen dieser Richtung insgesamt.

VI. Neues Gemeindekonzept: »Das Brechen jedweden Kastengeistes […]« (Mahnert)

Angesichts der soziologischen und sozialen Veränderungen im Zuge der Industrialisierung entwickelte Ludwig Mahnert in Marburg um 1905 nun eine Konzeption des Gemeindeaufbaues, die sehr bewusst die Arbeiterschaft im Blick hatte. Die Los-von-Rom-Geistlichen verstanden sich keineswegs als konservativ, sondern als volksverbunden – auch im sozialen Sinn – und als fortschrittlich. Aber sie vertraten keinen sozialistischen Klassenkampf – und das unterschied sie von der Sozialdemokratie –, sondern ein integratives Modell. Deutlicher als Mahnert im Jahr 1905 kann man es wohl kaum ausdrücken: »Das Brechen jedweden Kastengeistes ist der Grundzug des deutsch-evangelischen Hochgedankens«,[119] ist er sich sicher und umreißt damit den Grundgedanken dieses neuen Gemeindekonzepts, bei dem es sich – systematisch-theologisch ausgedrückt – um eine Konkretisierung des Allgemeinen Priestertums handelt, dieses urprotestantischen Prinzips, das gut mit dem Streben der Arbeiterbewegung nach Selbstbestimmung und Selbstbewusstsein harmonierte.

Der Jahresbericht 1905 der Pfarrgemeinde Marburg vermeldet: »Die Übertretenden rekrutieren sich zumeist aus dem Arbeiterstande. […] in zwei Jahren hat sich unsere Gemeinde verdoppelt und den zweifachen Charakter einer Arbeiter- und einer Übertrittsgemeinde angenommen.«[120] In literarische Form verpackte Mahnert seine Zielrichtungen in seinem 1912 erschienenen Roman »Die Hungerglocke«.[121]

---

117 Ebenda 123.

118 Karl-Reinhart Trauner, Biograph seiner Zeit: Pfarrer Ludwig Mahnert (1874–1943), in: Protestantismus & Literatur. Ein kulturwissenschaftlicher Dialog, hg. von Michael Bünker/Karl W. Schwarz (Protestantische Beiträge zu Kultur und Gesellschaft 1, Wien 2007) 213–262.

119 Evangelische Pfarrgemeinde Marburg, Jahresbericht 1905, 14.

120 Ebenda 7.

121 Der Roman stieß auf großes Interesse, was man daran ermessen kann, dass das in Duisburg 1912 erschienene Buch im Jahr seines Erscheinens immerhin vier Auflagen erlebte. 1922 er-

Der Roman führt direkt in das Milieu und die harte Lebenswirklichkeit der Arbeiter Marburgs. Mahnert erzählt von berufsbedingten Krankheiten,[122] Arbeitsunfällen, die der Realität nachgebildet sind,[123] vom Alkoholmissbrauch (Mahnert war erklärter Antialkoholiker) der Arbeiterschaft, von verfahrenen Familiensituationen und von der Perspektivenlosigkeit vieler Arbeiter. Ungeschminkt schildert er den Nationalitätenkonflikt genauso wie die konfessionelle Kampfsituation.

Die Los-von-Rom-Bewegung brachte mit den so genannten Neuprotestanten Personen zur evangelischen Kirche, die in vielen Fällen religiös wenig sozialisiert waren und die überdies wenig Affinität zum Protestantismus hatten. Aber – und damit war der inhaltliche Ausgangspunkt der nächsten Jahrzehnte gefunden – diesen konstatierte Mahnert, dass sie religiös auf der Suche seien. »Die Hungerglocke«, eigentlich das Zeichen zum Arbeitsbeginn, wird für ihn zum religiösen Symbol.

> »Eine Glocke tönte ganz leise in seiner [das bezieht sich auf die Hauptperson des Romans Oswald Franz; Anm. des Verf.] Brust [...]. Auch eine Hungerglocke! Die trug ihren Namen mit Recht. Ein heißer, heiliger Hunger ließ sie schwingen und klingen. Ein Hunger nach Gott!«[124]

Über eine Los-von-Rom-Versammlung kommt die Hauptperson des Romans, Franz Oswald, schließlich mit der evangelischen Kirche in Kontakt. Hier findet er erste Antworten auf seine religiösen Fragen, aber auch Gesinnungsgenossen in seiner deutschnationalen Position. Natürlich wurde die Los-von-Rom-Bewegung von Schönerer und den Alldeutschen aus nationalen und politischen Gründen ins Leben gerufen; das wussten auch die Los-von-Rom-Geistlichen, die in sehr vielen Fällen mit einer nationalen Weltanschauung sympathisierten,[125] diese jedoch nicht als politisch – i. S. einer Tagespolitik – verstanden. Der Fürstenfelder Los-von-Rom-Geistliche Wilhelm Ilgenstein sagte sogar: »[S]oweit diese Bewegung politische oder andere weltliche Gründe hatte, war sie mir in der Seele zuwider. Soweit sie religiösen Antriebs ist, freue ich mich ihrer aus ganzem Herzen.«[126] Dieser religiöse Zug, der von den Los-von-

---

schien »Die Hungerglocke« dann nochmals. Hier wird die erste Ausgabe herangezogen: Ludwig Mahnert, Die Hungerglocke. Ein Roman aus der steirischen Los von Rom-Bewegung (Stuttgart 1912).

122 Auch für Ilgenstein, Das Evangelium in Österreich (wie Anm. 98) 91 u. ö. sind berufsbedingte Krankheiten – im Falle der Tabakfabrik v. a. Lungenkrankheiten – ein immer wiederkehrendes Thema.

123 Der eingangs im Roman geschilderte Bahnunfall geschah am 6. August 1907 bei Spielfeld. U. a. kam der evangelische Heizer Johann Cisl dabei ums Leben. Vgl. Mahnert, Die Hungerglocke (wie Anm. 121) 10 f.; Evangelische Pfarrgemeinde Marburg, Jahresbericht 1907, 8. Der Deutsche Bote berichtet in seiner Rubrik »Freud und Leid eines Jahres« immer wieder von Bahnunfällen.

124 Mahnert, Die Hungerglocke (wie Anm. 121) 24.

125 Davon berichtet z. B. der Fürstenfelder Vikar und spätere Pfarrer Wilhelm Ilgenstein in seinen Erinnerungen. Vgl. Ilgenstein, Das Evangelium in Österreich (wie Anm. 98) 42–47 u. ö. Er nahm, für ihn selbstverständlich und mit Sympathie, an »nationalen Volksfesten« wie denen der Ortsgruppe des Deutschen Schulvereines oder der Südmark teil. Vgl. ebenda 120.

126 Ebenda 47.

Rom-Geistlichen immer wieder betont wurde,[127] überraschte sogar die Alldeutschen, musste aber von ihnen anerkannt werden.[128]

Die aktive Anteilnahme vor allem der sozial schwachen Arbeiterschaft in den jungen Gemeinden beeindruckte in besonderer Weise die aus dem Deutschen Reich nach Österreich gekommenen Los-von-Rom-Vikare,[129] die das Industrieproletariat in Distanz oder gar Frontstellung zur Kirche erlebt hatten; wobei auch in Österreich deutliche Unterschiede zwischen den ländlich geprägten Gegenden – einschließlich Kleinstädten wie Marburg – und den Metropolen Wien oder Graz festzustellen gewesen wären.

Es wurde deshalb sehr bald, vor allem von Seiten der betroffenen Pfarrerschaft, der Los-von-Rom-Bewegung eine Hin-zum-Evangelium-Bewegung beigestellt. Diese Hin-zum-Evangelium- oder Evangelische Bewegung versuchte mit einer Vielzahl an pfarrgemeindlichen Angeboten, schon eingetretene oder potentielle Neuprotestanten evangelisch-christlich zu sozialisieren. Dazu gehörten Familienabende, Gemeindeausflüge, spezielle Informationsveranstaltungen oder auch spezielle, modern ausgerichtete Gottesdienste. In Marburg ist dabei besonders der so genannte Berggottesdienst am Bachern (Pohorje) zu nennen. Der überwiegende – und die Los-von-Rom-Orientierung der pfarrgemeindlichen Arbeit bestimmende – Teil der Los-von-Rom-Gänger – wie bei vielen Pfarrgemeinden – stammte dabei aus der Arbeiterschaft und »mit Genugtuung bemerken wir, daß namentlich unsere Arbeiterklasse an unserem gottesdienstlichen Leben regen Anteil nimmt«.[130]

Das galt für das pfarrgemeindliche Leben insgesamt, wobei man das Angebot auf die neue Gemeindesoziologie anpasste. Besonderes Augenmerk wurde auf das Bildungsangebot gelegt; im Bildungsanspruch trafen sich Bildungsbürgertum und Arbeiterschaft[131] wieder. Ausdruck dieses Bildungsansatzes waren die Gemeindebibliotheken, wie z. B. auch in Marburg, oder aber auch allgemeinbildende Vorträge.[132]

Mit der Evangelischen Bewegung nahm die evangelische Kirche die an sich akirch-

127 Ebenda 115 f. u. ö.

128 Schon 1899 musste der Alldeutsche K. H. Wolf erklären: »Ich habe nicht geglaubt, daß die religiöse Bewegung der politischen so bald über den Kopf wachsen würde.« (Ebenda 50).

129 So berichtet ebenda 110 von der großen Spendenbereitschaft für einen Kirchenbau in Fürstenfeld: »Obwohl die Armut der zu etwa 90 Prozent aus Arbeitern bestehenden Gemeinde groß war – die meisten in der Landwirtschaft beschäftigten Männer verdienten meist nur 70 Kreuzer für den Tag und waren im Winter oft vier Monate ohne Arbeit und Beschäftigung – so war doch ihre Opferwilligkeit für kirchliche Bedürfnisse und christliche Liebeswerke eine ganz außerordentliche. Im Durchschnitt brachte damals eine Gemeinde etwa 7.000 Kronen auf. Ja im Jahr 1905 belief sich die Summe infolge einer besonderen Sammlung für den Kirchenbau auf 3.377 Kronen. Zu dieser gaben drei Arbeiterinnen je 50 Kronen, drei je 40 Kronen, vier je 30 Kronen, 41 je 20 Kronen und 37 je 10 Kronen [...].«

130 Evangelische Pfarrgemeinde Marburg, Jahresbericht 1905, 6.

131 Vgl. u. v. a. Alfred PFABIGAN, »Neue Menschen«. Intellektuelle als Erzieher der Arbeiter?, in: Die ersten 100 Jahre (wie Anm. 74) 130–133.

132 Zu Schaffung einer Pfarrgemeindebibliothek in Marburg vgl. Evangelische Pfarrgemeinde Marburg, Jahresbericht 1904, 7. Zur Vortragstätigkeit z. B. in Peggau vgl. Rudolf LEEB, Der Kirchenbau der Los-von-Rom-Bewegung, in: Kirchliche Kunst in Sachsen. Festgabe für Hart-

liche, politische Los-von-Rom-Bewegung auf und führte sie in kirchliche Bahnen. Ein Faltblatt an die »Katholischen Arbeiter Österreichs«[133] versuchte, den Protestantismus als die dem Arbeiterstande angepassteste Konfession zu präsentieren.

Interessanterweise entfernte man sich mit der Evangelischen Bewegung nicht nur von der politischen Instrumentalisierung durch die Alldeutschen, die in jenen Jahren ohnedies zu einer politischen Marginalie verkamen, sondern auch von der Arbeiterbewegung.

Die Hauptperson der »Hungerglocke«, Franz Oswald, hat während eines Berggottesdienstes eine Gotteserfahrung und zwar nicht bei der Predigt des an sich wortgewaltigen Mahnert, sondern in der Begegnung mit der Natur. Interessanterweise findet er nicht einen Gott mit »starker Hand«, wie er erhofft hatte, sondern

> »ein altes Bild zerbrach mit einem Mal, ein neues baute sich in seiner Seele auf: Jesus Christus, nicht mehr der Proletarierfreund, der Anwalt der Ärmsten unter den Armen, der erbitterte Feind der Reichen, der Aufrührer und Empörer, der alle kirchliche Ordnung rastlos bekämpft, wie er vielfach in Arbeiterköpfen einseitig und parteiisch sich darstellt, nicht mehr der zürnende Richter […]. Nicht mehr der süße, weibliche Dulder mit den braunen Locken und dem wohlgepflegten Bart […]. Nein, Jesus Christus, sein Heilandbruder, sein Handhalter, sein guter Kamerad, sein treuer, starker Führer zu Gott […]«.[134]

Implizit wird damit ein anderer Grundpfeiler dieses Gemeindekonzepts angesprochen. Die klare Trennung zwischen Religion und (Tages-) Politik bot die Möglichkeit für das neue Gemeindekonzept – eine Grundsatzentscheidung, die bis heute nachwirkt. Das korrespondierte mit der sozialdemokratischen Position, Religion als Privatsache aufzufassen. Sie ermöglichte den Spagat, damit trotz einer breiten Mehrheit an Arbeitern dennoch eine Vernetzung mit den bürgerlichen Kreisen möglich war. Dies war für den inneren Aufbau der Gemeinden wichtig, da letztere in vielen Fällen auch weiterhin den Ton innerhalb der Gemeinden angaben, was nicht zuletzt auch deshalb von Wichtigkeit war, weil damit eine gewisse gesellschaftliche Stellung der Pfarrgemeinde ermöglicht wurde.

Dieses integrative Moment wird in Marburg symbolhaft erkennbar. 1909 übernahm Otto Suter von Rüdt das Amt des Kurators und beendete damit endgültig die Phase der Los-von-Rom-Bewegung, die, was den Kurator betraf, in erster Linie durch Eduard Glantschnigg bestimmt gewesen war. Otto Suter von Rüdt war ein integrativer Mittelkandidat, der als Adeliger sowohl bei den bürgerlich dominierten Altprotestanten, als auch in seiner praktischen Amtsführung bei den Neuprotestanten akzeptiert war.

Ein anderes, kleines Detail dieses integrativen Gemeindemodells ist die Terminisierung des Gottesdienstbeginns. Traditionell begannen die Sonntagsgottesdienste um 10 Uhr vormittags; das entsprach offenbar einem bürgerlichen Lebensrhythmus.

mut Mai zum 65. Geburtstag, hg. von Jens Bulisch/Dirk Klingner/Christian Mai (Beucha 2002) 156–172.

133 Alle folgenden Zitate in *Katholische Arbeiter Österreichs!* (Bibl. EB/KI [Bensheim], EB.8.02.2) 3.

134 Mahnert, Die Hungerglocke (wie Anm. 121) 189 f.

Auf »aus Arbeiterkreisen geäußerten Wunsch«, so der Jahresbericht, wurde der Gottesdienst 1907 auf 9 Uhr vorverlegt, was wiederum eher dem Bedürfnis der Arbeiterschaft entsprach, wie auch der ebenfalls in diesem Jahr eingeführte Morgengottesdienst um 6 Uhr an jedem ersten Sonntag im Monat.[135] 1908/09 fand man schließlich einen Kompromiss, der beide Gruppen zufriedenstellte. Die Gottesdienste wurden nun um 9.30 Uhr abgehalten.

VII. Protestantismus und Soziale Frage

Den Übergang zwischen der stürmischen, politisierenden Los-von-Rom-Bewegung und der evangelisierenden Inneren Mission personfizierte Max Monsky. Er war zunächst »Schloßkaplan« Georg (Ritter von) Schönerers gewesen und wandte sich schließlich, nachdem er 1912 sein Pfarramt in Krems aufgegeben hatte, ganz der Volksmission zu; seine Autobiographie gibt darüber beredtes Zeugnis.[136] Bereits im Jahr 1900 hatte der Fabrikant und Schönerianer Karl Riessner[137] im böhmischen Turn (Trnovany), heute ein Ortsteil von Teplitz (Teplice), öffentlich erklärt:

> »[...] sozial zu versöhnen vermögen wir nur, wenn wir zunächst andere Menschen werden. Unseres Meisters Werk muß uns dazu machen. Wenn wir Jesum Christum richtig erfaßt haben, werden wir andere Menschen werden. Dem Volk ist nur dadurch zu helfen, daß der Herr ein Christ ist und auch der Arbeitnehmer ein Christ. In Jesu Christo neu geartete Charaktere zu schaffen, darum wird es sich handeln.«[138]

Auch wenn Monskys Gesinnungswandel, hervorgerufen durch ein »persönliches Christuserlebnis« 1901,[139] extrem sein mag, ist dennoch zu bemerken, dass spätestens ab ca. 1905 das Interesse der evangelischen Kirche eindeutig in einer religiösen Sozialisierung der so genannten Neuprotestanten und einer Konsolidierung der neu entstandenen Pfarr- und Tochtergemeinden bestand.

Monskys Hinwendung zu einem erweckten Christentum war ein Stück weit exemplarisch. In jenen Jahren, in denen der ehemalige »Schloßkaplan« Schönerers mit seiner Inneren Mission begann, kam Alfons Petzold durch die Lektüre der erweckten russischen Schriftsteller, vornehmlich durch Tolstoi, zum Christentum.

> »[...] wir [...] lasen die Bibel, sahen in der lebendigen Nachfolge der Evangelien das einzige Heil und beglückten uns durch das Gefühl irdischer Erniedrigung, murrten nicht mehr über unsere Herren, spürten im Knechtsein heimliches Königtum [...]. Dabei mieden wir aber wie früher die Kirchen, nicht mehr aus gottesleugnerischem, alles Pfaffentum hassen-

135 Evangelische Pfarrgemeinde Marburg, Jahresbericht 1907, 3.

136 Max Monsky, Im Kampf um Christus. Erlebnisse und Erfahrungen eines Achtzigjährigen aus sechsfachem Jubiläum. 80 Lebensjahre und je 55 Jahre Ordination, Diaspora und Volksmission in Österreich, geistliche Wiedergeburt, Allianzdienst und Jungborn-Lebensweise (Wien o. J. [1957]). Die Bezeichnung »Schloßkaplan« findet sich auf 29.

137 Paul Klein, Fabrikant Karl Riessner-Turn †. *Wartburg* 21 (1910) 213–215.

138 Albertin, Nationalismus und Protestantismus (wie Anm. 60) 153.

139 Monsky, Im Kampf um Christus (wie Anm. 136) 45 f.

> dem Gefühl, sondern im starken, naiven Bewußtsein des über alle Konfessionen stehenden Gottesglaubens einer frei-religiösen Menschengemeinschaft. Wie die Urchristen wollten wir leben, demütig, gütig, voll werktätiger Liebe zu allen Wesen und in freudiger Ruhe an dem goldenen Zukunftsreich der Menschen ganz bescheiden mitbauend.«[140]

Aber dies blieb auch nur eine Phase in Petzolds Entwicklung!

Monskys Interesse an einer aktiven und offensiven Missionierung bzw. Evangelisierung stand in direkter Fortführung der traditionellen evangelischen Diakoniearbeit, die seit jeher zwei Stoßrichtungen verband: einerseits die klassische Sozialarbeit, die materielle Unterstützung in Not Geratener, andererseits aber auch die geistliche Auferbauung. Schon Johann Hinrich Wichern, der Vater der evangelischen Diakonie, hatte 1848 auf jene großen Teile der Bevölkerung hingewiesen, die in schlechtesten Verhältnissen bei schwerer Arbeit leben mussten, zwar (noch) Kirchenglieder waren, aber keinerlei Bindung an die Kirche hatten.[141] Die Selbstbezeichnung Innere Mission für die diakonische Arbeit bringt diese beiden Stoßrichtungen zusammen, wobei man z. B. bei Durchsicht der umfassenden Darstellung von Hans Jaquemar den Eindruck gewinnt, dass für die Kirche die Evangelisationsarbeit der bestimmende Faktor der diakonischen Arbeit ist. So beginnt sein Überblick über die Anfänge der Inneren Mission bei Karl Albrecht Vogel Ritter von Fromannshausen und der durch ihn begründeten Sonntagsschulen, »eine in klaren Bahnen geführte, sonntägliche Unterweisung der evangelischen Kinder beider Bekenntnisse«.[142] Diplomatischer formulierte es Oberkirchenrat Carl Alphonse Witz-Oberlin 1917 anlässlich der 400-Jahr-Feier der Reformation des Zentralvereins der Inneren Mission in Österreich: »Die Bibel soll und muß uns werden der geistige Grund, auf dem wir stehen, der lautere Quell, aus dem wir schöpfen und die unverrückbare Norm, nach der wir uns richten.«[143]

Einer kirchlichen Arbeiterbewegung stand seit jeher die zurückhaltende Position der Sozialdemokratie gegenüber. Doch auch innerhalb der Kirche gab es Widerstände. Die evangelisierende Ausrichtung bewirkte den Widerspruch mancher Pfarrer. Hans Jaquemar musste in seiner Darstellung bekennen: »Das Haupthemmnis, welches die ebenso wichtigen wie richtigen Forderungen *Vogels* [nach Evangelisierung; Anm. des Verf.] fanden, lag in dem stillen, aber wirksamen Widerstande eines Großteiles der in Betracht kommenden Gemeindepfarrer.«[144]

Eine kirchliche Tätigkeit schien nur möglich, wenn sich die Kirche in allen Belangen aus Fragen der Tagespolitik heraushielt; aber das gehörte ja zum Gemeindekonzept der Los-von-Rom-Gemeinden und war eine Linie, die auch innerhalb der Pfarrgemeinden die Kluft zwischen den oftmals das Gemeindeleben bestimmenden, dem bürgerlichen Lager zugehörigen, und den dem Arbeiterstand zuzuzählenden Gemeindegliedern nicht zu einem Bruch werden ließ.

140 Petzold, Das rauhe Leben (wie Anm. 83), 384.
141 Jaquemar, Innere Mission (wie Anm. 35) 13 f.
142 Ebenda 21–26, hier zit. 21 f.
143 Ebenda 83.
144 Ebenda 25 (Kursivsetzung durch Verf.).

Die Katastrophe des Ersten Weltkrieges bewirkte nicht nur eine kriegsbedingte Not vieler, sondern auch insgesamt eine strukturelle Verschärfung der sozialen Gegensätze, die in der Ersten Republik nicht gelindert werden konnte. Während und nach Ende des Weltkrieges kam dazu noch die dringende Notwendigkeit, die Folgen des Krieges zu lindern. Die Flüchtlingsströme aus den Ostgebieten des Habsburgerreiches, vor allem also aus Galizien und dem Buchenland, mussten versorgt werden.[145] Die Geschichte der Ersten Republik Österreich war »geprägt von materiellen Mangelerscheinungen, stockendem Wirtschaftsleben, scharfen sozialen Gegensätzen, Fortsetzung der Lagerbildung, mangelnder nationaler Integration«.[146] 1918 wurde als erste kommunistische Partei außerhalb der Sowjetunion die österreichische Kommunistische Partei gegründet. Nur wenige Tage nach dem Zusammenbruch Österreich-Ungarns, am 11. November 1918, wurde, ebenfalls über Initiative der Inneren Mission, in Wien eine Ausbildungsstätte für kirchliche Mitarbeiterinnen im Bereich der Sozialarbeit geschaffen.[147]

Nicht zuletzt mit schweizerischer und holländischer Hilfe wurden nach Kriegsende auch die Anstalten im niederösterreichischen Salzerbad durch Ankauf eines Heilbades mit entsprechender Infrastruktur für längere Aufenthalte ausgebaut und von der Inneren Mission als Erholungs- und Tagungsstätte für Kinder, Familien, Jugendliche und für verschiedene Bildungszwecke geführt.[148]

> »Die Verfallszeit, die mit Kriegsende und Zusammenbruch aller geordneten Verhältnisse unvermeidlich sich eingestellt hatte, warf Hunderttausende von Menschen auf die Straße. [...] Eine Verteilungsstelle für Kleider, Wäsche, Schuhe in ziemlich großem Umfang kam nicht nur solchen Wanderarmen, sondern sehr zahlreichen seßhaften Glaubensgenossen [...] zugute.«[149]

Die Situation verschlechterte sich seit der Währungskrise 1922 noch weiter und brach 1925 voll aus.[150]

Monsky stellte die Mission an den Arbeitern aber in einen größeren Zusammenhang: »Wer heute an der geistigen Führung des Volkes mit Anteil haben will, darf an der sozialen Frage nicht vorübergehen.«[151] Ganz in diesem Sinne ist es auch zu verstehen, dass die Evangelisch-Theologische Fakultät, einer der wichtigen Think Tanks der Kirche, zu dieser Frage bewusst Stellung bezog. Bereits während des Weltkrieges, 1915, glaubte der Kirchenhistoriker Karl Völker, dass das Kriegsgeschehen auch einen inhaltlichen Fortschritt für die Soziale Frage bedeute.[152] De facto hatte

---

145 Ebenda 67–72.

146 Bruckmüller, Sozialgeschichte (wie Anm. 3) 503.

147 50 Jahre Evangelische Frauenschule für kirchlichen und sozialen Dienst, hg. vom Evangelischen Schwesternverband (Wien 1968); Jaquemar, Innere Mission (wie Anm. 35) 127–131; Reingrabner, Protestanten in Österreich (wie Anm. 14) 248.

148 Jaquemar, Innere Mission (wie Anm. 35) 96–110.

149 Ebenda 151.

150 Bruckmüller, Sozialgeschichte (wie Anm. 3) 470 f.

151 Monsky, Im Kampf um Christus (wie Anm. 136) 69.

152 Karl Völker, Der Weltkrieg als Wendepunkt der Kirchengeschichte. Vortrag gehalten am

Völker recht, wenngleich auf ganz andere Weise, als er das offenbar gedacht hatte. Die Soziale Frage verschärfte sich, wurde aber, nicht zuletzt durch die Ausrufung der Ersten Republik, gewissermaßen salonfähig und als gesamtgesellschaftliche Frage anerkannt.

Das vielfältige Elend nach dem Kriegsende bewirkte eine bewusste positive Hinwendung der Fakultätslehrer und wohl auch der Studentenschaft zu sozialen Ideen bzw. auch zum Sozialismus. Der Alttestamentler Fritz Wilke forderte anlässlich eines Totengedenkens 1919 eine aktive und vorurteilsfreie Beschäftigung mit der Situation der Arbeiter.[153] Wilke war als Universitätslehrer und Dekan nicht unwesentlich daran beteiligt gewesen – mit übrigens zum Teil erschreckend aktuellen Gedankengängen[154] –, dass sich die evangelischen Theologiestudenten Wiens 1914/15 für den Waffendienst kriegsfreiwillig gemeldet hatten;[155] viele der Studenten, die seinem Ruf folgten, taten dies nicht zuletzt aus nationalen Beweggründen, die sich auch bei Wilke unschwer finden lassen.

Es findet sich also hier schon jene Verbindung, die später so fatale Auswirkungen haben sollte: Die zwischen nationalen und sozialen/sozialistischen Ideologiemustern, wobei sich diese Verbindung auf eine längere Tradition, auch der österreichischen Sozialdemokratie berufen konnte. Man denke nur an die Mitwirkung zahlreicher späterer Sozialdemokraten am Linzer Programm des Jahres 1882; »Viktor *Adler* blieb bis zu seinem Lebensende ein Deutschnationaler [...].«[156] Albert Fuchs beschreibt aus seiner sozialdemokratischen Perspektive sehr eindrücklich die unter Viktor Adler erfolgten »Konzessionen an die Rechte«, die ein bestimmendes nationales Element auch in die Sozialdemokratie brachten.[157] Erst in späteren Jahren entwickelte die Sozialdemokratie wieder eine internationale Ausrichtung. Es bestand also traditionell

26. Mai 1915 in Wien anläßlich der Jahresversammlung des Evang. Pfarrervereines für Österreich (Bielitz 1915) 20.

153 Fritz Wilke, Totenehrung. Eine Gedenkrede gehalten bei der Trauerfeier für die im Weltkriege gefallenen deutschen Studenten im Konzerthaus, hg. von der Wissenschaftlichen Abteilung des Wirtschaftsvereines der Hochschüler Deutschösterreichs (Wien 1920) 16 f.

154 Karl-Reinhart Trauner, »Is The War Morally Justified?« (Fritz Wilke). Twentieth-century arguments for the twenty-first century?, in: Donauwellen. Zum Protestantismus in der Mitte Europas. Festschrift für Karl W. Schwarz zum 60. Geburtstag, hg. von Michael Bünker/Ernst Hofhansl/Raoul Kneucker (Wien 2012) 237–252. Zu Fritz Wilkes theologischer Positionierung vgl. Volker Kieweler, Fritz Wilke und seine theologische Entwicklung, in: Zeitenwechsel und Beständigkeit. Beiträge zur Geschichte der Evangelisch-Theologischen Fakultät in Wien 1821–1996, hg. von Karl W. Schwarz/Falk Wagner (Schriftenreihe des Universitätsarchivs. Universität Wien 10, Wien 1997) 295–324.

155 Karl-Reinhart Trauner, Vom Hörsaal in den Schützengraben. Evangelische Theologiestudenten im Ersten Weltkrieg (Szentendre 2004).

156 Wolfgang Maderthaner, Der Adlerhorst. Eine Familie der sozialdemokratischen Gründerzeit, in: Die ersten 100 Jahre (wie Anm. 74) 70–79, hier 74 (Kursivsetzung durch Verf.).

157 Albert Fuchs, Geistige Strömungen in Österreich 1867–1918 (Wien 1949, Nachdruck 1978) 96–98. Vgl. zusammenfassend Hans Mommsen, Sozialdemokratie und Nationalitätenfrage, in: Die Wiener Jahrhundertwende (wie Anm. 21) 747–758.

in dieser Beziehung kein Widerspruch zwischen der Sozialdemokratie und der evangelischen Kirche mit ihrer »natürlichen Deutschlandorientierung«.[158]

Immerhin brachte die Zwischenkriegszeit damit eine gewisse Annäherung zwischen Sozialdemokratie und evangelischer Kirche. Als 1921 die Evangelisch-Theologische Fakultät Wien ihr 100-Jahr-Jubiläum beging, stellte sie ihre Festschrift unter das Thema »Religion und Sozialismus«.[159] Der Grundtenor der Schrift, eine Sammlung von Beiträgen der verschiedenen Professoren der Fakultät, ist eine differenzierte Würdigung der Anliegen des Sozialismus. Der Alttestamentler Fritz Wilke kommt nach einer positiven Darstellung vor allem der prophetischen Sozialkritik zum Ergebnis, dass »die israelitisch-jüdische Sozialgesetzgebung [...] die Privateigentumsordnung im großen unangetastet [läßt]. Aber sie richtet einen eindringlichen Appell an das soziale Pflichtgefühl der Besitzenden [...]«.[160] Der Neutestamentler Richard Adolf Hoffmann führt diesen Gedanken mit seiner Behandlung der Theologie Jesu und des Urchristentums fort. Für ihn ist Jesus dem Kapitalismus gegenüber feindlich gesonnen, wobei Hoffmann sehr wohl deutliche Unterschiede zwischen der Kapitalismuskritik Jesu und des Sozialismus bzw. Kommunismus erkennt.

> »Denn der gegenwärtige Kommunismus und Sozialismus will gerade einem jeden in den Verhältnissen dieser Welt einen behaglichen Lebensgenuß verschaffen. Jesus hat jedoch seinen Jüngern für diesen Äon durchaus das Hochziel einer alles umfassenden Bedürfnislosigkeit vor Augen gestellt.«[161]

Während also das Christentum kapitalismuskritisch sei, gehe es dem Sozialismus/Kommunismus um die Neugestaltung der äußeren Besitzverhältnisse. Das Ideal des Christentums sei – so der Kirchenhistoriker Karl Völker – die Erneuerung des Menschen.

> »Die großen Gedanken, die wir brauchen, damit die Menschheit von heute zur neuen Menschheit der Zukunft, die wir ersehnen, genesen könnte, kommen nicht von außen, sondern müssen von innen heraus die Menschen- und damit die Volksseele umbilden. Und in dieser Hinsicht hat das soziale Christentum dem antichristlichen Sozialismus noch Manches zu sagen.«[162]

Dennoch: Auch Völker lehnt die soziale bzw. sozialistische Idee nicht ab, sondern nur mit ihr verbundene kirchenfeindliche (»antichristliche«) Tendenzen.[163] Er befürwortet,

158 Robert KAUER, Evangelische und evangelische Kirche in der österreichischen Politik, in: Bilanz für die Zukunft. 20 Jahre EAK, hg. von DEMS. (Standpunkte 19, Wien 1989) 127–155, hier 135.

159 Religion und Sozialismus. Festschrift zur hundertjährigen Jubelfeier der evangelisch-theologischen Fakultät in Wien, hg. vom Professoren-Kollegium (Berlin–Lichterfelde 1921).

160 Fritz WILKE, Der Sozialismus im hebräischen Altertum, in: Religion und Sozialismus (wie Anm. 159) 7–40, hier 36.

161 Richard Adolf HOFFMANN, Besitz und Recht in der Gedankenwelt des Urchristentums, in: Religion und Sozialismus (wie Anm. 159) 41–63, hier 49 f.

162 VÖLKER, Sozialismus und Christentum (wie Anm. 68) 136.

163 Ebenda 117–119.

wie alle Autoren der Sammelschrift, eine gegenseitige Ergänzung; das Konzept der Inneren Mission scheint durch.

Eine weitere Darstellung des Verhältnisses zwischen evangelischer Kirche und Sozialismus bzw. Sozialdemokratie legte wenige Jahre danach, 1924, der spätere Bischof der evangelisch-lutherischen Kirche in Österreich, Hans Eder, mit seiner Dissertation zum Thema »Die kirchliche Arbeit an der Sozialdemokratie« vor, die noch im gleichen und im folgenden Jahr in fünf Auflagen unter dem Titel »Kirche und Sozialdemokratie« veröffentlicht wurde.[164] Die Arbeit bezieht sich ausschließlich auf reichsdeutsche Verhältnisse, arbeitet aber systematisch die Grundlagen auf. Für Eder ist die Sozialdemokratie nicht nur die aktuelle Ausprägung des Sozialismus, sondern eine »geschlossene Welt- und Lebensanschauung«.[165]

Sehr klar leitet Eder die Kirchenferne der Arbeiterschaft seiner Zeit historisch ab und ist dabei durchaus selbst- bzw. protestantismuskritisch. Für ihn ist jedoch die sozialdemokratische Bestimmung der Religion als »Privatsache« keine »wohlwollende Neutralität«, sondern ein Kompromiss zwischen der gemäßigten sozialistischen und der kirchenfeindlichen marxistischen Parteilinie.[166] Insgesamt hält Eder am alten kirchlichen Programm der Inneren Mission fest, die Evangelisierung und karitative Tätigkeit als untrennbare Einheit sieht. In der von ihm skizzierten praktischen Umsetzung vertritt er das erfolgreiche Gemeindekonzept, wie es in den Jahren der Los-von-Rom-Bewegung entwickelt wurde, auch wenn er das nicht expressis verbis nennt.[167] In einem wichtigen Punkt geht er jedoch über dieses Gemeindekonzept hinaus, indem er Gedanken der Universitätslehrer aufnimmt. Für ihn überwindet sich der Gegensatz zwischen Sozialdemokratie und Kirche in einer neu zu gestaltenden »Volkskirche«: »Wir halten es [...] für eine Lebensfrage der Volkskirche, daß diejenigen gesammelt werden, die mit Ernst Christen sein wollen, daß Gemeinschaften gebildet, Kerngemeinden geschaffen werden«, wobei er den Begriff »mit Ernst Christ sein wollen« bewusst in Abgrenzung zu »vollkommenen Christen« versteht, um sich von Sektierertum abzugrenzen.[168]

Eder nahm damit den gleichen Standpunkt wie Monsky oder davor schon Mahnert ein. Max Monsky berichtet in seinen Erinnerungen, dass 1919 in Salzburg evangelische »Volksmissionare« ganz gezielt Arbeiterführer aufgesucht hätten; Ähnliches geschah in Oberösterreich mit kommunistischen Funktionären. Monsky trat sogar persönlich auf mehreren kommunistischen Veranstaltungen als Redner hervor. Die Reaktionen waren zurückhaltend, aber nicht grundsätzlich ablehnend. Er kam zu einem ähnlichen Ergebnis wie schon einige Jahre zuvor Ludwig Mahnert: »[...] daß auch hier, wenn auch den meisten unbewußt, ein Suchen und Fragen nach Klarheit und

164 Hier wird die 2. Auflage herangezogen: Hans Eder, Kirche und Sozialdemokratie in Vergangenheit und Gegenwart (Wernigerode ^{2}1924).

165 Ebenda 10.

166 Ebenda 36 und 51 f.

167 Ebenda 102–111.

168 Ebenda 118 f., hier zit. 118.

Wahrheit vorhanden ist […].« Max Monsky etablierte daraufhin so genannte religiöse Sprechabende und Religionsgespräche in Wien und an anderen Industriezentren wie beispielsweise Steyr.[169]

Neben den kirchlichen Initiativen finden sich aber auch Evangelische in den Reihen jener, die sich säkular mit der tristen Situation der Arbeiterschaft beschäftigten und eine breitere Öffentlichkeit auf diese Missstände aufmerksam machen wollten. So ist für die Zwischenkriegszeit vor allem auf zwei Personen hinzuweisen: Georg Wilhelm Pabst und Max Winter. Georg Wilhelm Pabst war Regisseur und verschrieb sich dem sozialkritischen Film. Max Winter, der 1911 bis 1918 sogar Abgeordneter zum Reichsrat war, war Autor und Journalist vor allem bei der sozialdemokratischen Arbeiterzeitung.[170] Ein Name einer evangelischen Persönlichkeit muss hier noch genannt werden, auch wenn sie mit der evangelischen Kirchengeschichte Österreichs kaum etwas zu tun hat: Margarete Schütte-Lihotzky. Die aus Wien stammende Architektin war nicht nur die erste Frau, die in Österreich ein Architekturstudium abgeschlossen hatte, sondern schuf mit ihrer Frankfurter Küche aus dem Jahr 1926 – aber nicht nur mit dieser – den Prototyp der modernen Einbauküche; in ihrem gesamten Werk widmete sie sich dem sozialen Wohnbau.[171]

Doch zurück zur konfessionellen Situation im Österreich der 1920er Jahre: Die Welle der Übertritte, die mit der Los-von-Rom-Bewegung begonnen hatte, ging in den Jahren nach dem Ersten Weltkrieg weiter. Die Zahl der Übertritte betrug von 1919 bis 1923 in Österreich (in den neuen Grenzen) zwischen 25.000 und 30.000, zwischen 1919 und 1928 auf dem Gebiet des ehemaligen Cisleithanien insgesamt rund 68.000.[172] Grund für diese Übertrittsbewegung ist die herrschende öffentliche Meinung, dass nicht zuletzt die katholische Kirche für die missliche Lage Österreichs verantwortlich war. Ein anderes Übertrittsmotiv war die Möglichkeit der so genannten Sever-Ehe.[173]

Bei diesen Übertritten handelte es sich damit nicht (!) um eine inhaltliche Fortsetzung der Los-von-Rom-Bewegung, auch wenn die zeitgenössische Publizistik es so darstellte; aber dazu hatten sich die Motive und Rahmenbedingungen zu sehr geändert.

Die Ereignisse des Jahres 1927 verschärften das politische Klima in Österreich weiter. »Als Folge dieser Ereignisse kam es spontan zu einer verstärkten Kirchenaustrittsbewegung […]«,[174] allerdings zuallererst aus der römisch-katholischen Kirche. Es bahnte sich jetzt bereits etwas an, das dann endgültig in den Jahren des Ständestaates zur Ausprägung kommen sollte: eine gemeinsame Frontstellung von evan-

169 Monsky, Im Kampf um Christus (wie Anm. 136) 69–73 und 84, hier zit. 71.

170 Wolfgang Jacobsen (Hg.), G. W. Pabst (Berlin 1997); Hannes Haas, Max Winter. Expeditionen ins dunkelste Wien – Meisterwerke der Sozialreportage (Wien 2006).

171 Peter Noever (Hg.), Margarete Schütte-Lihotzky. Soziale Architektur – Zeitzeugin eines Jahrhunderts (Wien [2]1996).

172 Ilgenstein, Das Evangelium in Österreich (wie Anm. 98) v. a. 75–79.

173 Karl W. Schwarz, Die Sever-Ehe. *JGPrÖ* 100 (1984) 147–149.

174 Sertl, Freidenkerbewegung (wie Anm. 76) 234 f.

gelischer Kirche wie Sozialdemokratie gegenüber einem »katholischen Österreich«, das in der Politikerpersönlichkeit des Prälaten Ignaz Seipel repräsentiert war. Die päpstliche Enzyklika »Quadragesimo anno« vom Mai 1931 erklärte überdies die Unmöglichkeit, Katholik und Sozialist zu sein.

Die Annäherung zwischen evangelischer Kirche und Sozialdemokratie äußerte sich auch durch die Bildung einer evangelischen Arbeitsgemeinschaft innerhalb des Bundes der religiösen Sozialisten, die erstmals anlässlich der 2. Tagung für Christentum und Sozialismus am 25. Oktober 1929 in Wien aktiv wurde.

Dennoch: Parallel dazu konnte man eine Austrittsbewegung der Arbeiterschaft aus den christlichen Kirchen nicht übersehen; auch aus der evangelischen. Bereits in der ausgehenden Habsburgermonarchie konnte der Freidenkerbund Österreichs, also die institutionalisierte sozialdemokratisch ausgerichtete Freidenkerbewegung, eine erste Blüte verzeichnen, die aber erst in der Zeit nach der Ersten Republik ihren Höhepunkt erreichte.

> »Um die Mitte der zwanziger Jahre erreichte die Freidenkerbewegung in Österreich ihren Höhepunkt. Zählt man die Mitgliederzahlen der Vereine zusammen, die einer freigeistigen Ideologie anhingen, so kommt man, selbst bei Berücksichtigung von Doppelmitgliedschaften, auf eine Größenordnung von 300.000 Personen, allein an organisierten Freidenkern. Diese waren in den Großstädten und in Industriegebieten konzentriert; auf dem ›flachen Land‹ konnte die Bewegung nicht Fuß fassen. In dicht organisierten Gebieten, wie z. B. in Steyr, war jeder dritte erwachsene Mann Mitglied in einem Freidenker-Verein.«[175]

Der Freidenkerbund Österreichs erreichte 1927 einen Mitgliederstand von 41.705 Personen.[176]

Auch wenn in den 1920er Jahren eine zunehmende Kirchenaustrittsbewegung sozialdemokratischer Kreise, auch aus der evangelischen Kirche, konstatiert werden musste – unter anderem hervorgerufen durch das neue Schulgesetz 1919, das eine Abmeldung vom Religionsunterricht ermöglichte –[177], stellte sich die evangelische Kirche trotzdem insgesamt als die für viele akzeptablere Kirche – ohne »schwarzem« Klerikalismus – dar.

VIII. Evangelisch im Bann des Ständestaats

Der Abschnitt über den Ständestaat kann nur ein Ausblick sein, um die vorangegangenen Kapitel zu einem gewissen Abschluss zu bringen. Die Situation im Ständestaat eröffnete jedoch ein weiteres, höchst unerfreuliches Kapitel über den Protestantismus in der Zeit des Dritten Reiches, das hier jedoch nicht mehr behandelt werden soll.

Die wirtschaftliche Lage verschlechterte sich Anfang der 1930er Jahre weiter: Die Arbeitslosigkeit stieg in den Jahren 1931 bis 1933 von 303.000 auf 402.000 unter-

---

175 Ebenda.

176 Ebenda 92.

177 Völker, Sozialismus und Christentum (wie Anm. 68) 119.

stützte Personen; hinzu kamen noch rund 200.000 nicht unterstützte Arbeitslose. Viele davon radikalisierten sich; in weiterer Folge wurden die politischen Parteien verboten, ein Ständestaat sollte die zerrissene Gesellschaft wieder einen. Ein sozialdemokratischer und wenig später ein nationalsozialistischer Umsturzversuch im Jahre 1934 machten aber überdeutlich, dass dies nicht mehr möglich war. Die innenpolitische Situation verhärtete sich außerordentlich. Es entstand die Situation, dass sich Sozialisten wie Nationalsozialisten im 1933 eingerichteten Anhaltelager im niederösterreichischen Wöllersdorf trafen.

Der Ständestaat berief sich unter anderem auf die Sozialenzyklika »Quadragesimo anno« (1931) des Papstes Pius XI., die die Errichtung eines autoritären Ständestaates im April 1934 zumindest teillegitimierte. Im Mai 1933 hatte Österreich mit dem Heiligen Stuhl ein Konkordat geschlossen, das vom damaligen Justizminister Kurt von Schuschnigg unterzeichnet wurde und dem Ständestaat eine katholisch-kirchliche Basis gab. Damit wurde die alte Frontstellung der Arbeiterschaft gegen einen »schwarzen« Klerikalismus wieder aktuell.

Der konfessionelle Kurs eines politischen Katholizismus wurde mit der Gegenreformation verknüpft. Eine solche Begrifflichkeit findet sich nicht nur beim Wiener Erzbischof Theodor Kardinal Innitzer, sondern vor allem beim ideologischen Protagonisten des Christlichen Ständestaates, Dietrich von Hildebrand.[178] Dieser hatte die Losung ausgegeben, dass dem kleinen Land Österreich eine »große säkulare Aufgabe anvertraut« sei, »groß wie die zur Zeit der Gegenreformation«. Die Gleichsetzung des Abwehrkampfes gegen den Nationalsozialismus mit der Gegenreformation geriet zu einem ganz wesentlichen identitätsstiftenden Historismus und verband sich zur Parole von Türkenabwehr, Protestantenabwehr und Hitlerabwehr.[179]

Im August 1933 wurde eine Anordnung des Staates veröffentlicht, die de facto Übertritte in die evangelische Kirche erschweren bzw. unmöglich machen sollte.[180] Mit dem bewusst katholischen Kurs des Ständestaates verband sich umgekehrt ein massiver Druck zum Wiedereintritt in die Kirche. Mancherorts leistete man Folge, wie »Die Rote Einheit«, das Organ des Schutzbundes, im Juni 1935 berichtete: Aber »Existenzsorgen waren der häufigste Beweggrund zu einem solchen Schritt, oft mit Selbstanklage und Kriecherei zur Christlichsozialen Partei verbunden«.[181]

Diese Eintrittsbewegung ebbte sehr bald wieder ab und wandelte sich ins Gegen-

178 Zu den Aussagen Innitzers vgl. Wiener Zeitung vom 14. März 1933. Zu Hildebrand: Dietrich von HILDEBRAND, Österreichs Sendung. Der christliche Ständestaat 1 vom Dez. 1933, 3. Außerdem: Dieter A. BINDER, Der »christliche« Ständestaat Österreich 1934–1938, in: Österreich im 20. Jahrhundert, Bd. 1: Von der Monarchie bis zum Zweiten Weltkrieg, hg. von Rolf Steininger/Michael Gehler (Wien–Köln–Weimar 1997) 203–256.

179 Friedrich HEER, Der Kampf um die österreichische Identität (Wien–Köln–Graz ²1996) 401.

180 Karl W. SCHWARZ, Der konfessionelle Übertritt – ein staatskrichenrechtliches und grundrechtspolitisches Problem der Ständestaatsära. *JGPrÖ* 98 (1982) 264–285, hier 274; DERS., Kirche zwischen Kruckenkreuz und Hakenkreuz. *Amt und Gemeinde* 36/10–11 (1985) 95–98 und 109–121, hier 109 u. ö.

181 *Die Rote Einheit*, Kreis I vom Juni 1935, 6.

teil. Angesichts der engen Verflechtung des Staates mit der römisch-katholischen Kirche bildete der Austritt aus dieser Kirche ein politisches Ventil, das sich als unangreifbares Grundrecht von allen oppositionellen Gruppen instrumentalisieren ließ, um gegen den Neubau des österreichischen Staates im Zeichen des Konkordates zu protestieren. Andererseits bestand der politische Druck, Mitglied einer Kirche zu werden. Viele Sozialdemokraten und auch Nationalsozialisten, von denen viele dem Arbeitermilieu angehörten, traten deshalb in die evangelische Kirche, als Alternative zu einem katholischen Klerikalismus, ein; umso mehr, als es nach der Installierung des Ständestaates oft von wesentlicher Bedeutung war, ein religiöses Bekenntnis vorweisen zu können.[182]

Der korrespondierende Gegenbegriff zum Schlagwort von der Gegenreformation im neuen Österreich wurde vom späteren Bundeskanzler Kurt von Schuschnigg 1934 in Innsbruck geprägt: der »Trutzprotestantismus«.[183] Darunter verstand er jene politisierte Form evangelischen Bekenntnisses, dem es weniger um kirchlich-religiöse als vielmehr um politische Anliegen, insbesondere um die der illegalen nationalsozialistischen Opposition, ging.[184] Ein Blick auf die Positionierung der evangelischen Kirche Österreichs macht die Situationsanalyse nicht einfacher. Die evangelische Kirche entwickelte damit den Charakter einer politischen Opposition. Sie wurde für Systemgegner – also v. a. Sozialisten und Nationalsozialisten – zur »Zufluchtsstätte«.[185]

Die soziologische Dimension der Eintrittsbewegung bedingte, dass sie sich in Ballungs- und Industriezentren besonders gravierend auswirkte. Im niederösterreichischen Neunkirchen beispielsweise versechsfachten sich im Jahre 1934 die Übertritte; im Jahre 1935 waren sie noch immer das Zweieinhalbfache des Normalen der letzten Jahre, obwohl sie durch eine, im Verordnungswege verfügte, dreimonatige Wartefrist merklich abgebremst worden waren.[186]

Der Ständestaat bezeichnete den Zustrom in die evangelische Kirche als das Ergebnis einer »zügellosen demagogischen Propaganda« und wollte diese Übertritte unbedingt eindämmen.[187] Der spätere Bischof Hans Eder berichtete jedenfalls 1936, dass »diese Übertrittsbewegung [...] in beachtenswerter Weise mit dem Februar 1934, mit dem Zusammenbruch des Aufstandes der Marxisten eingesetzt [hat]«.[188]

---

182 Gamsjäger, Protestantismus und Arbeiterschaft (wie Anm. 59) 21.

183 Ansprache in Innsbruck vom 6. Juni 1934, auszugsweise abgedruckt in: *Der Säemann* 6 (1934) 62 f.

184 Herbert Unterköfler, Zwischen zwei Welten. Anmerkungen zur kulturellen Identität der Evangelischen in Österreich, in: Geistiges Leben im Österreich der Ersten Republik, hg. von Isabella Ackerl/Rudolf Neck (Wien 1986) 348–369; Karl W. Schwarz, Die »Trutzprotestanten« im »christlichen Ständestaat«. Eine zeitgenössische Situationsanalyse von Johannes Heinzelmann, in: Scientia canonum. Festgabe für Franz Pototschnig zum 65. Geburtstag, hg. von Hans Paarhammer/Alfred Rinnerthaler (München 1991) 101–124.

185 Gustav Reingrabner, Wie konnte das geschehen?, in: Die evangelische Kirche in Österreich von 1933 bis 1938, hg. von H. Riedel (Salzburg 1988) 7–28, hier 17.

186 Evangelische Pfarrgemeinde Neunkirchen, Jahresbericht 1935, Beilage im Protokollbuch.

187 Schwarz, Der konfessionelle Übertritt (wie Anm. 180) 118.

188 Hans Eder, Die Übertrittsbewegung in Österreich, in: Evangelische in Österreich. Vom Anteil

Der Großteil der politischen Protestanten zu Beginn des Ständestaates stammte aus dem Arbeitermilieu.

Viele Pfarrer der evangelischen Kirche sahen kritisch, wie im Zuge der politischen Ereignisse die Kirche politisiert und immer mehr zum Sammelbecken politisch Unzufriedener wurde. So protestierte 1933/34 der Ramsauer Pfarrer Jakob Ernst Koch gegen den Zustrom, andere sahen allerdings in den Übertretenden, wie schon in den Jahren und Jahrzehnten davor, »Wahrheitssuchende«.[189] Hans Eder bezeichnete die Übertritte als »taufrisches Leben einer Erweckungsbewegung«. Er akzeptierte auch Übertritte aus nationalen Beweggründen und lehnte die vorsichtigen Richtlinien des Oberkirchenrates, den er als ein vom Staat kontrolliertes Gremium ansah, ab.[190]

Jedenfalls verstärkte diese Entwicklung den schon spätestens seit dem Gemeindekonzept der Los-von-Rom-Bewegung bestehenden Konsens, Politik und Religion streng auseinanderzuhalten. Karl W. Schwarz kann zusammenfassen: »Der politischen Angepaßtheit steht eine ideologische Verweigerung gegenüber.«[191]

Mit dem Einmarsch deutscher Truppen in Österreich änderte sich aber viel im Bild der evangelischen Kirche. Einer der augenscheinlichsten und für die Kirche am schwierigsten zu tragenden Umstände war der, dass ein Siebtel aller Evangelischen aus der Kirche austrat, darunter drei Pfarrer, zehn Vikare und 33 Theologiestudenten.[192] Eine statistische Erfassung der Auswirkungen der Vorgänge nach dem Anschluss 1938 ist kaum möglich, denn einen bedeutenden, kaum einschätzbaren Einfluss auf die demographische Entwicklung hatte jetzt wieder – wie schon in der zweiten Hälfte des 19. Jahrhunderts – die Arbeitsmigration. Nach Jahren der wirtschaftlichen Stagnation öffneten sich mit dem Anschluss 1938 dem österreichischen Wirtschaftsstandort neue Kooperationsmöglichkeiten. »1938 verließen [...] viele Arbeiter Österreich, um in der unter Arbeitskräftemangel leidenden deutschen Industrie eingesetzt zu werden.«[193] Man kann jedoch davon ausgehen, dass weniger die aus der Sozialdemokratie, sondern mehr die aus dem Nationalsozialismus in die evangelischen Kirche Eingetretenen aus der Kirche wieder austraten und »gottgläubig« wurden.

---

der Protestanten an der österreichischen Kultur und Geschichte. Katalog zur Ausstellung in der Österreichischen Nationalbibliothek (Wien 1996) 164–167, hier 164.

189 Helmut Gamsjäger, Die Evangelische Kirche in Österreich in den Jahren 1933 bis 1938 unter besonderer Berücksichtigung der Auswirkungen der deutschen Kirchenwirren (Diss. Wien 1967) 39.

190 Schwarz, Kirche zwischen Kruckenkreuz und Hakenkreuz (wie Anm. 180) 109, Zitat nach ebenda.

191 Karl W. Schwarz, Aus der Geschichte lernen: Die Evangelische Kirche im Jahr 1938 – eine Nazikirche?, in: Kirche: Lernfähig in die Zukunft? Festschrift für Johannes Dantine zum 60. Geburtstag, hg. von Michael Bünker/Thomas Krobath (Innsbruck–Wien 1998) 165–191, hier 178.

192 Schwarz, Kirche zwischen Kruckenkreuz und Hakenkreuz (wie Anm. 180) 119 und Anm. 37; Norbert Leser, Auf Gottes Spuren in Österreich (Wien–München 1984) 295.

193 Bruckmüller, Sozialgeschichte (wie Anm. 3) 473.

Die slowenische Reformation zwischen dem Amboss Christi und dem Hammer der Romantik – Zur Hagiographie der Moderne und deren vormodernen Grenzen

Von Sašo Jerše

I. Die Einheit der vormodernen christlichen Welt – Einleitende Bemerkungen

Die Reformation ist eines jener historischen Phänomene, die seit dem Zeitpunkt ihres Aufkommens im Mittelpunkt der Interessen der Geschichtsschreibung stehen. Die Historiker versuchten – mit deutlich unterschiedlichen Paradigmen – an dieses im mehrfachen Sinne konstituierende Phänomen der frühen Neuzeit heranzugehen.[1] Im Anschluss an die aktuellen geisteswissenschaftlichen Forschungstendenzen versucht die Geschichtsschreibung nun, es insbesondere im Lichte der Inhalte und Formen der Religiosität des Einzelmenschen sowie in dem der kollektiven Religiosität zu erforschen.[2] Dies erscheint als geradezu naheliegend, denn die Reformation, die in

1 Zur zeitgenössischen Auffassung des Phänomens »Reformation« vgl. Eike Wolgast, Reform. Reformation, in: Geschichtliche Grundbegriffe, Historisches Lexikon zur politisch-sozialen Sprache in Deutschland Bd. 5, hg. von Otto Brunner/Werner Conze/Reinhart Koselleck (Stuttgart 1984) 313–360. Dazu und zu den verschiedenen Forschungsinteressen und dem aktuellen Verständnis des Begriffes »Reformation« vgl. auch Mark U. Edwards Jr., Reformation, in: The Oxford Encyclopaedia of the Reformation Bd. 4, hg. von Hans J. Hillenbrand (Oxford–New York 1996) 396–398; John Tonkin, Reformation Studies, in: ebenda 398–410; Wolfgang Reinhard, Reformation, Counter-Reformation, and the Early Modern State: A Reassessment. *The Catholic Historical Review* 75 (1989) 383–404, veröffentlicht auch in: The Counter-Reformation: the Essential Readings, hg. von David M. Luebke (Malden, Oxford u. a. 1999) 107–128.

2 Zu den verschiedenen Einstellungen zur Reformation und damit verbundenen Kontroversen sowie Übersichten neuerer Ansätze, Ergebnisse und Tendenzen bei der Erforschung der Reformation vgl. Luise Schorn-Schütte, Die Reformation, Vorgeschichte, Verlauf, Wirkung (München 2003); Kaspar von Greyerz, Religion and Culture in Early Modern Europe, 1500–1800 (Oxford 2008); Peter Blickle, Neuorientierung der Reformationsforschung? *Historische Zeitschrift* 262 (1996) 481–491; Jean Delumeau/Thierry Wangfellen, Naissance et affirmation de la Réforme (Paris 1997) 281–392; Stefan Ehrenpreis/Ute Lotz-Heumann, Reformation und konfessionelles Zeitalter (Stuttgart 2002); Andrew Pettegree, Introduction, The Changing Face of Reformation History, in: The Reformation World, hg. von Dems. (London–New York 2002) 1–6; Hsia Ronnie Po-chia, Introduction, The Reformation and its Worlds, in: A Companion to the Reformation World, hg. von Ders. (Oxford 2004) xii–xix; Olaf Mörke, Die Reformation. Voraussetzungen und Durchsetzung (München 2005); Alec Ryrie, Introduction. The European Reformations, in: The European Reformations,

ihrem Ansatz ein exklusiv religiöses Ereignis gewesen war, erlangte in der Mitte der Zwanzigerjahre des 16. Jahrhunderts ausgeprägte gesellschaftliche und politische Dimensionen. Das Verhältnis zwischen dem religiösen Einzelmenschen auf der einen Seite und seinem konfessionellen Umfeld auf der anderen wurde demnach zum zentralen Problem des konfessionell geprägten Zeitalters, zum Problem, das es mit einer Analyse der religiösen und politischen Kultur, d. h. mit einer Analyse der Sinnsuche und Sinnstiftung sowie der Herrschaftsvorstellungen und Herrschaftskonfigurationen, die daraus hervorgegangen sind, zu erklären gilt. Mit anderen Worten, es gilt, sich einer Art Archäologie der frühmodernen, ja der vormodernen Theodizee sowie »Soziodizee« zu widmen.[3] Die Frage, die sich in diesem Zusammenhang insbesondere in den Vordergrund stellt, ist die nach dem Verhältnis zwischen der Sphäre des Religiösen auf der einen Seite und der des Politischen auf der anderen in einem Zeitalter großer religiöser Sensibilität und zugleich konfessioneller respektive religiöspolitischer Gegensätze, die vollkommen konträre Auffassungen des Politischen sowie des Religiösen hervorgebracht haben.[4]

Die Begriffe »Religion« und »Politik« beziehungsweise die Konzepte des Religiösen und des Politischen sind dabei nicht in deren modernem Sinne zu verstehen.[5]

---

hg. von Dems. (Houndmills–New York 2006) 1–10; James D. Tracy, Europe's Reformations 1450–1650. Doctrine, Politics, and Community (Lanham 2006) insbes. 9–12; Jeffrey R. Watt, Introduction, in: The Long Reformation, hg. von Dems. (Boston–New York 2006) 1–9. Siehe auch Heinrich Richard Schmidt, Konfessionalisierung im 16. Jahrhundert (München 1992); Hans R. Guggisberg (Hg.), Die Reformation in Deutschland und Europa: Interpretationen und Debatten (Heidelberg 1993).

3 Clifford Geertz, Dichte Beschreibung. Beiträge zum Verstehen kultureller Systeme (Frankfurt am Main 1983) insbes. das Kapitel »Religion als kulturelles System«, 44–95; George Bataille, Theory of Religion (New York 1992); Thomas Luckmann, Die unsichtbare Religion (Frankfurt am Main 1991) insbes. 77 ff.; Jan Assmann, Unsichtbare Religion und Kulturelles Gedächtnis, in: Die Objektivität der Ordnungen und ihre kommunikative Konstruktion: Für Thomas Luckmann, hg. von Walter M. Sprondel (Frankfurt am Main 1994) 404–421. Vgl. auch Anm. 7; Niklas Luhmann, Funktion der Religion (Frankfurt am Main 1992) insbes. 9–71; Pierre Bourdieu, Das religiöse Feld: Texte zur Ökonomie des Heilsgeschehens (Konstanz 2000) – Zum Begriff »Kultur«, wie er in dieser Studie verstanden wird vgl. Peter Burke, What is Cultural History? (Cambridge 2004) insbes. 29 f. Vgl. auch Barbara Stollberg-Rilinger, Einleitung, in: Was heißt Kulturgeschichte des Politischen?, hg. von Ders. (Zeitschrift für Historische Forschung Bd. 35) 9–24. Vgl. auch Anm. 25.

4 Sašo Jerše, Vera, upanje, oblast. O notranjeavstrijskem političnem imaginariju v času verskih vrenj, in: Vera in hotenja, Študije o Primožu Trubarju in njegovem času, hg. von Dems. (Ljubljana 2009) 67–113.

5 Zum Verständnis des Religiösen und Politischen in den Geisteswissenschaften sowie zu dessen Abhebung vom modernen Verständnis vgl. Eugenio Trías, Die Religion durchdenken (Das Symbol und das Heilige), in: Die Religion, hg. von Jacques Derrida/Gianni Vattimo (Frankfurt am Main 2001) 125–143; Matthias Sellmann, Religion und soziale Ordnung. Gesellschaftstheoretische Analysen (Frankfurt am Main–New York 2007). Vgl. auch Anm. 3. – Das Wort »modern« wird in seinem historischen Sinne verstanden. Dazu vgl. Thomas Mergel, Geht es weiterhin voran? Die Modernisierungstheorie auf dem Weg zu einer Theorie der Moderne, in: Geschichte zwischen Kultur und Gesellschaft, Beiträge zur Theoriedebatte,

Es gilt vielmehr, sich ihrer zeitgenössischen Bedeutung anzunähern und sie, mit den Worten des amerikanischen Anthropologen Clifford Geertz, »aus der Perspektive des Eingeborenen« wahrzunehmen.[6] Es gilt, den Versuch zu unternehmen, zum einen das Religiöse von seinem Inneren her wahrzunehmen, als Transzendierung der diesseitigen Existenz bei den »Eingeborenen«,[7] und zum anderen das Politische als Herrschaftsauffassung, betrachtet in der Perspektive des »homo religiosus«.[8] Das Religiöse ist dabei nicht auf das Konfessionelle allein, d. h. nicht allein auf die konfessionell geprägte sowie für jeweilige Machtinteressen instrumentalisierte Theodizee sowie »Soziodizee« zu reduzieren, und das Politische nicht auf die Herrschaftspraktiken und Herrschafts- respektive Machtkonzepte der politischen Eliten. Einer solchen epistemologischen Reduzierung geht ein arbiträrer analytischer Blick »von außen« voraus, der sich dem empathischen analytischen Blick »von innen«, d. h. für eine Analyse »aus des Perspektive des Eingeborenen«, verschließt.[9]

Versuchen wir nun die beiden Konzepte vom Standpunkt der Geertz'schen »Eingeborenen« wahrzunehmen, lässt dies eine Reihe von Fragen aufkommen, die sowohl das Paradigma, das einem solchen Verständnis einen zuverlässigen Weg bahnen und zu überzeugenden Interpretationen führen sollte, als auch die beiden Konzepte selbst betreffen. Wie bilden sich in der frühen Neuzeit die Sphäre des Politischen und die des Religiösen heraus? Was verbindet sie und was trennt sie im Besonderen? Wo verlaufen die Grenzen zwischen den beiden Sphären und wie ist deren gegenseitiges Verhältnis zu verstehen? Wie institutionalisieren sie sich und um wessen sowie um welchen Preis? Es handelt sich, mit anderen Worten, um die grundsätzlichen Fragen der Verfassungsordnung der politischen Entität beziehungsweise des »Staates« in der frühen Neuzeit,[10] welcher die religiöse Legitimierung für sein Dasein bekanntlich nie

---

hg. von Thomas MERGEL/Thomas WELSKOPP (München 1997) 203–232; Armin NASSEHI, Der soziologische Diskurs der Moderne (Frankfurt am Main 2006).

6 Clifford GEERTZ, Dichte Beschreibung. Beiträge zum Verstehen kultureller Systeme (Frankfurt am Main ²1987) Kapitel »Aus des Perspektive des Eingeborenen. Zum Problem des ethnologischen Verstehens« 289–309.

7 Siehe Mircea ELIADE, Le sacré et le profane (Paris 1965) insbes. 138 ff.; Thomas LUCKMANN, Die unsichtbare Religion (Frankfurt am Main, 1991) insbes. 77 ff., 108 ff.; Alfred North WHITEHEAD, Wie entsteht Religion? (Frankfurt am Main 1985); Aldo Giordio GARGANI, Die religiöse Erfahrung, Ereignis und Interpretation, in: Die Religion (wie Anm. 5) 144–171. Vgl. auch Tine STEIN, Religion, Politische Theorie. 22 umkämpfte Begriffe zur Einführung, hg. von Gerhard GÖHLER u. a. (Wiesbaden 2006) 315–331. Vgl. auch Anm. 3.

8 STOLLBERG-RILINGER, Einleitung (wie Anm. 3). Vgl. auch Anm. 9.

9 Zur modernen religionssoziologischen Perspektive, welche auf die Geschichtswissenschaften einen maßgebenden Einfluss hatte, vgl. insbes. BOURDIEU, Das religiöse Feld (wie Anm. 3) 39 ff.; DERS., Das politische Feld: Zur Kritik der politischen Vernunft (Konstanz 2001); DERS., Religion. Schriften zur Kultursoziologie Bd. 5, hg. von Franz SCHULTHEIS/Stephan EGGER (Konstanz 2009). Zur Kritik dieser Perspektive vgl. z. B. TRÍAS, Die Religion (wie Anm. 5) insbes. 125 ff.; Karsten KUMOLL, From the Native's Point of View? Kulturelle Globalisierung nach Clifford Geertz und Pierre Bourdieu (Bielefeld 2005) 68 ff.

10 Zum aktuellen Verständnis des frühneuzeitlichen »Staates« und zu diesbezüglichen Perspektiven der historischen Forschung vgl. Luise SCHORN-SCHÜTTE, Historische Politikforschung.

entbehrte, ohne allerdings jemals – wohl im Gegensatz zu seinen Ambitionen – von ihr Besitz ergreifen oder sie postulieren zu können.[11]

In der Erörterung dieser Fragen müssen wir demnach zunächst dem Gedanken der frühneuzeitlichen »Eingeborenen« folgen, der besagt: »Religio vinculum societatis«. Religion ist laut diesem Gedanken jenes Verbindungsglied, welches das soziale Leben respektive das Leben in der politischen Entität erst möglich macht.[12] Auf der anderen Seite jedoch müssten wir den religionssoziologischen Studien folgend davon ausgehen, dass auch umgekehrt gelten kann: »Societas vinculum religionis«. Diesem Gedanken folgend müssten wir behaupten, dass die religiösen Empfindungen des Einzelmenschen, seine Transzendierung der Welt der sinnlichen Erfahrung und sinnlichen Empfindung stets der jeweiligen sozialen Wirklichkeit unterworfen und im jeweiligen kulturellen Rahmen gefangen seien, in denen sich die individuellen religiösen Empfindungen des Einzelmenschen »objektivieren« und »sozialisieren« und somit zur immanenten Angelegenheit des Politischen würden; die religiösen Empfindungen des Einzelmenschen – ob dieser sie als solche wahrnimmt oder nicht – würden somit zu seiner politischen Anschauung.[13]

Die in dieser religionssoziologischen Perspektive aufgestellte Grenze zwischen »religio« und »societas«, zwischen dem Religiösen und Politischen, scheint jedoch etwas grob gezogen zu sein. Denn laut dieser religionssoziologischen Auslegung des Verhältnisses zwischen den beiden Sphären – dieses betrifft natürlich sowohl die individuelle als auch die kollektive Existenz der »Eingeborenen« – erscheint, etwas zugespitzt gesagt, der »homo politicus« als ein nur wenig aufgeklärter »homo religiosus«, und umgekehrt ist der »homo religiosus« lediglich noch nicht aufgeklärter »homo politicus«; die Sphären des Religiösen und Politischen stehen einander allemal entgegengesetzt bis vollkommen konträr gegenüber.[14] Im Hinblick auf die Verfassung der modernen europäischen Welt und ihre Formen der Religiosität könnte man einer solchen Auslegung möglicherweise zustimmen,[15] mit Blick auf die frühe Neuzeit –

Eine Einführung (München 2006); Dies., Staatsformen in der Frühen Neuzeit, in: Staatsformen von der Antike bis zur Gegenwart, hg. von Alexander Gallus/Eckhard Jesse (Köln–Weimar–Wien 2007) 123–134; Arno Strohmeyer, Von Vätern und Köpfen. Anthropologische Dimensionen landesfürstlich-ständischer Kommunikationsräume in habsburgischen Territorien (16./17. Jahrhundert), in: Bündnispartner und Konkurrenten der Landesfürsten? Die Stände in der Habsburgermonarchie, hg. von Gerhard Ammerer u. a. (München 2007) 45–67.

11 Wolfgang Reinhard, Geschichte der Staatsgewalt. Eine vergleichende Verfassungsgeschichte Europas von den Anfängen bis zur Gegenwart (München 2000) 47 ff.; Luise Schorn-Schütte, Geschichte Europas in der Frühen Neuzeit. Studienhandbuch 1500–1789 (Paderborn 2009) 97 ff.

12 Heinz Schilling, Nationale Identität und Konfession in der europäischen Neuzeit, in: Nationale und kulturelle Identität. Studien zur Entwicklung des kollektiven Bewußtseins in der Neuzeit, hg. von Bernhard Giessen (Frankfurt am Main 1992) 192–252.

13 Bourdieu, Das religiöse Feld (wie Anm. 3) 77 f.

14 Ebenda 96 ff. Vgl. auch Anm. 9.

15 Eliade, Le sacré et le profane (wie Anm. 7) 171 ff.; Luckmann, Die unsichtbare Religion (wie Anm. 3) 117 ff.; Jürgen Habermas, Zwischen Naturalismus und Religion. Philosophische

insbesondere mit Blick auf das Phänomen der Reformation – bleibt man angesichts solcher Auslegung jedoch nicht ohne Vorbehalte.

Wenden wir uns nun der religiös äußerst sensibilisierten Zeit der christlichen Vormoderne und somit der Epoche der frühen Neuzeit zu, so müssen wir zunächst vom christlichen Gedankengut ausgehen, das die Religion respektive den Glauben als Gnade Gottes empfindet (Eph. 2, 8). Der Glaube sei der Ruf Gottes an den Menschen, der Ruf, der den Menschen erst zum wahren Menschen mache, d. h. zum Christen (Joh 1, 12–13, Joh 3, 3–7).[16] Aus dieser Perspektive betrachtet ist das Religiöse ein Ort der Begegnung des Menschen mit seinem Gott, ein Ort, in dem der Einzelne seine diesseitige Existenz für den jenseitigen, göttlichen Ruf öffnet und bereit hält – für den Ruf des Heiligen. Das Religiöse ist demnach der Ort der Sinnsuche und der Sinnstiftung der Existenz des Einzelmenschen sowie seines sozialen Umfeldes und seiner politischen Entität. Für den religiösen Menschen ist das Religiöse der einzig sinnvolle Ort des Seins, der einzig existierende Ort menschlicher, ja der menschenwürdigen Existenz.[17] Oder, mit den Worten des rumänischen Religionshistorikers und Philosophen Mircea Eliade gesagt: »L'homme religieux ne peut vivre que dans un monde sacré, parce que seul un tel monde participe à l'être, existe réellement. Cette nécessité religieuse exprime une inextinguible soif ontologique. L'homme religieux est assoiffé de l'être.«[18] Erst das Sakrale ist es demnach, das dem Menschen seine Existenz verleiht beziehungsweise ihn an seine wahrhaft menschliche christliche Existenz heranzieht.

Demzufolge ist es offensichtlich, dass es für den vormodernen religiösen christlichen Menschen die Opposition zwischen dem Religiösen und dem Politischen nicht gibt, mehr noch, es darf sie nicht geben. Denn nur das Politische, das sich unter das Gewölbe des Religiösen einordnen lässt und sich schließlich im Religiösen auflösen kann, hat das Recht auf Bestand.[19] Mit anderen Worten, die Sphäre des Religiösen ist in der christlichen Vormoderne und somit in der frühen Neuzeit nicht als ein von der Sphäre des Politischen getrenntes beziehungsweise dem Politischen entgegenge-

---

Aufsätze (Frankfurt am Main 2005) insbes. 119–154; Alain Badiou, Paulus. Die Begründung des Universalismus (München 2002) insbes. 11–33.

16 Badiou, Paulus (wie Anm. 15) 85 ff. Vgl. auch Karl Barth, Die Lehre vom Wort Gottes. Prolegomena zur kirchlichen Dogmatik, Zweiter Halbband (Zürich 1948) 356 ff., 397 ff.

17 Eliade, Le sacré et le profane (wie Anm. 7) insbes. 25 ff.

18 Ebenda 61.

19 Am allerdeutlichsten kommt dies in den Widerstandsdebatten, welche den religiös-politischen Diskurs des 16. und des frühen 17. Jahrhunderts dominierten, zum Ausdruck. Vgl. Eike Wolgast, Die Wittenberger Theologie und die Politik der evangelischen Stände. Studien zu Luthers Gutachten in politischen Fragen (Gütersloh 1977); Ders., Die Religionsfrage als Problem des Widerstandsrechts im 16. Jahrhundert (Heidelberg 1980); Herfried Münkler, Politisches Denken in der Zeit der Reformation, in: Pipers Handbuch der Politischen Ideen Bd. 2, Mittelalter. Von den Anfängen des Islams zur Reformation, hg. von Iring Fetscher/Herfried Münkler (München u. a. 1985) 636 ff., 644 ff.; Arno Strohmeyer, Konfessionskonflikt und Herrschaftsordnung. Widerstandsrecht bei den österreichischen Ständen (1550–1650) (Mainz 2006).

setztes Milieu aufzufassen, in dem die Menschen in ihrer Suche nach Gott und sich selbst irren, sondern als Fundament jenes kulturellen Rahmens, in dem der religiöse Einzelmensch und seine Gemeinschaft – seine religiös-politische Entität – ihren Sinn suchen beziehungsweise ihn stiften: Das Religiöse ist als Ort der Begegnung mit Gott die »axis mundi« des religiösen christlichen Menschen. Den Sinn, den der (Christen-) Mensch sucht beziehungsweise den er im Begriff ist zu stiften, ist dabei stets religiös-politischer Natur: In den Augen der »Eingeborenen« ist der Mensch nämlich nicht nur ein Geschöpf des Diesseits und der Geschichte, sondern zugleich der Berufene ins Jenseits, und seine politische Entität ist nicht nur eine Gemeinschaft von dieser Welt, sondern zugleich eine Gemeinschaft für die Welt des Jenseits; sie ist eine Erlösungsgemeinschaft.[20] Dass die Sphären des Religiösen und des Politischen dabei jeweils ihre eigene Logik haben und sie zugleich eine starke Verzahnung auszeichnet, liegt natürlich auf der Hand.[21] Diese Tatsache ist jedoch als rein formeller, äußerlicher Aspekt der vormodernen Gesellschaft auszulegen. Von zentraler Bedeutung ist dagegen die ontologische Einheit der vormodernen christlichen Welt, wie sie vom Christentum aufgestellt und gefordert wird und im Gebot der Liebe, »caritas«, die jenseits aller Unterschiede in der Welt herrschen sollte (1 Kor 13,1), ihren wohl deutlichsten Ausdruck findet.[22] Dieser Einheit der Welt ist der vormoderne (Christen-)Mensch verpflichtet, mehr noch, will er sich seinem Glauben nicht entziehen und somit den Sinn seiner Existenz nicht verlieren, muss er ihr stets verpflichtet bleiben. Und gerade in dieser empfundenen sowie geglaubten Einheit der Welt wurzelt sein religiöser Glaube, der schließlich im politischen Willen aufgeht beziehungsweise quasi naturgemäß aufgehen muss: »Homo politicus« und »homo religiosus« in der christlichen Vormoderne und somit in der frühen Neuzeit sind in ihrem (religiösen) Glauben sowie in ihrem (politischen) Wollen eins.

Demzufolge scheint es geradezu naheliegend, dass sich die Archäologie der vormodernen religiösen und politischen Kultur, für die wir am Anfang plädiert haben, zunächst dem Einzelmenschen zuwendet, seiner Sinnsuche und Sinnstiftung sowie seinem Willen. Dieser Wille geht freilich aus dem Glauben des Einzelmenschen hervor, wobei der Glaube stets dem Jenseits zugewandt, aber fürs Diesseits bestimmt ist. Das Religiöse, der Glaube, ist stets Fundament des politischen Willens.

---

20 Z. B. Bernd ROECK, Identität und Stadtbild. Zur Selbstdarstellung der deutschen Stadt im 15. und 16. Jahrhundert, in: Aspetti e componenti dell'identità urbana in Italia e in Germania (secoli XIV–XVI) […], hg. von Giorgio CHITTOLINI (Bologna–Berlin 2003) 12 ff.; Aaron J. GURJEWITSCH, Das Weltbild des mittelalterlichen Menschen (München 1986) insbes. 339 ff.

21 Robert VON FRIEDEBURG/Luise SCHORN-SCHÜTTE, Einleitung, in: Politik und Religion: Eigenlogik oder Verzahnung? Europa im 16. Jahrhundert, hg. von DENS. (München 2007) 1–12. Vgl. auch Manfred WALTHER, Gestalten und Probleme des theologisch-politischen Komplexes, in: Religion und Politik. Zu Theorie und Praxis des theologisch-politischen Komplexes, hg. von DEMS. (Baden-Baden 2004) 11–47.

22 Joseph RATZINGER, Einführung in das Christentum (Kevelaer 2000) insbes. 275 f.

II. Der romantische Torso der slowenischen Reformation

Wenden wir uns nun mit solchen analytischen Ansätzen der slowenischen Reformation respektive der Reformation und dem Protestantismus im slowenischen Raum zu, so müssen wir zunächst feststellen, dass weder die slowenische noch die innerösterreichische Reformation bislang Gegenstand derartiger Überlegungen waren; weder die slowenische noch die österreichische Geschichtsschreibung sind bisher auf diese Fragestellung eingegangen.[23] Während literatur- und sprachgeschichtliche Studien sowie essayistische Schriften zur slowenischen Reformation Bücherregale füllen, fällt dagegen die Reihe der geschichtswissenschaftlichen Studien erstaunlich bescheiden aus.[24] Erstaunlich erscheint dies deswegen, weil in der Zeit des Aufstiegs sowie des Niedergangs der slowenischen beziehungsweise innerösterreichischen Reformation die innerösterreichischen Länder in die frühneuzeitlichen Prozesse intensiv eingebunden waren, die den innerösterreichischen und somit den slowenischen Raum nachhaltig geprägt haben sowohl in der Aufstellung der politischen beziehungsweise staatlichen Strukturen als auch im Bereich der politischen Kultur.[25] Im Wirbel der scharfen konfessionspolitischen Gegensätze zwischen dem katholischen Landesfürsten einerseits und den mehrheitlich protestantischen Landständen andererseits bildete sich in den letzten Dekaden des 16. und in den ersten des 17. Jahrhunderts die »Monarchia Austriaca« heraus,[26] welche eine bemerkenswerte Stabilität ihrer kulturellen Ordnung aufwies: Der katholisch geprägte konfessionelle Absolutismus, der aus dem Konfessionskonflikt des späten 16. und frühen 17. Jahrhunderts siegreich hervorging, bildete das Konzept einer hierarchisch-autoritären Herrschaft heraus, zu dem sich bis in das 20. Jahrhundert keine Alternative entwickelte, die imstande gewesen wäre, es wenigstens auf der diskursiven Ebene herauszufordern.[27]

Überraschend ist das karge geisteswissenschaftliche Interesse für die slowenische Reformation ferner deswegen, weil sowohl im Konzept der von der slowenischen Geschichtsschreibung herausgebildeten slowenischen Nationalgeschichte als auch im slowenischen »kulturellen Gedächtnis«, wie an den »Erinnerungsorten« zu erkennen

23 Rudolf Leeb, Das Erbe der Protestantengeschichtsforschung in Österreich. Die Fragestellungen der Vergangenheit und die Perspektiven für die künftige Forschung. *Carinthia* I, 189 (1999) 711–723; Ders. (Hg.), Geschichte des Christentums in Österreich von der Spätantike bis zur Gegenwart (Wien 2005) insbes. 160 ff. Vgl. auch Anm. 24 und 30.

24 Siehe Franc Kuzmič, Bibliografija o protestantizmu na Slovenskem. *Zbornik soboškega muzeja* 4 (1995) 139–216; Alojz Cindrič, Izbrana bibliografija o protestantizmu na Slovenskem (1995–2006), in: Protestantizem, slovenska identiteta in združujoča se Evropa, hg. von Marko Kerševan (Ljubljana 2006) 387–430.

25 Zum Begriff und Konzept der politischen Kultur vgl. Karl Rohe, Politische Kultur und ihre Analyse. Probleme und Perspektiven der politischen Kulturforschung. *Historische Zeitschrift* 2 (1990) 321–346.

26 Vgl. Anm. 10.

27 Ernst Hanisch, Der lange Schatten des Staates. Österreichische Gesellschaftsgeschichte des 20. Jahrhunderts (Wien 2005) 24 ff.; Peter Vodopivec, Slowenische Geschichte. Gesellschaft–Politik–Kultur (Graz 2008) 293 ff.

ist,[28] die slowenische Reformation einen sehr hohen Stellenwert einnimmt.[29] Erwarten dürfte man demnach eine intensive Erforschung der historischen Kontexte, in welchen die slowenische Reformation aufkam,[30] sowie die aufmerksame Erforschung der glorifizierenden, ja geradezu hagiographischen Wahrnehmung des slowenischen reformatorischen Werkes in der modernen Zeit samt einer Analyse der Faktoren, die eine solche Wahrnehmung aufzubauen vermochten.[31]

Setzen wir uns an dieser Stelle lediglich mit der slowenischen Geschichtsschreibung und den slowenischen Geisteswissenschaften und deren Erforschung und Auslegung der slowenischen Reformation auseinander, so müssen wir zunächst feststellen, dass diese sich sehr stark bis ausschließlich sich der Person und dem Opus Primus Trubers (ca. 1508–1589), dem Primas der slowenischen Reformation, gewid-

28 Pierre NORA, Entre Mémoire et Histoire. La problématique des lieux, in: Les lieux de mémoire Bd. 1, hg. von DEMS. (Paris 1997) 23–43.

29 Z. B. Sabina MIHELJ, Protestantizem in slovenski nacionalizem. Analiza medijskih reprezentacij ob dnevu reformacije (1992–2003), in: Protestantizem, slovenska identiteta (wie Anm. 24) 75–142.

30 Neben den Werken von Matija Murko, France Kidrič, Mirko Rupel, Jože Rajhman und Oscar Sakrausky bleiben – obgleich in ihren Interpretationen meist überholt – bedeutende Studien zur slowenischen Reformation die Studien aus den Sammelbänden Fran ILEŠIČ (Hg.), Trubarjev zbornik (Ljubljana 1908); Mirko RUPEL (Hg.), Drugi Trubarjev zbornik. Ob štiristoletnici slovenske knjige (Ljubljana 1952); Anton SLODNJAK u. a. (Hg.), Abhandlungen über die slowenische Reformation (München 1968); Breda POGORELC/Jože KORUZA (Hg.), Šestnajsto stoletje v slovenskem jeziku, književnosti in kulturi. *Obdobja* 6 (Ljubljana 1986); Anton JANKO (Hg.), Slovenci v evropski reformaciji šestnajstega stoletja (Ljubljana 1986); Darko DOLINAR u. a. (Hg.), Družbena in kulturna podoba slovenske reformacije (Ljubljana 1986); Rolf-Dieter KLUGE (Hg.), Ein Leben zwischen Laibach und Tübingen. Primus Truber und seine Zeit. Intentionen, Verlauf und Folgen der Reformation in Württemberg und Innerösterreich (München 1995); Franc JAKOPIN u. a. (Hg.), III. Trubarjev zbornik, Prispevki z mednarodnega znanstvenega simpozija Reformacija na Slovenskem ob štiristoletnici smrti Primoža Trubarja (Ljubljana 1996). Vgl. auch Anm. 10; Igor GRDINA, Od Brižinskih spomenikov do razsvetljenstva (Maribor 1999) insbes. das Kapitel »Začetki slovenske književnosti med protestantsko in katoliško reformacijo«; Jonatan VINKLER, Slovenska protestantska veroizpoved in cerkveni red za vse dni v letu. K tretji knjigi zbranih del Primoža Trubarja, in: Zbrana dela Primoža Trubarja III, hg. von DEMS. (Ljubljana 2005) 605–630; DERS., Trden grad je naš gospod. K četrti knjigi zbranih del Primoža Trubarja, in: Zbrana dela Primoža Trubarja 4, hg. von DEMS. (Ljubljana 2006) 501–566. Grundsätzlich zur Reformation in den innerösterreichischen Ländern sowie zur slowenischen Reformation vgl. Rudolf LEEB, Der Streit um wahren Glauben – Reformation und Gegenreformation in Österreich, in: Geschichte des Christentums in Österreich. Von der Spätantike bis zur Gegenwart, hg. von DEMS. u. a. (Wien 2003) 236–238; Thomas WINKELBAUER, Ständefreiheit und Fürstenmacht. Länder und Untertanen des Hauses Habsburg im konfessionellen Zeitalter, Teil 2 (Wien 2003) 43 ff. Das Konfessionalisierungsparadigma wurde am Beispiel der slowenischen Reformation angewandt von Regina PÖRTNER, Confessionalisation and Ethnicity. The Slovenian Reformation and Counter-Reformation in the 16th and 17th Century, in: *Archiv für Reformationsgeschichte* 93 (2002) 239–278.

31 Zu dieser Problematik vgl. Marko KERŠEVAN (Hg.), Protestantizem, slovenska identiteta in združujoča se Evropa (Ljubljana 2006).

met haben[32] und zugleich deutlich gespalten sind. Auf die eine Seite kann man die Deutung des Laibacher Historikers Vasko Simoniti stellen, der in der slowenischen Reformation vor allem den Beginn der Entstehung der slowenischen Schriftsprache und damit die Herausbildung jener Grundlage sieht, auf der sich in den dem Reformationszeitalter folgenden Jahrhunderten die »zerschlagene Volksgemeinschaft« der Slowenen verbinden und politisch formieren habe können.[33] Die Identität der Menschen des slowenischen Raumes sei in der Reformationszeit in erster Linie vom Rahmen der jeweiligen politischen Entität, d. h. vom politischen Rahmen des jeweiligen Landes geprägt gewesen und sei demzufolge in ihrem »Vaterlandsbewusstsein« zum Ausdruck gekommen.[34] Auf der anderen Seite jedoch können wir die Kommentare des slowenischen Literaturhistorikers Igor Grdina stellen, der im Opus Trubers zwar genauso wie Simoniti den Grundstein des slowenischen Schrifttums sieht, zugleich jedoch einen »tektonischen Bruch« in der slowenischen Geschichte konstatiert.[35] Das Opus Trubers ist nach Grdina Ausdruck einer neuen »slowenischen Wirklichkeit« gewesen, die nicht auf die bestehenden politischen Grenzen geachtet, sondern als ihren »natürlichen Raum« jenen Raum angesehen habe, in dem »Slowenen« lebten: Truber habe »die slawische ethnisch-kulturelle Gemeinschaft zwischen den Alpen, Pannonien, Friaul und der Adria als eine eigenartige Entität mit eigenständiger Identität [d. h. mit der slowenischen Identität] unzweideutig definiert«.[36] Im 16. Jahrhundert habe sich demnach »eine eigenständige slowenische gemeinschaftliche Identität klar artikuliert, formuliert und auf der Ebene der Schriftsprache herausgebildet«, welche dann »lange Zeit [...] ein unzweideutiges Bindeglied der Menschen im Alpen-Adria-Raum« gewesen sei.[37]

---

32 Über Primus Truber, sein reformatorisches Werk sowie über den konfessionspolitischen Kontext seines Schaffens und Wirkens zuletzt Sašo Jerše (Hg.), Vera in hotenja. Študije o Primožu Trubarju in njegovem času (Ljubljana 2009); Aleksander Bjelčević (Hg.), Reformacija na Slovenskem (ob 500-letnici Trubarjevega rojstva) - The Reformation in Slovene Lands [...], *Obdobja* 27 (Ljubljana 2010); Sönke Lorenz/Anton Schindling/Wilfried Setzler (Hg.), Primus Truber 1508–1586. Der slowenische Reformator und Württenberg (Stuttgart 2011). Vgl. auch Mirko Rupel, Primus Truber. Leben und Werk des slowenischen Reformators (München 1965); France Kidrič, Primož Trubar, hg. von Mirko Rupel (Ljubljana 1951); Oskar Sakrausky, Primus Truber – der Reformator einer vergessenen Kirche in Krain (Fresach 1986); Ders., Deutsche Vorreden zum slowenischen und kroatischen Reformationswerk (Wien 1989); Andreas Müller, »... damit dem Herrn Christo vnder den Crobaten, Wenden, ja den Türcken ein Kirch gesamelt ...« Zum Reformationswerk des Primus Truber unter den Südslawen, *Zeitschrift für Kirchengeschichte* Bd. 116, Heft 1 (2005) 30–45; Carl H. W. Sillem, Primus Truber. Der Reformator Krains. Ein Beitrag zur Reformationsgeschichte Österreichs (Erlangen 1861); Theodor Elze, Truber Primus, in: Allgemeine deutsche Bibliographie Bd. 38 (Leipzig 1894) 669–674.

33 Peter Štih/Vasko Simoniti, Slovenska zgodovina do razsvetljenstva (Ljubljana 1995) 204.

34 Vasko Simoniti, Vojaška organizacija na Slovenskem v 16. stoletju (Ljubljana 1991) 246 f.

35 Igor Grdina, Uvod, in: Catechismus [...]. Zbrana dela Primoža Trubarja I, hg. von Fanika Kranjc-Vrečko (Ljubljana 2002) 13.

36 Igor Grdina, Do ›fine moke 00‹ mleto Trubarjevo vprašanje. *Stati inu obstati* 3–4 (2006) 204.

37 Ebenda 203.

Sowohl die unterschiedliche Deutung als auch die Gemeinsamkeiten dieser beiden Standpunkte stechen ins Auge. Gemeinsam ist ihnen eine bestimmte Sicht auf die Rolle und die Bedeutung der Reformation in der Geistesgeschichte Sloweniens, wie sie schon von den Literaturhistorikern Ivan Prijatelj, France Kidrič und Mirko Rupel in der ersten Hälfte des 20. Jahrhunderts herausgearbeitet und später vom Theologen und Historiker Jože Rajhman ergänzt worden ist. Deren Opus habe laut Igor Grdina »den Platz von Primus Truber sowohl im slowenischen kollektiven Bewusstsein als auch in verschiedenen wissenschaftlichen Disziplinen artikuliert, formuliert und definiert«.[38] Ihre Beschreibung, ja sogar Definition der modernen slowenischen Wahrnehmung der slowenischen Reformation – so Grdina – könnte nicht zutreffender sein. Sie weist zudem auf den zweiten gemeinsamen Punkt beider Standpunkte hin, nämlich auf ihren Interpretationsrahmen. Sie sehen beide die slowenische Reformation zur Gänze in die slowenische Nationalgeschichte eingebettet und schreiben ihr einen konstitutiven Platz bei der Herausbildung der slowenischen nationalen Identität zu. Über Letzteres besteht in der slowenischen Geschichtsschreibung sowie in den slowenischen Geisteswissenschaften weitgehendes Einvernehmen. Völlig gegensätzlich sind jedoch die Meinungen darüber, ob die slowenische Nationalgeschichte als eine Geschichte der modernen, im langen 19. Jahrhundert »erdachten« und mit dem modernen slowenischen »kollektiven Gedächtnis« als Identitätsrahmen errichteten slowenischen Gemeinschaft zu sehen sei, oder ob es dagegen um die Geschichte des Volkes »unserer Vergangenheit«, »unseres« Raumes und »unserer« Sprache gehe, die gerade mit der Niederschrift »unserer« slowenischen Sprache ihre Bestätigung bekommen habe und sich in ihrem auf diese Weise bestätigten Dasein zur modernen slowenischen Nation herausbilden habe können.[39] Die Diskussion zwischen Befürwortern der einen und der anderen These – zwischen den Modernisten »post rem«, wie sich die Befürworter der ersten These bezeichnen lassen, und den Modernisten »ex re ipsa«, wie die Befürworter der zweiten genannt werden könnten – ist keineswegs abgeschlossen und findet auf dem Forschungsfeld der slowenischen Reformation auch nicht statt, wenngleich gerade die Erforschung dieses Feldes es vermöchte, viele Dilemmata bezüglich der slowenischen Nationsbildung neu zu erörtern und die traditionellen Deutungen und Definitionen neu zu formulieren.

Allen diesen offenen Fragen zum Trotz erlaubt uns der Blick auf die moderne slowenische Geschichtsschreibung und ihre Wahrnehmung der slowenischen Reformation allemal die Behauptung, dass die slowenische Reformation einen fest definierten Platz in der slowenischen Nationalgeschichte hat und dass sie eine hervorgehobene Stellung im modernen slowenischen historischen Gedächtnis innehat. Dabei handelt es sich um eine Art historisches »Himmelsgewölbe«, das sich, um es mit den Worten des rumänischen Sozialhistorikers Roumen Daskalov zu sagen, von »uns«

38 Grdina, Uvod (wie Anm. 35) 11.

39 Z. B. Mihelj, Protestantizem in slovenski nacionalizem (wie Anm. 29), auch die dort angeführte Literatur; Bogo Grafenauer u. a. (Hg.), Slovenci in država. Zbornik prispevkov z znanstvenega posveta na SAZU (Ljubljana 1995); Slavoj Žižek, Jezik, ideologija, Slovenci (Ljubljana 1987).

d. h. von heute, bis zu »uns« im Damals, ja von »uns« bis zu »uns« spannt: Truber und die slowenischen Reformatoren sind in dieser Perspektive »frühere ›wir‹ und wir sind spätere ›sie‹«.[40] In der Perspektive eines solchen Geschichtsverständnisses ist demzufolge klar ersichtlich, dass unter diesem modernen slowenischen historischen Himmelsgewölbe gerade »Trubers Programm die Morgenröte eines neuen Tages« ankündigt, wie France Kidrič im Jahr 1908 schrieb.[41] Dieser neue Tag war freilich der Tag der Geburt der slowenischen Nation.

Das Jahr 1908, als man das vierhundertste Geburtstagsjubiläum Trubers feierte, war für die Definition der historischen Stellung Trubers und der slowenischen Reformation im slowenischen »kulturellen Gedächtnis« ebenso wie in den Geisteswissenschaften von größter Bedeutung. Beides artikulierte sich in den damals entflammten Debatten, die in akademischen Kreisen sowie im Feuilleton geführt wurden. Zunächst wurden sehr unterschiedliche akademische und ideologische Positionen formuliert,[42] die sich letzten Endes zu jener Definition zusammenzufügten, für welche Kidrič mit den bereits zitierten Bildern von Truber als der »Morgenröte« und dem »neuen Tag« steht. Mit anderen Worten, jenen »neuen Tag« der slowenischen Nation, den die slowenischen Reformatoren – allen voran Primus Truber – gestiftet haben sollen, erblickte man im Jahr 1908.

Trubers schriftstellerisches Primat in der slowenischen Sprache war allerdings bereits Anfang des 19. Jahrhunderts vom Mentor der slowenischen Romantik, Matija Čop, hervorgehoben worden, der in Truber den Erfinder der krainischen [sic!] Sprache sowie den »slawischen oder« – Čop scheint sich in seiner Auslegung nicht ganz festlegen zu können – »doch wohl nur« den krainischen oder den slowenischen Kyrill und Methodius zu erblicken glaubte.[43] Der Wiener Sprachwissenschaftler und berühmt-berüchtigte Slawist Jernej Kopitar glaubte zudem, Truber als »unseren [d. h. slowenischen] Kolumbus« bezeichnen zu müssen.[44] Am Ende des 19. und insbesondere am Anfang des 20. Jahrhunderts, in einer Zeit voll entflammter nationaler Gefühle und des zum Äußersten zugespitzten Gegensatzes zwischen dem politischen Katholizismus und dem liberalen politischen Milieu,[45] hatte nun eine Reihe von Koryphäen der slowenischen Literatur und Geisteswissenschaften Trubers schriftstellerischen Primat darüber hinaus auch zu einem ethnischen und nationalen Primat hochstili-

40 Roumen Daskalov, Building up a National Identitiy: the case of Bulgaria. *Working Papers SPS* 11 (European University Institute, Department of Political and Social Sciences, Florence 1994) 4; zitiert nach Mihelj, Protestantizem in slovenski nacionalizem (wie Anm. 29) 94.

41 Kidrič, Primus Truber (wie Anm. 32) 72.

42 Dazu Nenad H. Vitorović, Protestantizem v polemikah ob štiristoletnici Trubarjevega rojstva, in: Protestantizem, slovenska identiteta (wie Anm. 24) 217–263; Tadej Rifel, Pogledi na Trubarja in reformacijo ob njegovi štiristoletnici, Sto let pozneje. *Bogoslovni vestnik* 3 (2008) 399–421. Vgl. auch Grdina, Do ›fine moke 00‹ (wie Anm. 36) 218 f.

43 Grdina, Do ›fine moke 00‹ (wie Anm. 36) 210–211.

44 Ebenda.

45 Zu diesem grundlegenden Konflikt der slowenischen »Moderne« vgl. Vodopivec, Slowenische Geschichte (wie Anm. 27).

siert.[46] Der erste und zugleich sprachgewaltigste Vertreter dieser Sichtweise war der spätromantische Dichter Anton Aškerc. Nachdem er mit dem Gedicht »Novi svetnik« [Neuer Heiliger] – damit meinte er freilich Primus Truber – aus dem Jahre 1886 eine von bissiger Ironie geprägte Parabel auf die politischen, respektive ideologischen Gegensätze seiner Zeit gedichtet hatte,[47] stellte er mit dem knapp zwanzig Jahre später verfassten Epos »Primus Truber« ein kultur- und nationalpolitisches Programm auf, das sich als schlechthin hagiographisch beschreiben lässt. So dichtete Anton Aškerc:

> »Wie ein Heiliger mit angestrahltem Scheitel
> Stehst Du [d. h. Primus Truber] hoch vor mir [...]
> Und je länger ich sinnierend Deine Heiligenfigur sehe
> Desto größer stehst Du hoch vor mir.
>
> Wer ist riesig? Der, der seinem Volk
> mit der leuchtenden Fackel jenseits jeder Angst
> den Weg aus der Finsternis der Sklaven
> in die Sonnenheimat der Freiheit weist [...]
>
> Du bist jener Riese! Als erster
> unter uns fochtest Du den heiligen Kampf
> um Licht und die Gewissensfreiheit –
> und das ganze Volk folgte Deinem Schritt.«[48]

Damit war das Bild von Truber als »Heiligem« geschaffen, der dem slowenischen Volk den Weg aus dem Joch des Katholizismus und aus der habsburgischen Herrschaft gezeigt habe. Die slowenischen Liberalen gaben sich in der Folge alle Mühe, dieses Bild Trubers im geradezu brennenden »Volksglauben« am Leben zu erhalten. Dass dieses Bild keineswegs eine bloße Metapher war und zudem jeglicher Ironie entbehrte, legte Aškerc im Zuge der von seinem Epos ausgelösten polemischen Auseinandersetzungen dar:[49] In der Diskussion anlässlich des vierhundertsten Geburtstagsjubiläums Trubers machte er seinen Standpunkt darüber hinaus mit folgenden Worten deutlich: »Unsere Reformatoren mit Truber an der Spitze müssen für unsere Menschen Volksheilige sein – so wie für die Tschechen Jan Hus Volksheiliger ist!«[50] Dieses Truber-Bild, von Aškerc entworfen und vom liberalen beziehungsweise antiklerikalen Milieu herausgearbeitet und gewaltig propagiert, prägte sich in die slowenische wissenschaftliche Publizistik und Essayistik tief ein; seine Ausstrahlung ist bis heute nicht erloschen. Gemäßigte Stimmen gab es nur wenige, wie zum Beispiel die des slowenischen »poeta laureatus« Oton Župančič, der der Person Trubers zwar den

46 Siehe Božidar Jezernik, Der Reformator Primož Trubar als Nationalsymbol des weitgehend katholischen Sloweniens, in: Primus Truber 1508–1586. Der slowenische Reformator (wie Anm. 32) 355–365. Vgl. auch Anm. 35.

47 Das Gedicht wurde später unter dem Titel Slovenska legenda [Slowenische Legende] veröffentlicht. Anton Aškerc, Slovenska legenda, in: Zbrano delo. Prva knjiga (Ljubljana 1946) 65–68. Vgl. auch Grdina, Do ›fine moke 00‹ (wie Anm. 36) 214.

48 Anton Aškerc, Zbrano delo, Tretja knjiga (Ljubljana 1985) 80 f.

49 Anton Aškerc, Ali je Primož Trubar upesnitve vreden junak ali ne? (Ljubljana 1905).

50 Zitiert nach Grdina, Do ›fine moke 00‹ (wie Anm. 36) 228.

Respekt zollte – »[E]in Mann der Überzeugung und ein Mann der Tat« –, sich dessen Opus gegenüber jedoch sehr verhalten zeigte: »Er [Truber] träumt nicht / und kein Hus wird von unserer Erde geboren.«[51] Ähnlich äußerte sich der Literaturhistoriker Fran Ilešič zum Ausdruck, der meinte, dass Truber nur »das Natürliche« getan habe: Truber habe, schrieb Ilešič zur Empörung seiner Standeskollegen, lediglich »die Slowenen [...] beten und für den Himmel sorgen« gelehrt.[52]

Das religiöse Motiv, respektive das Glaubensmotiv sprach Truber allerdings wohl keiner der Betrachter seines Lebens und Werks ab, dennoch wurden dabei stets Trubers Glaube an die slowenische Sprache, der Glaube der slowenischen Sprache, ja Trubers slowenischer Glaube schlechthin in den Vordergrund gestellt: »Der Mythos des Wortes und der Sprache« sei, schrieb der Literaturwissenschaftler Boris Paternu, »ein wesentlicher Bestandteil der Reformation«,[53] also auch der slowenischen Reformation gewesen. Im Hinblick auf die Theologie der Reformation ist eine solche These zumindest diskutabel und nicht völlig grundlos.[54] Es ist jedoch offensichtlich und wohl unumstritten, dass das slowenische Wort Trubers zum wesentlichen, ja mythischen Element der modernen Wahrnehmung von Truber sowie der slowenischen Reformation geworden ist und bis heute geblieben ist. »Das slowenische Volk« sei ja, meint der Soziologe Marko Kerševan, »creatura verbi«:

> »Aufgrund der außerordentlichen Stellung, die die slowenische (Schrift-)Sprache bei der Herausbildung der modernen slowenischen nationalen Identität erhalten hat – als deren Rahmen und Mittel – ist das protestantische sprachliche und literarische Opus Teil des slowenischen ›kulturellen Gedächtnisses‹.«[55]

Folgte man ferner dem Theologen Edvard Kovač, so müsste man feststellen, dass die moderne slowenische (Selbst-)Wahrnehmung im slowenischen Reformationswerk nicht nur den konstitutiven Teil ihres »kulturellen Gedächtnisses« erblickt, sondern geradezu den Grundstein der slowenischen nationalen Ethik.[56]

Somit offenbart die moderne slowenische Deutung von Truber und der slowenischen Reformation eine zutiefst romantische Wurzel und Natur. Denn gerade in der Wahrnehmung und Bewertung Martin Luthers und seiner Reformation von Seiten der deutschen Romantik zeigt sich eine klare Parallele zur modernen slowenischen

---

51 Oton Župančič, Pri kiparju Bernekerju, in: Zbrano delo. Druga knjiga (Ljubljana 1957) 203.

52 Fran Ilešič, Primož Trubar in njegova doba, in: Trubarjev zbornik, hg. von Dems. (Ljubljana 1908) XIX–XX. Zur Kritik der Ausführungen von Ilešič vgl. France Kidrič, Epilog k Trubarjevem zborniku, in: Zbrani spisi III, hg. von Darko Dolinar (Ljubljana 1978) 216–233. Vgl. auch Grdina, Do ›fine moke 00‹ (wie Anm. 36) 225 f.; Balduin Saria, Was hat uns Primus Truber heute noch zu sagen? (München 1963) insbes. 7–11, 25 f.

53 Boris Paternu, Protestantizem in konstituiranje slovenske književnosti, in: Šestnajsto stoletje v slovenskem jeziku (wie Anm. 30) 56–57.

54 Gerald Strauss, Lutheranism and Literacy: A Reassessment, in: Religion and Culture (wie Anm. 2) 109–123.

55 Marko Kerševan, Trubarjeva ›cerkev božja slovenskega jezika‹ in ›narod slovenskega jezika‹. *Stati inu obstati* 7–8 (2008) 201. Vgl. auch Ders., Slovenci in protestantizem danes, in: Protestantizem, slovenska identiteta (wie Anm. 24) 13–57.

56 Edvard Kovač, Slovenska teologija Primoža Trubarja, in: Vera in hotenja (wie Anm. 4) 285 ff.

Wahrnehmung Trubers und der slowenischen Reformation. Es waren bekanntlich die deutschen Romantiker, insbesondere Novalis, aber auch der Aufklärer Lessing sowie Johann Gottfried Herder, die Luther und seine Reformation zum ersten und zugleich vornehmsten Ereignis des, wie sie meinten, erwachenden deutschen Volkes respektive der deutschen Nation stilisierten.[57] So schrieb Herder etwa, dass Luther es gewesen sei, »der die deutsche Sprache, einen schlafenden Riesen, aufgewecket und losgebunden [habe]; [...] er hat durch seine Reformation eine ganze Nation zum Denken und Gefühl erhoben«.[58] So entstand das bürgerliche Lutherbild, das sich im 19. Jahrhundert im deutschen Geschichtsgedächtnis und Kulturverständnis fest etablierte. Neue Anregungen bekam dieses Lutherbild mit Heinrich von Treitschke – »Er [Martin Luther] hat der Nation Eisen ins Blut gegossen«[59] –, seiner Wirkmächtigkeit ging in der Mitte des 20. Jahrhunderts jedoch die Kraft aus.

Dem romantischen slowenischen Blick auf die eigene Reformation ging seine Kraft dagegen bis heute nicht aus. Im Gegenteil, die Bezeichnung der modernen slowenischen Wahrnehmung der slowenischen Reformation als durchwegs romantisch ist weiterhin gerechtfertigt, wenn wir das Wort »romantisch« in seinem ursprünglichen Sinne verstehen, als Ausdruck nämlich, »dem Gemeinen einen hohen Sinn, dem Gewöhnlichen ein geheimnisvolles Ansehn, dem Endlichen einen unendlichen Schein zu geben«, um Worte von Novalis zu entlehnen.[60] Wie wir gesehen haben, figurieren gerade Truber und die slowenische Reformation in der modernen slowenischen historischen Perspektive als das wesentliche Merkmal des slowenischen nationalen (Selbst-)Bildes sowie als die Ursprungsquelle des slowenischen nationalen Seins. Oder, mit den Worten des Laibacher Kunsthistorikers Milček Komelj gesagt, der moderne slowenische Blick auf Truber und sein reformatorisches Vermächtnis ist gezeichnet vom Glauben an die schöpferische Kraft der von Truber entworfenen slowenischen Sprache und vom Verständnis der slowenischen Sprache als dem »tiefsten« und »treuesten«, ja »unersetzlichen Spiegel des slowenischen Geistes«.[61] Die slowenische Sprache ist demnach in dieser modernen, durchaus romantischen, Perspektive

---

57 Heinrich BORNKAMM, Luther im Spiegel der deutschen Geistesgeschichte. Mit ausgewählten Texten von Lessing bis zur Gegenwart (Göttingen 1970) insbes. 31–60. Vgl. auch A. G. DICKENS/John TONKIN, The Reformation in Historical Thought (Cambridge u. a. 1985) insbes. 119 f.; Heinz-Gerhard HAUPT/Dieter LANGEWISCHE (Hg.), Nation und Religion in der deutschen Geschichte (Frankfurt/Main–New York 2001); Eugen LEMBERG, Die Rolle des Geschichtsbewußtseins in Ostmitteleuropa, in: Geschichtsbewußtsein in Ostmitteleuropa, hg. von Ernst BIRKE/Eugen LEMBERG, (Marburg a. d. Lahn 1961) 30–45; Andrew PETTEGREE/Karin MAAG, The Reformation in Eastern and Central Europe, in: The Reformation in Eastern and Central Europe, hg. von Karin MAAG (Aldershot u. a. 1997) 1–18; Norbert KERSKEN, Reformation and the writing of national history in East-Central and Northern Europe, in: ebenda, 50–71. Vgl. auch Marc FUMAROLI, Le génie de la langue française, in: Les lieux de mémoire Bd. 3, hg. von Pierre NORA (Paris 1997) 4623–4685.

58 BORNKAMM, Luther im Spiegel (wie Anm. 57) 205.

59 Ebenda 52, 58.

60 Rudolf SAFRANSKI, Romantik, Eine deutsche Affäre (München 2007) 13.

61 Milček KOMELJ, Predgovor, in: Vera in Hotenja (wie Anm. 4) 11.

der zentrale Punkt des slowenischen Glaubens, ja der slowenischen nationalen Religion.[62] Trubers Beitrag zum derartig aufgefassten Slowenentum erwies sich in dieser Perspektive natürlich als der »treueste«,[63] als »unvergänglich«,[64] ja als »genial«.[65]

Dass es sich dabei um ein rein imaginiertes, geradezu hagiographisch angelegtes Geschichtsbild handelt, um einen romantischen Torso, der die Substanz des Objektes, das er im Begriffe ist abzubilden, allzu grob wiedergibt, wird im Folgenden zu zeigen sein.

III. Das Opus Primus Trubers im Zeichen der theologia crucis

> »Vor dem Namen Trubers haben wir gesündigt. Und warum? Weil wir ihn bis heute einzig und allein vom religiösen beziehungsweise antireligiösen Standpunkt beurteilten. Und Letzteres war noch ein größeres Unrecht für den Mann, der nur auf dem religiösen Standpunkt stand, weil er sich in der Zeit, in der er lebte, auf einen anderen gar nicht stellen konnte.«[66]

Mit diesen emphatischen Worten begann in dem für die moderne Wahrnehmung der slowenischen Reformation schlüssigen Jahr 1908 der Literaturhistoriker Ivan Prijatelj seine Abhandlung mit dem Titel »Zur Bedeutung der slowenischen Reformation im kulturellen Sinne«, und wies somit auf die mit den politischen Ideen seiner Zeit durchdrungenen Betrachtungen und Bewertungen über Primus Truber, sein Werk und seine Zeit hin, ohne dass er selber den Ideen seiner Zeit gänzlich entrinnen und sich von ihnen zur Gänze hätte abwenden können. Obgleich die politischen Ideen am Anfang des 20. Jahrhunderts, wie sie im damaligen slowenischen katholischen und liberalen Milieu herausgearbeitet wurden,[67] heute gänzlich antiquiert sind, bleiben sie ein konstitutiver Teil des slowenischen »kulturellen Gedächtnisses« und berauben die Worte von Prijatelj nicht ihrer Aktualität. Mit Blick auf die moderne slowenische Deutung, die auf dem Fundament der slowenischen nationalen Religion steht, von dem aus die slowenische Reformation bis an den heutigen Tag betrachtet und bewertet wird, fordern die Worte des Literaturhistorikers vielmehr zur neuerlichen Überprüfung auf. Denn ist nicht gerade die Betrachtung und Bewertung von Truber und der slowenischen Reformation von diesem modernen slowenischen Standpunkt aus genau jene »Sünde vor dem Namen Trubers« und jenes große »Unrecht«, über das Prijatelj sinnierte?

Bevor wir uns dieser Frage widmen, ist zunächst auf zwei Aspekte der Person Trubers und seines Werkes hinzuweisen. Zuerst ist das Slowenentum Trubers in Betracht

---

62 Mihelj, Protestantizem in slovenski nacionalizem (wie Anm. 29) 133; Andrej Kurillo, Religija in nacionalizem, in: Protestantizem, slovenska identiteta (wie Anm. 24) 59–74.

63 Milček Komelj, Predgovor, in: Vera in Hotenja (wie Anm. 4) 11.

64 Kerševan, Trubarjeva, ›cerkev božja‹ (wie Anm. 55) 201.

65 Jože Rajhman, Trubarjev svet (Trst 1986) 193 f.

66 Ivan Prijatelj, O kulturnem pomenu slovenske reformacije. K Trubarjevem jubileju (Nachdruck, Ljubljana 1997) 5.

67 Vodopivec, Slowenische Geschichte (wie Anm. 27).

zu ziehen, d. h. seine emphatische slowenische Gesinnung. Die Frage, was Truber selber unter den Worten »slowenisch« bzw. »Slowenen« verstand, können wir an dieser Stelle nicht erörtern, hervorgehoben sei dennoch, dass die slowenischen Geisteswissenschaften darauf bisher noch keine eindeutige und einwandfreie Antwort geben konnten.[68] Nichtsdestotrotz ist der Charakter dieser slowenischen Gesinnung Trubers zumindest »ex negativo« zu erkennen: er ist bar jeder modernen nationalen Substanz, welche Trubers romantische Interpreten in seinem Werk erblicken zu können glaubten. Trubers slowenische Gesinnung hatte dagegen einen ausgesprochen religiösen christlichen Charakter. Dies mögen bereits Trubers erste Worte, die er drucken ließ, auf anschaulichste Weise zum Ausdruck bringen: »Allen Slowenen«, schrieb Truber in seinem »Catechismus«, »erbiete ich Gnade, Frieden, Erbarmen und die wahre Erkenntnis Gottes durch Jesu Christus«.[69] Damit verwies Truber auf den in seiner Perspektive engsten Bezug zwischen Slowenentum und Christentum, welcher für sein ganzes Werk maßgebend sein sollte. Eine solche in diesem Sinn christlich-religiös definierte slowenische Gesinnung bezeugte Truber ferner ganz allgemein mit seinem Engagement für seine Landsleute sowie in seiner in der Tat wohl singulären Gestaltung der slowenischen Schriftsprache.

Die aufmerksame Betrachtung seines reformatorischen Opus und der Motive dafür, vor allem die Lektüre seiner Schriften und deren Tragweite und Erfolg zeigen uns zudem, dass es bei diesem Opus keineswegs von zentraler Bedeutung sein kann, wer die von Truber angesprochenen Slowenen, zu denen er natürlich auch sich selbst zählte, hätten sein können, und wer sein geschriebenes Wort hätte verstehen können (so die moderne Deutung in der Tradition der Romantik). All dies sind in der Tat wichtige Fragen sowohl der Geschichtsschreibung als auch des slowenischen kulturellen Gedächtnisses. Würden wir uns jedoch allein diesen – immanent modernen – Fragen widmen, die letztlich nach den Ursprüngen der modernen nationalen Identität suchen, würden wir dann nicht noch einmal vor dem Namen Trubers »sündigen« und ihm das »Unrecht« tun?

Wenn es um das reformatorische Werk Trubers geht, handelt es sich nämlich nicht um diese »slowenischen« Fragen, gerade nicht um die Fragen, die einer modernen slowenischen nationalen Emphase entsprungen sind und sich somit jenseits der Zeit Trubers sowie außerhalb seiner grundsätzlich religiösen Perspektive befinden. Oder mit anderen – im Duktus Trubers und seines religiösen Zeitalters ausgedrückten – Worten: Es geht bei der Erforschung und Erörterung seines reformatorischen Werkes nicht allein um die Fragen »von dieser Welt«, sondern auch um die Fragen nach der jenseitigen Welt, ja der Ewigkeit. Es geht um die religiösen Fragen, d. h. um die

---

68 Z. B. Janez Rotar, Viri Trubarjevega poimenovanja dežel in ljudstev in njegova dediščina. *Zgodovinski časopis* 42 (1988) 315–361; Jakob Müller, Raba imena Slovenci v 16. Stoletju. *Škrabčeva misel* 4 (2002) 21–41; Janez Höfler, Trubarjevi Lubi Slovenci ali Slovenija pred 650 leti v Strasburgu (Ljubljana 2009); Peter Štih, Slovansko, alpskoslovansko ali slovensko? O jeziku slovanskih prebivalcev prostora med Donavo in Jadranom v srednjem veku (pogled zgodovinarja). *Zgodovinski časopis* 1–2 (2011) 8–51.

69 Primus Truber, Catechismus [...] (Tübingen 1555) A iii.

Fragen des christlichen Standpunktes, auf welchem Truber einzig und allein stand, wie Ivan Prijatelj zu Recht schrieb. Es geht um Fragen der – und hier kommen wir zu unserer Einleitung zurück – religiösen Überzeugungen des »Eingeborenen« im Sinne von Geertz.

Ein solcher Standpunkt eines Christenmenschen war in der Zeit Trubers allerdings keineswegs der einzig mögliche, wie Prijatelj meinte. Vielmehr hatte er einen Rivalen, der von Truber als »Mameluckenchristentum«, d. h. als Glaube des bloßen Wortes ohne Verständnis und Überzeugung, als Bigotterie schlechthin, bezeichnet wurde.[70] Und der wahre Glaube hatte Feinde, seien diese der Papst und das katholische Lager im Allgemeinen oder die Türken.[71] Dennoch hat sich Truber in der Tat nur auf den christlichen Standpunkt stellen können, und zwar deswegen, weil dies der Standpunkt seines Glaubens war: »Der Glaube ist ein herzhaftes, sicheres und festes Vertrauen in göttliche Dinge«, schrieb er in seiner Predigt über den Glauben;[72] der Glaube sei ein festes Verlassen auf »Gottes einfaches, nacktes Versprechen«.[73] Auf diesem Standpunkt beharrte Truber selbstsicher und blieb sich dabei treu. In seiner Perspektive betrachtet müsste man vielmehr sagen, dass er auf diesem seinen Standpunkt in der Sicherheit Gottes und in seiner Gottestreue beharrte. Unter sein Bildnis aus dem Jahre 1578, das von Jakob Lederlein geschnitzt und erstmals in seiner Übersetzung des Neuen Testaments veröffentlicht wurde,[74] ließ er die Worte des Psalmisten zitieren: »Denn du bist meine Zuversicht, HERR, mein Gott, meine Hoffnung von meiner Jugend an. Verwirf mich nicht in meinem Alter, verlass mich nicht, wenn ich schwach werde.« (Ps 71,5,9)

Dies scheinen die Worte eines zutiefst religiösen christlichen Menschen zu sein beziehungsweise eines Menschen, der ein solcher sein will, eines Menschen, der glaubt, nur als ein solcher wahrhaft existieren zu können. Als solcher Mensch »in spe« stellte sich Truber dar, ja als solcher nahm er sich wohl ausschließlich wahr. Als das Ausweisungsdekret des Krainer Landesfürsten Kaiser Ferdinand I. ihn in das Ausland jagte, schrieb er an seine Förderer, die Krainer Landstände: »Wenn sie mich erneut rufen und Sie sich mit mir wegen Christus [sic!] in jede Gefahr begeben wollen, so bin ich verpflichtet, mich Ihrem Ruf zu unterwerfen, koste es mich Leib und Leben. Das will ich tun.«[75]

---

70 Primus Truber an den Landesverwalter und die Verordnete Krains. Ljubljana, 29. Oktober 1564, in: Pisma Primoža Trubarja, hg. von Jože Rajhman (Ljubljana 1986) 192.

71 Z. B. Ena pridna inu potrebna pridiga […]. Zbrana dela Primoža Trubarja II, hg. von Fanika Kranjc-Vrečko (Ljubljana 2003) 71 f. Vgl. auch Zmago Šmitek, Trubar in Turki, in: Šestnajsto stoletje v slovenskem jeziku, književnosti in kulturi, hg. von Breda Pogorelec/Jože Koruza (Ljubljana 1986) 159–169; Lilijana Žnidaršič Golec, Primož Trubar o katoliški duhovščini. *Tretji dan* 6–7 (2001) 21–26.

72 Vera Primoža Trubarja, Trubarjeva pridiga o veri iz Katekizma (1550). Prevod v sodobni jezik, übersetzt von David Shead (Slovenj Gradec 2008) 11.

73 Ebenda.

74 Primus Truber, Ta celi noui Testament nachi Gospudi […] (Vtibingi 1581) 1C.

75 Primus Truber an die Verordnete Krains. Kempten, 25. 7. 1560, in: Pisma (wie Anm. 70) 71.

Trubers Wahl der Worte des Psalmisten unter seinem Bildnis erscheint in dieser Perspektive keineswegs zufällig, das Bildnis selbst scheint darüber hinaus vielsagend zu sein. Darin zeigt sich Truber in der seriösen, von großer Willensstärke ausgezeichneten Haltung eines Mannes mit dem Buch, ja eines Mannes des Buches, eines Gelehrten also. Er zeigt sich in der Haltung eines Humanisten. Allemal ließ er in humanistischer Manier auf den Rand des Bildnisses zu seinem Namen einen dritten Namen stellen – Carniolanus, also Krainer – womit er, damals bereits in seinem Exil, auf seine Herkunft hindeutete, wenn nicht zugleich auf sein Landes- respektive politisches Bewusstsein. Über das Buch, das Truber auf diesem seinen Bildnis in den Händen hält, können wir zwar nichts Gewisses behaupten, dennoch dürfen wir aufgrund seiner religiösen Haltung, wie sie seine Schriften offenlegen, glauben, das Buch sei die Bibel, vielleicht ausgerechnet die slowenischen Übersetzung des Neuen Testaments.

Dies erscheint besonders wahrscheinlich, wenn wir Trubers religiöse Anschauungen und seine theologische Auslegungen in Betracht ziehen. Darin ist, wie Jože Rajhman in seinen Studien zeigte, die Theologie des Kreuzes – »theologia crucis« – zu sehen,[76] d. h. das Verständnis des Leidens Christi und seiner Auferstehung als zentrales Ereignis in der Geschichte der Menschheit, als Erfüllung der Geschichte beziehungsweise als ihre Ergänzung. Es handelt sich, wie es sich im Sinne dieser Anschauung auslegen lässt, um ein außerordentliches Ereignis, das Gottes Gnade ist.[77] Damit dem Menschen die Gnade Gottes zuteil werde, müsse er jedoch glauben: Der Glaube sei, schrieb der Lutheraner Truber in seinem bedeutendsten theologischen Traktat, »Eni dolgi predguvori« [Einer langen Einführung], »wie eine Hand, eine Börse oder ein anderes Gefäß, mit dem wir Schatz Jesu greifen oder nehmen«; er sei das Gefäß, mit dem der Mensch die Gnade Gottes empfange.[78] »Solchen Glauben bekommt ihr von Gott durch die gehörten Worte Gottes und durch alltägliche Gebete.«[79] In der bereits erwähnten Predigt über den Glauben schrieb er außerdem: »Ohne Gottes Wort kann es keinen wahren Glauben geben. Gottes Wort und der wahre Glaube müssen immer zusammen sein; das Wort ist der Grundstein, auf den sich der Glaube anlehnt und auf dem er aufbaut.«[80] Truber ging in seinen theologischen Überlegungen zunächst von der Gnade Gottes als der vollendeten Tatsache aus, die sich durch Christi Tod und Auferstehung über alle Menschen ergieße, und ferner von Gottes Wort, das von diesem Verdienst Christi zeuge und dem Menschen den Weg zur Gnade Gottes eröffne. Mit anderen Worten, in der theologischen Perspektive

---

76 Jože Rajhman, Trubarjeva Ena dolga predguvor. Dodatek k reprintu (Ljubljana 1986) 84 f. Zur Theologie des Kreuzes bei Martin Luther, dessen Einfluss auf das religiöse Verständnis Trubers von maßgebender Bedeutung war, vgl. z. B. Walther von Loewenich, Luthers Theologia Crucis (Witten 1967); Eduard Lohse, Luthers Theologie (Göttingen 1995) 49–52; Christian Johannes Neddens, Politische Theologie und Theologie des Kreuzes. Werner Elert und Hans Joachim Iwand (Göttingen 2010) 50–55.

77 Vgl. Badiou, Paulus (wie Anm. 15) insbes. 77 ff.

78 Rajhman, Trubarjeva Ena dolga predguvor (wie Anm. 77) 91.

79 Ebenda.

80 Vera Primoža Trubarja (wie Anm. 72) 13.

Trubers begründete Gottes Wort den Glauben des Menschen, zugleich läutere es ihn und mache ihn somit wahrhaft christlich: »Der wahre christliche Glaube schafft im Menschen solche gute Gewohnheiten und Denken und ändert ihn vollständig. Aus Törichtem wird ein Weiser, aus einem Sünder macht er einen Heiligen, also, aus der Hölle wird er in den Himmel gestellt.«[81]

Truber erweist sich somit in seinen theologischen Erörterungen - dieser Aspekt seiner Person und seines Werkes sei hervorgehoben, wenngleich es selbstverständlich erscheinen mag - als ausgeprägter christlicher Denker, der sich zur Gänze der evangelischen Botschaft sowie den Auslegungen und Lehren des Apostels Paulus widmet und ihnen folgen will. Trubers Opus lässt sich als das eines ausgeprägt paulinischen Christen auslegen. Den Apostel Paulus schätzte Truber als den wichtigsten Ausleger der Evangelien: Die Paulusbriefe seien, schrieb er in seiner Widmung zu »Svetega Pavla listuvi« [Schriften des Heiligen Paulus], ein »unergründlicher himmlischer Schatz«.[82] Mit Paulus, insbesondere mit dessen erstem Korintherbrief, begründete er darüber hinaus sein Engagement als Übersetzter der evangelischen und reformatorischen Schriften in die slowenische Sprache,[83] ja er eignete sich sogar dessen

Schreibduktus an, wie eine parallele Lektüre der Schriften Trubers und Paulus' offenlegt. Und schließlich sah Truber sich in seinem Engagement in der Nachfolge des Apostel Paulus. Truber sowie die übrigen slowenischen Reformatoren wandten sich mit ihrem Schrifttum und in ihrem pastoralen Engagement nicht nur an das katholische und ihrer Meinung nach irrgläubige, »falsch« gläubige Volk, sondern, wie sie meinten, ähnlich wie Paulus und die Apostel, an das wohl gute und gottesfürchtige und dennoch kleingläubige, abergläubische und wundergläubige Volk. Das Volk, an das sie sich wandten, sei in ihren Augen noch keineswegs christlich gewesen. Dieses Volk habe die evangelische Botschaft weder gehört noch gelesen und verbleibe somit mit leerem »Gefäß des Glaubens«, d. h. im leeren Glauben an Gottes Gnade und somit an sein Heil und seine Erlösung.[84] Am Ende der Zeiten, das immer näher komme, wie Truber glaubte, mussten Unwissen und Unkenntnis hinsichtlich des christlichen Glaubens besonders verhängnisvoll sein und waren deswegen der Motivationsgrund für das missionarische Engagement der Reformatoren. Es waren demnach die Botschaft der Evangelien und die der Paulusbriefe sowie die Angst vor dem nahenden Weltuntergang, die Truber und seinen Reformatorenkreis zu ihrer Missionstätigkeit bewogen haben, ihnen Mut dafür gaben und Entschlossenheit verliehen, dabei zu verharren, obgleich sie dabei stets großer, ja existentieller Gefahr aus-

81 Vera Primoža Trubarja (wie Anm. 72) 31.

82 Primož Trubar, Svetiga Pavla listuvi 1567, in: Slovenski protestantski pisci, hg. von Mirko Rupel (Ljubljana 1934) 97–98. Vgl. auch Erich Bryner, Teološki motivi v svetopisemskih prevodih Primoža Trubarja. *Stati inu obstati* 7–8 (2008) 127–136.

83 Janez Rotar, Skrb Primoža Trubarja za avtonomnost knjižne slovenščine in za veljavo ljudskega jezika, in: 450-letnica slovenske knjige in slovenski protestantizem, hg. von Marko Kerševan (Ljubljana 2001) 54–66.

84 Z. B. Vera Primoža Trubarja (wie Anm. 71) 27 f.

gesetzt waren.[85] Besonders signifikant sind diesbezüglich Trubers Bestrebungen im Zusammenhang mit seiner Kirchenordnung »Cerkovna ordninga«. Diese verfasste er gegen das ausdrückliche Verbot des Krainer Landesfürsten und damit gegen alle Wahrscheinlichkeit, dass sie jemals in Kraft treten könnte.[86] Gerade darin zeigt sich Trubers Wille, eine wahre christliche Gemeinschaft ins Leben zu rufen: All den (Un-) Möglichkeiten und Wahrscheinlichkeiten der diesseitigen Welt zum Trotz wollte er eine auf das Jenseits orientierte Gemeinschaft der Gläubigen gründen. Truber wollte, wie aus seinen Schriften hervorgeht, zuallererst ein Diener Gottes sein, der die Kirche Christi aufbaut, indem er Gottes Wort in einer den Menschen verständlichen Sprache verkündet. Die Verkündung des Evangeliums, was freilich auch ein Streben nach einem Leben gemäß dem Evangelium voraussetzt, ist nämlich die grundsätzliche Eigenschaft des paulinischen Christentums: »Denn wenn man von Herzen glaubt, so wird man gerecht; und wenn man mit dem Munde bekennt, so wird man gerettet«, schreibt Paulus in seinem Brief an die Römer (Röm 10, 8).

In seinem ersten Brief an die Korinther sagt Paulus zudem Folgendes: »Ich bin allen alles geworden, damit ich auf alle Weise einige rette. Alles aber tue ich um des Evangeliums willen, um an ihm teilzuhaben« (1 Kor 9, 22). So auch Truber: Er sah seine Bestimmung, ja seine Berufung dabei freilich darin, als slowenischer Reformator beziehungsweise als Reformator der ihm »lieben Slowenen« zu wirken; aus dem Glauben an diese seine Berufung leitete er sein Tun und Lassen sowie seine Agenda ab. Sollten wir jedoch seinen Glauben und seine Agenda von diesem religiösen christlichen Standpunkt betrachten, so müssen wir uns zudem vor Augen führen, dass die von Truber verkündete christliche Botschaft ihrer Natur nach universell ist: »Da ist nicht mehr Grieche oder Jude, Beschnittener oder Unbeschnittener, Nichtgrieche, Skythe, Sklave, Freier, sondern alles und in allen Christus« (Kol 3, 11). Oder mit den Worten des französischen Philosophen Alain Badiou ausgedrückt:

> »Die [christliche] Wahrheit ist im Hinblick auf alle kommunitären Teilmengen diagonal; sie autorisiert sich durch keine Autorität, und sie konstituiert auch keine. Sie ist allen angeboten und für jeden bzw. jede bestimmt, ohne das irgendeine vorausgesetzte Zugehörigkeit dieses Angebot einschränken könnte.«[87]

Wie aus seinen Schriften hervorgeht, konnte Truber von diesem paulinischen Standpunkt aus eine konsensuelle Haltung in Debatten zu jenen theologischen Fragen einnehmen, bei denen verschiedene Ausrichtungen der Reformation auseinandergingen[88] und es war für ihn eine »eklektische Offenheit« möglich, die man in seinem Schrifttum verifizieren kann.[89] Mit anderen Worten: Er sah in einer konsensuell

---

85 Rudolf Leeb, Der Missionsgedanke bei Hans Ungnad von Sonneck, Primus Truber und in der lutherischen Reformation, in: Vera in hotenja (wie Anm. 4) 255–271.

86 Lilijana Žnidaršič Golec, Truberjeva Cerkovna ordninga, med želenim in živetim, in: Vera in hotenja (wie Anm. 4) 224–242.

87 Badiou, Paulus (wie Anm. 15) 17.

88 Marko Kerševan, Truberjeva reformacija. Primus Truber v kontekstu reformacijske teologije, in: Vera in hotenja (wie Anm. 4) 209 f.

89 Jonatan Vinkler, Primus Truber in schwenkfeldijanstvo, in: Vera in hotenja (wie Anm. 4) 251.

ausgerichteten theologischen Haltung und in einer grundsätzlichen intellektuellen Offenheit die »conditio sine qua non« für die Verkündung des wahren christlichen Glaubens.

Die Überzeugung über seine Berufung zur Verkündung des wahren christlichen Glaubens und der Wunsch, eine wahre christliche Gemeinschaft unter den »lieben Slowenen« zu errichten – d. h. eine »Kirche der slowenischen Sprache« zu stiften –,[90] prägten Trubers Religiosität sowie die seines reformatorischen Kreises. Und sie waren Angelpunkte für die Entstehung von Trubers eigenem, möglicherweise »genialem« Opus, wie der Theologe Jože Rajhman meinte. Die emphatischen Äußerungen Rajhmans über Trubers »Genie« dürfen wir diesbezüglich nun ernst nehmen. Wir sollen sie jedoch in der ursprünglichen Bedeutung des Wortes »genius« verstehen, als Bezeichnung für den außerordentlichen und originellen Geist Trubers, welcher in seiner religiösen Perspektive jedoch – in der Perspektive eines christlichen »Eingeborenen« – nicht sein eigener sein konnte, sondern der von Christus. Worin bestand demnach das Slowenentum Trubers? War dieses Slowenentum doch nichts mehr als ein Ruf an die Heiden, an die von Christus zur Heiligkeit Gerufenen; dies und nichts mehr, aber auch nichts weniger? Der Ruf Christi an den Menschen war in den Augen Trubers allemal »ultima ratio« der menschlichen Existenz schlechthin. Ist dieser Ruf Christi nicht bereits in den ersten slowenischen Worten zu hören, die Truber drucken ließ, den Worten »Allen Slowenen erbitte ich Gnade, Frieden, Erbarmen und die wahre Erkenntnis Gottes durch Jesus Christus«? Und schließlich – etwas zugespitzt formuliert – ist nicht Truber demnach in der Tat als ein »Heiliger« zu interpretieren? Doch freilich nicht als der Nationalheilige, zu welchem der romantische Dichter Anton Aškerc Truber ausrief, sondern ein Heiliger im paulinischen Sinne und somit in Trubers eigenem, d. h. als ein wahrhaft religiöser Mensch, ein Mensch, der wahrhaftig glauben und nach seinem wahren Glauben leben will. Es sei, schrieb Truber schließlich selber, der wahre christliche Glaube, der den sündhaften Menschen aus der Hölle hole und ihn in den Himmel versetze; es sei der Glaube, der aus einem Sünder einen Heiligen mache.[91]

IV. Fazit

»Romantisieren ist nichts, als eine qualitative Potenzierung«, schrieb Novalis und formulierte damit die romantischen Gesinnung. Wie wir gesehen haben, ist es gerade diese romantische Gesinnung, entsprungen aus der nationalen Emphase des späten 19. und des frühen 20. Jahrhunderts, welche die moderne slowenische Perspektive bezüglich der slowenischen Reformation prägt. In dieser modernen slowenischen Perspektive wird Primus Truber als Primas der slowenischen Reformation zum Volks- und Nationalheiligen, ja zum Nationalgenie erhoben, seinem Opus eine

90 Vgl. Kerševan, Trubarjeva ›cerkev božja‹ (wie Anm. 55).
91 Vgl. Anm. 83.

nationsstiftende Qualität zugeschrieben und das Opus selbst zum Fundament der slowenischen nationalen Ethik potenziert.[92] Solch eine romantische Auffassung der Person Trubers und dessen Opus verkennt jedoch die immanent christlich-religiöse Qualität, die das Opus Trubers im Besonderen sowie das der slowenischen Reformation im Allgemeinen auszeichnet. Es war nämlich der auf dem paulinischen Christentum aufbauende Anspruch des Glaubens, der die slowenischen Reformatoren zu ihrem Missionsengagement bewog und sie in diesem Engagement leitete, und gerade nicht, wie die modernen Interpreten der slowenischen Reformation meinten, der slowenische Glauben, d. h. die slowenische nationale Emphase. Die moderne, im slowenischen »kulturellen Gedächtnis« bis dato nicht überwundende, durchaus romantische Auslegung der slowenischen Reformation erweist sich somit, mit den emphatischen Worten des slowenischen Literaturhistorikers Ivan Prijatelj gesagt, als »Sünde vor dem Namen Trubers«, ja als ein »Unrecht«.

An der Stiftung dieses »Unrechts« hatte die slowenische wissenschaftliche Publizistik des 20. Jahrhunderts einen maßgeblichen Anteil. Anstatt die christliche Qualität der slowenischen Reformation wahrzunehmen, haben die slowenischen Geisteswissenschaften die vermeintlich nationale Qualität aus der slowenischen Reformation herausgefiltert und romantisiert, d. h. zum vermeintlich wesentlichen Merkmal der slowenischen Reformation überhöht. Eine eigenartige nationale Qualität beinhaltete die slowenische Reformation allemal, doch war sie in der Perspektive der Reformatoren nur im Rahmen des Christentums zu denken. Mit anderen Worten, anstatt das Selbst-Bild Trubers und seines reformatorischen Kreises wahrzunehmen, haben die slowenischen Geisteswissenschaften ein Bild Trubers »ex tempore moderna« geschaffen und dieses Bild gleichsam auf einen »Doppelaltar» von Moderne und Nation platziert. In diesem Altar hängt das Bild bis heute als wohl am meisten geschätzter slowenischer »Ort der Erinnerung«.[93]

Um sich nun von diesem romantischen »Unrecht«, ja von dieser modernen »Sünde« zu lösen und die slowenische Reformation in ihrer eigenen Qualität wahrzunehmen und zu erkennen, gilt es demnach, zu jenem christlichen Standpunkt zurückzukehren, auf dem die slowenische Reformation meinte allein stehen zu können. Sie wollte sich dem Sinn ihrer christlichen menschlichen Existenz nicht entziehen und den Sinn und Zweck ihres reformatorischen Engagements nicht verraten. Dabei ist insbesondere die für die Vormoderne charakteristische Einheit der christlichen Welt im Auge zu behalten. Diese Einheit zeichnete, wie am Anfang dargelegt, eine nicht aufzulösende Verzahnung des Politischen mit dem Religiösen aus. Der Primas der slowenischen Reformation Primus Truber war in diesem Bezug keine Ausnahme, wohl aber einer der radikalen Denker der christlichen evangelischen Ethik. Aufgrund des aktuellen Forschungsstandes lässt sich behaupten, dass seine politischen Ansichten sowie seine Konzepte der christlichen Vergesellschaftung allein aus seinen religiösen christlichen Ansichten hervorgingen. Weder politische Tradition noch

92 Kovač, Slovenska teologija Primoža Trubarja (wie Anm. 56).

93 Nora, Entre Mémoire et Histoire (wie Anm. 28) 57.

der Konfessionalisierungszwang hinderten ihn daran, eine »Kirche der slowenischen Sprache« zu konzipieren. Eine solche Kirchengemeinschaft war allerdings nicht allein für das Diesseits bestimmt. Sie war eschatologisch bestimmt: sie sollte eine Erlösungsgemeinschaft sein. Demzufolge gilt es, den schweren Hammer der Romantik niederzulegen, mit dem das moderne slowenische Bild der slowenischen Reformation geschmiedet worden ist und noch weiterhin in Stand gehalten wird. Hingegen ist der »Amboss Christi« wahrzunehmen, durch den die slowenischen Reformatoren ihren religiösen Glauben sowie ihren politischen Willen allein erhalten zu haben meinten.

Vorarlberg im Zeitalter der Reformation, Gegenreformation und der Katholischen Reform
Ein kirchengeschichtlicher Überblick

Von Gergely Csukás

I. Einleitung

Im Rahmen meiner Diplomarbeit habe ich die Reformations- und Gegenreformationsgeschichte Vorarlbergs untersucht. Eine Gesamtdarstellung dieser wichtigen Epoche der Landesgeschichte aus kirchengeschichtlicher Sicht fehlt bisher. Ziel des vorliegenden Artikels ist es, in die Geschichte des Protestantismus des 16. und 17. Jahrhunderts in Vorarlberg – ein Land, das in Gesamtdarstellungen zur Geschichte Österreichs, sei es profan- oder kirchenhistorischer Art, oft nur marginal behandelt wird – einzuführen und den Leser mit Grundlinien protestantischer Äußerungen in einem mehrheitlich römisch-katholischen Land vertraut zu machen. Die Reformations- und Gegenreformationsgeschichte wurde im Rahmen der Landesgeschichte Vorarlbergs lediglich als Randphänomen innerhalb der sozialen oder der politischen Geschichte behandelt oder es gibt nur Einzeldarstellungen über besondere Aspekte (z. B. den Humanismus) dieser bewegten Zeit. Bis zum Zweiten Weltkrieg, und teilweise darüber hinaus, ist die Geschichte der Reformation in Vorarlberg aus einer dezidiert römisch-katholischen Perspektive[1] geschrieben worden. Viele Wendungen und Begriffe aus dieser Zeit wurden teilweise bis in die jüngste Geschichtsschreibung unreflektiert übernommen. Der »Geheimprotestantismus«[2] in Vorarlberg im 16./17. Jahrhundert etwa wurde dabei kaum in Betracht gezogen. Selbst nach dem Zweiten Weltkrieg, als eine ausschließlich katholische Sichtweise auf die Erforschung der Reformation nicht mehr möglich war, wirkten die alten Vorstellungen noch teilweise nach.[3] Gegenwärtig beschäftigen sich Alois Niederstätter und Manfred Tschaikner mit den Phänomenen der Reformations- und Konfessionalisierungsgeschichte. Ihre Betrachtung ist aber primär eine sozial- und mentalitäts- und keine kirchengeschicht-

1 Die meisten Geschichtsschreiber der ersten und zweiten Generation waren römisch-katholische Geistliche, die allesamt in unterschiedlichen Graden ultramontane Ansichten vertreten haben. Ihre Wertung des Einflusses der Reformation auf das Land ist bestenfalls kritisch im negativen Sinne zu nennen.

2 Im weiteren Verlauf muss geklärt werden, inwiefern und inwieweit dieser Begriff für die Verhältnisse in Vorarlberg angewendet werden kann.

3 Beispielsweise Karel Menhart, Anfänge der Reformation in Vorarlberg. Um die Rolle von Märk Sittich von Hohenems. *Montfort* 30 (1978) 79–87, hier 84: Der Emser Vogt, Märk Sittich I., sei zu Recht als Gegner der »Zerstörer der christlichen Einheit und Vergewaltiger der gläubigen Volksmassen« aufgetreten. Eine Deutung, die auf eine Verunsicherung, ausgelöst durch eine neue Betrachtung der Ereignisse dieser Zeit, schließen lässt.

liche, was Ziel des vorliegenden Aufsatzes sein soll. Selbstverständlich schließen die Betrachtungsweisen einander nicht aus.

II. Politische Rahmenbedingungen

Wenn wir im Folgenden vom Land »Vorarlberg« sprechen, dann meinen wir für das 16. und 17. Jahrhundert in Wahrheit die vier Herrschaften vor dem Arlberg sowie die Grafschaft Hohenems und die Herrschaft Blumenegg. Politische Symbolkraft für die Einheit dieses Gebietes ist der Landtag, der zumeist in Feldkirch und in Bregenz stattfand. Auch die Regierung in Innsbruck betrachtete die Herrschaften »enhalb des Arlbergs« zumeist separat von dem Land Tirol und den zerstreuten Gebieten Vorderösterreichs in Oberdeutschland und im Elsass. Nachdem die Herrschaft der Grafen von Montfort durch fortlaufende Erbteilungen stetig schwand, konnten zwei Herrschergeschlechter ihre Macht in Vorarlberg ausbauen: die Habsburger[4] und die Emser Grafen.[5] Aufgrund der Türkengefahr im Osten verlagerte sich der Schwerpunkt der Großmachtinteressen Habsburgs vom Westen in den Osten, was aber politischen und militärischen Frieden im Westen umso notwendiger erscheinen ließ. Das spielt für die Reformationsgeschichte eine bedeutende Rolle. Die Habsburger waren jedoch auf die Mitwirkung der vorarlbergischen Stände angewiesen (v. a. was das Steuerbewilligungsrecht und die Landesverteidigung anbelangte).[6] Anders als in den restlichen Territorien der Habsburger, waren hier die Stände nicht in Kurien eingeteilt (Adel, Klerus und Ritter bzw. Bürger), sondern wurden allein durch Bürger und Bauern repräsentiert (vgl. die alemannsiche Tradition der Eidgenossenschaften).[7]

---

4 Karl Heinz Burmeister, Geschichte Vorarlbergs. Ein Überblick (München [4]1998) passim. Die Großmachtpolitik des Hauses Habsburg führte ab dem Jahr 1363 zu einer steten Ausweitung ihres Einflusses in dieser Region. Im Jahr 1523 kam die territoriale Erweiterungspolitik der Habsburger in den Herrschaften vor dem Arlberg vorläufig zum Abschluss. (Vorarlberg war mit Ausnahme der Grafschaft Hohenems mit dem Reichshof Lustenau unter den Emser Grafen und der Herrschaft Blumenegg unter den Grafen von Sulz in den Händen der Habsburger.)

5 Die Emser Grafen übernahmen die Vogteiämter in Bregenz und Feldkirch (Repräsentationsorgan der landesfürstlichen Interessen), sodass sie von der Zusammenarbeit mit den Habsburgern letztlich profitieren konnten. Voraussetzung für die Loyalität mit den Habsburgern war ihr fast bigott anmutender Katholizismus, was sich auch in der Übernahme zahlreicher klerikaler Posten äußerte.

6 Burmeister, Geschichte Vorarlbergs (wie Anm. 4) 105.

7 Benedikt Bilgeri, Geschichte Vorarlbergs, Bd. 2: Bayern, Habsburg, Schweiz – Selbstbehauptung (Wien–Köln–Graz 1974) 314: »Anders als in den anderen Ländern Österreichs, ja Mitteleuropas, bezeichnen sie den Zusammenschluß der ländlichen und städtischen Gerichtsbezirke ohne jede Vertretung der anderswo privilegierten Klassen des Adels und der Geistlichkeit.« Dass das Fehlen des sonst einflussreichen Standes der Kleriker und Adeligen nicht immer nur Vorteile gebracht hatte, zeigt gerade die Reformationszeit, bei der die Bürger und Bauern nicht nur ihre religiöse Unabhängigkeit nicht erreichen konnten, sondern zudem zahlreicher Privilegien verlustig gingen. Da politisch nicht ausreichend mächtig, mussten sie entscheidende Eingriffe der Landesfürsten in ihre herkömmlichen Rechte erdulden. In

Die reichsfreien Gebiete Hohenems und Blumenegg waren an den Landtagen nicht vertreten, obwohl sie politisch von ihnen sowie von den Habsburgern abhängig waren. Die landesfürstliche Regierung für die »oberösterreichischen Gebiete« (Tirol, Vorarlberg, Vorderösterreich) lag in Innsbruck. Die Landtage waren der Ort, wo die Stände Vorarlbergs ihre Landespolitik betrieben.[8] Insgesamt kamen 24 Vertreter der einzelnen Gerichte zusammen, die jeweils eine Stimme im Landtag hatten.[9] Ebenso konnten die Städte und Gerichte – allen voran die Stadt Feldkirch – die Wahl des landesherrlichen Beamten, den Vogt zu Feldkirch, der politisch bedeutendsten Position in Vorarlberg, mitbestimmen, wobei der Landesfürst im Zuge des Frühabsolutismus sein Recht, den Vogt mitzubestimmen, stetig eigenmächtig ausweiten konnte.[10] Als unterste politische Einheit fungierten die Gemeinden, die über lokale Rechte verfügen konnten und denen so genannte Ammänner und Richter vorstanden, die von der Bevölkerung gewählt wurden. Feldkirch und Bregenzerwald konnten sich Privilegien sichern, die sogar die Hohe Gerichtsbarkeit (Recht auf Verhängung von Todesstrafen) inkludierten.[11]

III. Kirche und geistliches Leben vor der Reformation

III.1 Die Diözesen Konstanz, Chur und Augsburg

Das Vorarlberger kirchliche Leben spielte sich in den Diözesen Konstanz, Chur und Augsburg ab. Konstanz umfasste grob den nördlichen Teil Vorarlbergs, Chur den südlichen (die Grenze verlief südlich von Hohenems). Die Diözese Augsburg umfasste die beiden Gerichte Mittelberg und Tannberg (Kleinwalsertal und Lechtal).[12] Insbesondere Konstanz wurde in die Anfangswirren der Reformation kräftig mit hineingezogen. Finanzielle und strukturelle Missstände der Kirche waren in dieser Diözese besonders groß. Ebenso kräftig war die Reformation in der Diözese Chur,

der durchwegs positiven Darstellung des »demokratischen Fortschritts« der Vorarlberger bei Bilgeri wird dieser Umstand vernachlässigt.

8 Die Stände kamen 1497 zum ersten Landtag zusammen. Ab den 1570er Jahren fanden die Landtage in regelmäßigen Abständen abwechselnd in Bregenz und Feldkirch statt.

9 Bilgeri, Geschichte Vorarlbergs, Bd. 2 (wie Anm. 7) 318. Die Zahl der 24 Vertreter setzte sich aus folgenden Gebieten zusammen: die drei Städte Bregenz, Feldkirch und Bludenz sowie die 21 ländlichen Gerichte Montafon, Sonnenberg, Rankweil-Sulz, Jagdberg, Neuburg, Dornbirn, Höchst-Fußach, Bregenzerwald, Damüls, Hofsteig, Hofrieden, Alberschwende, Lingenau, Sulzberg, Mittelberg, Tannberg sowie Altenburg, Kellhöfe, Simmerberg, Grünenbach und Hohenegg (die letzten fünf Gerichte liegen heute außerhalb Vorarlbergs). Ebenso waren die »Zugewandten« Gebiete wie Vaduz-Schellenberg von den so genannten »Landschaften« (= die Stände) abhängig.

10 Ebenda 319. Zumeist übernahmen die Grafen von Ems die Vogteiämter.

11 Ebenda 301. Vgl. dazu auch Hermann Sander, Über das Begnadigungsrecht der Stadt Feldkirch und des hinteren Bregenzerwaldes (Innsbruck 1883) passim.

12 Die Diözese Augsburg spielt für die weitere Reformationsgeschichte kaum eine Rolle. Zumindest sind keine Quellen über diese Region greifbar.

die für die nächsten zwei Jahrhunderte Schauplatz heftiger konfessioneller Auseinandersetzungen wurde.[13]

III.2 Das religiöse und das kirchliche Leben der Bevölkerung am Vorabend der Reformation

Die reformatorischen Ideen trafen in der Bevölkerung auf ein äußerst lebendiges religiöses Leben.[14] Motor zahlreicher religiöser Praxen war die Furcht vor dem Jenseits bzw. vor dem Fegefeuer. Für die Heilsuchenden waren die Stiftung von Seelenmessen und die Ablasspraxis Mittel, mit denen sie, so die herrschende Überzeugung, die Zeit im Fegefeuer verkürzen konnten.[15] Weit verbreitet und kulturgeschichtlich höchst bedeutend war die Vorstellung, dass die Lebenden für die Toten verantwortlich wären. Wer es sich leisten konnte, hatte bereits im Diesseits Vorkehrungen für das Jenseits getroffen, indem er Stiftungen für die eigene Seele oder die der Verwandten und Freunde bezahlte.[16] Für sozial schwache Personen bestand die Möglichkeit, über Zünfte und Bruderschaften Zugang zum Heil zu finden. Für Vorarlberg finden wir zahlreiche Belege einer erhöhten Bereitschaft, Vorsorge durch Messstiftungen für den Tod zu treffen. Exemplarisch möge hier nur die Stadt Feldkirch erwähnt werden: Zwischen 1505–1510 wurden drei Benefizien eingerichtet. Zwei davon sind von der Bruderschaft »Unserer lieben Frau«[17] und ein Benefizium ist vom Vogt zu Feldkirch eingerichtet worden.[18] Sowohl die sozial niederen als auch die sozial höheren Schichten beteiligten sich am religiösen Leben der Stadt und der Gemeinde. In diesem Kontext sind auch die zahlreichen spätmittelalterlichen Flügelaltäre zu verorten.[19]

13 Vgl. Erwin Gatz, Die Bistümer des Heiligen Römischen Reiches. Von ihren Anfängen bis zur Säkularisation (Freiburg im Breisgau 2003) 64–66, 170 f. und 302.

14 Rudolf Leeb, Der Streit um den wahren Glauben. Reformation und Gegenreformation in Österreich, in: Geschichte des Christentums in Österreich. Von der Spätantike bis zur Gegenwart, hg. von Dems./Maximilian Liebmann/Georg Scheibelreiter/Peter G. Tropper (Österreichische Geschichte, Ergänzungsband 3, hg. von Herwig Wolfram, Wien 2003) 145–360, hier 150; Alois Niederstätter, Österreichische Geschichte 1400–1522. Das Jahrhundert der Mitte. An der Wende vom Mittelalter zur Neuzeit (Wien 1996) 55–83.

15 Leeb, Streit (wie Anm. 14) 150 und 153.

16 Da die römisch-katholische Kirche die Gnadenmittel, den Schatz der Kirche (thesaurus ecclesiae) aufgrund der »guten Werke« Christi und der Heiligen verwaltete, konnten die Menschen nur über die Vermittlung der Kirche zu den begierig verlangten Heilsmitteln gelangen. Die Vermittlung des Heils war durch den Opfercharakter der Messe möglich. Durch die Konsekration wurde das Opfer Christi am Kreuz, das für die Menschen soteriologische Bedeutung hatte, wiederholt. Daher konnte eine Messe Heil und Gnade für die verstorbenen Seelen bringen. Nur ein geweihter Priester konnte die Konsekration durchführen. Ebenda 150.

17 Das Benefizium zur Heiligen Dreifaltigkeit im Jahre 1505 und das Benefizium zum Heiligen Leonhard im Jahre 1510. Vgl. Ludwig Rapp, Topographisch-Historische Beschreibung des Generalvikariates Vorarlberg, Bd. 1: Dekanat Feldkirch (Brixen 1894) 104–106 und 117–120.

18 1509 richteten der Ritter Johann von Königseck und seine Frau Amalia Hundbissen von Ratzenried eine Stiftung für ihren verstorbenen Sohn, Veit von Königseck, ein, der mit 17 Jahren im Graben zu Feldkirch ertrunken ist. Vgl. ebenda 50–54.

19 In Vorarlberg ist beispielsweise das künstlerisch hochwertige Altarbild von Wolf Huber in

Zusammenfassend lässt sich sagen, dass im Spätmittelalter eine Zentrierung auf das Heil und die Gnadenmittel der Kirche erfolgte.[20] Auch das Ablasswesen war, wie in anderen Teilen des Deutschen Reiches, in Vorarlberg gang und gäbe.[21] Es rückte in den Blickpunkt des hohen Klerus und des Papstes, um damit kirchliche Finanzpolitik zu betreiben. Ihr gesteigerter finanzieller Bedarf und das wachsende Bedürfnis des Volkes nach neuen Kirchen und Kapellen, konnten durch das Ablasswesen bequem befriedigt werden. Sowohl die Kirche als auch das Volk gingen von einer »Win-win-Situation« aus.[22]

III.3 Die Kommunalisierung des öffentlichen religiösen Lebens

Für das Spätmittelalter und für die beginnende Neuzeit lässt sich ein erhöhter Mobilisierungsgrad der Bevölkerung in religiösen Belangen feststellen. Besonders in Vorarlberg sind zahlreiche Pfarrgründungen durch Pfarrteilungen und Neubauten belegt. Aufgrund weiter und gefährlicher Wege wollte die Bevölkerung eine eigene Pfarre im Dorf haben. Neben Geltungsbedürfnis war vor allem die bessere pastorale Versorgung von entlegenen Tälern der Grund für Pfarrgründungen.[23] Neugründun-

---

der St. Nikolauskirche zu Feldkirch bekannt. Karl Heinz Burmeister, Geschichte der Stadt Feldkirch, Bd. 2: Kulturgeschichte bis zum Beginn des 19. Jahrhunderts, hg. von Karlheinz Albrecht (Bodensee-Bibliothek 32, Sigmaringen 1985) 181 und 155 Abb. 35; Vgl. Leeb, Streit (wie Anm. 14) 151.

20 Leeb, Streit (wie Anm. 14) 151 f.

21 Die kirchliche Lehre, wonach man durch die Zahlung von so genannten Ablassbriefen die Zeit im Fegefeuer verkürze, löste sich von der gleichzeitig geforderten inneren Umkehr (Buße, Kommunionsempfang) und von der Leistung »guter Werke« los.

22 Für die zahlreichen Neugründungen bzw. Erweiterungen von Pfarren sind häufig Ablässe zur Finanzierung herangetragen worden. Der Papst genehmigte beispielsweise den Bau einer Kirche in der Gemeinde Au durch Ablassbriefe – ebenso im Jahre 1500 den Bau einer neuen Kapelle in Schoppernau. Im selben Jahr wurde von zehn Kardinälen Ablass für den Bau der Marienkirche der Pfarre St. Sebastian in Langen bei Bregenz gewährt. Diesbezüglich sind etwa noch Ablässe für Damüls und Tisis (Ablässe durch fünf römische Kardinäle) belegt. Die meisten Ablässe wurden von der Diözese Konstanz ausgestellt, die gerade in große finanzielle Not geraten war und auch anderweitig nach diversen fiskalischen Quellen suchte. Vgl. Sibylle Merz, Beiträge zur Vorarlberger Kirchengeschichte im Mittelalter (Diplomarbeit, Innsbruck 2000) 85, 98, 115 f., 140 und 150.

23 So beispielsweise belegt für die Gemeinde Hard, die im Jahre 1430 (!) bei der Pfarre St. Sebastian eine Kaplanei stiftete, da sie »von Wassers nöten her« nicht immer zur Messe nach Bregenz gehen konnte. Das Überqueren von Flüssen war gefährlich: So ertrank der Abt von St. Gallen in der Bregenzer Ache bei deren Überquerung im Jahre 1530. Die Gemeinde Riezlern war bestrebt, den Seelsorger der neuen Kapelle der Pfarre »Unsere lieben Frau Opferung« aus eigenen Mitteln zu bezahlen (1510), da sie mit seelsorgerlichen Schwierigkeiten zu kämpfen hatte. Der Gerichtsammann von Tannberg bewilligte die Sammlung zur Errichtung einer Pfarre. 1464 separierte sich die Gemeinde Schnepfau aufgrund der weiten Strecke von ihrer Muttergemeinde in Bezau. Die neue Pfarrei hatte es aber schwer, sich über Wasser zu halten, die finanzielle Kraftaufwendung der Bevölkerung war hier besonders beeindruckend. In Schoppernau ist die Gemeinde selbst für die Besorgung der ewigen Messe und für die Versorgung des Kaplans zuständig. Vgl. ebenda 107, 134, 139 und 140.

gen,[24] Pfarrseparationen oder Filialpfarren waren die Folge. Meist handelte es sich um kleine Kapellen mit einer geringen Pfründe, weshalb sie selten von Priestern aufgesucht wurden.[25] Der Bischof oder gar der päpstliche Hof mussten aber den Neubau oder die Separation bewilligen.[26] Häufig stellte der Bischof Ablassbriefe für die Finanzierung der Kirchen aus. Kapellen wurden häufig nur zum Messelesen verwendet.[27] Offenbar konnte die Bevölkerung (wie in Hörbranz) mit dem Messelesen zufrieden gestellt werden, da wegen einer etwaigen geringeren pastoralen Versorgung seitens der Dorfbewohner keine weiteren Beschwerden folgten.[28] Grundsätzlich lässt sich feststellen, dass die Bevölkerung die religiöse Verantwortung in ihre eigenen Hände nehmen wollte. Peter Blickle spricht diesbezüglich von einer »Prädisposition der ländlichen Gesellschaft für die Kommunalisierung der Kirche«.[29] Ähnliches lässt sich auch allgemein von Städten sagen.[30]

III.4 Die Missstände im Klerus und in der Kirche

III.4.1 Strukturelle und finanzielle Schwächen der Kirche

Das Bedürfnis der Bevölkerung nach Heil und Gnade sowie nach einem erträglichen Alltag[31] – frei von strengen Geboten und Satzungen der Kirche – traf sich mit einem erhöhten Finanzbedarf der kirchlichen Hierarchien. Seelenmessen, Ablass-

24 So in Riezlern 1510, die Pfarre St. Wolfgang in Schnepfau und die Pfarrei St. Philipp und Jakob in Schoppernau 1500. Vgl. ebenda 134, 139 und 140.

25 Die Filialkirche St. Wolfgang in Schnepfau wurde bereits im Jahre 1459 geweiht, doch kam der Pfarrer aus Bezau aufgrund der Weggefahren nur äußerst selten vorbei, sodass der Wunsch der Gemeinde entstand, einen eigenen Pfarrer im Dorf zu haben. Nach Separation von der Mutterkirche, fünf Jahre später, konnte die Pfarre aufgrund fehlender Pfründe nicht besetzt werden. Selbst im Jahr 1497, als eine Errichtungsurkunde für die Pfründe ausgestellt worden war, konnte aufgrund der geringen Dotierung die Pfarrstelle nur selten versorgt werden, wie aus dem Jahr 1584 zu ersehen ist: »[…] in Schnepfau aus diesem Grund selten ein Seelsorger seinen Dienst verrichtet.« Vgl. ebenda 139, Anm. 926.

26 Der Bau der Kirche zum Heiligen Leonhard in Au wurde von Rom aus bewilligt, Patronatsherr der neuen Kapelle in Hard war der Abt von Mehrerau und der Bau der Marienkirche in Langen bei Bregenz wurde vom Konstanzer Bischof bestätigt. Vgl. ebenda 85 und 107.

27 Es soll hiermit nicht bezweifelt werden, dass für weite Teile der Bevölkerung Seelenmessen ausreichende Trostfunktion hatten. Es musste einen Grund haben, weshalb ein »Altarist«, der ausschließlich Messen las und zumeist theologisch ungebildet war, mehr Geld verdienen konnte als ein ausgebildeter Priester. Doch darf bezweifelt werden, dass Seelsorge damit schon ausgeschöpft wurde.

28 In der Pfarre St. Martin wurde 1477 ein Benefizium zur Kapelle gestiftet. In der Kapelle war aber nur das Messelesen erlaubt, sonstige seelsorgerliche Tätigkeiten wurden nicht durchgeführt. Vgl. ebenda 108.

29 Peter Blickle, Gemeindereformation. Die Menschen des 16. Jahrhunderts auf dem Weg zum Heil (München 1985) 51.

30 Bernd Möller, Reichsstadt und Reformation (Schriften des Vereins für Reformationsgeschichte 180/69, Gütersloh 1962) 10 f.

31 Erleichterungen in dem stark von der Kirche geprägten Alltag konnten sowohl Kleriker als auch Laien durch so genannte Dispense erwerben. Besonders beliebt waren Dispense bei Pfarrern,

wesen, Wallfahrten und dergleichen mehr waren für viele Menschen frappierende Beweise für den Finanzhunger der Kirchen. Die theologische Begründung solcher Praktiken trat zunehmend, zugunsten der finanziellen Bedarfsdeckung der kirchlichen Hierarchien, in den Hintergrund. Das kirchliche Leben geriet unter das Verdikt der Fiskalisierung, Kommerzialisierung und Verdinglichung. In den Augen der Zeitgenossen verschwanden diese immensen Gelder irgendwo in dunklen Kanälen in Rom. Der Kapitalabfluss aus dem Wirtschaftsverkehr war dementsprechend hoch. In diesem Zusammenhang ist das typische Phänomen der Pfründenjagd und Pfründenakkumulation zu nennen. Gerade einflussreiche Patrizier und Adelige traten in den geistlichen Stand ein, da sie sich dadurch gute finanzielle Einkünfte erhofften. So sicherte die Patrizierfamilie Pappus ihre Einkünfte, indem sie die Pfründe der Liebfrauenkirche in Rankweil bezog. Teilweise besaß sie dort auch das Präsentationsrecht.[32] Ähnlich verhielt es sich mit den unehelichen Söhnen der Adeligen von Ems, die so genannten »Embser«, welche seit 1480 bis zum Beginn des 17. Jahrhunderts die Pfründe aus der Pfarre Schnifis bezogen.[33] Häufig wurden die Pfarrstellen gar nicht besetzt, obwohl die Pfründe, d.h. die Einkommen der Pfarre, weiterhin vom Inhaber der Pfründe eingenommen wurde: Die vorhin genannten Embser hatten dies praktiziert. Kirchenrechtlich war dieses Vorgehen gerechtfertigt. Der Pfründeninhaber, der sich von einem meist schlecht bezahlten und oft ungebildeten Vikar oder Plebanus vertreten ließ, hieß offiziell »rector ecclesiae«. Vom Volk wurde dieser abschätzig »Cortisoner« genannt.[34] In der Beschwerdeschrift der Bregenzerwälder aus dem Jahr 1525 wurde dieses Unwesen beklagt: Da das Frauenkloster zu Valduna das Präsentationsrecht der Pfarre Egg habe, würde die Pfarre mit »Cortisonen vnd ander schlecht briester« bestellt werden, die »die pesten frücht vnd einkomen der pharr selbs ingenomen vnd den vicarien nit souil lassen, das sy sich wol vnderhalten

---

die auf ihre Konkubinen nicht verzichten wollten (häufig aus wirtschaftlichen Gründen) und sie mittels Dispense behalten konnten. So genannte Beicht- und Butterbriefe (freie Wahl des Beichtvaters und Lockerung der strengen Fastengebote) wurden von der Bevölkerung in Anspruch genommen. Auch in Vorarlberg war das Dispenswesen gängige Praxis.

32 Von 1451–1540 besaßen nacheinander drei Mitglieder der Familie Pappus das Pfründen- und Präsentationsrecht der Liebfrauenkirche in Rankweil. Ein vierter Pappus war von 1516–1521 Priester der Pfarre St. Peter, ebenfalls in Rankweil. Vgl. Alois Niederstätter, Studien zur Sozialgeschichte des Pfarrklerus im 14. und 15. Jahrhundert. *Montfort* 46 (1994) 119–132, hier 124; Johannes Schöch, Die religiösen Neuerungen des 16. Jahrhunderts in Vorarlberg bis 1540. *Forschungen und Mitteilungen zur Geschichte von Tirol und Vorarlberg* 9 (1920) 21–37, 81–107, 177–194, 259–280, hier 29.

33 Schöch, Neuerungen (wie Anm. 32) 29.

34 Ebenda 29 f.; »Cortisoner« waren Höflinge – das Wort hat denselben Stamm wie Kurtisane. Ende des 15. und Anfang des 16. Jahrhunderts wurden sie auch in Verbindung mit den »Päbstlern« gebracht, die ins Land gekommen waren, um Pfarrstellen zu besetzen. Vgl. dazu ein Spottlied von Hans Sachs: »Ich bin ein römisch curtisan; zu Rom ich erstlich esel trieb, [...].« Johann Andreas Schmeller (Hg.), Art. Kortisan, Kurtisan. *Bayerisches Wörterbuch* 2 (Leipzig 1939, Nachdr. der von G. Karl Frommann bearbeiteten 2. Ausgabe, München 1872–1877) 1297.

haben mügen«.[35] Während die »Cortisonen« von den hohen Einkünften profitierten, konnten sich die Hilfspriester kaum über Wasser halten. Die seelsorgerliche Tätigkeit an der Basis litt darunter natürlich am meisten, was die Untertanen durchaus bemerkt und beklagt haben. Häufig wurden die gut dotierten Pfarrstellen von Adeligen benutzt, um damit ihre unehelichen Kinder finanziell zu versorgen.[36] Klöster und Stifte (und sinngemäß auch Pfarrstellen) waren »Spitäler des gemeinen Adels und darauf fundiert«.[37] Weiter wurden Pfründe akkumuliert: Beispielsweise hatte der Feldkircher Dr. Christoph Metzler, der spätere Bischof von Konstanz, die Pfründe der Pfarrstelle Egg und der beiden Domkapitel von Chur und Konstanz inne. Patronatsherren und Pfründeninhaber standen oft in einem verwandtschaftlichen oder freundschaftlichen Verhältnis.[38] Häufig verbesserten die Pfarrer ihre Einkünfte durch das Erwerben einer zweiten Pfründe. Viele Pfarrstellen wurden damit vakant und die geistliche Betreuung der Bevölkerung erlitt Schaden. Bei der Pfründenjagd gab es zudem Konkurrenz zwischen den Anwärtern einer zu besetzenden Pfarre, den so genannten »Exspektanzen«, und den Patronatsherren, die formal das Recht hatten, den Pfarrer zu bestimmen. Hier ging es um Machtkämpfe auf Kosten der Pfarre.[39] Missbrauch gab es auch bei den Weihen, insbesondere bei der hohen Geistlichkeit war dies häufig der Fall.[40]

Doch die Pfründe waren nicht die einzigen Einkommensquellen des Klerus. Die Bischöfe hoben beim niederen Klerus die »primi fructus«,[41] die Archidiakonalien und die subsidia caritativa[42] ein. Zusätzlich trieb der Patronatsherr vom niederen Klerus

35 Hermann Sander, Einige Aktenstücke zur Geschichte Vorarlbergs im Zeitalter des deutschen Bauernkriegs (Innsbruck 1893) 8.

36 Alois Niederstätter, Studien zur Sozialgeschichte der Vorarlberger Geistlichkeit. *Zeitschrift für bayerische Kirchengeschichte* 61 (1992) 27–46, hier 34 f. Die genannten Embser sind das beste Beispiel für diesen weit verbreiteten Missbrauch.

37 So auf dem Ausschusslandtag aller österreichischen Länder 1518 vermerkt. Leeb, Streit (wie Anm. 14) 157; Diese Sitte ist seit dem 14. Jahrhundert belegt. Vgl. Niederstätter, Vorarlberger Geistlichkeit (wie Anm. 36) 29.

38 Der Patron der Pfarre Gestraz bei Lindau, Graf Hermann von Montfort, ließ über seinen Neffen Wolfgang von Montfort, Domherr in Salzburg, dem ebenfalls in Salzburg weilenden Domherrn, Leonhard Purlin, der sich stets über einen Vikar vertreten ließ, die Pfründe zukommen. Offenbar wurden ihm die Pfründeneinkünfte aufgrund von Gefälligkeiten übergeben. Korruption grassierte an den Geldquellen und an den Schalthebeln der geistlichen Macht. Vgl. Niederstätter, Vorarlberger Geistlichkeit (wie Anm. 36) 35.

39 Beispielsweise gab es einen Machtkampf in der Pfarre Röthis, bei der das Churer Domkapitel das Patronatsrecht innehatte. Der Streit entbrannte zwischen dem Churer Domkapitel Ulrich Gau und einem Priester aus der Konstanzer Diözese, Johann Strauß, der mithilfe des Papstes Alexander VI. die Anwärterschaft (Exspektanz) der Pfarre erhielt. Das Churer Domkapitel konnte sich aufgrund seines Präsentationsrechtes durchsetzen. Vgl. Schöch, Neuerungen (wie Anm. 32) 30.

40 Jakob Imgraben aus Feldkirch erschlich sich die höheren Weihen und Heinrich Vincentii wurde »ad titulum fictum« in Rom ordiniert. Vgl. ebenda 30 f.; Leeb, Streit (wie Anm. 14) 156.

41 Eine Naturalien- oder Geldabgabe (als Erstlingsgabe) an den Bischof nach Antritt einer Pfründe.

42 Für die hohen Schulden der Diözese ließ der Konstanzer Bischof Hugo von Hohenlandenberg

den »Zehentquart« bzw. den Kirchensatz ein. Bei einem jährlichen Einkommen, einer schlecht bestellten Pfarre, von 25–50 Gulden blieb nach Abgabe dieser kirchlichen Steuern für den niederen Klerus nicht mehr viel Geld übrig. Die Kapläne erhielten sogar nur 15–20 Gulden. Es war nicht jede Pfarrstelle geeignet, hohe Summen abzuwerfen. Deshalb rekrutierte sich die Pfarrerschaft zunehmend aus dem bürgerlichen oder gar bäuerlichen Umfeld. Die bereits besprochenen Pfarrneugründungen und Pfarrseparationen schmälerten zusätzlich die Einkünfte aus den Pfarrpfründen.[43] Dazu kamen seit Ende des 15. Jahrhunderts die stetige Geldentwertung und das damit verbundene, verhältnismäßig hohe, Ansteigen der Preise (Preisrevolution), was eine Verarmung des niederen Klerus zur Folge hatte.[44] Besser hatten es die Messpriester. Das Messelesen[45] war oft ein viel einträglicheres Geschäft als die tatsächliche pastorale Versorgung der Gemeinde. Der hohe Klerus hatte erhebliche Zugriffsgewalt auf kleinere Pfarreien. Besonders deutlich wird das am Beispiel des Klosters Mehrerau, das die meisten Pfarreien im Bregenzerwald und die Pfarren von Bregenz und Hofsteig inkorporierte. Ebenso besaßen das Klarissenkloster Valduna, die Abtei St. Gallen, das Kloster Weingarten, das Churer Domkapitel und viele andere so genannte »inkorporierte Pfarreien« in Vorarlberg.[46] So herrschte eine merkliche Diskrepanz zwischen dem hohen und dem niederen Klerus. Ersterer war materiell privilegiert und verstand sich besser auf das Geschäftemachen als auf die geistliche Verwaltung der kirchlichen Distrikte oder gar auf die Seelsorge der Pfarreien. Der niedere Klerus war verarmt und konnte seiner seelsorgerlichen Pflicht nur bedingt nachgehen. So mussten die Pfarrer bei ihren geringen materiellen Einkünften wohl oder übel Abhilfe schaffen, indem sie die Gemeinde belasteten. Beispielsweise beklagten sich die Bregenzerwälder im Jahr 1525 über die Bedrückung durch Geistliche, die »wider recht vnd billichait gedrungen vnd inen manigerlay newerung wider alt herkomen aufgelegt«[47] haben. Aufgrund der Besetzung der Pfarre Egg, deren Patronat das Klarissenkloster Valduna inne hatte, mit einem »Cortisonen«, der »[...] die pesten frücht

---

diese Sondersteuer einführen. Vgl. Rudolf REINHARDT, Hugo von Hohenlandenberg, in: Die Bischöfe von Konstanz, Bd. 1: Geschichte, hg. von Elmar L. KUHN u. a. (Friedrichshafen 1988) 392–395, hier 394; SCHÖCH, Neuerungen (wie Anm. 32) 26.

43 Die Bevölkerung musste somit häufig ihre kommunale Aktivität in religiösen Belangen gegen die Interessen der Bischöfe und des Klerus vor Ort durchsetzen. NIEDERSTÄTTER, Vorarlberger Geistlichkeit (wie Anm. 36) 38 f.

44 SCHÖCH, Neuerungen (wie Anm. 32) 27; Heinrich LUTZ, Reformation und Gegenreformation (München [5]2002) 4.

45 Die Liturgen mussten nur die Einsetzungsworte kennen, die richtigen Materialien verwenden und oberflächlich die Grundlehren des Glaubens und die Unterscheidung der verschiedenen Arten von Sünden kennen. Dass häufig nicht einmal dieser Bildungsstandard erreicht werden konnte, zeigt das Churer Fiskalbuch von 1522, wo es heißt, dass der Kurat in Laterns, Johann Frieß, »celebrat in sola aqua« (d.h. mit Wasser statt Wein zelebrierte). Vgl. SCHÖCH, Neuerungen (wie Anm. 32) 31; NIEDERSTÄTTER, Vorarlberger Geistlichkeit (wie Anm. 36) 43; Peter SCHMIDT, Die Priesterausbildung, in: Die Bischöfe von Konstanz, Bd. 1: Geschichte, hg. von Elmar K. KUHN u. a. (Friedrichshafen 1988) 135–142, hier 135.

46 SCHÖCH, Neuerungen (wie Anm. 32) 26.

47 SANDER, Aktenstücke (wie Anm. 35) 6.

vnd einkomen der pharr selbs ingenomen vnd den vicarien nit souil lassen, das sy sich wol vnderhalten haben mügen«, ist durch den Vikar »der arm man mit vbernemen merckhlich beschwärt worden«.[48] An diesem Beispiel erkennt man die Verschränkung von diversen kirchlichen Missständen besonders deutlich.[49]

III.4.2 Bildung und Lebenswandel des Klerus

Nur wenige Geistliche besuchten eine Universität, sie hatten höchstens den Abschluss eines Baccalaureaten. Wenn überhaupt, wurden die Kleriker an den Domschulen zu Chur und Konstanz ausgebildet. Mancher begann erst nach dem Besetzen einer Pfründe ein Studium. So studierte etwa Jakob Pappus 1505 in Freiburg als »Rector ecclesiae« der Liebfrauenkirche in Rankweil. Die Pfründe diente zur Finanzierung des Studiums.[50] Häufig musste ein älterer Pfarrer den Angehenden einschulen.[51] Vakante Pfarrstellen blieben lange Zeit unbesetzt, da sich kein adäquat ausgebildeter Theologe finden ließ. Eine geregelte Priesterausbildung gab es hier, wie auch andernorts, nicht. Wie schon erwähnt, war der Ausbildungsgrad der Altaristen und der Vikare gering. Wie in vielen anderen Regionen bot vor allem der sittliche Lebenswandel des Klerus Stoff für Aufregung und Ressentiments. Im Straf- und Dispensbuch des Churer Fiskals wurden in den Jahren 1500–1524 wegen »super procreatione prolis«[52] 31 straffällige Priester verzeichnet. Hieronymus Pappus, Pfarrhelfer in Rankweil, wurde 1505 wegen seines sittlich anstößigen Lebenswandels verurteilt. Er musste zwei Gulden für die Absolution wegen Zeugung eines Kindes zahlen. 1518 wurde er endgültig vom kirchlichen Dienst suspendiert.[53] 1500 wird beim Tod des Bludenzer Pfarrherrn Ulrich Friedrich vermerkt, dass er Umgang mit seiner Köchin hatte.[54] Die Klöster in Vorarlberg standen während der Reformation verhältnismäßig gut da. Doch auch hier gab es strukturelle Schwächen. Eine Nonne aus dem Klarissenkloster Valduna verließ das Kloster und zog zu einem Alchimisten am Hofe des Herzogs Ulrich von Württemberg.[55] Der Komtur des Johanniterordens, Konrad von Schwalbach (1499–1532), hielt für 600 Gulden (!) eine Dirne. 1530 setzte er seinen unehelichen Sohn Konrad Schwalbacher als Pfarrer von Nenzing ein.[56] Auch während der Reformation

48 Ebenda 8.

49 Die Gemeinde vor Ort musste daher sowohl den hohen Klerus als auch den Geistlichen vor Ort finanziell versorgen. Die kirchlichen Missstände waren somit für den gemeinen Mann ganz deutlich vor Augen.

50 Niederstätter, Vorarlberger Geistlichkeit (wie Anm. 36) 42.

51 Schöch, Neuerungen (wie Anm. 32) 32.

52 Zeugung (unehelicher) Nachkommenschaft. Wirtschaftlich gesehen war für die meisten Pfarrer eine Nachkommenschaft wichtig, da sie aufgrund mangelnder finanzieller Mittel Landwirtschaft betreiben mussten, die sie nicht alleine führen konnten. Durch eine adäquate Besoldung der Pfarrer wäre es möglich gewesen, diesen für jedermann offenkundigen Missstand etwas zu mildern. Niederstätter, Vorarlberger Geistlichkeit (wie Anm. 36) 41.

53 Rapp, Dekanat Feldkirch (wie Anm. 17) 684.

54 Schöch, Neuerungen (wie Anm. 32) 33.

55 Ebenda 33.

56 Burmeister, Stadt Feldkirch (wie Anm. 19) 144.

unternahm er wenig gegen den in Feldkirch zwinglianisch predigenden Johanniter Jeremias Lins.

Besonders gut unterrichtet sind wir von den kirchlichen Verhältnissen in der Konstanzer Diözese. Die Priester führten einen Anstoß erregenden Lebenswandel und waren ungebildet. Der Bischof von Konstanz war genötigt, seiner Geistlichkeit die Erlaubnis zu geben, »gegen eine gewisse Abgabe ihre Haushälterinnen zu behalten«.[57] Die religiöse Bildung des Volkes lag im Argen.[58] Schuld daran trugen u. a. die Mönche, die die Predigttätigkeit an sich gerissen hatten, aber aufgrund von Unbildung und Müßiggang nicht predigen konnten und dem Volk aus dem Stehgreif Unsinn erzählten.[59] Einen guten Einblick in den Lebenswandel des Pfarrklerus gibt der Hirtenbrief des Konstanzer Bischofs aus dem Jahr 1517. Dem klaren Wortlaut der Synodalverordnungen von 1510 zum Trotz, hielten sich die Priester Konkubinen. Zwielichtige Personen verkehrten ohne Scheu in ihren Wohnungen. Die Priester trieben sich in Wirtshäusern herum, waren ständig unter Laien und liederlichen Gesellen, ließen sich auf Raufereien und Händel ein und fluchten auf Gott und die Heiligen. Sie trugen Waffen bei sich[60] und hatten ungebührliche Kleidung an. Sie gingen zu den Nonnen in die Frauenklöster. Außerdem vernachlässigten die Pfründeninhaber ihre geistlichen Pflichten.[61] Da wiederholte (!) Mahnschreiben vergeblich gewesen waren, drohte der Bischof Hohenlandenberg eine bischöfliche Visitation an, um die schlimmen Zustände zu beenden. Die Schuldigen würde er »ohne Schonung, mit Suspension, mit Excomunikation, Absetzung und Pfründentziehung, bestrafen«.[62] Zu dieser angedrohten Visitation kam es schließlich, aufgrund der reformatorischen Herausforderungen, denen sich der Bischof stellen musste, nicht mehr. 1522 musste ein weiterer »bitterer« Hirtenbrief ausgesandt werden, der durch Pamphlete seitens der Geistlichkeit be-

---

57 Kasimir Walchner, Johann von Botzheim Domherr zu Constanz und seine Freunde. Ein Beitrag zur Reformations- und Gelehrtengeschichte von Südschwaben (Schaffhausen 1836) 9.

58 In der Diözesansynode von 1510 schärfte der Bischof von Konstanz, Hugo von Hohenlandenberg, seinen Priestern die Wichtigkeit des Volksunterrichts ein: Alle Sonntage sollten das Vaterunser, die zehn Gebote und das Glaubensbekenntnis erklärt werden – eigentlich elementare Grundlagen des christlichen Glaubens, die offenbar in der Bevölkerung unbekannt waren, was auf die Nachlässigkeit der Priester zurückzuführen ist. Vgl. ebenda 23.

59 So klagte Johann Faber, Generalvikar zu Konstanz, noch vor Einbruch der Reformation in Konstanz über die religiöse und sittliche Lage der Bettelmönche. Später wurde er entschiedener Gegner Zwinglis und Bischof von Wien. Vgl. ebenda 10.

60 Das war für den Klerus damals durchaus üblich, wobei die Waffenlänge entscheidend war – offenbar überschritt in diesem Fall die Länge der Waffen die diesbezüglichen Vorschriften. Petrus Petronius beispielsweise, Pfarrherr in Feldkirch, trieb mit längeren Waffen als vorgeschrieben sein Unwesen. Vgl. Hermann Sander, Kleine Beiträge zur Geschichte der Stadt und Herrschaft Feldkirch, besonders im 15. und 16. Jahrhundert. *42. Jahres-Bericht des Vorarlberger Museum-Vereines über das Jahr 1905* (Bregenz 1906) 19–45, hier 42.

61 Niederstätter, Vorarlberger Geistlichkeit (wie Anm. 36) 40; K. J. Glatz, Ueber Johann V., Bischof von Constanz vom Jahre 1532–1537. Landgraf von Lupfen-Stühlingen, Herr von Höwen und Rosenegk. *Freiburger Diözesan-Archiv* 4 (1869) 123–134, hier 127.

62 Walchner, Johann von Botzheim (wie Anm. 57) 23.

kämpft wurde.[63] Sowohl der Bischof von Konstanz als auch der von Chur waren den religiösen und politischen Verhältnissen nur bedingt gewachsen.[64] Das Kloster Mehrerau litt ebenfalls unter dem desolaten Zustand seines Konvents. Der Gottesdienst wurde vernachlässigt, die Ordensregeln nicht mehr beachtet und Frauen konnten ungehindert im Männerkloster ein- und ausgehen.[65] Durch kaiserliches Mandat im Jahr 1509 konnte das Kloster jedoch einigermaßen reformiert werden – ein wesentlicher Faktor für die mehr oder weniger erfolgreiche Eindämmung reformatorischer Regungen im Bregenzerwald.[66]

III.4.3 Die Beschwerden gegen die Kirche

Die Auseinandersetzungen zwischen Kirche, Obrigkeit und Untertanen um die geistliche Gerichtsbarkeit waren ein wesentlicher Faktor von Unruhen in Vorarlberg. Im Fall des Churer Gerichts[67] gab es wiederholt Beschwerden seitens der Bevölkerung, dass sie »um weltliche Sachen, wie Geldschulden und Zinsen, nach Chur citiert« würde. Kam ein Geladener aufgrund des weiten und gefährlichen Weges nicht nach Chur, wurden ihm der Bann (!) sowie die Vorenthaltung der Gnadenmittel am Sterbebett und die Verweigerung des Begräbnisses angedroht, »das doch ain erschröckner uncristenlicher handel ist zu hören, desshalben wir solichs nit mer erlayden künnen noch mügen der grossen notturft nach«.[68] Wiederholte Eingaben einiger Gerichte[69] an den Landesfürsten fruchteten nicht, sodass die Geladenen zur Selbsthilfe griffen und sich dem geistlichen Gericht Chur in weltlichen Dingen nicht unterwarfen. Für den Landesfürsten ein Ungehorsam gegenüber »altem Herkommen«, konnten die Gerichte wenigstens einen Kompromiss erringen: Bei Streitfällen durfte das Churer Gericht nur ab einem Betrag von fünf Schilling die Zitierung vornehmen.[70] Die

63 Glatz, Bischof von Constanz (wie Anm. 61) 129.

64 Leeb, Streit (wie Anm. 14) 157 f. Zumindest zeigt das Agieren des Konstanzer Bischofs, dass er das sittliche Verhalten der Geistlichen nicht billigen wollte.

65 Sinnbildlich für den degenerierten Zustand des Klosters ist die Ermordung des Klosterkochs durch Pater Stepan Staymer, der in Zorn geriet, nachdem der Koch sich geweigert hatte, ihm einen Vogel zu braten. Ludwig Ludwig Rapp, Topographisch-historische Beschreibung des Generalvikariates Vorarlberg, Bd. 4: Anhang zum Dekanat Bregenz, Dekanat Dornbirn, Dekanat Bregenzerwald (Brixen 1902) 22–24.

66 Schöch, Neuerungen (wie Anm. 32) 33–37. Die weltliche Obrigkeit musste den Kirchen und Klöstern helfend unter die Arme greifen, um die Missstände zu beheben. Aus eigener Kraft waren die wenigsten kirchlichen Einrichtungen fähig, sich zu reformieren.

67 Über das Konstanzer geistliche Gericht gibt es verhältnismäßig wenig Beschwerden, aber auch hier gibt es Beispiele: Der Dornbirner Landammann Görig Mötz hatte 1514 den Pfarrer zu Dornbirn, Oschwald Uolin, »merklich geschlagen und verwundt«, nachdem ihn der Pfarrer zum geistlichen Gericht hatte zitieren wollen. Der Landammann meinte, dass dieser Streitfall nicht Sache des geistlichen Gerichtes sei. Vgl. ebenda 87.

68 Hermann Sander, Vorarlberg zur Zeit des deutschen Bauernkrieges (Mitteilungen des Instituts für Österreichische Geschichtsforschung, Ergänzungsband 4, Innsbruck 1893) 297–372, hier 300.

69 Das waren die Gerichte Rankweil, Sulz und Jagdberg sowie die Herrschaft Sonnenberg.

70 Sander, Vorarlberg zur Zeit des Bauernkriegs (wie Anm. 68) 300–303.

Churer Geistlichkeit war aber aufgrund der inneren religiösen und sozialen Kämpfe so gut wie handlungsunfähig und konnte sich weder mit der Bevölkerung arrangieren, noch sich mit der landesfürstlichen Regierung verständigen. Für das Vorgehen der Untertanen könnte das Wissen um die lutherische Unterscheidung zwischen der geistlichen und der weltlichen Macht ein Indiz sein (Zwei-Regimenten-Lehre).[71] In der so genannten Adelsschrift unterschied Luther die jeweiligen Zuständigkeiten der Regimente: Die Geistlichen sind für Sündenvergebung und Sündenbelassung sowie für die Verkündigung der Ordnungen Gottes zuständig, die Weltlichen für die Belange des täglichen, innerweltlichen Lebens – zu Letzteren gehörte auch die Rechtsprechung, was im Fall der Auseinandersetzung mit dem Churer Gericht als Hintergrundfolie gesehen werden sollte.[72]

Auch der so genannte »Todfall«[73] erregte die Gemüter v. a. der Bregenzerwälder Bevölkerung. Das Kloster Mehrerau trieb die Todfallgebühren gnadenlos ein, was den Unmut des gemeinen Mannes hervorrief.[74] Die Forderungen zur Abschaffung des ungeliebten Todfalls erreichten ihren Höhepunkt während des Bauernaufstandes 1525. Die Beschwerdeschrift der Untertanen aus dem Hinteren Bregenzerwald drückt die Belastung der Bevölkerung plastisch aus (2. Punkt der Forderungen):

> »[...] die todsfäll so streng vnd on alle erkanntnuss einzuziehen, das es zu erparmen ist, nemlich von pettlern, auch so ain arm man stirbt, der klaine vnertzogne kind hat, wirt von stundan genomen das pesst haubt [Besthaupt], oder was man find, on allen nachlass und ist da kain gnad noch barmhertzigkait.«[75]

---

71 Im Kloster St. Peter wurden verbotene lutherische Bücher gefunden. Da zu dieser Zeit die Nonnen »das neue Evangelium der christlichen Freiheit« [bei Schöch, Neuerungen (wie Anm. 32) 105 leider nicht archivalisch belegt, kann auch eine seiner vielen (negativen) Deutungen der Reformation sein] so ausgelegt hatten, dass sie das Kloster verließen, drängt sich die Vermutung auf, dass zumindest folgende Bücher dabei waren: »Die Freiheit eines Christenmenschen«, »An den christlichen Adel deutscher Nation von des christlichen Standes Besserung«, »De votis monasticis iudicium«, »Von weltlicher Obrigkeit, wie weit man ihr Gehorsam schuldig sei« oder »Von der babylonischen Gefangenschaft der Kirche«. Der Reformationsforscher und Sozialhistoriker Hans Jürgen Goertz ist der Ansicht, dass letztere gemeinsam mit der Adelsschrift von 1520 der Zünder für antiklerikale Agitationen war. Hans-Jürgen Goertz, Antiklerikalismus und Reformation: sozialgeschichtliche Untersuchungen (Göttingen 1995) 27.

72 An den christlichen Adel deutscher Nation von des christlichen Standes Besserung. WA 6, 404–469; Jens Wolff, Programmschriften, in: Luther Handbuch, hg. von Albrecht Beutel (Tübingen 2005) 265–277, passim. Zudem weist Luther in dieser Schrift auf die Unterscheidung zwischen einem Priester- und einem Laienstand hin (»Allgemeines Priestertum aller Gläubigen«), wonach die Geistlichen nur ein Amt verrichten, prinzipiell aber den gläubigen Christen gleichwertig gegenüber stehen würden.

73 Der Todfall war eine Art »Erbschaftssteuer«. Ein Teil der Erbschaft (auch Besthaupt genannt), musste nach dem Tod eines Eigenmannes der Grundherrschaft übergeben werden. Vgl. dazu Jacob und Wilhelm Grimm, Art. Todfall. *Deutsches Wörterbuch von Jacob und Wilhelm Grimm* 21 (1935, Nachdr. 1984) 582.

74 Selbst Kaiser Maximilian richtete im Jahre 1518 einen Brief an den Mehrerauer Abt mit der Bitte, dass er die Untertanen im Bregenzerwald nicht stärker belasten solle als nach »altem Herkommen« vorgesehen. Vgl. Sander, Aktenstücke (wie Anm. 35) 5.

75 Ebenda 6.

Beschwerden im Bregenzerwald gab es auch gegen die Präsentationspolitik der Äbte von Mehrerau,[76] bei der es v. a. um handfeste finanzielle Interessen ging (Absentgelder oder auch Erbsgerechtigkeit).[77] Aufgrund all der genannten Missbräuche des Klerus und der Kirche sowie der zahlreichen daraus resultierenden Beschwerden lässt sich für Vorarlberg das Paradigma des »Antiklerikalismus und Pfaffenhasses«[78] bestätigen, wobei das vorsichtige Agieren der Bauern während des Bauernkrieges 1525 auch dessen Grenzen anzeigt.

IV. Das geistige Leben in Vorarlberg: Humanisten und Theologen

Vorarlberg stand zu Beginn des 16. Jahrhunderts auf dem Höhepunkt seiner geistigen Blüte. Der Landeshistoriker Karl Heinz Burmeister, der die geistigen Strömungen für Vorarlberg richtungsweisend erforschte, sprach etwa vom »Goldenen Zeitalter Feldkirchs«,[79] von der Stadt also, wo der Humanismus sein Zentrum gefunden hatte.[80] Entscheidend für die Ausstrahlungskraft des Feldkircher Humanismus, waren die Verbreitung und der Besitz von Büchern. Wir sind von Buchhändlern und von Privatbibliotheken unterrichtet.[81] Eine hervorragende Latein- sowie eine Deutsch-

---

76 Der Abt bevorzugte die Besetzung der Pfarren durch Mehrerauer Konventualherren, die im Gegensatz zu den Laienpriestern an die Weisungen des Abtes gebunden waren. Auf diese Weise konnte er mehr Kontrolle über die Ereignisse im Bregenzerwald ausüben, während die Bregenzerwälder Laienpriester bevorzugten, um mehr Einfluss auf diese ausüben zu können.

77 Ludwig Rapp, Topographisch-Historische Beschreibung des Generalvikariates Vorarlberg, Bd. 5: Dekanat Bregenzerwald (Dornbirn 1924) 156 f. Absentgelder waren Geldleistungen, die der Laienpriester an den Abt leisten musste, als Ersatz für die Hinterlassenschaft des Abtes an fahrenden und liegenden Gütern, die nach altem Herkommen der Abt besaß. Diese entging dem Abt, wenn ein Laienpriester darüber Verfügung hatte.

78 Goertz, Antiklerikalismus (wie Anm. 71) 17 spricht dabei von der »Ätiologie der Reformation«. Der Antiklerikalismus ist nach Goertz der »Sitz im Leben« des reformatorischen Denkens und Handelns. Es ist dabei wichtig zu betonen, dass der Hass nicht gegen die Kirche an sich gerichtet war, sondern an den verkommenen Stand der Kleriker. Die Bevölkerung wünschte sich keine entkirchlichte oder gar areligiöse Gesellschaft. Der Antiklerikalismus speiste sich aus einer Liebe zur Kirche, ihre Kritik hatte eine Zielrichtung, die deren Verbesserung zum Ziel hatte. Vgl. ebenda 24 sowie Thomas Kaufmann, Geschichte der Reformation (Frankfurt/Main–Leipzig 2009) 14 f., wo es heißt: »Ja, die Polemik konnte gegen ihre vornehmsten Repräsentanten im Namen Christi, des Herrn der Kirche, erfolgen und mit dem Anspruch auftreten, aus dem Innersten der wahren Kirche selbst zu stammen. Die schärfsten Kritiker der Kirche waren zumeist ihre glühendsten Liebhaber.«

79 Burmeister, Stadt Feldkirch (wie Anm. 19) 137.

80 Wohl nicht zuletzt wegen seiner Bedeutung als Handelszentrum zwischen Deutschland und Norditalien (Station auf den Alpenpässen) stand Feldkirch den Einflüssen aus Italien offen gegenüber. So waren einige der bedeutendsten Humanisten in Feldkirch italienischen Ursprungs.

81 Erwähnenswert ist der Buchführer Hans Behem, der evangelische Bücher in Vorarlberg und Umgebung verbreitete. Er stand mit den führenden Humanisten der Zeit in Kontakt (mit Vadian in St. Gallen) und vermittelte Bücher der oberdeutschen Reformation. So besaß er

schule war Grundlage für die geistige Heranbildung von Bürgersöhnen, im Zeichen des Humanismus.[82] Feldkirch schickte zahlreiche Studenten zu den bedeutendsten Universitäten in Europa. Im kurzen Zeitraum von 1501–1524 studierten ca. 200 Studenten (davon ca. 150 aus Feldkirch) an ausländischen Universitäten. Auffallend hierbei ist die hohe Zahl an Studenten an der neu gegründeten Hochschule in Wittenberg, nämlich insgesamt 52 (44 Feldkircher, drei Bregenzer und fünf Bludenzer).[83] Dabei machten keinesfalls nur die geringen Studienkosten (zwölf Gulden pro Jahr) die Attraktivität der Hochschule aus.[84] Die bekannten Lehren des Dr. Martin Luther sowie die progressiven Lehrmethoden und -inhalte der Universität hatten eine große Anziehungskraft.[85] Gerade wegen des Nahverhältnisses des Humanismus zu den reformatorischen Ideen musste der Landesherr am 1. September 1524 mit dem Regensburger Religionsedikt das Verbot des Besuches der Wittenberger Universität anordnen.[86] Wenn man bedenkt, dass Feldkirch bei einer Einwohnerzahl von 1.500 Bürgern ca. 150 Bürgersöhne zum Studieren schickte (davon 1/3 nach Wittenberg), so wirft das einen bezeichnenden Blick auf die humanistische und später auch auf die reformatorische Gesinnung der Feldkircher. Feldkirch war ein selbstverständlicher Teil des europäischen Netzwerks der Humanisten. Vorarlberg brachte eine hohe Zahl an bedeutenden und berühmten Gelehrten hervor (Ärzte, Naturwissenschaftler, Sprachforscher, Juristen und nicht zuletzt Theologen).

IV.1 Humanisten mit Bezug zur Reformation

Johannes Bernhardi, Bruder des berühmten Reformators Bartholomäus Bernhardi, war Professor für Physik und Rhetorik in Wittenberg. Er verfasste physikalische Schriften und einen Kommentar zu Erasmus.[87] Doch er schrieb auch theologische

---

eine Ausgabe von Bucers Johannesevangelium und Wolfgang Capitos »In Oseam«. Erich SOMWEBER, Vom Leben und Schaffen der Feldkircher Buchdrucker. *Montfort* 6 (1951) 73–104, hier 74; SCHÖCH, Neuerungen (wie Anm. 32) 90. Eine Stadtbibliothek mit dem Namen St. Nikolaus war in Planung. Die meisten Humanisten besaßen eine ansehnliche Bibliothek. Vgl. BURMEISTER, Stadt Feldkirch (wie Anm. 19) 177.

82 Ebenda 117.

83 Anton LUDEWIG, Vorarlberger an in- und ausländischen Hochschulen vom Ausgang des 13. bis zur Mitte des 17. Jahrhunderts (Forschungen zur Geschichte Vorarlbergs und Liechtensteins 1, Bregenz 1920) 244.

84 Ebenda 246.

85 Irene DINGEL, Luther und Wittenberg, in: Luther Handbuch, hg. von Albrecht BEUTEL (Tübingen 2005) 168–178, hier 171 f. spricht von Wittenberg als »einem Zentrum des europäischen Interesses«.

86 SCHÖCH, Neuerungen (wie Anm. 32) 181. Das Edikt beinhaltete eigentlich nur das Verbot, Pfründe aufnehmen zu dürfen, wenn man zuvor in Wittenberg studiert hatte. De facto bedeutete das aber ein generelles Studierverbot in Wittenberg. Doch zahlreiche Beispiele belegen, dass nach wie vor in Wittenberg studiert wurde. Darauf gehen auch die landesfürstlichen Mandate in der zweiten Hälfte des 16. Jahrhunderts zurück.

87 Melanchthon hatte dazu das Vorwort geschrieben und lobte das Manuskript als eine nützliche Schrift für die Jugend. Er sprach von Johannes Bernhardi als den »guten und gelehrten M. Veltkirchius.« Vgl. Dorothea MCEWAN, Das Wirken des Vorarlberger Reformators

Traktate. Er verfasste eine Streitschrift für Luther gegen den Franziskanermönch Augustin Alfeld über den Priesterstand, die auf den Index gestellt wurde.[88] Luther hatte eine hohe Meinung von Johannes Bernhardi.[89] Er schrieb an seinem Sterbebett eine Trostrede. Für die Vorarlberger Reformationsforschung ist die Flugschrift »Ain bericht wie D. Martin Luther von ersten hinder söllichen schwären handel kommen sey und was In darzu geursacht und bewegt hat« (1521)[90] ein unschätzbares Dokument. Diese, in Dialekt verfasste, Flugschrift ist einzigartig. Lange wurde gefragt, wer sich hinter dem Pseudonym »Hans Walser von Roten Brunnen« verstecken könnte. Karl Heinz Burmeister nimmt mit guten Gründen Johannes Bernhardi als Verfasser an.[91]

Achilles Pirmin Gasser,[92] 1505 in Lindau geboren, ging bei Johann Faber und bei Urban Rhegius[93] in Lindau zur Schule, studierte Medizin in Wittenberg (wo er sich mit Luther getroffen haben muss) sowie in Wien und an diversen französischen Universitäten. Er entstammte einer Arztfamilie, die ursprünglich in Feldkirch ihre Heimat hatte. Bereits 1522 wurde er überzeugter Lutheraner. Nach Beendigung seiner Studien wurde er ab 1529 Arzt in Lindau[94] und ab 1536 (oder 1538) in Feldkirch. Dort erwarb er sich einen ansehnlichen Bücherschatz.[95] Aufgrund seiner protestantischen

---

Bartholomäus Bernhardi. Der Lutherfreund und einer der ersten verheirateten Priester der Lutheraner kommt zu Wort (Forschungen zur Geschichte Vorarlbergs 7, Dornbirn 1986) 55.

88 VD 16 B 2037: Johannes Velcurio, Confutatio inepti et impii libelli F. August. Alveld. Franciscani Lipsici pro D. M. Luthero (Wittenberg: Lotter, Melchior d. J. 1520). Vgl. Wilhelm Fox, Drei Vorarlberger Professoren zu Wittenberg (Veröffentlichungen des Vereins für christliche Kunst und Wissenschaft in Vorarlberg 4, Feldkirch 1911) 18. Die Verteidigung der Priesterehe war ein Reflex auf das mutige Handeln seines Bruders, der als einer der ersten Priester in den Ehestand getreten ist.

89 Vgl. WA TR 3, Nr. 3491. Darin heißt es: »Dominus praepositus Kemburgensis conquerebatur se tot biennio nihil potuisse mulgere fur den pilweissen [Hexen].«

90 VD 16 W 914: Ain Bericht Wie Doctor Martini || Luther von ersten hinder s#[oe]llichen schw#[ae]=||ren handel kumen sey vñ was in dar||zů geursacht vnd bewegt hatt || Ain klag zů gott dem herren gereimpt Von Paulo vnd ander || leer bezeügt Vber die gaistlichen dz ist war Vollendt im XXI.|| iar Doch laut die clag nit auff die frumen Gemacht Hans || wallser zům rotten brunnen ||| (Augsburg: Ramminger, Melchior 1521).

91 Karl Heinz Burmeister, Hans Walser zum Roten Brunnen – ein Pseudonym für Johannes Bernhardi (1490–1534). *Lutherjahrbuch* 43 (1976) 92–97, hier 93–96. Grund dafür ist u. a. der Dialekt, der auf das Walsertal hinweist. Bernhardi ist ein Walsergeschlecht, »Walser« kann somit auch als Familienname geführt werden. Bad Rotenbrunnen ist eine kleine Ortschaft im hinteren Walsertal. Johannes (=Hans!) Bernhardi hatte auch andere Verteidigungsschriften und Traktate für Luther geschrieben. Die Landsleute in Vorarlberg sollten mit dieser Schrift für die Reformation gewonnen werden.

92 Karl Heinz Burmeister, Achilles Pirmin Gasser. 1505–1577. Arzt und Naturforscher. Historiker und Humanist, Bd. 1: Biographie (Wiesbaden 1970) passim.

93 Faber wurde Bischof von Wien und eifriger Bekämpfer der Reformation. Rhegius wurde lutherischer Prediger in Hall/Tirol.

94 Er bekehrte Michael Hugo zur Reformation und ermutigte ihn, diese in der Stadt Lindau einzuführen und voranzutreiben.

95 Bis Ende seiner Tätigkeit in Feldkirch 1545/46 hatte er an die 150 Bücher angesammelt. Hier lernte er auch Hebräisch. So beherrschte er die drei heiligen Sprachen. Seine erhalten geblie-

Überzeugung und seiner proreformatorischen Tätigkeit in Feldkirch[96] konnte er sich unter dem katholischen Vogt Ulrich von Schellenberg nicht mehr frei entfalten. So zog er nach Augsburg, wo er sich im Einsatz für Flacius und dessen betont gnesiolutherische Theologie hervortat. Nach dem Lindauer Gespräch 1575, bei dem Jakob Andreä die flacianischen Prediger aus der Stadt gewiesen hatte, ließ Gasser, gegen den Willen des Lindauer Rates, flacianische Traktate in der Stadt verbreiten. Seine letzten Lebensjahre verbrachte Gasser in Verbitterung über die innerlutherischen Streitigkeiten und beklagte die antiflacianischen Tätigkeiten in Augsburg und Lindau.[97]

Der zweifellos namhafteste und bedeutendste Humanist aus Vorarlberg ist Georg Joachim Rhetikus (1514–1579). Er studierte, obwohl das zu dieser Zeit bereits verboten war, wie viele seiner Zeitgenossen in Wittenberg. Er genoss das besondere Vertrauen von Philipp Melanchthon und lehrte bald Astronomie und Mathematik an der Universität. 1540 veröffentlichte er die »Narratio Prima«, in der er die Erkenntnisse des Nikolaus Kopernikus erstmals der Forscherwelt zugänglich machte. Nachdem er den Lehrbetrieb im folgenden Jahr in Wittenberg wieder aufnahm, propagierte er das kopernikanische Weltbild – auch zum Missfallen der Koryphäen der reformatorischen Theologie, Martin Luther und Philipp Melanchthon.[98] Trotz der Kritik der Reformatoren am neuen naturwissenschaftlichen Weltbild genoss er weiterhin die Unterstützung von Melanchthon. 1545 immatrikulierte sich Georg Joachims Stiefbruder, Bartholomäus Wilhelm, an der Universität Wittenberg: Das Mandat Ferdinands I., welches den Besuch der Universität Wittenberg verbot, wurde somit bewusst missachtet. Infolge einer psychischen Krankheit weilte Rhetikus ab

bene Bibliothek enthielt insgesamt 2884 Bücher, von denen 609 theologischen Inhalts waren. Diese Zahl wird nur von medizinischen und historischen Büchern übertroffen.

96 Er verteilte und verschickte protestantische Flugschriften in Feldkirch. Vgl. Burmeister, Gasser, Bd. 1 (wie Anm. 92) 108; Ders., Stadt Feldkirch (wie Anm. 19) 174; Vgl. dazu auch den Brief an die Stadt Lindau: »allerlaj Lutherische tractätle vnnd büecher guoten freunden, darunder ettlich vnnd fürneme Leuth, auch Rats Personen gewesen, dahin zuoschiken, so gar das ichs auch vonn Feltkyrch hernach auß dem bapstum nit vnder wegen gelassen [...].« Vgl. Karl Heinz Burmeister, Achilles Pirmin Gasser. 1505–1577. Arzt und Naturforscher. Historiker und Humanist, Bd. 3: Briefe (Wiesbaden 1975) Nr. 157, 505–510, hier 507.

97 Er schrieb nach Lindau: »der lieb gott erleuchte euch vnd erhallt sein kleins heussle wider alle des satans anschleg vnd fürnemen«, und erinnerte die Stadt Lindau an seine frühere Tätigkeit als Reformator: »nachdem ich der erste einer gewesen, so das Evangelium Christi von Sancto Luthero wider aller menschen leer und satzungen widerum an tag gebracht [...].« Vgl. Burmeister, Achilles Pirmin Gasser, Bd. 1 (wie Anm. 92) 17 f. und 182.

98 Karl Heinz Burmeister, Georg Joachim Rhetikus – Künder des kopernikanischen Weltbildes. Alemannisches Jahrbuch (1968/69) 18–37, hier 26. Martin Luther meinte in den Tischreden: »... der beweisen wolle, die Erde bewege sich und nicht der Himmel, die Sonne und der Mond. Als ob jemand, der sich im Wagen oder zu Schiff bewegt, glauben würde, er bleibe stehen und die Erde und die Bäume würden sich bewegen.« WA TR 4, Nr. 4638. Ähnlich auch Melanchthon: »Manche halten es für eine ausgezeichnete Idee, eine so absurde Sache zu preisen, wie jener sarmatische Astronom, der die Erde bewegt und die Sonne stillstehen lässt.« Er beweist seine Meinung mit dem Opinio communis der Gelehrtenwelt, mit dem Augenschein und mit der Bibel. Vgl. Brief Melanchthons an Luther 16. Oktober 1541. CR 4, 679, Nr. 2391.

1546 für längere Zeit in Bregenz und Lindau. In dieser Zeit las er viele reformatorische Bücher von Melanchthon, Luther und anderen. Der Lindauer Schulmeister Kaspar Brusch berichtete, dass Rhetikus während seiner Nervenkrankheit »alle deutschen und lateinischen Bücher theologischen und Melanchthon, Luther und Cruciger« aus seiner (Bruschs) Privatbibliothek gelesen habe. Er besuchte die protestantischen Gottesdienste in Lindau und in der benachbarten Reichsstadt Ravensburg.[99] Seine Mutter empfahl ihm, gegen seine Kopfschmerzen eine Wallfahrt nach Vergaville in Lothringen zum Heiligen Anastasius zu unternehmen, doch Rhetikus wollte, infolge seines evangelischen Bekenntnisses, nichts von einer Wallfahrt wissen.[100] Er verstarb 1574 in Kaschau, nach 20jähriger Studientätigkeit in Krakau. Rhetikus wurde vor allem für seine Verdienste bei der Durchsetzung des heliozentrischen Weltbildes berühmt.[101] Das Bekenntnis zum evangelischen Glauben wird aus seiner progressiven Haltung gegenüber den neuesten naturwissenschaftlichen Erkenntnissen verständlich. Während seines Aufenthaltes in Vorarlberg und in Lindau befasste er sich am intensivsten mit dem Protestantismus und verteidigte sein Bekenntnis gegenüber seinen katholisch gebliebenen Eltern.

Jakob Bedrot aus Bludenz, der in Wien studierte,[102] wirkte als Gräzist in Straßburg. Dort war er maßgeblich an der Etablierung der Reformation beteiligt (vor allem als Lehrer und Schulvisitator am Gymnasium) und hielt freundschaftliche Beziehungen zu den Reformatoren Martin Bucer und Wolfgang Fabricius Capito. Erwähnenswert sind auch seine zahlreichen Korrespondenzen im Dienste der Reformation, die er mit Reformatoren in Genf, Basel, Zürich, Konstanz, St. Gallen und Lindau (hier auch mit dem Bludenzer Reformator Thomas Gassner und dem Feldkircher Patrizier Hieronymus Pappus) geführt hatte.[103] Er starb an der folgenreichen Pestepidemie 1541 in Straßburg.[104]

Doch nicht alle Humanisten wechselten automatisch zur Reformation über. Besonders die sich um Ulrich Zasius bildende Rechtsschule, bei der zahlreiche Vorarlberger Juristen beteiligt waren, blieb Habsburg und der katholischen Kirche treu, so etwa Jakob Jonas (1500–1558) aus Götzis. Er studierte zunächst in Wittenberg, doch überwarf er sich bald mit Melanchthon und beschimpfte die wittenbergischen

99 Karl Heinz BURMEISTER, Georg Joachim Rhetikus 1514–1574: eine Bio-Bibliographie, Bd. 1: Humanist und Wegbereiter der modernen Naturwissenschaften (Wiesbaden 1967) 96.

100 Ebenda 97.

101 Zudem lieferte er wichtige Beiträge zur damaligen wissenschaftlichen Forschung (besonders für die Mathematik), die von den Gelehrten seiner Zeit sehr geschätzt wurden.

102 Conrad BONORAND, Jacobus Bedrotus Pludentinus. Beiträge zur Biographie eines Vorarlberger Humanisten. *Jahrbuch des Vorarlberger Landesmuseumsvereins* 1962 (1963) 75–113, hier 84. In Wien studierte er gemeinsam mit seinen Landsleuten Lutz Matt, Hieronymus Huser und Wolfgang Wolf bei dem bedeutenden Humanisten Joachim Vadian, mit dem er später auch in Kontakt gestanden haben muss. In Freiburg i. Br. war er Vorsteher der Adler-Burse, Treffpunkt für Lutheraner und Umschlagplatz für reformatorische Schriften.

103 Ebenda 105.

104 Martin Bucer und Heinrich Bullinger äußerten in humanistischer Manier ihre Trauer. Vgl. ebenda 110, Anm. 104.

Reformatoren. Bei der Badener Disputation zwischen Johannes Eck und Johannes Oekolampad ergriff er für die katholische Sache Partei. Das hinderte ihn aber nicht, als Hebraist in Tübingen erfolgreich tätig zu sein und im Sinne des Humanismus die heiligen Sprachen zu fördern.[105] Später machte er eine glänzende Karriere am Reichskammergericht in Speyer und am Hof König Ferdinands I., dessen Vizekanzler er geworden war.[106] Ebenfalls der katholischen Kirche verpflichtet war der humanistische Dichter Johannes Pedioneus Rhetus aus Triesen (Sohn eines Geistlichen!), der in der Feldkircher Lateinschule groß geworden war, wo er später auch lehrte. U. a. stand er in Diensten von Johannes Eck sowie Petrus Canisius und wirkte im Sinne der Gegenreformation.[107]

IV.2 Bedeutende Theologen aus Vorarlberg

Der Feldkircher Johannes Dölsch (1485–1523) studierte u. a. in Wittenberg.[108] 1507 wurde er in Chur zum Priester geweiht, im selben Jahr erhielt er seine Primiz in der Pfarrkirche zu Feldkirch.[109] Nachdem er den Baccalaureus in der Theologie erworben hatte, bekam er 1514 eine Einladung des Feldkircher Stadtrates, die Pfarrstelle in Feldkirch zu übernehmen. Er war gewillt, den Ruf anzunehmen, doch Freunde in Nürnberg stimmten ihn in diesem Vorhaben um und er blieb in Wittenberg.[110] Neben der Tatsache, dass seine Freunde in ihm einen bedeutenden Theologen sahen und ihm eine Karriere an der Universität Wittenberg zutrauten, zeigt die Einladung des Feldkircher Stadtrates, dass man um das Studium der Bürgersöhne wusste und in Kontakt mit ihnen gestanden war. Dölsch machte tatsächlich Karriere in Wittenberg und wurde Rektor der Universität und Dekan der philosophischen Fakultät. Er erwarb 1521 den Titel »Doktor der Theologie«. Ab dem Jahr 1514 ist seine Hinwendung zu den Lehren Luthers bezeugt, er wurde ein glühender Anhänger. Luther selbst zählte damals die »utriusque Feldkirchen« zu seinen engsten Gefolgsleuten.[111] Dölsch musste wohl auch Miltitz und Johannes Eck aufgefallen sein, denn er wird

105 Karl Heinz BURMEISTER, Der Humanist und Staatsmann Jakob Jonas (1500–1558) und seine Familie, in: Götzner Heimatbuch, hg. von Walter FEHLE (Götzis 1988) 219–230, hier 219 f.

106 1541 wurde er von Karl V. aufgrund seiner Verdienste in den Adelsstand erhoben. An der Wiener Universität führte er Reformen durch und berief dazu die Jesuiten, allen voran Petrus Canisius. An den Reichstagen 1547/48 und 1555 in Augsburg vertrat er die katholische Partei. Vgl. ebenda 226.

107 In seinem Gedicht »De bello Germanico« verfasste er eine monumentale Rede an den Kaiser Karl V. nach dessen Sieg im Schmalkaldischen Krieg, was ihm heftige Kritik aus protestantischen Kreisen entgegenbrachte. Vgl. ebenda 230.

108 Immatrikulation gemeinsam mit Bartholomäus Bernhardi, Christoph Metzler aus Feldkirch (der spätere Bischof von Konstanz) und Johannes Felix aus Bludenz.

109 FOX, Vorarlberger Professoren (wie Anm. 88) 5.

110 Ebenda 5 f.

111 Also Dölsch und Bartholomäus Bernhardi. Martin LUTHER, Briefwechsel, Bd. 1, hg. von Ernst Ludwig ENDERS (Frankfurt am Main 1884) 188 (im Folgenden zitiert als ENDERS); Friedrich KROPATSCHEK, Johannes Dölsch aus Feldkirch. Ein Beitrag zur Reformationsgeschichte in ihren Anfängen. Inaugural Dissertation (Greifswald 1898) 33.

als einziger Wittenberger Professor gemeinsam mit Luther und Karlstadt auf der Bannandrohungsbulle »Exsurge Domine« genannt.[112] Noch im selben Jahr wurde er als Domprediger nach Bamberg berufen. Bei Bekanntwerden der Exkommunikation wurde Dölsch aber vom Erzbischof von Bamberg, Georg III. Erbschenk von Limburg, wieder entlassen, sodass er weiterhin Karriere in Wittenberg machte.[113] In den Streitigkeiten um Beibehaltung oder Abschaffung der Messen schwankte er zwischen den Positionen der Radikalen und der Konservativen, die für die Beibehaltung der Messen waren. Schließlich nahm er die konservative Position ein und sandte eine entsprechende Schrift dem Kurfürsten zu.[114] Das brachte ihm das Zerwürfnis mit Luther ein. In einem Brief Luthers an Lukas Cranach vom 28. April 1521 meinte Luther, dass Dölsch nicht gut predigen könne.[115] Schließlich starb Dölsch am 29. Juli 1523 in Wittenberg. Nach seinem Tod teilte Luther dem kurfürstlichen Hofkaplan Spalatin mit: »Gottes Gericht ist über ihn gekommen.«[116] Dieses Zerwürfnis soll aber nicht darüber hinwegtäuschen, dass Luther gerade in den entscheidenden Jahren um 1520 mit Dölsch in engem Kontakt stand. Wie weit Dölsch die Grundanliegen der Reformation teilte, ist aus seinen Werken ersichtlich, die allesamt auf den Index der verbotenen Bücher gekommen sind.[117]

Der zweite bedeutende Theologe aus Vorarlberg ist Bartholomäus Bernhardi (1487–1551), der als Sohn der Landammann- und Bauernfamilie Bernhardi in Schlins geboren war.[118] Im Alter von zwölf Jahren gingen er und sein Bruder Johannes nach Eisenach in die Franziskanerschule, wo auch Luther zur selben Zeit in die Schule ging. 1503 studierten sie gemeinsam mit Dölsch in Erfurt, ein Jahr später in Wittenberg. 1513–1516 war Bartholomäus Bernhardi Subdiakon in Brandenburg, Diakon in Halberstadt und Priester in der Metropolitankirche seines Heimatbistums Chur. Es ist anzunehmen, dass er auf der Reise nach Chur in seiner Heimat Halt machte. Vielleicht feierte er dort, wie Dölsch, sogar seine Primiz. Ansonsten wissen wir von keinem Besuch in Vorarlberg. Als Johannes Dölsch 1514 die Pfarrstelle in Feldkirch abgelehnt hatte, schlug der sächsische Kurfürst als Ersatzmann Bernhardi vor, der »ein züchtiger und gelehrter Herr« sei.[119] Im September 1516 führte Bernhardi eine gemeinsame Disputation mit Luther durch. Die Thesen gingen auf

112 Kropatschek, Dölsch (wie Anm. 111) 34. Die Bulle besagte, dass die genannten Personen keinen Widerruf ihrer falschen Lehren geleistet hätten und folglich exkommuniziert werden müssten.

113 Fox, Vorarlberger Professoren (wie Anm. 88) 8.

114 Ebenda 9 f.

115 WA Briefwechsel 2, 305: »*Ist Euch an Licentiat Feldkirch nicht gnugsam, mügt Ihr Er Amsdorf zum Prediger ersuchen.*«

116 Martin Luther, Briefwechsel, Bd. 4, hg. von Ernst Ludwig Enders (Calw–Stuttgart 1891) 184. »*D. Johannes Feltkirchen extinctus est, nescio quo mortis genere: metuo, ne judicium Dei incipiat Bethaven istam visitare satis pertinacem verbi contemptricem.*«

117 Fox, Vorarlberger Professoren (wie Anm. 88) 11.

118 McEwan, Bartholomäus Bernhardi (wie Anm. 87) 15.

119 Fox, Vorarlberger Professoren (wie Anm. 88) 13.

Luther zurück, deren Präsentation auf Bernhardi.[120] An der Reform der Universität Wittenberg war er beteiligt und wurde 1518 einstimmig zum Rektor gewählt. Nach dem Tod des Propstes zu Kemberg (unweit südlich von Wittenberg) trat Bernhardi 1519 seine Nachfolge an.[121] Hier soll er reformatorisch gepredigt und das Messelesen abgeschafft haben. Neben seinen reformatorischen Tätigkeiten in Kemberg erregte er aber vor allem durch seine Heirat am 24. August 1521 mit der Kembergerin Gertrude Parnier Aufsehen. Luther schrieb diesbezüglich an Melanchthon,[122] der aber schon vorher von der Absicht Bernhardis gewusst haben musste, da dieser um seinen Rat in dieser Angelegenheit gefragt hatte.[123] Wer die Trauung vollzog oder welche Liturgie verwendet wurde, ist nicht bekannt. Es ist nur vermerkt, dass Bernhardi nach »gemeinem Brauch« geheiratet habe.[124] Somit stellte er sich als Priester erstmals den Anordnungen der Kirche, in betreff des Zölibats, entgegen. Gerade um die Zeit der Reformation war es durchaus üblich, dass sich Geistliche Mätressen oder Gehilfinnen hielten.[125] Eine Verehelichung von Priestern war neben den theologischen Gründen schon aus kirchenrechtlichen Gründen nicht vorgesehen, denn die Kirche wollte keine Erbschaftsangelegenheiten regeln (sie befürchtete dadurch finanzielle Einbußen). Zeitgleich wurden zwei weitere Priester, die geheiratet hatten, gefangen genommen. Bernhardi wurde aber von einflussreichen Kreisen protegiert und Luther stellte fest, dass über ihn selbst »auch Gegner nur Löbliches aussagen« konnten.[126] Somit ist nicht ganz klar, ob Bernhardi wirklich der erste Priester war, der öffentlich geheiratet hatte; aber er war derjenige, dem die größte öffentliche Aufmerksamkeit zuteil wurde und der sein Vorgehen auch schriftlich und öffentlichkeitswirksam rechtfertigte. Seine Verteidigungsschrift (»Apologia«[127]) war in einer lateinischen und in mindestens vier deutschen Versionen im Umlauf. Die Flugschriften zu seiner Eheschließung erlebten

---

120 »Praepositus Kembergensis meus unicus erat discipulus. Is mihi multa nuntiavit, quid dicerent doctores et magistri, et oravit, ut disputarem. Extant illae disputationes anno 16.« WA TR 5, Nr. 5346; ENDERS, Briefwechsel, Bd. 1 (wie Anm. 111) 68; MCEWAN, Bartholomäus Bernhardi (wie Anm. 87) 19. Er war also ein zuverlässiger und treuer Gefährte Luthers, der viel gelernt und disputiert hatte.

121 FOX, Vorarlberger Professoren (wie Anm. 88) 14. Die Universität hatte dabei das Patronatsrecht inne.

122 Martin LUTHER, Briefwechsel, Bd. 3, hg. von Ernst Ludwig ENDERS (Calw–Stuttgart 1889) 163: »Cameracensis novus maritus mihi mirabilis, qui nihil metuat, atque adeo sic festinarit in tumultu isto; regat eum Dominus et misceat ei oblectamenta lactucis suis, quod et sine precibus meis fiet.«

123 Er heiratete erst nach »nechst inbrünstiger Anruffung Gottes und Rath-Pflegung Melanchthonis«. Vgl. FOX, Vorarlberger Professoren (wie Anm. 88) 14.

124 MCEWAN, Bartholomäus Bernhardi (wie Anm. 87) 29.

125 Siehe auch die zahlreichen Beispiele in Vorarlberg im 16. Jahrhundert.

126 MCEWAN, Bartholomäus Bernhardi (wie Anm. 87) 31.

127 Die Verfasserschaft ist unklar. MCEWAN, Bartholomäus Bernhardi (wie Anm. 87) 38–41 erwägt die Verfasserschaft von Melanchthon. Stephan E. BUCKWALTER, Die Priesterehe in Flugschriften der frühen Reformation (Quellen und Forschungen zur Reformationsgeschichte 68, Gütersloh 1998) 94 gibt Karlstadt als Verfasser der Apologie an. Ich lasse die Frage der Verfasserschaft offen. Es gilt allerdings zu bedenken, dass mehrere Fassungen der Schrift in Um-

eine enorme Publikation von »geradezu europäischen Dimensionen«.[128] Die Heirat Bernhardis bewegte die Gemüter der Zeit und war Anlass zu juristischen Streitigkeiten.[129] Mit seiner Frau zeugte er fünf Töchter und zwei Söhne.[130] 1536 setzte er neben Luther und Bugenhagen seine Unterschrift unter die Abendmahlslehre von Melanchthon.[131] Am 21. Juli 1551 starb Bernhardi in Kemberg, wo er auch begraben wurde. Ein Epitaph mit einer lateinischen Biographie ist uns erhalten geblieben. Lucas Cranach d. J. malte auf dem Kemberger Altar Bernhardi gemeinsam mit Matthias Wanckel im Kreis der Reformatoren Luther, Melanchthon, Bugenhagen und Justus Jonas.

Die meisten Humanisten wandten sich wie selbstverständlich der Reformation zu, auch wenn durchaus bedeutende Personen dem Katholizismus treu blieben und zum Teil die Reformation energisch bekämpften. Die meisten Humanisten aber und alle humanistisch gebildeten Theologen wandten sich – mit Ausnahme von Jakob Jonas – der Reformation zu.[132] Auf die unnachgiebige Haltung der Obrigkeiten in Religionsfragen ist es zurückzuführen, dass ein »Brain-Drain« ins Ausland stattfand – besonders in die lutherischen und reformierten Gebiete. Mit dem landesfürstlichen Mandat Ferdinands I. von 1524, das den Besuch der protestantischen Universitäten mehr oder weniger verbot, brach auch die geistige Strömung des Humanismus in Vorarlberg zunehmend zusammen, auch wenn Vorarlberger weiterhin in Wittenberg studierten (vgl. Rhetikus und sein Stiefsohn), was auf die bleibende Attraktivität der reformatorischen Universität schließen lässt. Mit der Unterdrückung der Reformation ging auch die »Glanzzeit« des Humanismus in Vorarlberg zu Ende.

---

lauf waren. Zudem ist eine gemeinsame Verfasserschaft von Melanchthon und Bernhardi nicht auszuschließen.

128 Buckwalter, Priesterehe (wie Anm. 127) 94 und 133 f. Die Drucke erschienen innerhalb kürzester Zeit in Erfurt, Straßburg, Basel, Paris und Königsberg. Bartholomäus Bernhardi war somit ein Symbol für die Priesterehe geworden.

129 Dass dies eine gefährliche Sache war, bezeugt das energische Einschreiten des Landesfürsten Georg von Sachsen, der den Priester Jakob Seidler, der im Dezember 1521 geheiratet hatte, hinrichten ließ. Bernhardi hatte das Glück, dass er von seinem Landesfürsten, Kurfürst Friedrich dem Weisen, unterstützt wurde, der sich über die geistliche Jurisdiktion hinwegsetzte. Der Erzbischof von Magdeburg, Albrecht von Brandenburg, wollte Bernhardi den Prozess machen. McEwan, Bartholomäus Bernhardi (wie Anm. 87) 35; Buckwalter, Priesterehe (wie Anm. 127) 133 f.

130 Seine Tochter Katharina Bernhardi heiratete Matthias Wanckel, der ein bedeutendes protestantisches (Pfarrer-) geschlecht begründete. Für die Hochzeit des Schwiegersohnes von Bernhardi bat Luther seinen Landesherrn um ein Wildbret: Dadurch sollte die Bedeutung der Pfarrershochzeit – vor allem im Hinblick auf die Heirat seines Vaters Bartholomäus Bernhardi – unterstrichen werden. Vgl. Anna Bernhardi, Stamm-Tafeln des Geschlechts Bernhardi (Berlin 1903) 11–15.

131 Ebenda 5.

132 Lutz, Reformation (wie Anm. 44) 124 konstatiert ein relativ ausgeglichenes Verhältnis zwischen Humanisten, die sich der Reformation zugewandt hatten, und denen, die der katholischen Kirche treu geblieben waren. Betrachtet man die Lage in Vorarlberg, kann man diesem Urteil jedoch nicht bedingungslos zustimmen.

V. Die Frühreformation in Vorarlberg

Die deutschsprachigen Gebiete der österreichischen Erbländer waren ganz selbstverständlicher Teil des Deutschen Reiches,[133] sodass lutherische Flugschriften hier, wie andernorts auch, rasche Verbreitung fanden. Die Vorarlberger Bevölkerung erhielt jedoch nicht nur aus Wittenberg Anstöße zur Reformation. Auch aus der geographisch gesehen näher liegenden Stadt Zürich wurden die reformatorischen Lehren verbreitet und fanden in Vorarlberg Anklang. Weder die Behörden noch die einfache Bevölkerung konnten zwischen den beiden Richtungen klar unterscheiden, weshalb in den 20er und 30er Jahren des 16. Jahrhunderts zwischen » zwinglianisch« und »lutherisch« wenig differenziert wurde. Dies war erst ab Mitte der 1520er Jahre langsam möglich.[134] Es ist daher schwer, die reformatorischen Regungen in Vorarlberg den einzelnen Richtungen klar zuzuordnen.[135] Trotzdem lässt sich sagen, dass der Einfluss der Schweizer Reformation durch Zwingli auf Vorarlberg hoch eingeschätzt werden muss. Die Stadt St. Gallen und das Rheintal, die nördlichen Teile des heutigen Kantons Graubünden (Prättigau, Zehngerichtenbund) und die Stadt Lindau waren von Zwinglis Reformation her geprägt. Eine Eigenart der zwinglianischen Reformation war der kommunale Gedanke. Kommunale Tendenzen zur Etablierung einer Gemeindereformation gab es – wie bereits erwähnt – in Vorarlberg seit dem Spätmittelalter. Vieles spricht dafür, dass in Vorarlberg, zumindest in der Frühphase der Reformation, mehr zwinglianisch inspirierte Prediger und Bürger wirkten, als lutherische. Spätestens mit dem Scheitern der Züricher Expansionstätigkeit in der Eidgenossenschaft und mit der politischen Hinwendung von Lindau und Konstanz zum Schmalkaldischen Bund 1531 (nach dem Tod von Zwingli bei der Schlacht von Kappel am 11. Oktober 1531),[136] dürfte der Einfluss der lutherischen Theologie in Vorarlberg dominiert haben. Eine genaue Analyse der Primärquellen könnte auch

---

133 Luther schrieb noch am Vortag des Verhörs am Wormser Reichstag, im April 1521, an Johannes Cuspinian nach Wien, dessen Frau Anna Putsch eine Patrizierin aus Feldkirch war. Diese Tatsache lässt mich schlussfolgern, dass die Kontakte nach »Wittenberg« selbstverständlich waren und dass die Reformation nicht vor den »Landesgrenzen« Halt machen konnte.

134 Vgl. die theologische Entwicklung des Thomas Gassner aus Bludenz, der in Lindau die Reformation vorangetrieben hat. Ab 1526 vertrat Gassner in Lindau öffentlich die zwinglianische Auffassung des Abendmahls. 1530 unterzeichnete die Stadt sogar die so genannte »Confessio Tetrapolitana« (Straßburg, Konstanz, Memmingen, Lindau). Politische Umstände zwangen ihn (und damit die Stadt Lindau) aber 1532 zur Unterzeichnung der »Confessio Augustana«. Vgl. Karl Heinz Burmeister, Thomas Gassner. Ein Beitrag zur Geschichte der Reformation und des Humanismus in Lindau (Neujahrsblatt des Museumsvereins Lindau 21, Lindau 1971) 21; Schöch, Neuerungen (wie Anm. 32) 107.

135 Auch wenn die Quellen von zwinglianischen oder lutherischen Sektierern sprechen, ist damit noch nicht die eindeutige Zugehörigkeit zur jeweiligen Strömung der Reformation gesichert. Die Behörden konnten oft das eine vom anderen nicht klar unterscheiden und auch für die so gesinnte Bevölkerung war der Übergang von der einen Richtung zur anderen ein fließender.

136 Ulrich Gäbler, Art. Schweiz. *TRE* 30 (1999) 682–712, hier 694; Burmeister, Gassner (wie Anm. 134) 28 f.

Klarheit darüber bringen, inwieweit Vorarlberg den Einflüssen der oberdeutschen Theologie des Martin Bucer, der die Positionen der Schweizer und der Wittenberger Reformation zu verbinden versuchte, ausgesetzt war.[137] Vorarlberg lag im Schnittpunkt dieser drei großen theologischen Strömungen der 1520–1540er Jahre.

V.1 Frühreformatorische Bewegungen und Predigerreformation

Reformatorische Predigten vor 1525 finden wir quellenmäßig nur in Feldkirch.[138] Dort konnte sich aufgrund der nachlässigen Haltung des letzten Montforter Grafen Hugo von Montfort der zu dieser Zeit Vogt der Herrschaft Feldkirch war, die Reformation relativ ungehindert verbreiten. Aufgrund von Leibesschwäche blieb der Vogt die meiste Zeit über seinen Pflichten fern und übertrug seinem Untervogt Ulrich Wochner die Geschäfte. Er unternahm nichts gegen die lutherischen Prediger und es kursierten sogar Gerüchte, dass er selbst der »neuen Lehre« zugetan wäre.[139] Eine offene Unterstützung der reformatorischen Prediger ist unwahrscheinlich, doch hat er auch nichts gegen ihre Aktivitäten unternommen. So konnte der katholische Gegner von Martin Luther, Johannes Eck, in einem Brief im Jahre 1523 anprangern, dass bereits ganz Feldkirch lutherisch predige.[140] Prediger-Gestalten waren maßgeblich für die Verbreitung von reformatorischem Gedankengut verantwortlich. Jeremias Lins beispielsweise war Ordenspriester des Johanniterordens in Feldkirch Tisis und predigte bereits 1523 zwinglianisch – also noch im selben Jahr, als Zwingli in Zürich

---

137 Mangels eindeutiger Zuordnung der Vorarlberger »Protestanten« zu einer der genannten theologischen Richtungen, bevorzuge ich im Folgenden, von einer »reformatorischen Gesinnung« zu sprechen. So vermeide ich eine eindeutige Zuordnung zu einer theologischen Richtung, die wissenschaftlich nicht verantwortlich wäre und trage dem Umstand Rechnung, dass die theologischen und religiösen Überzeugungen der meisten Menschen – gerade in der Anfangszeit – schwankend sein konnten. Erst mit der beginnenden Konfessionalisierung lässt sich die theologische Zugehörigkeit eindeutiger zuordnen. Die »Oberdeutsche Theologie« lässt sich dem großen Straßburger Reformator Martin Bucer zuordnen, der eine Synthese aus dem Luthertum und dem Zwinglianismus anstrebte. Von Zwingli übernahm Bucer den Kommunalismusgedanken und von Luther das obrigkeitliche Kirchenregiment, aber mit dem Unterschied, dass es nur zur Herstellung der äußeren Ordnung fähig wäre, in die Herzen der Menschen jedoch nicht eingreifen könne und dürfe. Vgl. MÖLLER, Reichsstadt (wie Anm. 30) 44; Möglich war der Einfluss Bucers auf die Stadt Lindau durch die Vermittlertätigkeit von Jakob Bedrot, der mit Thomas Gassner in freundschaftlichem Verkehr stand. BONORAND, Bedrot (wie Anm. 102) 105.

138 Vor dem Bauernkrieg 1525 können wir reformatorische Bewegungen nur in Ansätzen festmachen, da die Quellen darüber schweigen. Statt des Begriffs »reformatorische Bewegungen« (für die Jahre 1521–1525) möchte ich für diesen Zeitabschnitt den Begriff »frühreformatorische Bewegungen« benutzen, denn meiner Meinung nach gab es auch nach dem Bauernkrieg noch »reformatorische Bewegungen«, besonders auch in Vorarlberg. Vgl. dazu Rainer WOHLFEIL, Das Schicksal der Reformation vor und nach dem Augsburger Reichstag, in: Das »Augsburger Bekenntnis« von 1530 damals und heute, hg. von Bernhard LOHSE/Otto Hermann PESCH (München–Mainz 1980) 79–98, hier 83.

139 SCHÖCH, Neuerungen (wie Anm. 32) 183 f.

140 BURMEISTER, Stadt Feldkirch (wie Anm. 19) 174.

mithilfe des Rates die Reformation durchsetzen konnte. Die Regierung wurde schnell auf diesen Prediger aufmerksam. Allerdings nützten Proteste der Regierung im Jahre 1525 an die Johanniterlandkomtur zu Tobel bei Frauenfeld nichts und sie musste Lins die »freie Predigt des Evangeliums« gestatten.[141] Schließlich musste er aber trotzdem 1527 nach Lindau flüchten.[142]

In Bludenz finden wir eine ähnliche Situation vor. Märk Sittich von Ems übernahm nach dem Tod seines Sohnes Marquard von Ems 1523 die Vogtei.[143] Da Märk Sittich aber als Hauptmann oft an diversen Feldzügen der Habsburger im Ausland teilgenommen hatte, überließ er die Vogteiverwaltung seinem Verweser Martin Steinhauser aus Feldkirch. Steinhauser konnte oder wollte gegen die erfolgreiche Predigttätigkeit des Lutz Matt[144] nichts unternehmen. Als Inhaber der Laienpfründe des Kloster Stams in Tirol hatte Matt die Bauern in der Umgebung des Klosters und des Gerichtes Petersberg auf seine Seite gezogen und die Konventsherren reichlich mit lutherischen Schriften versorgt. Nachdem er im Mai 1524 die Bauern gegen die Untersuchungskommission aus Innsbruck aufgebracht hatte, wurde ihm der Haftbefehl ausgestellt und er musste nach Bludenz flüchten.[145] Hier begann Matt wortgewaltig lutherisch zu predigen und gewann etliche Anhänger in der Stadt. Der Vogteiverweser hatte einen Haftbefehl der Regierung aus Innsbruck nicht durchsetzen können oder wollen.[146] So fiel die Predigttätigkeit Matts auf fruchtbaren Boden und die Mehrheit der Bludenzer Bürgerschaft wurde »guet lutterisch«. Dem Verhaftungsbefehl Märk Sittichs ging die Bludenzer Bürgerschaft nicht nach,[147] sodass der Vogt Matt Anfang September 1524 heimlich hat verhaften müssen. Unter der Leitung des Untervogtes Rudolf Wolf und des Stadtschreibers Jörg Hauser wurde Matt jedoch aus der Haft befreit. Es kam zu einer Verhandlung zwischen Stadt und Vogtei, im Zuge derer der

---

141 SCHÖCH, Neuerungen (wie Anm. 32) 184.

142 An der Seite von Thomas Gassner war er bis zu seinem Tod 1558 maßgeblich an der Reformation der Stadt Lindau beteiligt. Auch nach dem Beitritt Lindaus zum Schmalkaldischen Bund, und damit zum Luthertum, blieb Lins seiner zwinglianischen Prägung treu. Er heiratete in Lindau und sein Sohn Samuel Lins wurde ebenfalls Prädikant. Vgl. ebenda 184 und 185 Anm. 4; BURMEISTER, Gassner (wie Anm. 134) 34.

143 Er hatte gleichzeitig auch die Vogtei in Bregenz inne. Sein Streben nach politischer Geltung in Vorarlberg ist nicht zu verkennen, er legte den Grundstein für den politischen Aufstieg des Hauses Ems in Vorarlberg.

144 Matt kam aus der Herrschaft Sonnenberg, studierte gemeinsam mit Jakob Bedrot, Hieronymus Huser und Wolfgang Wolf in Wien bei Vadian und hörte wohl auch Luther in Wittenberg. 1520 wurde er Pfarrer in Dalaas. Conradin BONORAND, Luzius Matt. Beiträge zur Lebensgeschichte eines im humanistischen Zeitalter in Wien studierenden Vorarlbergers. *Montfort* 17 (1965) 113–118, hier 115.

145 SCHÖCH, Neuerungen (wie Anm. 32) 102. Vgl. Peter BIERBRAUER, Die unterdrückte Reformation. Der Kampf der Tiroler um eine neue Kirche (1521–1527), hg. von Peter BLICKLE (Bauer und Reformation 2, Zürich 1993) passim.

146 SCHÖCH, Neuerungen (wie Anm. 32) 103.

147 Mit der Begründung, dass für geistliche Belange der Churer Bischof zuständig sei, nicht die Vogtei. Das war reine Taktik, wussten sie doch, dass der Bischof von Chur zu der Zeit handlungsunfähig war. Vgl. ebenda 103.

Prädikant die Freiheit gegen eine Bürgschaft von 2000 Gulden erhielt – auch für damals übliche Bürgschaften eine beachtlich hohe Summe.[148] Nach weiteren Verhandlungen[149] ordnete die Regierung aufgrund »gewichtiger Fürbitten, die des Matt und seiner ›Freundschaft‹ wegen eingelaufen waren«,[150] an, Matt aus dem Land und aus allen Erblanden zu weisen und ihn zu verpflichten »weiter darjnn solh lutterisch Ler und Oppinion nit zu lern, predigen, noch defendieren [...] so er sich solher lutterischer Sect entslecht, wellen wir nit abgeslagen, jn hernach zu begnaden«.[151] So musste Matt das Land verlassen.[152]

Neben ihm trat eine weitere Prediger-Gestalt auf: der Kaplan des Dominikanerinnenklosters St. Peter bei Bludenz, Thomas Gassner. Er stammte aus dem Walsertal und ging in Feldkirch in die Lateinschule. Sein Studienort ist unbekannt.[153] 1524, also im selben Jahr, in dem Lutz Matt in Bludenz wirkte (es ist anzunehmen, dass sie sich kannten und einander unterstützten), verbreitete er im Kloster vor allem durch das Verteilen lutherischer Bücher reformatorische Lehren, sodass vier Frauen aus dem Kloster austraten. Es wird von einer »lutterische[n] Gesellschaft« berichtet, die unter dem Kaplan Rudolf Wolf zum Teil mit Gewalt ins Kloster eingedrungen ist.[154] Es ist die Rede vom Evangelium der christlichen Freiheit.[155] Anders als bei Matt waren über die Tätigkeit Gassners und Wolfs weder die Angehörigen der Nonnen, noch der Rat der Stadt Bludenz, noch die Regierung glücklich. Erstere forderten vom Kloster ihr Vermögen zurück, zweiterer wollte aufgrund der Kastenvogtei die Klosterfrauen nicht gehen lassen und letztere ordnete eine Visitation an, von der wir aber nichts wei-

---

148 Alois Niederstätter, Vorarlberger Urfehdebriefe bis zum Ende des 16. Jahrhunderts. Eine Quellensammlung zur Rechts- und Sozialgeschichte des Landes (Forschungen zur Geschichte Vorarlbergs 6, Dornbirn 1985) Nr. 139, 110 f. (Juni 1532), passim. Die üblichen Beträge für eine Bürgschaft lagen zwischen 500 und 1000 Gulden.

149 Der Erzherzog fürchtete einen Aufruhr – umso mehr, als die Loyalität der Bludenzer Vogtei (Untervogt und Stadtschreiber wurden vom Landesfürsten eingesetzt) nicht mehr sicher war. So wurden sie (Bürgermeister, Rat der Stadt, Untervogt und Vogteiverweser) nach Innsbruck vorgeladen und ihres Amtes enthoben. Ulrich von Schlandersberg, Vogt von Neuburg, übernahm die Vermittlung zwischen den Parteien. Die Landschaften Bludenz und Montafon legten Fürbitte für Matt ein (die Gerichte Sonnenberg und Blumenegg ließen trotz Bitten die Bludenzer in ihrem Kampf für Matt allein). Dieser wurde daraufhin entlassen und sollte zum Bischof von Chur geschickt werden. Vgl. Schöch, Neuerungen (wie Anm. 32) 104; Bilgeri, Geschichte Vorarlbergs, Bd. 2 (wie Anm. 7) 304.

150 Sander, Vorarlberg zur Zeit des Bauernkriegs (wie Anm. 68) 307. Wer sich für Matt in Innsbruck verbürgt hat, ist unklar. Doch es muss eine einflussreiche Person gewesen sein, der die Reformation wohl ein wichtiges Anliegen war.

151 Schöch, Neuerungen (wie Anm. 32) 105.

152 Lutz Matt hielt sich zwischen 1526–1528 als Glaubensflüchtling im Haus des Basler Reformators Konrad Pelikan in Zürich auf. 1528 wurde er Helfer in der Zürcher Pfarrgemeinde Regensdorf und dann in Altstätten, wo er mit Zwingli die Zulässigkeit des Kirchenbannes befürwortete. Vgl. Bonorand, Matt (wie Am. 144) 116.

153 Burmeister, Gassner (wie Anm. 134) 11.

154 Schöch, Neuerungen (wie Anm. 32) 106.

155 Andreas Ulmer, Topographisch-historische Beschreibung des Generalvikariates Vorarlberg, Bd. 8: Dekanat Bludenz (ehemals Dekanat Sonnenberg) (Dornbirn 1971) 253.

ter wissen. In einem Schreiben des Erzherzogs an die Priorin Gutenbergerin drohte der Landesfürst mit empfindlichen Strafen, wenn nicht wieder Ordnung und Zucht im Kloster eintrete.[156] Thomas Gassner wurde, wie Lutz Matt, im Schlossturm gefangen genommen, doch er konnte heimlich fliehen, kam im November 1524 in Lindau an und wirkte dort maßgeblich für die Reformation. Als Reformator war er vielleicht der erfolgreichste aus Vorarlberg. Er vertrat die zwinglianische Auffassung des Abendmahls. 1530 heiratete er die designierte Äbtissin des Damenstiftes, Katharina von Ramschwag. Höhepunkt der Lindauer Beteiligung an der Reformation war die Mitunterzeichnung der »Confessio Tetrapolitana« durch die Legaten des Rates der Stadt Lindau.[157] Mit den führenden Reformatoren der Zeit, besonders mit jenen aus Straßburg (Bucer, Capito, Bedrot, ...), stand Gassner in fruchtbarem Kontakt. 1548 verstarb er in Lindau.[158]

Neben den bereits erwähnten Predigern gab es eine Fülle von Theologen und herausragenden Persönlichkeiten, die im Sinne der Reformation tätig waren. Eine erfolgreiche Tätigkeit in Vorarlberg blieb den meisten versagt, sodass sie größtenteils im protestantischen Ausland Karriere machten und die Reformation in anderen Territorien maßgeblich prägten und mitgestalteten. Vor allem um Bregenz verdichtet sich aber ebenfalls die Tätigkeit von Predigern. In Lindau etwa waren zwei Reformatoren aus Bregenz tätig: Der Barfüßer Sigmund Rötlin (Rubellus) predigte ab 1524 zwinglianisch zu St. Stephan in Lindau, Kaplan Johannes Mock wurde Diakon in Lindau, und ein Dietrich Hurlewagen predigte in allen Lindauer »Tafernen«.[159] Ein Bregenzer Theologe, Pelagius Schley, der in Konstanz zur Reformation übertrat und dort eine Münsterlinger Klosterfrau heiratete, ist uns bekannt.[160] Der Pfarrherr zu Stein am Rhein, Erasmus Fabritius, unternahm 1524 in Bregenz reformatorische Predigttätigkeiten.[161] Ebenfalls aus Bregenz waren Jakob Grötsch in Stein am Rhein

156 Schöch, Neuerungen (wie Anm. 32) 105. Im Kloster hinterließ er ein Durcheinander, das noch Jahre später die beteiligten Personen beschäftigte.

157 Die »Confessio Tetrapolitana« wurde von der Stadt Lindau auf dem Reichstag in Augsburg 1530 mitunterzeichnet (gemeinsam mit den Städten Straßburg, Konstanz und Memmingen). Bereits ein Jahr später, nach dem Tod Zwinglis, trat Lindau allerdings dem Schmalkaldischen Bund bei. 1533 wurde die Zuchtordnung in Lindau eingeführt und 1536 die Wittenberger Konkordie unterzeichnet. Vgl. Burmeister, Gassner (wie Anm. 134) 27–30. Zur Entstehungsgeschichte und zur Theologie der »Confessio Tetrapolitana«, die sowohl zwinglianische als auch lutherische Elemente beinhaltete vgl. Bernd Möller, Confessio Tetrapolitana (1530), in: Martin Bucers Deutsche Schriften. Bd. 3: Confessio Tetrapolitana und die Schriften des Jahres 1531, hg. von Robert Stupperich (Gütersloh 1969) 13–185, hier 15–24.

158 Burmeister, Gassner (wie Anm. 134) 26–45.

159 Schöch, Neuerungen (wie Anm. 32) 105 f. und 178.

160 Bei dessen Erbfall 1534 weigerte sich der Bregenzer Vogt, Eiteleck von Reischach, aufgrund seines Bekenntnisses, das Erbe auszubezahlen. Die Innsbrucker Regierung forderte ihn aber dazu auf. Vgl. Karl Heinz Burmeister, Aspekte der Konfessionalisierung in der Bodenseeregion, in: Konfessionalisierung und Region, hg. von Peer Friess/Rolf Kiessling (Forum Suevicum. Beiträge zur Geschichte Oberschwabens und der benachbarten Regionen 3, Konstanz 1999) 189–198, hier 191.

161 Schöch, Neuerungen (wie Anm. 32) 177 f.

sowie Peter Brem bei Basel.[162] Neben Bregenz fällt die außerordentlich hohe Dichte an theologischem Nachwuchs in Bludenz und Umgebung auf, wobei ein Einfluss aus dem nahe gelegenen Tirol möglich ist.[163] In erster Linie wirkten Prediger aber im Ausland, wo sie in ihren Gemeinden erfolgreich die Reformation einführten. Nach seiner Tätigkeit als Kaplan in Gaschurn führte etwa der Vorarlberger Heinrich Spreiter, seit 1517 Pfarrer von St. Antönien, als einer der ersten die Reformation in Prättigau ein. Sein Halbbruder Jakob Spreiter und der Pfarrer Samuel Frick waren in Maienfeld (Prättigau) ebenfalls reformatorisch tätig.[164] Bis zum Auftreten des Lutz Matt können wir archivalisch keine Tätigkeit von Reformatoren in und um Bludenz fassen, doch ist anzunehmen, dass Lutz Matt und Thomas Gassner in ein reformatorisch vorbereitetes Terrain hineinwirkten. Denn nicht nur im nahe gelegenen Graubünden waren Prediger aus Bludenz tätig.[165] Lucius Kybers'[166] Söhne, David und Elias Kyber, wirkten als Pfarrer und als Professoren für Theologie, Hebraistik und Botanik in Straßburg und machten sich dort einen Namen.[167] Otto Binder war Reformator in Mühlhausen/Elsass. Markus Ammann predigte 1527 im Etschland. 1529 wurde er in Bludenz gefangen genommen (»etwan ain wenig Lutterisch gewesen«). Bereits ein Jahr später wurde Ammann, auf Empfehlung Zwinglis, Prediger im Katharinenthal (Thurgau). 1531 war er in Konstanz, 1539 in Ulm. Lazarus Bürgler war lutherischer Kaplan in St. Gallenkirch, Bürs und Gaschurn. 1529 wurden lutherische Bücher bei ihm gefunden. Dementsprechend gab es eine behördliche Aufforderung, seine lutherischen Bücher zu verbrennen und es wurde ihm verboten, »derselben kains mer zu kauffen noch zu lesen«.[168] Der Zimmerknecht Kaspar Montanasger war ab 1533 Beisäß bei Thomas Gassner in Lindau. Hieronymus Huser war Sohn des Stadtschreibers von Bludenz und studierte gemeinsam mit Lutz Matt und Jakob Bedrot in Wien, Wittenberg und in Freiburg i. Br.[169] Sein Vater, der Stadtschreiber Leonhard Huser, blieb katholisch,

---

162 Burmeister, Geschichte Vorarlbergs (wie Anm. 4) 111. Genau genommen in Zofingen, Münchenstein, Oltingen und Allschwil (Ortschaften in der Nähe von Basel).

163 Bierbrauer, Unterdrückte Reformation (wie Anm. 145) passim.

164 Schöch, Neuerungen (wie Anm. 32) 101; Johann G. Mayer, Geschichte des Bistums Chur, Bd. 1 (Stans 1907) 25; Bonorand, Bedrot (wie Anm. 102) 84. Die Familie Wolf und die Familie Spreiter mussten aufgrund der gegenreformatorischen Maßnahmen des Vogtes nach Prättigau ausweichen. Der Verkehr zwischen Montafon und Prättigau war durchaus rege.

165 Karl Heinz Burmeister, Bludenz in der Zeit von 1420 bis 1550, in: Geschichte der Stadt Bludenz. Von der Urzeit bis zum Beginn des 20. Jahrhunderts, hg. von Manfred Tschaikner (Bodensee-Bibliothek 39, Sigmaringen 1996) 101–160, hier 138 f.

166 Kyber ging in Feldkirch in die Lateinschule und wurde Reformator in der evangelisch gewordenen Reichsstadt Gengenbach in Baden. Ab 1550 war er Pfarrer in Straßburg. Burmeister, Gassner (wie Anm. 134) 11.

167 Bonorand, Bedrot (wie Anm. 102) 85.

168 Burmeister, Gassner (wie Anm. 134) 15; Burmeister, Geschichte Vorarlbergs (wie Anm. 4) 111.

169 Huser war mit Vadian in St. Gallen befreundet. 1525 war er Anwalt (Prokurator) der Stadt Konstanz im Reformationsprozess vor dem Reichskammergericht gegen den Bischof und bekämpfte das Konstanzer Domkapitel. Er forderte die Besteuerung der Geistlichkeit, die es

ohne dass es zu familiären Zerwürfnissen mit seinem Sohn gekommen wäre.[170] Leonhard Sailer in Splügen und Thomas Gehauff/Venatorius waren in Nürnberg und Rothenburg ob der Tauber als Reformatoren tätig.[171] Eine überregionale Bedeutung hatten die bereits erwähnten Theologen Johannes Dölsch und Bartholomäus Bernhardi. Gerade für die Verhältnisse in den beiden Städten Feldkirch und Bludenz ist der Begriff »Prediger-Reformation« eine hilfreiche Beschreibung. Peter Bierbrauers bis dato noch wenig beachtetes Idiom scheint für mich für eine Vielzahl der Phänomene der Frühreformation beachtenswert zu sein. Das gilt besonders für die österreichischen Erbländer, wo die Reformation von der Obrigkeit schnell unterdrückt wurde.[172] Es ist auffällig, wie sehr sich in Vorarlberg zu dieser Zeit die Gemeinden[173] und die Städte um eine beeindruckende Predigergestalt scharten.

V.2 Der Bauernkrieg von 1525

Ursache des Bauernkrieges waren, wie eingangs beschrieben, die kirchlichen und sozialen Missstände der Zeit. Im Februar 1525 erreichte der Bauernkrieg die österreichischen Gebiete und zwar das Gericht Hohenegg. Die Behörden hatten vor der Präsenz der »Seebauern« (deren Anführer der in Lindau predigende Dietrich Hurlewagen war) vor Bregenz ständige Angst (Aufstellung einer eigenen Wehrmannschaft), denn die Aufständischen hatten des Öfteren angriffslustige Expeditionen unternommen. Sie suchten die Untertanen und die katholisch gebliebenen Pfarrer (beispielsweise den Kaplan von Hörbranz und den Pfarrer zu Möggers)[174] auf ihre Seite zu bringen. Die Aufständischen agierten teilweise sogar im Oberland.[175] Einige leibeigene Bauern aus Bregenz liefen zu den Aufständischen über. Nun evangelisch gewordene Pfarrer schrieben Briefe an ihre katholischen Kollegen und an die Bevölkerung, mit der Aufforderung, die Sache des Evangeliums und die Forderungen der Bauern zu unterstüt-

---

versäumt hätte, den rechten Gottesdienst zu halten. Huser erstellte juristische Gutachten bei der Einführung der Reformation in Konstanz, Nürnberg und in anderen Reichsstädten.

170 Die Geschichte der Familie Kyber wirft ein interessantes Licht auf den Konfessionswechsel in Vorarlberg: Der Bruder von Hieronymus, Jos Huser, war ein erfolgreicher Kaufmann und Ratsmitglied in Freiburg i. Br. und blieb wegen seiner Karriere katholisch. Ein weiterer Bruder, Georg, Stadtschreiber zu Bludenz, war zunächst lutherisch, wurde aber spätestens ab 1550 katholisch. Zudem war man in der Familie der Meinung, dass ein allgemeines Konzil die strittigen Punkte endgültig klären sollte. Burmeister, Bludenz (wie Anm. 165) 139 f.; Bonorand, Bedrot (wie Anm. 102) 81; Burmeister, Bodenseeregion (wie Anm. 160) 189 f.

171 Burmeister, Stadt Feldkirch (wie Anm. 19) 174.

172 Peter Bierbrauer, Die Prediger-Reformation im Dorf, in: Frömmigkeit und kommunale Reformation (Itinera 8, Basel 1988) 63–84. Seine richtige Einschätzung kann insofern noch korrigiert werden, als dass die Prediger nicht nur für die Reformation auf dem Land konstitutive Bedeutung hatten, sondern auch für die der Stadt.

173 Im Raum Bregenz und im Bregenzerwald sind es noch Jos Bertsch und Jos Wilburger, die in der Zeit des Bauernkrieges reformatorisch predigten.

174 Sander, Vorarlberg zur Zeit des Bauernkriegs (wie Anm. 68) 315.

175 Ebenda 317 f. Der Vogt Hugo von Montfort musste im Oberland einen Brief der Aufständischen an den Rankweiler Landammann Walser abfangen.

zen.[176] Ein evangelischer Pfarrer aus Stade, Meister Hans, bedrohte den Ammann zu Bregenz, Jos Witter, mit den Worten: »Die guldina mesa sind aus, das evangeli Christi ist im Haus.«[177] Auch in Bregenz waren Geistliche beim Bauernaufstand beteiligt, die nach dessen Zerschlagung zur Verantwortung gezogen wurden. Vier Pfarrer sind namentlich bekannt: Jos Wilburger aus dem hinteren Bregenzerwald,[178] Marti aus Markdorf (ein Pfarrer aus Tannberg), Lutz von Walgau und Jos Pertsch.[179] Auch Ignaz Baumann, der in der Fastenzeit Speise gegessen und »frevle Worte und Werke« gegen die katholische Kirche gebraucht hatte und vor allem lutherische Schriften und die 12 Artikel besaß, die er unter das Volk brachte, wurde gefangen genommen, doch auf Bitten etlicher Freunde hin wieder gegen eine Urfehde entlassen.[180] Den aktiven Teilnehmern am Bauernaufstand erging es weit schlimmer: Der Vogt Märk Sittich erhängte 50 Bauern an der Hänkeiche am Laiblach bei Lochau.[181] Der größte Teil der Bevölkerung Vorarlbergs hat sich jedoch vom Bauernkrieg fern gehalten, da unterdrückende lokale Adelige fehlten. Weitestgehende politische Freiheiten konnte sich die Bevölkerung aufgrund der betonten Loyalität gegenüber dem Landesfürsten sichern, wobei sie durchaus ihren Forderungen nach mehr religiösen Freiheiten und sozialwirtschaftlichen Zugeständnissen Ausdruck verlieh. Für sie war es offenbar klüger, mit der Regierung zu kooperieren, um so ihre Forderungen durchzubringen, als ihr Leben und ihre Rechte aufs Spiel zu setzen,[182] wie es im Fall der Bregenzerwälder Gemeinde Lingenau geschah, die ihre Illoyalität mit der Aberkennung ihrer

176 Den Bauern ging es um den Schutz des heiligen Evangeliums und um die göttliche Gerechtigkeit über Arme und Reiche. Peter Blickle unterscheidet eine bäuerliche von einer städtischen Gemeindereformation, mit unterschiedlichem Schwerpunkt. Ersterer ging es um das reine Evangelium und um sozialethische Interessen, während bei letzterer die Rechtfertigungslehre, mit einem theologischen Interesse, im Mittelpunkt stand. Vgl. Blickle, Gemeindereformation (wie Anm. 29) 112.

177 Bericht des katholischen Pfarrers zu Opfenbach, Johannes Spet. Vgl. Sander, Vorarlberg zur Zeit des Bauernkriegs (wie Anm. 68) 317, Anm. 1.

178 Wilburger nahm beim Tiroler Bauernaufstand teil und wurde 1526 in Bozen hingerichtet. Vgl. ebenda 310.

179 Der Priester Jos Pertsch wurde nach der Verhaftung 13 Wochen eingekerkert und des Landes verwiesen. 1529 wollte er wieder zurück in die österreichischen Erbländer, was ihm nach sorgfältiger Begutachtung und gegen eine Bürgschaft von 1.000 Gulden gewährt wurde. Es ist anzunehmen, dass er wieder katholisch geworden ist. Vgl. ebenda 354–356.

180 Josef Zösmair, Urkundenauszüge aus dem Hohenemser Archive. *Jahresbericht des Vorarlberger Museumvereins* 25 (1886) 33–93, hier 71; Sander, Vorarlberg zur Zeit des Bauernkriegs (wie Anm. 68) 324. Ignaz Baumann war in der Grafschaft Hohenems tätig und wurde ebendort vor das Gericht gestellt.

181 Ludwig Welti, Merk Sittich und Wolf Dietrich von Ems. Die Wegbereiter zum Aufstieg des Hauses Hohenems (Dornbirn 1952) 43; Franz Josef Weizenegger/Meinrad Merkle, Vorarlberg, Bd. 3 (Innsbruck 1839, Nachdruck Bregenz 1989) 251. Zuvor ließ er, als Vergeltung für den Aufstand, die Glocke der Pfarrkirche von Hilzingen durch Bauern nach Hohenems transportieren, um sie dort in der neuen Pfarrkirche aufzuziehen. Unterwegs hängte er die 50 Bauern auf.

182 Sander, Vorarlberg zur Zeit des Bauernkriegs (wie Anm. 68) 332: »Ueberall befolgte man jenen Rath, die Beschwerden an den Fürsten gelangen zu lassen.«

Rechte und Privilegien (bis in das Jahr 1603) bezahlen musste (nicht zu sprechen von den Hinrichtungen und Verhaftungen). Der Ammann, ein gewisser Heinrich Bertsch, habe, »von Luthers falschen Lehren schon angesteckt und verblendet«,[183] den Lingenauern gesagt, dass sie nach Rat des Vogtes den Aufständischen nachgeben und sich ihnen anschließen sollten. Manche konnten nach dem Krieg nach Graubünden fliehen und wurden protestantisch, so auch der Ammann Bertsch.[184] Lingenau war im Bauernkrieg allerdings eine Ausnahme.[185] Die Bregenzer Bürgerschaft etwa, die am meisten vom Bauernkrieg bedroht war, bekundete ihre Treue gegenüber der Regierung.[186] Interessant ist das Vorgehen der beiden Nachbargerichte Hofsteig und Alberschwende. Dort heißt es, dass sie »beim alten Glauben bleiben« wollen, »es sei denn, dass der Fürst sie eines Bessern belehre«.[187] Dann erst wurden weitere Forderungen gestellt. Diese Treuebekundung, auch in religiösen Dingen, musste die Regierung überzeugt haben, denn es wurden Kommissare in die betreffenden Gebiete gesandt, um mit der Stadt und den Gerichten zu verhandeln. Ähnlich verhielt es sich im Bregenzerwald. Der Landammann Kaspar Erhard und der Landschreiber Kaspar Feuerstein kämpften entschieden gegen jede Art von Aufruhr. Die Obrigkeit konnte sich daher auf die Dorfehrbarkeit verlassen.[188] Als Gegenleistung erhielten die Bregenzerwälder vom Landesfürsten zahlreiche Zugeständnisse.[189] Beklagt wurde die große Belastung des »Todfalls«, die schlechte religiöse Versorgung der Ortschaften[190] sowie verschiedene soziale und rechtliche Ungerechtigkeiten.[191] Entscheidend aber war ihre Forderung, die Pfarrer selber wählen zu dürfen.[192] Die Forderungen sind den zwölf

183 Rapp, Anhang (wie Anm. 65) 593; Sander, Vorarlberg zur Zeit des Bauernkriegs (wie Anm. 68) 318 f. Einige Ungereimtheiten, die in der Geschichte auffallen, lassen sich vermutlich nicht mehr klären, da die entsprechenden Akten bei einem Brand verloren gegangen sind. Wir besitzen nur eine handschriftliche Chronik von Lingenau durch den Lingenauer Kaplan. Johann Conrad Herburger, Chronik von Lingenau (o. O. 1818); Vgl. Hildegund Gismann-Fiel, Das Täufertum in Vorarlberg (Forschungen zur Geschichte Vorarlbergs 4, Dornbirn 1982) 38.

184 Rapp, Anhang (wie Anm. 65) 592–594. Die Ammannwahl lag nun nicht mehr in der Kompetenz des Gerichts, sondern der Ammann wurde vom Vogt bestimmt.

185 Bei Egg und Andelsbuch nahmen ca. 100 Bauern am Aufstand teil, die ihren Pfarrer aus der Pfründe Andelsbuch vertrieben hatten (der Pfarrer war ein Konventuale aus Mehrerau, der seinen Dienst sehr nachlässig ausgeführt habe). Sander, Vorarlberg zur Zeit des Bauernkriegs (wie Anm. 68) 321.

186 Ebenda 316.

187 Ebenda 346. Diese Klausel brachte die Hoffnung zum Ausdruck, dass der Landesfürst doch noch auf die Reformation umschwenke bzw. dass er zumindest auf Reformen in der Kirche dränge.

188 Ebenda 321. Vgl. auch Sander, Aktenstücke (wie Anm. 35) 9.

189 Ähnlich wie in Feldkirch achteten sie zudem peinlich auf die Beibehaltung ihrer weitreichenden Privilegien. Diese wollten die Bregenzerwälder unter keinen Umständen verlieren.

190 Die Pfarre Egg wurde vom Patronatsherren (Klarissinnenkloster Valduna) mit einem Kortisonen versehen (in diesem Fall der Generalvikar von Chur, Dr. Christoph Metzler).

191 Sander, Aktenstücke (wie Anm. 35) 5–10.

192 Ebenda 8. »[...] die gemelt pharr selbs mit geschickhten priestern zuuersehen, die wir zesetzen vnd zuentsetzen haben; denen wellen wir geben, das sy ain erlich auskomen haben.« Die

Artikeln nicht unähnlich und tatsächlich war der Landesfürst bereit, auf einige von ihnen einzugehen und ordnete entsprechende Maßnahmen an. Auch das Bittschreiben der Gemeinden von Bludenz, Sonnenberg und Montafon an den Landesfürsten im selben Jahr ist von großem Interesse. Trotz der reformatorischen Umtriebe durch Lutz Matt und Thomas Gassner in Bludenz verhielten sich die Bludenzer dem Landesfürsten gegenüber auffallend loyal,[193] was aufgrund der prekären Lage schließlich zum (vorläufigen) Erfolg geführt hatte. So lautet der erste Punkt vom »Abschied für Bludenz und Montafon vom 2. Juli 1525«[194] folgendermaßen:

> »Zum ersten bewilligt ir f[ürstliche]. d[urchlaucht]. gnedigclich, daz sy das haillig Evangelium vnd die Epistln clar vnd lauter nach dem Text vnd rechtem Verstandt predigen vnd verkünden lassen, wie ir f.d. des in derselben erblanden zu predigen vnd verkünden zulassen entschlossen ist.«[195]

Die Erlaubnis, das Evangelium klar und lauter predigen zu dürfen, ist ein bemerkenswertes Zugeständnis. Freilich ist es bewusst ungenau formuliert, in späterer Folge konnte es auch im katholischen Sinne ausgelegt werden, eine Art Vorbehaltsklausel ist mitformuliert (vgl. die Formulierung oben: »wie der Fürst das Predigen zulassen entschlossen ist«).[196] Ein Blick nach Feldkirch zeigt den Vorbehaltscharakter solcher Zugeständnisse: Nach vergeblichen Protesten der Regierung, die Predigttätigkeit des Jeremias Lins in Feldkirch zu unterbinden, gewährte sie dem Prediger das Recht zur freien Predigt des Evangeliums, sofern der von Gott eingesetzten Obrigkeit Gehorsam geleistet und zur Stillung der Aufrührer und Strafung der Laster aufgerufen werde.[197] Diese Zugeständnisse seitens der Regierung waren aber nur vorübergehende Kompromisslösungen angesichts des allgemeinen Aufstandes der Bauern 1525. So war der Vogt auch nicht in der Lage, manchen Aufständischen, rund um den Bauernkrieg in Bludenz, einfach zu verhaften oder zu bestrafen.

Bis 1525 war die Reformation wesentlich eine »Gemeindereformation« gewesen, die dann, nach Niederschlagung des Bauernkrieges, von der »landesherrlichen Reformation« abgelöst wurde. Fakt ist, dass die Prediger-Gestalten ohne Mitwirkung der Städte und der Dörfer keinen Erfolg gehabt hätten (vgl. v. a. den Bregenzerwald, wo kein eindrücklicher Prediger bekannt ist und der Ort dennoch im Sinne der Gemein-

---

Forderung nach der Wahl des Pfarrers auf kommunaler Ebene, ist nach Peter Blickle eine der wichtigsten Kennzeichen der Gemeindereformation. Vgl. Blickle, Gemeindereformation (wie Anm. 29) 113.

193 Eine panische Verfolgungsjagd setzte ein, als Michael Gaismair aus Tirol nach Graubünden flüchtete. Fahndungsbefehle wurden von den Vorarlberger Behörden am laufenden Band ausgestellt. Über die Beteiligung Vorarlberger Bauern am Aufstand Gaismairs wissen wir relativ wenig. Vgl. Karl Heinz Burmeister, Die Beziehungen Vorarlbergs zum Tiroler Bauernaufstand und zu Michael Gaismair. *Veröffentlichungen des Tiroler Landesarchivs* 2 (1982) 161–170.

194 Das Eingabeschreiben der Stadt und der beiden Gerichte ist leider nicht erhalten. Ihre Bitten lassen sich aber indirekt über das Antwortschreiben der Regierung feststellen.

195 Sander, Aktenstücke (wie Anm. 35) 10.

196 Durchaus richtig gesehen von Schöch, Neuerungen (wie Anm. 32) 181.

197 Ebenda 184.

dereformation höchst aktiv war, trotz politischer Loyalität). Die Predigten sind auf offene Ohren gestoßen und nun begann die Bevölkerung ihrerseits die Reformation auf größerer Ebene einzuführen.[198] Vorarlberg hatte im Spätmittelalter starke kommunale Traditionen, die nun, während der Frühreformation, in einigen Regionen und Städten zum Tragen kamen. Mit Gemeinde- oder Stadtreformation meine ich, im Anschluss an Peter Blickle und Bernd Möller, die Reformation der Kirche und der Gesellschaft auf kommunaler Ebene durch die gewählten, dörflichen Repräsentanten oder durch den städtischen Rat: Das Dorf bzw. die Stadt sollte den Charakter einer »sakralen Gemeinschaft« haben.[199] Letztlich wurde die Gemeindereformation von der Obrigkeit unterdrückt, sodass sie am Ende – im Gegensatz etwa zu Graubünden – missglückte. In Bludenz waren Untervogt und Stadtschreiber als obrigkeitliche »vermittelnde Zwischeninstanz«[200] jedoch bemüht, die Anliegen der Reformation zu unterstützen. Die Dörfer und Städte wollten das kirchliche Leben aufgrund der negativen Erfahrungen mit der Kirche selbst bestimmen.

V.3 Das politische Kräftemessen und der Einfluss Zwinglis

Dass die kommunalen Bestrebungen, in kirchlichen Dingen Autonomie zu erlangen, scheiterten, hatte mehrere Gründe: Die Stadt oder das Dorf waren, konfessionell gesehen, in sich gespalten (reformatorisch bzw. katholisch) und die Vögte strebten an, auf Geheiß der Landesfürsten reformatorische Bewegungen jedweder Art zu unterdrücken. Zudem war die politisch-rechtliche Lage klar: Als mächtige Landesfürsten unterstützten die Habsburger die katholische Kirche und das Reichsrecht legitimierte ihr Vorgehen. In Feldkirch und Bludenz konnte sich die Reformation noch am ehesten entfalten. In Feldkirch agierten Vogt und Untervogt mit einer Ver-

198 Gerade für die Schweiz und für Oberdeutschland (besonders die nahe gelegenen freien Reichsstädte!) ist das Phänomen der Gemeindereformation weit verbreitet.

199 Peter Blickle, Eidgenossenschaften in reformatorischer Absicht. Oder: Wie begründet ist die Kritik an der »Gemeindereformation?«, in: Die Reformation, hg. von Hans R. Guggisberg/ Gottfried G. Krodel (Archiv für Reformationsgeschichte, Sonderband, Gütersloh 1993) 159–174, passim; Blickle, Gemeindereformation (wie Anm. 29) 112; Möller, Reichsstadt (wie Anm. 30) 12 f.

200 Vgl. dazu die Diskussion von Berndt Hamm, Reformation »von unten« und Reformation »von oben«. Zur Problematik reformationshistorischer Klassifizierungen, in: Die Reformation, hg. von Hans R. Guggisberg/Gottfried G. Krodel (Archiv für Reformationsgeschichte Sonderband, Gütersloh 1993) 256–293, passim. Dass es sich bei der Gemeindereformation oder bei der so genannten Fürstenreformation nicht um starre Entweder-Oder-Schemen handeln kann, zeigt in Bludenz die vermittelnde Tätigkeit der fürstlichen bzw. städtischen Obrigkeit. Traditionell war der Untervogt von Bludenz, als Repräsentant des Fürsten, immer stark an die Bürgerschaft gebunden. Wenn er und der Stadtschreiber sich für die Sache des Lutz Matt einsetzten, kann man durchaus von einer »vermittelnden Zwischeninstanz« sprechen. So standen sie als vermittelnde Instanzen zwischen der Obrigkeit »von oben« und der Bürger bzw. der Gemeinde »von unten«. Sie beherrschten sowohl die Sprache der Obrigkeit als auch die der Bürger und waren daher für die Etablierung der Reformation in den Städten unerlässlich. Berndt Hamm kann dabei auch von einer »Reformation der Mitte« sprechen. Vgl. dazu ebenda 266–270.

zögerungstaktik: Wiederholte Aufforderungen, die landesfürstlichen Edikte und die kaiserlichen Gebotsbriefe zu befolgen sowie gegen »lutterische und ander verboten Secten«, gegen das Fleischessen an verbotenen Tagen und gegen die »Wiedertäufer« aufzutreten, fruchteten nicht. Die landesfürstliche Regierung sah in der Säumigkeit der Feldkircher Vögte die Ursache für »grosse vngehorsam vnd vnainigkait in der statt vnd auf dem lannd mit der lutterischen sect, welhe gar pey inen vberhannd genomen haben«.[201] Ein im Stadtrat um die Besetzung des Stadtammann-Postens geplanter Putschversuch der Protestanten (Heinrich Rad, Heinrich Amman, ein junger Hieronymus Pappus)[202] gegen den Altgläubigen Stadtammann, der ein Jahr vor Ablauf seiner Amtszeit abgesetzt werden sollte, scheiterte. Othmar Pappus konnte sich im Amt halten und sein Nachfolger wurde Georg Stoß, ein entschiedener Katholik.[203] Sowohl in der Stadt als auch in der Umgebung auf dem Land durften die lutherischen und zwinglianischen Kräfte nicht unterschätzt werden, auch wenn die Bevölkerung katholisch blieb.[204] Eine zahlenmäßige Feststellung der konfessionellen Zugehörigkeit der Stadtbürger bleibt uns leider verwehrt. Nach Konsolidierung der politischen Verhältnisse der Stadt begann die katholische Partei, gemeinsam mit der österreichischen Regierung, als Zeugnis der Rechtgläubigkeit den Empfang der österlichen Sakramente zu verlangen. Eine erste verpflichtende Osterbeichte fand 1528 statt, die in weiterer Folge jährlich kontrolliert wurde.[205] Zu dieser Zeit musste auch der bereits erwähnte Prediger Jeremias Lins aus der Stadt flüchten. Den »Protestanten« fehlte nun eine entscheidende Predigergestalt, doch die Samen der Reformation waren bereits reichlich gesät, sodass sich eine nennenswerte protestantische Gesinnung weiterhin in der Stadt halten konnte. Eine landesfürstliche Instruktion aus dem Jahre 1529, die die Pflicht des Ostersakraments betraf, drohte der Stadt Feldkirch bei deren Nichteinhaltung den Verlust des Privilegs des Begnadigungsrechtes an.[206] Der Stadtrat, nunmehr in fester katholischer Hand, ordnete an, dass die Übertreter der »cristenlichen Ordnung« des Landes verwiesen werden sollten. Fremde Gesellen, die das Ostersakrament verweigerten, sollten von den Meistern entlassen werden. 17 Feldkircher Bürger nahmen jedoch nicht am Ostersakrament 1529 teil.[207] Zwei

201 Gismann-Fiel, Täufertum (wie Anm. 183) 27.

202 Vgl. die einflussreichen Patrizierbürger Feldkirchs bei Burmeister, Stadt Feldkirch (wie Anm. 19) 142. Dazu gehörten die Rad, Pappus, Widnower, Metzler, Steinhauser, Putsch usw.

203 Schöch, Neuerungen (wie Anm. 32) 85.

204 Die neuen reformatorischen Lehren trennten die bis dahin in »konfessioneller« Hinsicht homogenen Städte und Gemeinden und das feste Gefüge der Häuser und Familien. Die Reformation bewirkte auch in Vorarlberg eine Tendenz zur Individualisierung. Vgl. Blickle, Gemeindereformation (wie Anm. 29) 115 f. »Die Reformation wirkt [...] atomisierend – der konfessionelle Riss ging nicht nur durch die Stadt, sondern auch durch die Kirchengemeinde, die Zunft, das Dorf und schließlich selbst durch die Familie.«

205 Mit Ende des Jahres wurde ein gewisser Hans Pfannenmacher wegen »verführerischer Sektiererei« ins Vogteigefängnis gesperrt, jedoch nach Fürbitte seiner Frau wieder entlassen. Vgl. Schöch, Neuerungen (wie Anm. 32) 259 f.

206 Ebenda 260.

207 Ebenda 261.

Verhörprotokolle von Sakramentsverweigerern sind uns erhalten geblieben. Lienhart Hertner begründete seine Absenz vom Ostersakrament folgendermaßen: Da der Mensch allein vor Gott stehe und allein vor ihm Rechenschaft geben müsse und er ein unruhiges Gewissen bezüglich der heiligen Sakramente gehabt habe,[208] habe er um Rat beim Guardian des Klosters St. Viktorsberg gefragt.[209] Jener habe ihm geraten, diesmal nicht zum Sakrament zu gehen. Er verachte nicht das heilige Sakrament, aber er möchte den Empfang »mit ainer lautern Conciens oder Gewisne gegen Gott verantwurten« und das könne er jetzt nicht tun. Er wolle aber all seine Beschwerden und Anliegen öffentlich (!) vor dem Pfarrer und vor dem Stadtrat anzeigen und sich gerne von ihnen »durch das götlich Wort« belehren lassen, dass er mit seinen Auffassungen nicht recht daran sei.[210] Andere beteuerten die Anwesenheit Christi im Abendmahl (damit ist die Abendmahlsauffassung nach Zwingli ausgeschlossen), aber forderten den Laienkelch. Hans Salzmann wagte sich mit seiner Aussage, er »finde in den bapstlichn Geschriftn, welcher das Sacrament in anderlay Gestalt empfahe, der thue ain Kirchenbruch« am weitesten vor. Hertner und Salzmann wären lieber weggezogen, als in ihrem Gewissen beschwert zu werden, auch wenn sie das als »gute[r] Veldkircher« nicht gerne getan hätten.[211] Andere wiederum fühlten sich durch die unterschiedlichen Abendmahlsauffassungen verwirrt und wollten abwarten, bis man Einigkeit in dieser Frage erlangt hätte.[212] Es gab aber auch Sakramentsverweigerer, die deutlich zwinglianische Ansichten vertraten, so die beiden Feldkircher Hans Müller und der schon erwähnte Hieronymus Pappus. Hans Müller meinte: »er halte nit darfür, das in dem Sacrament weder Plut, Flaisch noch Got sey; sunder sye er gen Hymel gefarn, da sitze er zu der Rechten seines Vaters«.[213] Nach Aussage eines anderen Hans Müller wurde »etlichen« die Kommunion gespendet, die nicht die Sakramentsauffassung der katholischen Kirche vertreten hätten. Die Motive der Sakramentsempfänger und -verweigerer waren somit äußerst vielfältig. Auffällig ist jedenfalls die Bandbreite an innerreformatorischen Meinungen (Luther, Zwingli, Reform innerhalb der katholischen Kirche,...), was die Zuordnung der Vorarlberger Reformation zu einer bestimmten reformatorischen Richtung deutlich erschwert. Überhaupt waren die

208 Er zitierte Paulus nach 1 Kor 11: Wenn ein Unwürdiger vom Sakrament des Brotes und Kelches nehme, der sei an Leib und Blut des Herrn schuldig.

209 Das Verhalten des Guardian von St. Viktorsberg ist auffällig. Er genoss offenbar das Vertrauen der einfachen Bevölkerung.

210 Das Verhör ist abgedruckt bei SCHÖCH, Neuerungen (wie Anm. 32) Beilage 3, 279 f.

211 Ebenda 261 f.

212 Ebenda 261. Die Aussagen verdeutlichen eine gewisse theologische Unsicherheit (»confusio opinionum«) der Zeitgenossen. Die konfessionelle Zugehörigkeit zu dieser Zeit ist alles andere als eindeutig und abgeschlossen. Die Hoffnung auf eine Einigung auf einem Konzil schien für nicht wenige Menschen virulent gewesen zu sein. Das heißt aber nicht, dass die Menschen nicht wussten, was sie da taten! Manche Antworten verblüffen wegen der darin enthaltenen theologischen Kenntnisse und wegen der intensiven Auseinandersetzung mit den Fragen des Heils. Vgl. LUTZ, Reformation (wie Anm. 44) 14 f.

213 SCHÖCH, Neuerungen (wie Anm. 32) 262.

Jahre 1529–1531 für die Stadt Feldkirch eine große Herausforderung, denn die kriegerischen Auseinandersetzungen in der Schweiz, deren Ränder auch das Vorarlbergische Rheintal streiften, erreichten ihren Höhepunkt. Der Kampf zwischen der katholischen Innerschweiz, mit der die Habsburger seit 1529 verbündet waren (»Christliche Vereinigung«),[214] und den zwinglianisch gewordenen Städten wie Zürich oder St. Gallen, verlagerte sich in den Schweizer Teil des Rheintal. Der Vogt der Herrschaft Bregenz, Märk Sittich I. von Ems, beratschlagte sich, auf Weisung der Regierung, mit dem Feldkircher Stadtrat und dem Landgericht Rankweil über die Lage in Feldkirch. Die Regierung trug große Sorge, die Grenzen zu überwachen. Feldkirch musste in den Augen des Landesfürsten eine Bastion des Katholizismus bleiben, damit die Bevölkerung keinesfalls mit den zwinglianisch gewordenen Gebieten paktierte. So wurde jeder verdächtigt: Hans Langenauer etwa, ein Bauer aus Götzis, der auch Landammann in Rankweil und Untervogt in Neuburg gewesen war. Diese einflussreiche Persönlichkeit soll mit dem Vater des zwinglianischen Predigers in Marbach bei Altstätten, Bernhardin Bentz, in Kontakt gestanden sein.[215] Dieser Verdacht des Märk Sittich ging ins Leere, wirft aber ein gutes Bild auf die allgemeine Panikmache der Zeit. Er fragte in Innsbruck an, ob er Zwingli[216] gefangen nehmen solle. Bei den Unruhen in der Schweizer Pfarre Montlingen, bei der Märk Sittich das Patronatsrecht inne hatte,[217] hetzte ein Bauer namens Ulrich Pympel aus Altenstadt bei Feldkirch die Bilderstürmer auf, auch auf österreichischem Gebiet tätig zu sein, da sie »fünde vil auf diser Seitten [d.h. in Vorarlberg], die auch jr Parthey seyn, und jren fürgesetzten Oberen in solchem Fal nit folgen würden«.[218] Pympel war nicht der Einzige, der hier Kontakte zu den protestantischen Schweizern aufgenommen hatte. Er wurde gefangen genommen, zum Verdruss der Regierung aber bald vom Vogt zu Feldkirch wieder entlassen.[219] Bedenkt man manche zwinglianischen Aussagen der Sakramentsverweigerer, die unmittelbare Präsenz der Zwinglianer im Rheintal sowie die zwinglianische Predigttätigkeit des Jeremias Lins, so muss ein überwiegend zwinglianischer, im Vergleich zum lutherischen, Einfluss im Raum Feldkirch und Umgebung vorausgesetzt werden. In Feldkirch wurden alsdann ab dem Jahre 1531 härtere Register gezogen. Mitverantwortlich für das behördliche Vorgehen waren die Abdankung Hugo von Montforts und die neue Einsetzung des Vogtes Ulrich von

214 Das Bündnis wurde in Feldkirch beschlossen. Märk Sittich übernahm die Vertretung für die österreichische Regierung. Neben dem offensichtlichen Interesse Österreichs, die Bande mit der (katholischen) Eidgenossenschaft wieder zu festigen, um wieder mehr Einfluss zu bekommen, diente das Bündnis wohl auch als Reaktion auf die unmittelbare Bedrohung durch das Agieren Zürichs im Schweizer Rheintal. Vgl. Burmeister, Geschichte Vorarlbergs (wie Anm. 4) 112; Gäbler, Schweiz (wie Anm. 136) 693.

215 Schöch, Neuerungen (wie Anm. 32) 263; Sander, Vorarlberg zur Zeit des Bauernkriegs (wie Anm. 68) 369 f.

216 Am 18. Dezember 1530 tagte eine Synode der protestantischen Prädikanten in St. Gallen, der auch Zwingli beiwohnte. In Altstätten wurde daraufhin Karlstadt als Pfarrer eingesetzt.

217 Welti, Merk Sittich und Wolf Dietrich von Ems (wie Anm. 181) 70 f.

218 Schöch, Neuerungen (wie Anm. 32) 265.

219 Ebenda.

Schellenberg, der entschieden katholisch war. Laut Beicht- und Kommunikantenverzeichnis aus dem Jahre 1532 hatten schließlich nur mehr fünf Personen[220] das Ostersakrament verweigert.[221] Doch auch hier muss die große Zahl der Teilnehmenden mit Vorsicht genossen werden: Über die tatsächliche Zahl lutherisch Gesinnter kann das Beichtregister nicht in vollem Umfang Auskunft geben.[222] An dem Apotheker Hans Schmid wurde schließlich ein Exempel statuiert: Er war schon einmal aus der Stadt verwiesen worden. Nach der Begnadigung führte er alsdann mit Erfolg eine größere Gruppe von Protestanten in Feldkirch an. Etliche blieben dem Ostersakrament fern, mieden den Gottesdienst und verspotteten die Kirchgänger. Geplant war die Einsetzung eines lutherischen Stadtammanns, um die politischen Geschicke in ihrem Sinne zu lenken. Erst unter dem neuen Vogt musste Schmid die Stadt verlassen, nachdem er seiner Frau die Sterbesakramente verweigert hatte. Anfang Dezember 1531 suchte Hans Schmid um Begnadigung an, nachdem er vom Priester die Absolution erhalten hatte. Der Vogt wollte nun gemäß den landesfürstlichen Verordnungen handeln: Er wurde ins Gefängnis gesperrt, musste die Urfehde schwören, an einem Sonntag öffentlich von der Kanzel widerrufen, an drei Sonntagen barfuß und mit brennender Kerze an den Prozessionen teilnehmen und beim Hochamt im Chor knien. Erst nach dieser öffentlichen Demütigung wurde er wieder als Bürger aufgenommen.[223] Dem Bürgersohn Hans Pappus wurde anbefohlen, die Nonne, die er geheiratet hatte, zu entlassen. Der gemäßigte Pfarrer Michael von Altmannshausen belangte noch vor 1533 die Sakramentsverweigerer nicht. Dieses milde Vorgehen wurde von seinem Nachfolger, Dr. Laurenz Mär,[224] im Sinne der katholischen Kirche korrigiert. Den nach wie vor in Feldkirch weilenden Zwinglianer Hieronymus Pappus wies er aus der Stadt. Pappus musste seine Güter verkaufen und zog nach Lindau, wo er eine angesehene Stellung fand.[225]

---

220 Darunter waren auch wieder Lienhart Hertner, Hans Salzmann, Hans Müller usw.

221 Insgesamt waren 1.025 Personen verzeichnet, die gebeichtet hatten. An erster Stelle stand der neue Vogt Ulrich von Schellenberg, um als gutes Vorbild voranzugehen. Vgl. Rapp, Dekanat Feldkirch (wie Anm. 17) 55.

222 Eine zu hohe, offizielle Zahl hätte bei der Regierung in Innsbruck Misstrauen geweckt. Es lag im Interesse der Stadt Feldkirch, die Zahl der Sakramentsverweigerer möglichst klein zu halten, um dem Landesfürsten Erfolge in der Bekämpfung der Protestanten zu zeigen. Ansonsten drohte der Verlust der Privilegien – das wollten die protestantischen Bürger natürlich vermeiden. Zudem ist anzunehmen, dass die Humanisten ihre bedeutenden Positionen in der Stadt nicht um des öffentlichen Bekenntnisses willen aufs Spiel setzen wollten. Vgl. der überzeugte Humanist und Schulreformer Heinrich Widnauer als Stadtammann im Jahre 1542, der über die Reformation kein Wort verliert. Vgl. Burmeister, Rhetikus, Bd. 1 (wie Anm. 99) 79.

223 Schöch, Neuerungen (wie Anm. 32) 267.

224 Laurenz Mär, einer der eifrigsten Gegenreformatoren im kirchlichen Dienst, war zunächst Protestant, stand im Briefwechsel mit Zwingli und Vadian und übernahm 1523 als Nachfolger Zwinglis die Leutpriesterstelle in Zürich. Im selben Jahr wurde er aber wieder katholisch und übernahm das Kanonikat in Chur und wurde Pfarrer in Überlingen, bis er von 1533 bis 1545 die Pfarrstelle in Feldkirch übernahm und sich für die Sache des Katholizismus einsetzte. Vgl. Gismann-Fiel, Täufertum (wie Anm. 183) 37 Anm. 93.

225 Rapp, Dekanat Feldkirch (wie Anm. 17) 685; Schöch, Neuerungen (wie Anm. 32) 268. Er

Ebenso wurde einem gewissen Hans Gortt 1532 als Glaubensflüchtling aus Feldkirch in Zürich Asyl gewährt.[226]

Zur gleichen Zeit konnten die Bludenzer Ratsherren ihr Luthertum[227] so weit absichern, dass der Vogt es nicht wagte, sie bei politischen und rechtlichen Prozessen als Geschworene anzunehmen, wie es bei Verhören sonst üblich war. Obwohl vier lutherische Aufständische schon 1527 von der Obrigkeit wegen ihrer Teilnahme am Bauernaufstand und wegen ihres Luthertums belangt worden waren, mussten sie noch nicht einmal im Jahre 1531 wegen ihres Glaubens Urfehde leisten, also sechs Jahre nach Beendigung des Bauernaufstandes.[228] Ein Metzger aus Lindau, mit Namen Gabriel, predigte Ende 1525 im Montafon lutherisch und aß in der Fastenzeit Fleisch. Die Regierung empfahl dem Vogt, er, als Lindauer, solle in Bregenz verhört werden und nicht etwa in Bludenz, da dort »umb solhe Fräfelhandlung nichts Sträflichs erkennen würden«.[229] Diese Sachverhalte werfen ein interessantes Licht auf den Zustand des Rechtswesens in Bludenz. In der Umgebung von Bludenz bildeten sich unterdessen lutherische Gruppierungen. Eine der ausgetretenen Nonnen, Katharina Imgraben, heiratete Wolf Symon in der Schweiz und sie erhielt nach Ringen ihrer Eltern mit der Äbtin ihr Hab und Gut vom Kloster zurück. Das Paar ging nach Klösterle, wo sie »sich in die lutherische Secte begeben und auch heimlich Versammlungen hielten« und wurde dort 1529 von den Obrigkeiten gefangen genommen. Der Mann entkam, stellte sich aber dann wieder selbst und starb im selben Jahr. So wurde das Vermögen, trotz der verstrichenen fünf Jahre, beschlagnahmt und Katharina musste als Witwe wieder zurück ins Kloster gehen.[230] Aufgrund der Passlage könnte das Haus der Symons eine wichtige Verbindung zwischen den Lutherischen in Vorarlberg, Tirol und dem Lechtal gewesen sein. Der Obrigkeit musste die Zerschlagung dieser Versammlungen ein wichtiges Anliegen gewesen sein, denn im selben Jahr hören wir von einem Pfarrer aus Lech, der nach Bregenz zitiert wurde und wohl aus religiösen Gründen nach Lindau flüchten musste, wo er geheiratet hat.[231] Ebenfalls in diesem Zusammenhang muss die Verhaftung von Toni Bedrot 1529 (evt. mit dem Gräzisten Jakob Bedrot aus Bludenz verwandt) erwähnt werden, der ein Hutmann war. Vermutlich war er

---

vertrat Lindau bei den Interimsverhandlungen 1548 und begründete die protestantische Linie des Patriziergeschlechts der Pappus.

226 Burmeister, Stadt Feldkirch (wie Anm. 19) 174.

227 Vom »Luthertum« spreche ich aufgrund der lutherischen Predigttätigkeit des Lutz Matt. Doch auch hier sind zwinglianische Einflüsse nicht auszuschließen.

228 Burmeister, Stadt Feldkirch (wie Anm. 19) 181; Sander, Vorarlberg zur Zeit des Bauernkriegs (wie Anm. 68) 360 f. Die vier Aufständischen waren Kaspar Keßler, Jos Felix, Max Henggi und der Montafoner Erzknappe Joder zum Keller.

229 Schöch, Neuerungen (wie Anm. 32) 181.

230 Ulmer, Dekanat Bludenz (wie Anm. 155) 253 f. Die (mehrmaligen) konfessionellen Wechsel sind zur Zeit der Reformation keine Seltenheit.

231 Andreas Ulmer, Topographisch-historische Beschreibung des Generalvikariates Vorarlberg, Bd. 6: Dekanat Sonnenberg (Dornbirn 1937) 19. Bei Burmeister oder Wolfart konnte kein Hinweis zu ihrer Identität gefunden werden. Vgl. Burmeister, Gassner (wie Anm. 134) und Karl Wolfart, Geschichte der Stadt Lindau im Bodensee (Lindau 1909, Nachdr. Lindau 1979).

an diesem Verkehrsknotenpunkt auch als Bergwerksaufseher tätig.[232] 1525 war ein Pfarrer aus Tannberg, Lutz aus Walgau, beim Bauernaufstand beteiligt gewesen und musste nach Tirol fliehen. Seine Spur verliert sich, doch es ist auch hier möglich, dass er als Verbindungsmann in ebendieser Gegend fungierte. Die Verdichtung von lokalen Ereignissen in einem kurzen Zeitraum ist durchaus auffällig. Noch Jahre später (1533) hieß es, dass »die neu verpotten lutterisch Sect in der Statt Bludentz größlichen eingewurzelt« sei. Als Rädelsführer entpuppten sich wieder der Untervogt, diesmal Oswald Garnutsch, und der Stadtschreiber Georg (Jörg) Huser, Bruder des bereits erwähnten Hieronymus Huser. Auch die einflussreichen Wirte Kaspar Kessler und Lentz Gassner waren an den Unruhen beteiligt. Sie weigerten sich, den Zehnten zu zahlen und die Sonntagsmesse zu besuchen. Der Untervogt konnte sich trotz der Unruhen relativ lange halten. Er wurde erst 1535 abgesetzt, blieb aber trotzdem weiterhin im Rat und wurde später sogar Baumeister und Stadtammann. Die Beschuldigten sollten »von Irem IRsal vnnd pöser opinion absteen vnnd sich wie Cristenleuten vnnd gehorsamben Vnderthanen zuestet, gepürt vnnd sy Iren Selen hayl schuldig seyen, halten und erzaigen«.[233] Georg Huser wurde vorgeworfen, er sei »mit der Lutterey« befleckt, verweigere den Zehnten, spende keine Opfer und gehe nicht mehr in die Kirche (mit der Begründung, es würde ihn in der Kirche frieren).[234] In diesen Jahren intensivierte sich die Aktivität der Lutheraner in Bludenz. Sie gingen mit ihren Überzeugungen an die Öffentlichkeit. Am 25. Juli 1533 starb der eifrige Gegenreformator und Vogt von Bludenz, Märk Sittich I. von Ems. Das musste den Bludenzer Bürgern Hoffnung gegeben haben, auch wenn sein Nachfolger und Sohn, Wolf Dietrich von Ems, keinesfalls milder mit ihnen umging.[235] Auffällig sind die strengeren Wellen von Maßnahmen der Regierung in den Jahren 1529, 1531 und 1533 (Lutherische am Arlbergpass, Mehrheit von lutherischen Geschworenen in Bludenz, ...). Bedenkt man all dies, so kann man durchaus von einer lutherischen Kontinuität sprechen (vgl. die genannte Formulierung oben: »größlichen eingewurzelt«). Auch unter dem Nachfolger des Untervogtes Garnutsch, Michael Gebler (1536–1548), hörten die Unruhen nicht auf: Die Regierung wollte ein Exempel an dem Bergknappen Andrée Wintzurn statuieren, der in Montafon gegen die heilige Muttergottes gelästert haben solle.[236]

Der zwinglianische Einfluss kam aber nicht nur aus der Schweiz, sondern auch aus Lindau. Zunächst verursachten die so genannten »Ausbürger« von Isny den Behörden

232 Bonorand, Bedrot (wie Anm. 102) 78. Leider ohne genaue Quellenangabe.

233 Burmeister, Bludenz (wie Anm. 165) 141.

234 Burmeister, Bodenseeregion (wie Anm. 160) 189.

235 Im Jahre 1534 konnte sich Herzog Ulrich von Württemberg von der habsburgischen Statthalterschaft befreien und führte auf seinem Territorium umgehend die Reformation ein. Womöglich gab das den Bludenzern zusätzliches Selbstvertrauen. Vgl. Welti, Merk Sittich und Wolf Dietrich von Ems (wie Anm. 181) 94.

236 Johannes Russ, Die Maßnahmen der landesfürstlichen Regierung und der Kirche für Erhaltung und Neubelebung des katholischen Glaubens in Vorarlberg im 16. und 17. Jahrhundert (Dissertation, Innsbruck 1937) 24.

juristische Probleme. Nach »Allgäuer Brauch«,[237] waren manche Untertanen in Bregenz der Stadt Isny eigen, d.h. sie unterlagen der Rechtsprechung von Isny. So durften sie auch nach Isny zum (zwinglianischen) Gottesdienst gehen. Aus diesem Grund erließ die Regierung 1527 ein Mandat: Alle in Bregenz ansässigen Untertanen durften nur noch in Bregenz in die Kirche gehen. Ein halbes Jahr später musste es erneut veröffentlicht werden. Im Zweifelsfall sollten die Bürger aus Isny nur noch ins katholisch gebliebene Gestraz in den Gottesdienst gehen dürfen.[238] Aber auch mit Lindau gab es juristische Schwierigkeiten. Die Stadt Lindau besaß über die Pfarre »Leublach« (Hohenweiler) das Kollaturrecht und setzte deshalb einen reformatorischen Prediger ein. Die Regierung wollte den Pfarrer unter keinen Umständen dulden, doch aufgrund der regen Handelsbeziehungen mit der Stadt Lindau konnte sie es sich nicht leisten, die, ohnedies durch die Reformation bereits belasteten, Beziehungen zu verschlechtern. Entsprechende Verhandlungen des Bregenzer Vogtes und des Statthalters der österreichischen Regierung, Rudolf von Sulz, mit der Stadt Lindau blieben erfolglos. So musste der Vogt wachsam darauf blicken, dass sich durch den bedeutenden Handelsverkehr keine reformatorischen Ideen in Bregenz ausbreiteten. Lindau trug aufgrund der feindlichen Haltung des Vogtes Vorkehrungen, den Handel mit Bregenz nach Konstanz oder St. Gallen zu verlagern, sodass der Vogt spätestens auf Einlenken der Regierung im Jahre 1531 nachgeben musste. Doch im Untergrund blieb die Unruhe: Wolfgang Farer, Bürger zu Bregenz, hatte, trotz des landesfürstlichen Verbotes, die Lutheraner in Lindau und in Isny zu reizen, die Lindauer im Wirtshaus und auf den Gassen als »kezer, schelmen und böswicht« bezeichnet.[239] 1532 war der Besuch der Messe im Lindauer Damenstift bei einem Gulden Strafe verboten. Zwei Jahre später musste die Fürstäbtissin des Damenstiftes die zwinglianisch geprägte Predigt in der Stadtkirche anhören, was die Bregenzer wiederum sehr verärgerte.[240] 1535 wollte der Bregenzer Vogt, Eiteleck von Reischach, die jährlichen Bittprozessionen am Tag vor Christi Himmelfahrt nach Lindau durchsetzen, was der Rat in Lindau jedoch ablehnte und wofür der Vogt auch keine Unterstützung durch die landesfürstliche Regierung erhielt.[241] Trotz verhärterter konfessioneller Positionen waren die beiden Städte aufeinander angewiesen, sodass eine offene Konfrontation nie zustande kam. In Höchst konnte Märk Sittich 1529 die Bevölkerung bestrafen, die offen reformatorische Lehren vertrat, obwohl der Vogt von Feldkirch für diese Ortschaft zuständig

237 Die Untertanen unterstanden nicht dem Gerichtszwang jenes Herrn, in dessen Herrschaft sie sich aufhielten, sondern jenem Herrn, dem sie eigen waren (Eigenrecht).

238 Schöch, Neuerungen (Anm. 32) 187 f.

239 Er wurde verhaftet, aber auf Bitten des Konstanzer Domherren Georg Sigmund von Ems vom Rat und Ammann der Stadt wieder entlassen. Vgl. Niederstätter, Urfehdebriefe (wie Anm. 148) Nr. 139, 110 f. (Juni 1532).

240 Franz Josef Weizenegger/Meinrad Merkle, Vorarlberg, Bd. 2 (Innsbruck 1839, Nachdruck Bregenz 1989) 57.

241 Benedikt Bilgeri, Bregenz. Geschichte der Stadt, Politik-Verfassung-Wirtschaft (Wien-München 1980) 165. Vgl. in diesem Zusammenhang nochmals die Intervention der Regierung zugunsten der Auszahlung des Erbfalls des verstorbenen Bregenzer Predigers Pelagius Schleys an seine Witwe, die der Vogt zu unterbinden versuchte. Vgl. ebenda, Anm. 160.

war. Die Höchster hatten zuvor in Lindau an verbotenen Tagen Fleisch gegessen.[242] Auch mit dem Kloster Mehrerau gab es einen Rechtshandel.[243] Im Übrigen erwies sich das Kloster Mehrerau, wegen der inneren Reformen, als eine gegenreformatorische Bastion. Der Pfarrer von Bregenz und des Konventuals von Mehrerau, Pater Michael Löw, widersetzte sich zu dieser Zeit »eifrig« dem Luthertum.[244] Andere missionierten im Bregenzerwald, wo die Mehrerauer Mönche allerdings nicht besonders beliebt waren. Doch noch bis weit in die 1540er Jahre hinein war Bregenz den reformatorischen Impulsen ausgesetzt. In einer Beschwerdeschrift der Bregenzer Amtleute aus dem Jahre 1544 nach Innsbruck, heißt es, dass Priester ihr Amt vernachlässigten. Einige äßen an Fasttagen in Lindau am Markt Fleisch, der Pfarrer aus Niederstaufen tue dies sogar in aller Öffentlichkeit, außerdem würden sich zahlreiche Priester in Wirtshäusern zu Streitereien verleiten lassen.[245] Dass Gotteslästerungen, Fleischessen an verbotenen Tagen, übermäßiger Alkoholgenuss und Spielsucht ein Problem in Bregenz waren, bezeugt eine eigene Ermahnung der Regierung an die Stadt Bregenz drei Jahre zuvor, im Jahre 1541.[246] Acht Jahre später sind die Übel immer noch nicht beseitigt: 1549 wurde eine Bitte an den Generalvikar zu Konstanz gestellt, er möge bei der Abhilfe dieser Missstände behilflich sein. Wenn sich die Priester nicht benehmen könnten, müsse sie die Regierung, auch ohne Initiative aus Konstanz, verhaften. Wiederum im selben Jahr traf eine Anzeige in Innsbruck ein, wonach die Mandate zur Ausrottung der Täufer in den Jahren 1538–1544 nicht ordnungsgemäß von den Kanzeln verkündigt worden wären. Die öffentliche Belehrung der Täufer sowie die Beichte und das Sakrament seien nicht durchgeführt worden. Die Regierung sah sich veranlasst, sich bei den Amtleuten in Bregenz zu beklagen.[247] Die sorgfältige Wachsamkeit der Regierung über die religiösen Verhältnisse in Bregenz hing in diesen Jahren mit dem Schmalkaldischen Krieg zusammen, der 1546 und 1552 auch Bregenz streifte. Nach dem Sieg der katholischen Liga, im April 1547 bei Mühlberg kapitulierten auch die Evangelischen in Lindau. Die Soldaten gingen daraufhin im Juli, in Siegeslaune, nach Lindau und betranken sich in den Wirtshäusern. Die Regierung traf jedoch Vorkehrungen und ordnete an, in der Stadt Lindau keinen Schaden an-

242 Schöch, Neuerungen (wie Anm. 32) 190.

243 Ein Benediktiner aus dem Stift Ossiach in Kärnten verließ das Kloster, legte weltliche Kleidung an und nahm eine »gute Metze« zur Frau. Er verbrachte Zeit in der Eidgenossenschaft und wollte daraufhin seine Frau mitnehmen. Doch der Vogt wollte das nicht akzeptieren, woraufhin der ehemalige Mönch einen offenen Fehde- und Absagebrief an die Tür der Stiftskirche hängen ließ. Der Vogt ergriff ihn und stellte ihn vor das Malefizgericht in Bregenz. Der Bregenzer Stadtammann und der Rat weigerten sich aber, den Geistlichen zu verurteilen. Der Fürst drückte darüber sein Befremden aus: Da er sich wie ein Weltlicher benommen habe, solle er auch vor das weltliche Gericht gestellt werden. Vgl. Sander, Vorarlberg zur Zeit des Bauernkriegs (wie Anm. 68) 355 f.

244 Ludwig Rapp, Topographisch-historische Beschreibung des Generalvikariates Vorarlberg, Bd. 2: Dekanat Feldkirch und Dekanat Bregenz (Brixen 1896) 293.

245 Russ, Maßnahmen (wie Anm. 236) 8.

246 Ebenda 14.

247 Ebenda 24.

zurichten. Im April 1552 standen wiederum die Protestanten vor der Tür.[248] Infolge der Kriegshandlungen ist es verständlich, dass die Regierung und die Vögte Sorge um die politisch-konfessionelle Loyalität ihrer Bürger trugen.

In der Grafschaft Hohenems, mit dem dazugehörigen Reichshof Lustenau, herrschten die Emser, die, wie auch andernorts, mit großer Strenge gegen jede Art von nichtkatholischer Regung vorgingen. Neben dem schon im Zusammenhang des Bauernaufstandes erwähnten Ignaz Baumann gab es sonst nur andeutungsweise einen Zusammenhang zu reformatorischen Überzeugungen. So hatte im Jahre 1533 Bartholome Bürckhlin zu Lustenau einen Bildstock mit Bildnis zerschlagen und zerstochen. Märk Sittich begnadigte ihn aber nach einer Urfehde.[249] Ebenso verfuhr ein gewisser Ulrich Egkhart aus Zürich unter Wolf Dietrich von Ems, der in den Jahren 1538–1540 zahlreiche Verbrechen in Vorarlberg begangen hatte. Er war u. a. in Kirchen eingebrochen und hatte Kelche zerschlagen, um ihr Gold und Silber zu verkaufen. Bei St. Arbogast hatte er einen Opferstock zerschlagen. Er wäre »ketzerisch« gewesen.[250]

V.4 Die Ursprünge des Täufertums in Vorarlberg

Eine weitere reformatorische Gruppe sorgte bei den Behörden für Unruhe: die Täufer. Im April 1528 wurden die beiden Täufer Gregorius Maler[251] und Heinrich Rasun[252] gefangen genommen. Auf der Märtyrersynode vom 20. August 1527 in Augsburg suchte man wahrscheinlich Feldkirch als Missionsort aus. Beide hatten einen Bezug zu Vorarlberg: Gregori Maler wurde die Mission anvertraut, da er als Churer die Gegend, Mentalität und Sprache gut verstand und Rasuns Haus in Feldkirch war wahrscheinlich der Missionsstützpunkt der Täufer. Rasun taufte und brach das Brot, d.h. er war Vorsteher der Täufer und musste somit, gemäß kaiserlichem Edikt vom 4. Jänner 1528, zum Feuertode verurteilt werden. Eine entsprechende Anweisung der Regierung an die Stadtobrigkeit zum Vollzug des kaiserlichen Ediktes ist uns bekannt. Eine Hinrichtung wird uns quellenmäßig nicht berichtet, doch ist sie sehr wahrscheinlich, was Rasun zum ersten Todesopfer der landesherrlichen Maßnahmen gegen die protestantischen und täuferischen Bewegungen macht.[253] Im selben

---

248 Bilgeri, Bregenz (wie Anm. 241) 165–168.

249 Welti, Merk Sittich und Wolf Dietrich von Ems (wie Anm. 181) 86.

250 Ebenda 123 f. Leider ohne archivalische Belege.

251 Gregori Maler war gemeinsam mit Jörg Blaurock und Andreas Castelberger ein führender Täufer aus Graubünden. Er gehörte der Schweizer Richtung der Täufer um den Führer Jörg Blaurock an. Als er jedoch seine Zugehörigkeit zum Täufertum leugnete, wurde er freigelassen. Danach verliert sich seine Spur. Vgl. Gismann-Fiel, Täufertum (wie Anm. 183) 33, Anm. 55.

252 Er ließ sich im Oktober 1526 in Augsburg taufen und war in Täuferkreisen bekannt. Es ist anzunehmen, dass er aus Feldkirch stammte. Der Name Rasun ist in Vorarlberg bekannt. Vgl. Ebenda 34.

253 Ebenda 34; Schöch, Neuerungen (wie Anm. 32) 187 ist der Meinung, man habe das Begnadigungsrecht angewandt und er sei des Landes verwiesen worden. Die Regierung hatte aber zu dieser Zeit eine panische Angst vor der Verbreitung der Täufer im Reich. In Tirol und

Jahr ließ Märk Sittich von Ems vier verdächtige Täufer in der Herrschaft Rotenfels verhaften: Anna Kratalerin, Michel Hupp und seine Frau, ebenfalls Anna Kratalerin, und Cristina Artztin. Das konnte er aufgrund des Personalitätsprinzips des Allgäuer Brauches tun. Die beiden Annas waren schwanger und widerriefen (die Strafe erfolgte erst nach dem Kindbett), während Michel und Cristina standhaft blieben und gemäß dem jüngsten Ketzermandat von Ferdinand I. (1. April 1528) auf dem Scheiterhaufen verbrannt wurden.[254] Für Bregenz erkannte man nach einem Schreiben der Regierung keinerlei Gefahr: »die widertauff zu Bregenntz nit dermassen erzaigt als an anndern ortten.«[255] Hauptsächlich waren die Täufer in den Gebieten nördlich von Bregenz, in der Herrschaft Rotenfels und Hohenegg, anzutreffen. Noch im Jahr 1539 musste Ferdinand I. Anweisungen treffen, zuerst die Täufer bekehren zu versuchen und die Hinrichtung erst bei Hartnäckigkeit vorzunehmen. Doch trotz der scheinbaren Ruhe in Bregenz erhielt der dortige Vogt am 13. August 1531 den Auftrag gegen alle Täufer schonungslos einzuschreiten, lediglich bei jungen Leuten sollte er die Instruktionen der Regierung abwarten (sie seien des Verstandes beraubt, daher unschuldig). Diesem Auftrag ging Märk Sittich mit großer Strenge nach. Im vorderen Teil des Bregenzerwaldes habe er einige Täufer dem Flammentod überlassen.[256] Ein Täufer, Hans Steff, wurde gefangen genommen, nach einer Urfehde 1530 aber wieder entlassen. Er berichtete von einem lutherischen Müller, der auch »wiedertauffer« sei, und von einem lutherischen Pfarrer im Hinteren Wald. Der lutherische Müller und Täufer konnte demnach nur der Gemeindemüller, Bartholomäus Koller, sein, der schon mehrmals davor aufgefallen war.[257] Die Regierung befahl daraufhin dem Hubmeister und dem Untervogt zu Feldkirch, den Müller und den Pfarrer gefangen zu nehmen. Sie unternahmen aber nichts dergleichen. Nach einem erneuten Befehl der Regierung an Landammann, Rat und Gericht des Hinteren Bregenzerwaldes, die

in anderen Gebieten des Reiches wurden sie nach Möglichkeit hingerichtet. Daher ist eine Hinrichtung mehr als bloß plausibel.

254 Gismann-Fiel, Täufertum (wie Anm. 183) 42 f. Auch hier war das Allgäuer Recht jedoch umstritten: Die Regierung in Innsbruck verzichtete darauf, die Bregenzer Eigenleute, die Täufer in der Herrschaft Rotenfels waren, zum Malefizgericht nach Bregenz zu zitieren. Offenbar vertraute die Regierung auf die Grafen von Montfort, die ähnlich wie Märk Sittich gegen das Täufer- und Luthertum vorgingen.

255 Ebenda 43.

256 Ebenda 43, Anm. 148 zitiert Welti, Merk Sittich und Wolf Dietrich von Ems (wie Anm. 181) 72. Leider gibt es bei Welti keine Quellenangabe, um diese Aussage zu überprüfen. Auch Georg Loesche erwähnt einen Täufer aus Egg, der nach einer geleisteten Urfehde des Landes verwiesen worden ist. Diese Aussage konnte archivalisch nicht belegt werden. Wahrscheinlich ist hierbei Bartholomäus Koller gemeint, denn von anderen Hinrichtungen ist uns nichts bekannt. Zu Loesche vgl. Gismann-Fiel, Täufertum (wie Anm. 183) 39 f. Anm. 117.

257 In den Jahren 1516, 1517 und 1529 wurde er bei Streitereien mit den Pfarrherren Marquard Ober und Hans Gögel über Holz und andere Dinge im Forst erwähnt. Er musste wegen unerlaubten Holzschlages dem Pfarrer Geldstrafen leisten. Dieser Pfarrer, Johann Hügel (1528–1534), war wahrscheinlich lutherisch. Vgl. Joseph Hiller, Au im Bregenzerwald. 1390–1890 (Bregenz 1894) 69 f. und 174; Rapp, Dekanat Bregenzerwald (wie Anm. 77) 690; Gismann-Fiel, Täufertum (wie Anm. 183) 38 f.

Verdächtigen zu verhaften, wurden Bartholomäus Koller, die Frau des Schmieds und zwei weitere Frauen verhaftet.[258] Koller wurde nach geleisteter Urfehde[259] entlassen, dann aber nach einem Eidbruch wieder verhaftet, zum Tode verurteilt und schließlich am 18. September 1531, am Hochgericht in Egg auf der Dingstatt, an der Linden gehängt. Koller vertrat eine Mischung aus zwinglianischen, lutherischen und täuferischen Ansichten. Etwas später, im Jahre 1549, fand ein langwieriger Prozess gegen die Täuferin Ursula Dornin aus Grünenbach statt, die vor das Bregenzer Malefizgericht gestellt wurde. Zahlreiche Versuche durch Dominikanermönche aus Konstanz, sie von ihrem Irrtum zu bekehren, halfen nichts. Sie wurde für geistig unzurechnungsfähig erklärt. Sie war bis 1554 im Gefängnis und wurde trotz mehrerer Bittschriften ihres Gatten und der Stadt Isny nicht freigelassen. Auch wenn die Regierung lieber die Todesstrafe gesehen hätte, um die weitere Ausbreitung der Lehre zu verhindern, blieb es lediglich bei ihrer Verhaftung, zu der sie sich einverstanden erklärte.[260]

VI. Die Täufergemeinde in Au

Die Täufergemeinde in Au, von der wir archivalische Zeugnisse für die Jahre 1577 bis zu ihrer Zerschlagung 1581 haben (allerdings gab es Nachwehen der Täufergemeinde bis in das Jahr 1639), blieb für Vorarlberg die einzige reformatorische Gemeindebildung. Hildegund Gismann-Fiel, die die Geschichte des Täufertums aufgearbeitet hat, geht davon aus, dass es keine Kontinuität zwischen der Hinrichtung Bartholomäus Kollers im Jahre 1531 und den ersten Verdächtigten im Jahre 1577 gegeben hat. Während der Amtszeit des Pfarrers Jos Lang (1567–1581), mit dem die Bevölkerung aus Au im Streit lag, soll ein Täufer aus der Schweiz die Lehren nach Au gebracht haben.[261] Die Empfänglichkeit der Bevölkerung für die täuferischen Lehren war aufgrund der schlechten Versorgung der Pfarre und des Wunsches nach einem echten christlichen Leben da. Auch eine vage Erinnerung an den Täufer Bartholomäus Koller, oder gar eine seitherige täuferische Kontinuität, ist meiner Meinung nach nicht auszuschließen. Die weitläufigen verwandtschaftlichen Beziehungen und die relative Abgeschlossenheit der Ortschaft konnte die Verbreitung des Täufertums erleichtern. So ist es nicht verwunderlich, dass bestimmte Familiennamen in den Täuferakten immer wiederkehren: Wilhalm, Seifferit, Sailer, Jäger, Mosbrugger, etc. Hans Berwig,

258 Gismann-Fiel, Täufertum (wie Anm. 183) 39.

259 Urfehde gedruckt bei Hiller, Au (wie Anm. 257) 172–174.

260 Gismann-Fiel, Täufertum (wie Anm. 183) 46 f.

261 Wir besitzen davon lediglich eine Notiz des Pfarrers von Au, Johann Jakob Ober (1789–1821). Sowohl die Notiz von Ober als auch der archivalische Nachweis sind leider verloren gegangen. Die Frage nach der Herkunft des Täufertums in Au ist daher noch ungeklärt. Möglich ist auch, dass ein Missionar aus dem Allgäu kam, wo es auch täuferische Gruppen gab. Denkbar ist ebenso, dass ein Saisonarbeiter aus Au in der Schweiz (im nahe gelegenen Appenzell gab es eine Täufergemeinde) oder aus anderen Gegenden (Allgäu, Schwaben, Zürich) sich zum Täufertum bekehrte und es in seiner Heimat verbreitete. Vgl. ebenda 52–54.

Jakob Seifferit und Hans Sailer waren 1577 der täuferischen Lehren verdächtig. Sie wurden verhaftet, verhört und wieder entlassen. Der Landammann und der Rat vom Hinteren Bregenzerwald gingen zu Palmsonntag 1578 nach Au sowie am 1. Mai der Weihbischof von Konstanz, um von ihnen das Gelöbnis entgegenzunehmen, den alten Glauben wieder anzunehmen. Dabei wurden »»sektische« Bücher verbrannt.[262] Jakob Seifferit wurde wieder »rückfällig«[263] und wurde gemeinsam mit seiner Frau Barbla Seifferitin ein paar Tage ins Gefängnis gesperrt, jedoch bald überraschend freigelassen. Ein Jahr später wurden fünf verdächtige Männer verhört. Über das Altarsakrament urteilten sie folgendermaßen: »was in den Mund hineinkomme und im Bauch lande, diene der Unterhaltung des Körpers, was in die Ohren hineinkomme und im Herzen lande, diene der Unterhaltung der Seele.« Daraufhin begannen fünf Frauen (teilweise die Frauen der Verhafteten) zu predigen. In Jakob Seiffert vermuteten sie den Anführer. Ihm sollte der Landesverweis angedroht werden, doch er konnte aus dem Gefängnis Egg in die Schweiz fliehen. Im Oktober 1579 kehrte er reuevoll wieder zurück, woraufhin der Landammann ihn zum Tode verurteilen wollte. Der Landesfürst wollte aber einen Aufruhr verhindern, begnadigte ihn und verwies ihn lediglich aus seinen Erblanden.[264] Andere Gefängnisinsassen kehrten von ihrem »Irrtum« ab und nach Leistung einer Urfehde am 20. Juli 1579 wurden sie wieder entlassen. In den nächsten Jahren gab es verstärkt Bücherkontrollen, die Listen der »verführerische[n] Büchlein« wurden an den Erzherzog Ferdinand II. von Tirol geschickt.[265] In diesen Jahren hatte die Täuferbewegung ihren Höhepunkt. Der Landammann und der Rat des Hinteren Bregenzerwaldes führten eigenhändig Verordnungen durch und lasen den Bewohnern von Au sieben Artikel vor. Es ging vor allem um die Einhaltung äußerer Gebote.[266] Aufgrund dieser und anderer behördlicher Maßnahmen gegen die Täufer wanderten schließlich Anfang 1581 ganze 38 Personen aus Au nach Mähren aus. Ihre Güter und Besitztümer wurden konfisziert.[267] Die Brüder Hans und Jos Sailer organisierten den Auszug. Sie stellten die hutterischen Brüderhöfe in Mäh-

262 Ebenda 55.

263 Aufgrund des Dazwischenrufens während der Predigt, des Zeigens seines Hinterteils bei der Messe und der Schmähung der katholischen Kirche.

264 Gismann-Fiel, Täufertum (wie Anm. 183) 57 f.

265 Ebenda 59 und 63. Leider sind die Listen nicht mehr auffindbar.

266 Das Winkelpredigen sollte eingestellt werden, die Sonntagspflicht wurde eingeschärft (inkl. dem Zuhören der Predigt, der Spendung des Weihwassers, dem ruhigen Verhalten bei der Messe), ein Paternoster sollte in die Kirche getragen werden zum Zeichen der Zugehörigkeit zur katholischen Kirche, beim Ave-Maria-Läuten sollte gekniet werden, nach dem Tod eines Verwandten sollte das Trauerzeichen ein ganzes Jahr lang getragen werden, die Verstorbenen sollten nach katholischem Brauch begraben und es sollte ihres Todestages gedacht werden, bei Nennen des Namens Jesu durch den Priester sollten die Gläubigen die Hüte ziehen und sich verneigen und am Sonntag sollte nicht gearbeitet werden. Vgl. ebenda 140. Man kann nicht gerade von einem tiefgreifenden Vorgehen der Behörden sprechen, denn es wurden nur die äußeren Verhaltensweisen kontrolliert und nicht die innere Gesinnung der Täufer bekämpft. Die Vorschriften werfen ein bezeichnendes Licht auf die Situation der Gemeinde.

267 Insgesamt brachte die Regierung damit 1.415 Gulden ein. Vgl. Hiller, Au (wie Anm. 257) 175.

ren für die Dorfbewohner von Au äußerst verlockend dar. Hans Seiffried aus Au, genannt »Gunen Mendlin«, war mit hoher Wahrscheinlichkeit schon vor 1581 in Mähren gewesen.[268] Die Dorfbewohner wurden streng examiniert, verbotene Bücher verbrannt. Der angesehene Ratsherr Philipp Koller unterstützte zwar die Täufer, doch konnte er wenig gegen die behördlichen Maßnahmen ausrichten. Nur aufgrund seines Ansehens und seines Einflusses entging er einer Verhaftung. Die Täufer wurden vom »Irrtumprediger« Dr. Jakob Müller aus Konstanz im katholischen Glauben unterrichtet. Bis zum Sommer 1581 wurden 14 weitere Personen verhaftet. Nach dem Unterrichten und nach der Absolution wurden sie entlassen. Zumindest nach außen hin hatten sich die Täufer der katholischen Kirche angeschlossen. Für die Behörden wurde es nun ruhiger im Dorf.[269] Dass es weitere Kontakte zwischen Mähren und Au gab, beweist die Entsendung eines Missionars nach Au, nämlich Melchior Platzer.[270] Im Frühling in Vorarlberg erschienen, wurde er bereits Anfang Mai im Schloss Feldkirch inhaftiert. Nachdem er hartnäckig am Täufertum festgehalten hatte, wurde er zur Abschreckung am 6. November 1583 mit dem Schwert in Rankweil hingerichtet. Er hatte angeblich 16 Personen aus dem Bregenzerwald zum Täufertum bekehren können, die ebenfalls nach Mähren auswanderten.[271]

VI.1 Das weitere Schicksal der Täufergemeinde

In der Folgezeit konnte sich keine feste täuferische Gemeinde mehr erhalten, es gab jedoch einige vereinzelte Nachrichten über Täufer im Bregenzerwald. Einige wanderten wohl auch nach Mähren aus, von woher bewusst in Au missioniert wurde. Zur selben Zeit kamen aus der Schweiz größere Gruppen nach Mähren. Es ist durchaus möglich, dass darunter auch Täufer aus Au zu finden waren. Neben diesem steten Abzug aus dem Bregenzerwald nach Mähren, gab es auch Rückkehrer. Die meisten von ihnen regelten Erbschaftsangelegenheiten[272] oder warben um weitere Täufer. Es gab aber auch solche, die vom Leben an den Hutterischen Höfen enttäuscht waren und wieder in die katholische Kirche zurückkehrten. So kamen drei Täufer 1583 nach Au zurück und wurden für ein halbes Jahr lang eingesperrt. Erst nach Abkehr vom Täufertum und öffentlichem Widerruf auf der Kanzel wurden sie wieder begnadigt. Sie wurden aber in der Folgezeit von den Behörden bewacht. Weitere Rückkehrer sind für die Jahre 1584 und 1589 belegt. 1617 kehrten Konrad Moosbrugger und Jos Sailer

268 GISMANN-FIEL, Täufertum (wie Anm. 183) 62 f.

269 Ebenda 63–65.

270 Melchior Platzer war gebürtiger Tiroler und war schon des Öfteren in der Eidgenossenschaft, um zu missionieren, so 1574, 1580 und schließlich 1583, also im selben Jahr als er hingerichtet wurde. Offenbar war Au derselben Missionsregion zugehörig wie die Schweiz. Vgl. Christian SCHEIDEGGER, Täufergemeinden, hutterische Missionare und schwenckfeldische Nonkonformisten bis 1600, in: Die Züricher Täufer 1525–1700, hg. von Urs B. LEU/Christian SCHEIDEGGER (Zürich 2007) 117–164, hier 133 f.

271 GISMANN-FIEL, Täufertum (wie Anm. 183) 66–69.

272 Missionare konnten das natürlich bei einem Verhör als gute Begründung für ihre Tätigkeiten angeben.

aus Mähren in die Heimat zurück. Ihre Motivation dazu war unklar.[273] Diese sieben Personen müssen aber zu den über 100 Personen, die nach Mähren auswanderten, ins Verhältnis gesetzt werden. Noch 1594 ging aus dem Konstanzer Visitationsprotokoll hervor, dass weiterhin Verdächtigte ihre Heimat verließen. Bis 1612 hören wir nichts von den Täufern in Au. Ein gewisser Thomas Wilhalm, der im Jahre 1612 nach Mähren auswanderte, kam des Öfteren zusammen mit Hans Spuler nach Au zurück, um für die Auswanderung nach Mähren zu werben. Das heißt, das Täufertum musste auch über diese Jahrzehnte hinweg im Untergrund noch intakt gewesen sein, sonst hätten es die Missionare nicht für wert befunden, immer wieder in dieselbe Gegend zu kommen. Im Herbst 1613 ist der Auszug einiger Täufer aus Au belegt. Die Behörden verhörten die Hinterbliebenen, die den Auswanderern Hilfe geleistet hatten. Sie hatten sich in kleinen Kreisen getroffen, in so genannten Konversationen und Spinnstubeten.[274] Vom Schulmeister Hans Albrecht versuchte man, Informationen über die Tätigkeiten des Rädelsführers Wilhalm zu erlangen. Es war nämlich bekannt, dass Thomas Wilhalm um Leute aus Au warb. 1616 wanderten mindestens drei Kinder nach Mähren aus. Aus dem Bericht des Pfarrers Andreas Pfister 1617 geht hervor, dass sich das Täufertum in Au auch bei den angesehenen Leuten großer Beliebtheit erfreute. Das Vorgehen der Behörden gegen die Hinterbliebenen war ganz üblich: Verhaftung, Verhör und der Versuch, die Anführer ausfindig zu machen. Die Prediger bekehrten die Täufer zum katholischen Glauben und sie mussten Urfehde leisten. Zumeist trafen sich die Täufer erneut und leisteten den Missionaren Hilfe – Thomas Wilhalm und Hans Spuler hatten Unterstützer und Freunde in der Gegend und kannten geheime Wege und Verstecke, sodass sie, trotz angestrengter Versuche der Behörden, erfolgreich werben und wieder weggehen konnten.[275] Dem Vater des Täuferführers Thomas Wilhalm, Jos Wilhalm, wurde gemeinsam mit seiner Frau Elisabeth Moosbrugger im Jahre 1618 der Prozess gemacht.[276] Er wurde am 14. oder 24. Mai hingerichtet. Seine Frau wurde nach einiger Zeit aus der lebenslangen Haft entlassen. Sie verarmte jedoch, da ihr ansehnlicher Besitz vom Landesfürsten eingezogen worden war. Über das harte Urteil gab es einige Legendenbildungen, wie z. B. dass der Pfarrer von Au, Andreas Pfister, der sich maßgeblich für die Hinrichtung eingesetzt

273 Gismann-Fiel, Täufertum (wie Anm. 183) 76–78.

274 Ebenda 71 f.; Rapp, Dekanat Bregenzerwald (wie Anm. 77) 691; Hiller, Au (wie Anm. 257) 174.

275 Gismann-Fiel, Täufertum (wie Anm. 183) 70–76.

276 Der Landesfürst Erzherzog Maximilian der Deutschmeister wollte die beiden nach Feldkirch bringen lassen, doch die Bregenzerwälder weigerten sich, ihn herzugeben, unter Berufung auf ihre Privilegien. Der landesfürstliche Rat und Verwalter aus Bregenz, Dr. Diethelm Yelin, begleitete den Prozess und repräsentierte die landesfürstlichen Interessen. Der Landesfürst bestand auf eine Bekehrung der Personen bzw. bei Hartnäckigkeit auf deren Hinrichtung. Die Bregenzerwälder verurteilten Jos Wilhalm zu Tode. Sie begnadigten ihn jedoch, woraufhin der landesfürstliche Rat Einspruch erhob. Der Prozess verzögerte sich dadurch. Nach Bestätigung der Privilegien durch den Landesfürsten handelten die Bregenzerwälder schlussendlich doch gemäß den Interessen der Regierung.

hatte, bald nach der Hinrichtung tödlich erkrankt sei.[277] Eine weitere Hinrichtung, nämlich die der Christina Brennerin am 4./8. August 1618, war die letzte Hinrichtung unter den Täufern überhaupt. Zeugnisse davon gibt es allerdings nur in den Hutterischen Geschichtsbüchern, nicht aber in den Akten. Sie hätte die Täufer aus Mähren beherbergt und in ihrem Haus Versammlungen abgehalten.[278] Mit dem Tod des Thomas Wilhalm verlor die Gemeinde zu Au ihren letzten Anführer. Allerdings wurden noch 1622/23 zwei des Täufertums verdächtige Personen erwähnt (Joseph Rüöscher aus Schröcken und der reiche Jos Seyler).[279] 1639 erregte Peter Willin durch Lästerung der Gottesmutter Aufsehen. Ob er täuferisch war, ist jedoch unklar.[280] Neben den landesfürstlichen Maßnahmen und jenen der Landstände (die aber den Täufern gegenüber wesentlich milder vorgingen), war vor allem der unermüdliche Eifer des Auer Pfarrers Jakob Gruos (1630–1639) für die Bekämpfung der »Häresie« verantwortlich. Unter seiner Ägide wurde das Täufertum völlig ausgelöscht. Die weltliche Obrigkeit half dem Pfarrer Gruos bei seinem Missionseifer.[281]

VI.2 Charakteristik der Täufergemeinde

Das theologische Profil der Täufer in Au lässt sich schwer rekonstruieren, da wenige positive Selbstaussagen vorhanden sind. Soziologisch gesehen bildeten die Täufer einen Querschnitt der Auer Bevölkerung, es gab vermögende und einflussreiche Personen (Philipp Koller, Jos Wilhalm), aber auch verarmtes Proletariat, bei dem wirtschaftliche Ursachen für die Migration nach Mähren eine Rolle gespielt haben könnten. Grundsätzlich müssen aber religiöse Gründe für die Auswanderung vorausgesetzt werden. Das Vorgehen der Behörden gegen die Täufer war klar: Belehrung, Leibesstrafen und Freiheitsentzug, Landesverweisung (mit dem Reichstag zu Speyer 1529 zwar verboten, aber nichtdestotrotz häufig betrieben), Güterkonfiskation und schließlich, bei Hartnäckigkeit, die Todesstrafe. Für die restliche Bevölkerung galten das Beherbergungsverbot und die Anzeigepflicht. Die Amtsleute hatten die Pflicht, den landesfürstlichen Mandaten zur Bekämpfung der täuferischen und anderen »häretischen« Lehren nachzugehen. Die Passstraßen wurden sorgfältig kontrolliert, ob nicht verdächtige Personen ein- und ausreisten sowie ob »verführerische« Bücher geschmuggelt wurden.[282] Unter diesen Rahmenbedingungen ist es erstaunlich, wie lange sich die Täufer im Untergrund halten konnten.

---

277 Gismann-Fiel, Täufertum (wie Anm. 183) 78–84.

278 Ebenda 85., Anm. 446 mit Literaturangabe, dass sie die letzte Täuferin war, die hingerichtet wurde.

279 Ebenda 86; Hiller, Au (wie Anm. 257) 181.

280 Gismann-Fiel, Täufertum (wie Anm. 183) 86.

281 Ebenda 86; Hiller, Au (wie Anm. 257) 181.

282 Gismann-Fiel, Täufertum (wie Anm. 183) 119–140.

VII. Gegenreformatorische Massnahmen

VII.1 Die landesfürstlichen Maßnahmen zur Wiederherstellung der katholischen Kirche

In den 1520–1530er Jahren beschränkte sich die Tätigkeit des Landesfürsten vornehmlich auf die Verhinderung der Ausbreitung des Protestantismus. In Anlehnung an Peter Bierbrauer kann man für die Frühreformation Vorarlbergs von einer »unterdrückten Reformation« sprechen.[283] So konnte der Protestantismus in Vorarlberg zunächst »oberflächlich« unterdrückt werden, doch ein vollständiges Verschwinden protestantischer Regungen und Äußerungen wurde dadurch nicht erreicht. Dazu bedurfte es tiefgreifenderer Maßnahmen, die nun der Landesfürst in Angriff nahm, zunächst grundsätzlich ohne die Mitwirkung der katholischen Kirche.[284] Ab den 1540er Jahren und insbesondere zu Beginn der Konfessionalisierung,[285] nach dem Augsburger Religionsfrieden 1555, übernahmen die Landesfürsten bzw. die Emser Grafen[286] die (aktive) Aufgabe, die marode katholische Kirche mithilfe »gegenreformatorischer Akte«[287] nach und nach wieder funktionsfähig zu machen. Das tat der

---

283 Bierbrauer, Unterdrückte Reformation (wie Anm. 145) passim. Dabei ist ein Set an Unterdrückungsmaßnahmen vorauszusetzen: die Durchführung von landesherrlichen Mandaten, die Besetzung der entscheidenden politischen Ämter mit verlässlichen und treuen, katholischen Bürgern, die Ausweisung von aktiven Prediger-Gestalten, die Verfolgung und Hinrichtung von Täufern, die Demütigung der Protestanten, die Kontrolle von Handelsbeziehungen mit protestantischen Territorien, das militärische Vorgehen gegen protestantische Territorien, die verpflichtende Teilnahme am kirchlich-katholischem Leben und manches mehr.

284 Die Bischöfe nördlich der Alpen waren äußerst reformresistent. Sie wollten ihre herkömmlichen Rechte und ihre weltliche Lebensweise nicht durch strenge und unbequeme Anordnungen aus Rom verlieren. Die Bischöfe waren in der Regel abhängig von dynastischen Verflechtungen und waren Mitglieder einflussreicher Herrscherfamilien, die aufgrund des politischen Einflusses und des lukrativen Gelderwerbs willen am Erhalt des Status-quo interessiert waren. Erst Ende des 16. und Anfang des 17. Jahrhunderts trugen die tridentinischen Reformen auch im hohen Klerus Früchte.

285 Wolfgang Reinhard, Was ist katholische Konfessionalisierung?, in: Die katholische Konfessionalisierung, hg. von Wolfgang Reinhard/Heinz Schilling (Schriften des Vereins für Reformationsgeschichte 198, Gütersloh 1995) 419–452, hier 426 f. zählt folgende Merkmale der (katholischen) Konfessionalisierung auf: Wiedergewinnung klarer theoretischer Vorstellungen (Konzil von Trient), Verbreitung und Durchsetzung neuer Normen (Sozialdisziplinierung), Propaganda und Verhinderung von Gegenpropaganda (Gegenreformation), Internalisierung der neuen Ordnung durch Bildung (Jesuitenschulen), Disziplinierung der Anhänger, Anwendung von Riten, Beeinflussung der Sprache. (Die Begriffe in den Klammern sind meine Hinzufügungen.)

286 Gottfried Maron, Art. Katholische Reform und Gegenreformation *TRE* 18 (1989) 45–72, hier 48. In der zweiten Hälfte des 16. Jahrhunderts traten in den deutschsprachigen Gebieten die katholischen Fürsten als Förderer der »katholischen Reform« auf. Die »Frömmigkeit des Herrscherhauses« hat »vorbildliche Bedeutung für die Untertanen«. Insbesondere erwähnt Maron die Habsburger und die Wittelsbacher.

287 Ebenda 62. Mit »gegenreformatorischen Akten« meint Maron gegenreformatorische Tendenzen, Haltungen und Handlungen. Sie müssen von einem Zeitalter der »Gegenreformation«

Landesfürst zunächst, indem er vom Präsentationsrecht stärker Gebrauch machte. Er versuchte, »fromme, taugliche und katholische«[288] Priester einzusetzen. Einen geeigneten Kandidaten zu finden, dessen wichtigste Aufgabe die Bekämpfung der neuen Lehre sein sollte, war aber schwer. Das wird am Beispiel der Besetzung der vakanten Pfarre Unserer-Lieben-Frau in Rankweil im Jahre 1540 ersichtlich. Die Landesregierung bat den Vogt von Feldkirch, Ulrich von Schellenberg, um Vorschlag und Präsentation eines »tauglichen« Seelsorgers. Der Vogt konnte aber noch nach einem halben Jahr keinen Pfarrer finden, der dem alten Glauben »anhenglich« sei.[289] Erst nach ca. eineinhalb Jahren konnte die Pfarre mit einem frisch studierten Theologen aus Freiburg, Peter Weissenkeller, besetzt werden. Bestimmt war auch die geringe Besoldung der Pfarrstelle mit ein Grund für die lange Vakanz,[290] doch spricht einiges dafür, dass sich im Land mehrheitlich Prediger aufhielten, die entweder im katholischen Glauben schlecht unterrichtet gewesen sind oder deren katholische Rechtgläubigkeit überhaupt in Zweifel gezogen wurde. Erhellend sind die Umstände bei der Besetzung der Pfarre in Satteins 1544: Ein tauglicher Priester sei vonnöten, da die Bevölkerung zu »anderen Orten [gehe], die der neuen ›Sekte‹ zugetan seien, [die] so nahe sei[en], dass die Pfarrgenossen aus Mangel an einem eigenen Pfarrherrn oft dorthin gehen würden, die dortigen ›Prädikanten‹ hörten und so sehr Gefahr liefen, den alten Glauben über Bord zu werfen«.[291] Somit gab es nur eine geringe Anzahl von katholischen Geistlichen, es wurde nach wie vor noch lutherisch gepredigt und vor allem gab es eine Empfänglichkeit der Bevölkerung für die reformatorischen Lehren. Die »Pfarrgenossen« nahmen auch freiwillig einen längeren Weg zu einem lutherischen Prediger auf sich. Es gibt gute Gründe dafür, dass mit den »anderen Orten« Feldkirch gemeint ist, da die Stadt nach wie vor im Zeichen des Humanismus und der Reformation stand.[292] Schwierig einzuordnen ist der Nachfolger des katholischen Gegenreformators Laurenz Mär, nämlich Petrus Petronius aus Chur. Er war von 1546–1549 Pfarrer in Feldkirch. Er fiel durch wiederholte Gewalttätigkeiten und Streitereien auf. Nach seinem gewaltsamen Tod traf die Regierung Instruktionen, um die Pfarre mit einem »geschickten, tauglichen Priester« zu besetzen.[293] Der sitt-

---

unterschieden werden, in der gegenreformatorische Maßnahmen planmäßig durchgeführt wurden und eine gesamte Epoche entscheidend prägten.

288 Russ, Maßnahmen (wie Anm. 236) 3 f.

289 Ebenda 1. Ulrich von Schellenberg war sehr um die Erhaltung des katholischen Glaubens bemüht. Die Verzögerung ist somit nicht auf seine Nachlässigkeit zurückzuführen.

290 Ebenda 2.

291 Ebenda.

292 Gismann-Fiel, Täufertum (wie Anm. 183) 37, Anm. 93; Burmeister, Stadt Feldkirch (wie Anm. 19) 174. Dass die Humanisten zu dieser Zeit noch aktiv waren, bezeugt die Aussage von Achilles Pirmin Gasser, der durch »allerlaj Lutherische tractätle und büecher« von Feldkirch aus für die lutherische Lehre geworben hatte. Vgl. Burmeister, Gasser, Bd. 1 (wie Anm. 92) 108.

293 Unter anderem bedrängte er mit seinen beiden Pfarrhelfern einen Bäcker, der angeblich mit Kreide »Der pfarrer und sin huf sind luren [= hinterlistige Menschen]« an die Tür seines Hauses gemalt hatte. Da er aber nicht zu Hause war, bedrängte er dessen schwangere Frau, woraufhin

lich beklagenswerte Zustand der Pfarrerschaft fand in Petronius seinen Höhepunkt. 1549 lautete ein Befehl der Regierung an den Feldkircher Hubmeister Moritz von Altmannshausen, dass er den Priestern ihr »ungeschicktes und unpriesterliches und ärgerliches wesen untersagen solle«. Außerdem sollte der Bischof von Chur die unsittlichen Priester gebührend bestrafen.[294] So predigte im selben Jahr der Memminger Johann Schallheimer, der aber nach geringer Akzeptanz die Stadt wieder verlassen musste. Wiederholt kamen Geistliche von auswärts nach Feldkirch, um zu predigen, doch diesmal anscheinend ohne Erfolg: Ein protestantischer Prediger, der auf der Kanzel der St. Nikolauskirche gepredigt hatte, wurde aus der Stadt gejagt.[295] Die gegenreformatorischen Maßnahmen schienen bereits gegriffen zu haben, doch immer noch war es schwierig, geeignetes geistliches Personal für die Besetzung von vakanten Pfarrstellen zu finden, v. a. wenn der Landesfürst zusätzlich noch großen Wert auf gegenreformatorische Fähigkeiten legte. Bei der Vakanz der Pfarre in Rankweil in den 1570er Jahren wurde Jakob Bauer nicht eingestellt, obwohl ihm ein »vorbildlich gutes, priest erliches, keusches Leben«[296] attestiert wurde. Seine Unerfahrenheit und »Untauglichkeit« im Predigen war aber für den Landesfürsten ein entscheidendes Manko.[297] Andererseits mussten wohl auch persönliche und politische Überlegungen eine Rolle gespielt haben: 1568 beklagten sich die Gemeinde, der Ammann und das Gericht Rankweil über ihren Pfarrer David Vischer, dass er einen »ganz übel und ärgerlich« Lebenswandel führe. Selbst der Generalvikar in Chur, der aufgrund innerer Angelegenheiten weitestgehend handlungsunfähig war, wollte ihn schon längst absetzen, hätte ihn der Landesfürst nicht weiter protegiert.[298] Er unterstützte jedoch die Region nach Kräften, etwa beim Bau von neuen Kirchen: So ließ er 1540 eine Pfarre in Langen bei Bregenz errichten, nachdem die Dorfgemeinschaft ihn um eine Kirche zum Empfang der Sakramente gebeten hatte. Ebenso geschah dies bei der St. Johanneskirche in Klösterle 1609.[299] Der Landesfürst traf ebenso Anweisungen an die

---

die Nachbarn einschritten. Es kam zu einer handgreiflichen Auseinandersetzung, bei der die Bürger schließlich den Pfarrer mit Hellebarden töteten. SANDER, Kleine Beiträge (wie Anm. 60) 44; BURMEISTER, Stadt Feldkirch (wie Anm. 19) 144 und 161.

294 RUSS, Maßnahmen (wie Anm. 236) 8 f.

295 BURMEISTER, Stadt Feldkirch (wie Anm. 19) 194. Weizenegger-Merkle berichtet von einigen Schwenckfeldern, die sich um 1556 bei Feldkirch niedergelassen hatten, aber vom Vogt vertrieben wurden. Vgl. WEIZENEGGER/MERKLE, Vorarlberg, Bd. 3 (wie Anm. 181) 261; Anton LUDEWIG, Zwei päpstliche Breven des XVI. Jahrhunderts für die Stadt Feldkirch: die Feldkirchner Germaniker in Rom. *Alemania* 5/3 (1931) 157–194, hier 159. Das Verhalten der (katholischen) Bevölkerung ist merkwürdig – das erste Mal begegnet uns der Sachverhalt, dass die katholische Bevölkerung einen protestantischen Prediger vertreibt.

296 RUSS, Maßnahmen (wie Anm. 236) 4.

297 Das »wählerische« Vorgehen des Landesfürsten mag etwas überraschen. Andererseits gab es gemäß seines Schreibens aus dem Jahr 1572 etliche gelehrte Priester im Land. Sie wären nur nicht adäquat eingesetzt worden. Vgl. RAPP, Dekanat Feldkirch und Bregenz (wie Anm. 244) 331–334.

298 Benedikt BILGERI, Geschichte Vorarlbergs, Bd. 3: Ständemacht, Gemeiner Mann – Emser und Habsburger (Wien–Köln–Graz 1977) 122.

299 RUSS, Maßnahmen (wie Anm. 236) 6.

Vögte. Sie sollten auf ungleiche Verhältnisse bei den Kircheneinkünften achten, damit kein Streit zwischen den Pfründenanwärtern entstehe. Somit griffen sie teilweise auch in die Befugnisse der Patronatsherren und der Inhaber der Pfründe ein.[300] Die Kirche war aus eigener Kraft noch nicht in der Lage, Initiativen zu setzen. So lobte der Churer Bischof aus dem Jahr 1568 den Fürsten als Erhalter und Beschützer der katholischen Kirche. Er wollte auch seinen Beitrag zur Wiederherstellung der Kirche leisten und kündigte Visitationen im katholisch gebliebenen Teil seiner Diözese (dazu gehörte der Vorarlbergische Teil) an. Diese fanden jedoch nie statt.[301]

VII.2 Die Städte Bregenz und Feldkirch

Die Stadt Bregenz gewann im Zuge der gegenreformatorischen Maßnahmen der Vögte und der Landesfürsten zunehmend an Bedeutung. Nachdem Feldkirch als Hort des Humanismus und als ein gefährliches Nest der Reformation befunden wurde, verlor die Stadt durch die Vertreibung der Reformatoren und der Humanisten[302] und infolge des wirtschaftlichen Niedergangs an Bedeutung. Für Bregenz war es wichtig, politisch-konfessionelle Loyalität zu zeigen. So versicherten die Abgesandten der Stadt Bregenz auf dem Augsburger Reichstag 1559 dem Kaiser Ferdinand I., dass die Stadt seit 40 Jahren bei der alten Religion und bei den alten Zeremonien verblieben sei, was ihr vom Kaiser Anerkennung brachte.[303] Natürlich entsprach das nicht den realen Verhältnissen in der Stadt. Seit den 1540er Jahren sind zahlreiche Mandate der Regierung bezeugt. Falls Bregenz immer schon katholisch gewesen wäre, hätten im Bregenzer Landesbrauch aus dem Jahre 1555 keine Bestimmungen festgehalten werden müssen, die die Bestrafung von Schmähungen Gottes, Mariens und der Heiligen sowie von Fluchen auf die sieben Sakramente forderten.[304] Zudem war die Nähe zur

---

300 Ebenda 6 f. So geschah es etwa 1565 bei der ungleichen Dotierung zwischen der Pfarre und der Kapelle in Schruns. Ebenso wurden die Vögte im Jahre 1622 angewiesen, die nutzlose Verschwendung von Kircheneinkommen einzudämmen (diese Anweisung ist im Hintergrund der militärischen Auseinandersetzungen des 30-jährigen Krieges im Zuge der »Bündner Wirren« zu verstehen).

301 Auffällig ist, dass der Bischof vom Landesfürsten um Unterstützung bei der Visitation gebeten hatte, denn er befürchtete, dass ihm die Untertanen und die Pfarrer Hindernisse in den Weg legen würden. Vgl. Russ, Maßnahmen (wie Anm. 236) 10; Mayer, Bistum Chur (wie Anm. 164) 170.

302 Im gegenreformatorischen Milieu konnten sie sich nicht entfalten. Vgl etwa den Umzug von Achilles Pirmin Gasser, im Jahr 1546, nach Augsburg. Karl-Heinz Burmeister, Gasser, Bd. 3 (wie Anm. 96) 507.

303 Vgl. Bilgeri, Geschichte Vorarlbergs, Bd. 3 (wie Anm. 298) 30. Im Zuge der kriegerischen Auseinandersetzungen der 1540/50er Jahre bildete sich in Bregenz eine neue Kaste von Militäradeligen heraus, die von den Habsburgern mit Privilegien und Geldleistungen hofiert wurden. Damit wollten sich die Habsburger eine treue Gefolgschaft in Bregenz schaffen. Im Gegenzug mussten diese Neuadeligen beweisen, dass sie die konfessionelle Situation in ihrer Stadt unter Kontrolle hatten. Sie konnten es sich nicht leisten, dem Landesfürsten die realen Verhältnisse in der Stadt zu schildern, in der Protestanten durchaus auffielen. Vgl. Bilgeri, Bregenz (wie Anm. 241) 192–199.

304 Burmeister, Bodenseeregion (wie Anm. 160) 195 f.

zwinglianisch-lutherischen Stadt Lindau und der übrigen protestantischen Nachbarterritorien (Isny, St. Gallen) für Bregenz immer schon eine Herausforderung gewesen. So wurde 1563 ein Bregenzer Schiffsmann namens Blasius Schilher gefangen genommen. Aus seiner Urfehde lässt sich rekonstruieren, dass er neben seinem Gewerbe (Weinhandel zwischen den Städten Bregenz, Konstanz, Überlingen und Meersburg) auch anderen Tätigkeiten nachging: Er las verbotene Bücher und Schriften, handelte mit ihnen und verbreitete sie. Er pflegte mit den Geistlichen und mit den Weltlichen über den Glauben zu streiten und sie zu beschimpfen, denn in der Urfehde gelobte er, in der Zukunft das »freffenlich und muotwilligen, disputierlichen redenk, geperden und hanndlung« zu unterlassen. Weiter durfte er weder in-, noch außerhalb seiner Behausung »bibln noch anndere buecher dann allain ainen hortulum« besitzen, in denen er zu lesen und über die er zu disputieren pflegte. Er durfte in Zukunft ohne Erlaubnis der Obrigkeit nicht mehr »nieenderth den See hinab [...] wanndern« und die Leiblach, die Bregenzerach und die Dornbirnerach nicht überqueren.[305] Auf Bitten Geistlicher und Weltlicher, des Adels und sonstiger Personen sowie seiner Familie wurde er, statt der Verurteilung zur ewigen Haftstrafe, auf Bewährung freigelassen.[306] Das Motiv zum Bücherhandel entsprang wohl aus einer Mischung aus Überzeugung und Geschäft. Ein entsprechender Absatzmarkt für religiöse (protestantische) Literatur ist dabei vorauszusetzen.[307]

In den 1570er Jahren traten Lutheraner nun aber auch in das Bewusstsein der Öffentlichkeit.[308] In einem Schreiben Erzherzog Ferdinands II. an den Fürstbischof von Konstanz, Markus Sittich von Hohenems, vom Februar 1572, sind wir folgendermaßen von den Ereignissen unterrichtet:[309] In den Herrschaften »ennhalb« des Arlbergs bekannten sich viele Menschen öffentlich zur »sektischen Lehre«, besonders in den Städten Feldkirch und Bregenz. Nicht nur der gemeine und einfältige Mann schlossen sich den »verführerischen neuen« Lehren an, sondern auch Personen aus dem Rat, also einflussreiche Bürger. Vor allem die verbotenen »sektischen« Bücher, die in den

305 Schilher durfte somit die landesfürstlichen Territorien vor dem Arlberg nicht verlassen.

306 Niederstätter, Urfehdebriefe (wie Anm. 148) Nr. 190, 148 f. (Februar 1563). Die Bürgschaft seitens Geistlicher und Adeliger war bei Urfehden üblich und konnte infolge der häufig betriebenen Begnadigungen fast in stereotyper Weise erwähnt werden; Vgl. ebenda 14 f.; Burmeister, Bodenseeregion (wie Anm. 160) 195.

307 15 Jahre davor las Rhetikus in Bregenz und in Lindau protestantische Erbauungsliteratur und theologische Traktate. 10 Jahre später wurden in Bregenz Bücher verbrannt. Die spärlichen Informationen geben uns Hinweise, dass hier der Handel mit protestantischen Büchern vorauszusetzen ist.

308 Wahrscheinlich hat eine rivalisierende Partei in Bregenz und/oder in Feldkirch dem Landesfürsten in Innsbruck, Erzherzog Ferdinand II. von Tirol, von protestantischen Aktivitäten in Bregenz und in Feldkirch berichtet, um zu zeigen, dass dort keineswegs alles rechtens und ordentlich zuging. In manchen Schilderungen mag man übertrieben haben, um die verantwortlichen Beamten in der Stadt aufgrund ihrer Nachlässigkeit zu diskreditieren, doch werden die geschilderten Verhältnisse im Großen und Ganzen zugetroffen haben.

309 Zu den folgenden beiden Briefen siehe Russ, Maßnahmen (wie Anm. 236) 9 f.; Rapp, Dekanat Feldkirch und Bregenz (wie Anm. 244) 331–334. Das Schreiben diente dem Bischof gleichzeitig zur Aufforderung, eine Visitation in Bregenz vorzunehmen.

Häusern gelesen wurden, machten der Regierung zu schaffen. Die Verachtung der Zeremonien und der kirchlichen Gebote, die Nichtbeachtung der Fastenzeiten sowie vor allem das Bücherlesen wurden von der lokalen Obrigkeit »daselbst gestattet und zuegesehen«. Die Bücher, »gemalte Brieff unnd schrifften [waren] in gar vil heusern von Hohen und Nidern Standts offennlich [zu finden]«.[310] Neben Klagen über die bekannten »bösen Exempel« der Geistlichen, wie Trunksucht und Wucher, könnte für uns noch ein Umstand interessant sein: dass sich die Menschen für ausgedehnte Gastmahlzeiten trafen, die »vier oder fünff Stundt« gedauert haben. Die Zeit wurde mit Essen und Trinken verbracht. Könnte das auf lutherische Versammlungen hinweisen? Versammlungen von Geheimprotestanten zur nächtlichen Zeit sind uns aus den habsburgischen Ländern bekannt (vgl. die Täufer in Au), aber tagsüber nicht. Die »Halblegalität« des Protestantismus in den beiden Städten (die Verachtung der Zeremonien, das Fastenbrechen, das Bücherlesen wurden gestattet, Ratsmitglieder waren öffentlich [!] »sektisch«, Personen aus dem hohen Stand – das würde sogar die Geistlichkeit inkludieren – hatten Bücher und Flugschriften in ihren Häusern) hätte heimliche Treffen gar nicht notwendig machen müssen. Sie konnten sich daher getrost auch zur Mittagszeit treffen.[311] Zudem wurde auf die Nachlässigkeit der Priester hingewiesen, die die Sünden »viler Personen Irrthumb im Glauben« absolviert hätten. Dabei verwunderte es den Landesfürsten, dass neben den schlechten Priestern doch auch »ettliche feine, gelerte Priester« gab, die den Kirchengemeinden und ihren »Schäflein« »in allweg wol vorsteen khundten [= könnten]«. Wie auch immer der Bericht den tatsächlichen Verhältnissen in der Stadt entsprochen hatte,[312] der Landesfürst ordnete dem Bischof von Konstanz jedenfalls eine Visitation an. Da der Kurienkardinal zu Rom, Markus Sittich von Ems,[313] wahrscheinlich nicht persönlich in Konstanz anwesend war, musste der Landesfürst im Oktober 1573, also eineinhalb Jahre später, seinen Entschluss erneut bekräftigen, eine Visitation durchführen zu lassen, die von landesfürstlichen Kommissaren begleitet werden sollte (wohl um auf die korrekte Durchführung derselben zu achten). Die Lage hatte sich aus Sicht des Landesfürsten nicht gebessert, im Gegenteil: »zu Bregenz je lennger je mehr farles-

310 Gemalte Briefe sind illustrierte Flugblätter.

311 Vergleichbare Versammlungen in den habsburgischen Erblanden, die von der Obrigkeit problematisiert worden wären, sind mir nicht bekannt.

312 1568 schrieb der Landesfürst an den Bischof von Brixen, Johann Thomas von Spaur, einen Brief, in dem er die »häretischen« Verhältnisse anprangerte. Der genaue Wortlaut ist mir nicht bekannt, doch eine Durchsicht der Biographie Ferdinands II. von Tirol lässt nicht auf eine stereotype Formulierung des Fürsten schließen. Man kann guten Grundes annehmen, dass der Bericht den tatsächlichen Verhältnissen größtenteils entsprach. Vgl. Josef Hirn, Erzherzog Ferdinand II. von Tirol. Geschichte seiner Regierung und seiner Länder, Bd. 1 (Innsbruck 1885) passim.

313 Die Emser waren dabei, eine bedeutende politische und kirchliche Karriere zu durchlaufen. Graf Jakob Hannibal I. hatte verwandtschaftliche Beziehungen zu Papst Pius IV. (Graf Gian Angelo Medici) und zu Karl Borromäus, Bischof zu Mailand. Fortan weilten die Emser Bischöfe zu Konstanz des Öfteren als Kardinäle in Rom. Vgl. Burmeister, Geschichte Vorarlbergs (wie Anm. 4) 121–124.

sickhait unnd abfall in der Religion erscheinen, und weder Geistlich noch Weltlich Oberkhaiten desselben achten sollen.« Erstaunlich ist wiederum der Hinweis, dass die Untertanen und Bürger »nit haimblich, sonnder offenlich Luterisch seien«, von denen die »Oberkhaiten und Priester wissen unnd khennen, wollen aber diesselben nit erzürnen oder solliches bey Inen abstellen«. Nach Meinung des Landesfürsten griff der Aberglauben in Bregenz um sich, denn die Leute hielten am heiligen Evangelium fest. Er ordnete somit an, die »Sekte« und den Aberglauben beim gemeinen und unverständigen Volk »auszureuten«. Das sollte durch strengere Maßnahmen beim Beichthören und durch Kanzelpredigten geschehen. Die Visitationen aus Konstanz wurden zwar in den Jahren 1571–1586 vorgenommen, doch führte man sie sehr nachlässig durch. Aus ihnen ließ sich nur der schlechte sittliche Lebenswandel der Priester feststellen.[314] Jedenfalls mussten die Behörden gegen die Protestanten strenger durchgegriffen haben, denn schon im Jahre 1574 hören wir von einer größeren Bücherverbrennung in Bregenz. Details zu diesem Vorgehen finden wir leider keine.[315] In diesem Zusammenhang darf sicherlich auch die Klage der Regierung beim Bischof von Chur, Beatus a Porta, zu Beginn des Jahres 1574 eingeordnet werden, dass die Pfarrer »sektische« Psalmenlieder singen würden. In Feldkirch wurden evangelische Bücher verboten. Wiederholte Verbote seitens des Bischofs fruchteten aber nicht.[316]

Zahlreiche landesfürstliche Mandate zeugen von der Hartnäckigkeit der Obrigkeit im Kampf gegen die Protestanten sowie gegen die Lauheit der katholischen Hirten. Der »religiöse Abfall« wurde in einer Linie mit Gotteslästerungen,[317] Mord, Aberglaube, Totschlag und anderen Übeln erwähnt und wurde verantwortlich gemacht für den Zorn Gottes, der sich für die Zeitgenossen in Naturkatastrophen und der Türkengefahr äußerte. Die Mandate wurden von den Kanzeln verlesen oder an die Kirchentüren angeschlagen. 1551 sandte der Landesfürst ein Mandat an den Vogt von Feldkirch, Achilles von Altmannshausen: Wöchentlich sollte eine Prozession stattfinden und Messen vom Leiden Christi sollten gelesen werden, bei denen die Bevölkerung bei Strafe verpflichtend anwesend sein musste. Zudem drückte die Regierung ihr Missfallen aus, dass die schon seit Jahren verordneten Prozessionen, Gottesdienste und Predigten in den drei Herrschaften Bregenz, Bludenz und Neuburg nur in wenigen Kirchen, in der Herrschaft Feldkirch aber gar nicht, durchgeführt worden seien. Wegen der Türkengefahr sollten zudem zusätzliche Bußpredigten und

314 Russ, Maßnahmen (wie Anm. 236) 104.

315 Bilgeri, Geschichte Vorarlbergs, Bd. 3 (wie Anm. 298) 123, Anm. 17. »Zu Feldkirch und Bregenz werden die evangelischen Bücher verboten, zu Bregenz verbrannt.« Schreiben am 26. Januar 1574 aus St. Gallen nach Zürich. In der protestantischen Schweiz nahm man offenbar Anteil an den Ereignissen in Vorarlberg. Entsprechende Kontakte zwischen Protestanten müssen vorausgesetzt werden.

316 Russ, Maßnahmen (wie Anm. 236) 10.

317 Gotteslästerungen gab es in Vorarlberg zuhauf: Ein gewisser Peter Mörlyn aus St. Gallenkirch »*swert und flucht so gar uncristenlich übell*« (1579). Meister Konrad Schmidt in Bludenz »hat am hailigen grüenen dornstag als er zum Sacrament ist gangen, Mist geladen, dadurch er das haylig hochwirdig Sacrament verächtlich gehalten vnd geschmächt.« (1583) Vgl. Burmeister, Bodenseeregion (wie Anm. 160) 196.

Freitagsprozessionen abgehalten werden.[318] Auch wenn bereits im Jahr 1524 der Besuch der Universität Wittenberg verboten wurde, musste dieses Verbot 1548, 1568 und 1586 erneut bekräftigt und modifiziert werden.[319] Religionsmandate, die sich mit der »Glaubensspaltung« befassten, sind uns aus den Jahren 1566, 1568, 1571 und 1585 erhalten. Wiederholt wurden Bußpredigten und Freitagsandachten mit Prozessionen angeordnet. 1585 wurde sogar für jeden »Ungehorsamen« ausdrücklich der Landesverweis binnen drei Monate angedroht, außerdem durfte sich kein »Akatholik« im Land befinden.[320] 1592 veröffentlichte Ferdinand II. von Tirol ein weiteres Religionsmandat, das die Geistlichen aufforderte, den wahren christlichen Geist unter das Volk zu bringen. Dasselbe Mandat wurde 1609 von Maximilian dem Deutschmeister zwecks öffentlichen Anschlags in zahlreichen Exemplaren erneuert. Die Landesfürsten gingen bei der Bekämpfung der Reformation mit Beharrlichkeit vor und ihre Maßnahmen intensivierten sich. Jährlich wurden vor der Fastenzeit so genannte Fastenmandate veröffentlicht. Darin wurde die Bevölkerung zur frommen Übung ermahnt. Die Beachtung des Fastengebots und der Empfang des heiligen Altarssakraments, nach vorausgegangener Beichte, wurden verbindlich gemacht und kontrolliert.[321] Beichtregister und spezielle Beaufsichtigung des Fleischverkaufs in den Wirtshäusern dienten der Überwachung und der Kontrolle der landesfürstlichen Maßnahmen. Der Kommunionsempfang unter beiderlei Gestalt wurde ausdrücklich verboten, was wiederum entweder als Indiz für die Nachlässigkeit mancher Priester oder als Usus protestantischen Abendmahls gewertet werden kann.[322] Für beide

318 Russ, Maßnahmen (wie Anm. 236) 14 f.

319 Außer den Universitäten von Wien, Freiburg und Ingolstadt, die katholisch blieben, war jeder sonstige Studienort untersagt. Die Häufigkeit der Erlässe belegt, dass Vorarlberger weiterhin an protestantischen Fakultäten studierten. Der bereits erwähnte Sohn des Stadtammanns zu Bregenz und Stiefbruder von Rhetikus, Bartholomäus Wilhalm, musste, trotz Bitten seines Vaters, sein Studium in Leipzig 1549 beenden. Der Landesfürst hatte allen Grund, den Besuch von protestantischen Studienorten zu unterbinden: Der Feldkircher Sigismund Frey promovierte 1586 in Tübingen (Jus) und wurde Protestant. Der Feldkircher Johannes Schwab promovierte in Basel (Medizin) und wurde ebenfalls Protestant. Vgl. Ebenda 16 f.; Burmeister, Bodenseeregion (wie Anm. 160) 194.

320 Russ, Maßnahmen (wie Anm. 236) 15 f.

321 Eine Urfehde, verbunden mit einer hohen Geldstrafe, aus dem Jahr 1604 ist uns überliefert, wonach eine Person (Burmeister nennt leider keinen Namen und keine Profession) in der Fastenzeit mit Speck kochte. Zudem hatte sie ein in Nürnberg gedrucktes Gebetbuch mit in den katholischen Gottesdienst genommen und daraus gebetet. Ähnliche Vorgänge sind uns aus geheimprotestantischen Gebieten bekannt. Vgl. Burmeister, Bodenseeregion (wie Anm. 160) 197.

322 Russ, Maßnahmen (wie Anm. 236) 16; Hirn, Ferdinand II. (wie Anm. 312) 167. Die Disziplinierung des Klerus war zu dieser Zeit noch nicht weit fortgeschritten. Ein Merkmal dieser Zeit waren die konfessionellen Mischformen, bei denen manche nicht wussten, ob sie evangelisch oder katholisch waren. Es konnte somit auch vorkommen, dass katholische Geistliche den Wünschen der Bevölkerung nach einem Abendmahl unter beiderlei Gestalt nachgekommen sind. Beeinflussung durch protestantisches Glaubensgut kann dabei vorausgesetzt werden, wenngleich der lutherisch-orthodoxe Protestantismus keine tiefe Wurzel

Optionen könnte das Religionsmandat aus dem Jahr 1609 sprechen: Es sollte genau geachtet werden, wer die Fastenzeit nicht einhielt, wer die heilige Kommunion unter beiderlei Gestalt verlangte und welche Geistlichen diesem Bedürfnis der Bevölkerung nachgaben. Nicht immer wurden die Beichtregister durch die Pfarrer an die Regierung abgegeben, was diese 1620 zu einer Klage beim Bischof von Chur veranlasste.[323]

VII.3 Das Verbot der Saisonarbeit an »sektischen« Orten

Für die Regierung war die Saisonarbeit der Vorarlberger in den Nachbarländern ein schwerwiegendes Problem. Wiederholt wurde verboten, in »benachbarte[n] unkatholische[n] Stetten [zu gehen], um ein Handwerk zu erlernen« oder das »Besuch[en] unkatholischer Schulen«.[324] Die Beamten mussten Untertanen aufschreiben, die Kinder, Befreundete oder Verwandte ins Ausland schickten. Die Saisonarbeit war vor allem für die Herrschaft Bregenz ein Problem, denn die nahe gelegenen Städte wie Isny, Kempten, Lindau[325] und St. Gallen waren »sektisch«.[326] Dass aus religiösen Gründen die Behörden sogar in Heiratssachen hineinsprachen, beweist das Mandat von 1586: Die »Verheiratung nach usnerer alten waren catholischen Religion widerwertigen orthen« wurde verboten. Diesem Verbot schenkte das Volk allerdings wenig Beachtung. Besonders aus dem Bregenzerwald heiratete man nach Lindau, Isny, Kempten und andere Orte. Die Regierung trug damit nicht nur um den materiellen Schaden Sorge, sondern auch um das Seelenheil der Weggezogenen.[327] Konkrete Fälle sind uns bekannt.[328] Ein Religionsmandat aus dem Jahr 1621 besagte, dass die Niederlassung

---

schlagen konnte. An der Basis spielten dogmatische Unterschiede kaum die gewünschte Rolle. Vgl. Maron, Katholische Reform und Gegenreformation (wie Anm. 286) 54.

323 Russ, Maßnahmen (wie Anm. 236) 19.

324 Ebenda 18.

325 Die Stadt Lindau war den Landesfürsten aufgrund ihres Zwinglianismus und in späterer Folge ihres Luthertums immer ein Dorn im Auge. Erzherzog Matthias soll bei einem Besuch in Lindau im Jahr 1596 gesagt haben: »Lindau sey ein fein Nest, aber es habe böse Vögel darinnen.« Mit den bösen Vögeln waren die Lutheraner gemeint. Zitat bei Karl Heinz Burmeister, Der Bodensee im 16. Jahrhundert. *Montfort* 57/3 (2005) 228–262, hier 234. Im Übrigen half man einander, trotz konfessioneller Differenzen, in Notsituationen: Bei den Großbränden in den Jahren 1603 und 1608 halfen die Bregenzer Bürger beim Aufbau der Stadt. Doch Schadenfreude fehlte nicht: Der Stadtschreiber bemerkte, dass die Brände in Lindau »poena Dei et Lutheranismi« waren. Vgl. Burmeister, Bodenseeregion (wie Anm. 160) 198.

326 Interessant ist, dass die Regierung sich über die Stadt Bregenz beklagte, nachdem die Stadt sich geweigert hatte, ein Verzeichnis der Untertanen an die Regierung auszuhändigen. Doch die Stadt meinte daraufhin, dass sie bereits die Lutheraner des Landes verwiesen und die Saisonarbeiter aus den protestantischen Territorien zurückgerufen hätte.

327 Russ, Maßnahmen (wie Anm. 236) 26. Aufgrund des Heiratens in das Ausland gingen dem Land Waren und große Geldsummen verloren.

328 Maria Fink aus Sulzberg wollte sich mit dem Stadtbader Heinrich Sauter verheiraten lassen. Die Regierung beauftragte den Vogt und die Amtleute, sie von ihrem Vorhaben abzuhalten und es nur genehmigen zu lassen, wenn der Rat in Lindau bestätige, dass sie an der Ausübung des katholischen Glaubens nicht gehindert werde. D. h. der Besuch des katholischen Gottesdienstes in Bregenz sollte ihr gewährleistet werden. Vgl. ebenda 22.

an »unkatholischen Orten« verboten sei und nur unter Bezahlung eines Abzugsgeldes gestattet werden könne. Ähnlich hieß es schon in einem Mandat aus dem Jahr 1609, wo zusätzlich angeordnet wurde, »sektische« Bücher zu verbrennen. Die Häufigkeit der Einfuhr protestantischer Literatur machte den Behörden besonders zu schaffen.[329] Zudem sollten die im Lande herumziehenden Winkelprediger scharf kontrolliert werden.[330] Der Besuch von niederen Schulen und von Handwerkslehrstellen in protestantischen Orten wurde zum wiederholten Male verboten (von 1609–1625). Für die Pfarre Bregenz wurde 1598, neben der Verordnung, dem Pfarrer während der Fastenzeit zwei Mal zu beichten, die heilige Kommunion zu empfangen und die Fastengebote einzuhalten, angeordnet, jeden Handelsverkehr mit »lutherischen« Orten zu unterbinden.[331] 1604 übersandte der Bregenzer Vogt eine Liste von Personen an die Regierung, die mit benachbarten protestantischen Städten in wirtschaftlicher Verbindung standen. Weiters wurden aus der Herrschaft Bregenz 50 Personen erwähnt, größtenteils Kinder, die in der Fremde ein Handwerk erlernen wollten. 1629 wollte man wissen, in welchem Ausmaß Kinder ins Ausland gingen. Im Jahr 1639 teilte der Pfarrer Johann Viel aus Gaschurn dem Churer Bischof mit, dass unbedingt Maßnahmen gegen die Verschickung von Kindern an »unkatholische orthe« gefunden werden müssten, denn solches geschehe »haufenweise«.[332] 1654, 1657, 1658 wurden Mandate erlassen, die es Bauern und Handwerkern nicht erlaubten, an akatholische Orte zu ziehen. Sie konnten aber kaum verhindern, dass dies dennoch geschah. Die häufige Publizierung der Mandate und die zahlreichen Hinweise deuten darauf hin, dass die Regierung diesem Phänomen nicht ganz Herr wurde.[333] Dass die wiederholten Anweisungen zum Verbot des Aufenthaltes in protestantischen Gebieten durchaus begründet waren, zeigt der Fall aus dem Jahr 1665, als 45 junge Leute, die im katholischen Glauben sehr »nachlässig« waren, in protestantische Gebiete zogen. Der Landesfürst ordnete daraufhin an, sie wieder ins Land zu holen und sie stattdessen an katholische Orte zu schicken. So griff zu Zeiten des Frühabsolutismus der Landesherr immer mehr in die Tätigkeiten der Untertanen ein. Religion, Handel, Wirtschaft etc. waren zunehmend Hoheitsgebiet der Obrigkeiten.[334] Die Mobilität zwischen Vorarl-

329 Burmeister, Bodenseeregion (wie Anm. 160) 195.

330 Russ, Maßnahmen (wie Anm. 236) 19.

331 Ebenda. Aufgrund der regen Handelsbeziehungen mit der Stadt Lindau war diese Aufforderung wohl kaum mehr als eine leere Drohung.

332 Ebenda 25 f. Die katholischen Pfarrer hatten wohl große Schwierigkeit, ihre Pfarrkinder am katholischen Glauben zu halten. Entsprechende Widerstände der Bevölkerung bei der Katechese oder bei der Beichtverpflichtung waren nach den zahlreich erschienenen Religionsmandaten vorauszusetzen.

333 Burmeister, Bodenseeregion (wie Anm. 160) 194; Otto Uhlig, Die Schwabenkinder aus Tirol und Vorarlberg (Innsbruck–Stuttgart ^{2}1983) 5–22.

334 Russ, Maßnahmen (wie Anm. 236) 22. Ein Bregenzer Eisenbergwerksbesitzer verkaufte den Großteil seines Betriebes in Dornbirn an einen gewissen Hans Paul aus Kärnten, der aufgrund seines Glaubens seine Heimat verlassen musste und nun in Lindau wohnhaft war. Die Vogtei Feldkirch bekam von der Regierung die Anweisung, das Bergwerk zu überwachen, ob der Unternehmer nicht Katholiken zum evangelischen Glauben abwerbe.

berg und den umliegenden Gebieten war trotz strenger Gegenmaßnahmen der Regierung vorauszusetzen. Ein gewisser Gall Dräxl, Bürger aus Bregenz, wanderte ohne Frau und Kinder aus und missionierte für die Schwenkfelder. Später bereute er diese Schritte und kehrte in den Schoß der katholischen Kirche und zu seiner Familie nach Bregenz zurück. Nach Empfang der Sakramente und nach geleisteter Buße wurde er nicht bestraft, jedoch überwacht.[335] Die Saisonarbeit der Vorarlberger Bevölkerung war ein Spezifikum der Reformationsgeschichte Vorarlbergs, auch wenn es ähnliche Phänomene in anderen Ländern Österreichs gab, wie etwa in Tirol,[336] Steiermark und Kärnten.[337]

VII.4 Die Vorarlberger Landesbräuche

Infolge der Einführung und Verbreitung des römischen Rechts mussten die alten Vorarlberger Landesbräuche, die nur mündlich überliefert worden waren, schriftlich aufgezeichnet werden. Da sie noch aus einer Zeit stammten, als die Reformation und Gegenreformation keine Rolle spielten, waren die dementsprechenden Passagen jüngeren Ursprungs. Da Kirche und Recht miteinander verbunden waren (Landesbräuche wurden in den Kirchen aufbewahrt und jährlich von den Kanzeln verlesen), wurde bei der Verschriftlichung der Bräuche der Gegenreformation Rechnung getragen. Beispielsweise hieß es in der Landesordnung von Mittelberg aus dem Jahr 1588: »Es soll auch mäniglich und ein jeder, wenn man, wie gemeldet, zusammengeläutet hat, demnächsten in die Kirche gehen, und wie gesagt, den Gottesdienst mit Andacht abwarten und bis zu Ende darinnen bleiben.«[338]

Gemäß dem Sonnenberger Landesbrauch aus dem 17. Jahrhundert war nur die Auswanderung an katholische Orte erlaubt. Ähnlich hieß es im Tannberger Gerichtsbrauch von 1672. Auch im Landesbrauch St. Gerold wurde die Ausheirat an »sektische« Orte unter Strafe verboten. Zudem regelte Artikel 1: »jedermann fest bei dem römisch-katholischen alleinseligmachenden Glauben verbleiben soll und die jährliche Beichte und Kommunion zu Ostern vorschreibt.« »[...] unfleißige Kirchgänger« sollten bestraft werden.[339] Selbst noch im Jahr 1771 wurde in den Hohenemser Verhaltenspunkten festgelegt, dass Kinder nicht in Dienste an unkatholische Orte gehen dürften. Konfessionalisierung war also nicht nur Sache der Obrigkeit und der Kirche. Die Bevölkerung internalisierte gleichsam die Normierungen der Kirche und der Ob-

---

335 Ebenda 23. Beide Fälle sind leider ohne Jahresangabe.

336 Uhlig, Schwabenkinder (wie Anm. 333) passim.

337 Paul Dedic, Der Geheimprotestantismus in Kärnten während der Regierung Karls VI. (1711–1740) (Archiv für vaterländische Geschichte und Topographie 26, Klagenfurt 1940) 28.

338 Karl Heinz Burmeister, Einflüsse der Gegenreformation in den Vorarlberger Landesbräuchen. *Vorarlberger Volkskalender* (1969) 89 f., hier 89.

339 Ebenda 89. Die Propstei St. Gerold wurde von einem Kirchenherren regiert, insofern waren strengere Maßnahmen und Richtlinien vorprogrammiert. Vgl. auch Burmeister, Bodenseeregion (wie Anm. 160) 195; Karl Heinz Burmeister, Vorarlberger Weistümer, 1. Teil: Bludenz–Blumenegg–St. Gerold. Im Auftrage der Österreichischen Akademie der Wissenschaften (Österreichische Weistümer 18, Wien 1973) 31–42, hier 32 f.

rigkeit (insbesondere über die lokalen Räte und Dorfehrbarkeiten). Das Kirchenvolk trat zugleich als »Partner und Objekt der konfessionellen Reform«[340] auf. Man spricht von einer »Selbstkonfessionalisierung von unten«.[341]

VII.5 Die Katholische Reform

VII.5.1 Die Diözese Konstanz

Das Tridentinische Konzil (1545–1563) war der Auftakt für eine Reihe von kirchlichen Reformen, die die katholische Kirche wesentlich und grundlegend verändern sollten. Die Rezeption der Tridentinischen Beschlüsse war aber nördlich der Alpen mehr als zögerlich. Erst nach und nach wurden sie im Deutschen Reich wirksam, meist durch die Vermittlung von Geistlichen, die in Italien am päpstlichen Hof Karriere gemacht hatten. Markus Sittich von Hohenems, Bischof von Konstanz (1561–1589), ist dafür ein gutes Beispiel.[342] Der »Landsknecht in Purpur«[343] führte die Tridentinischen Reformen in der Diözese Konstanz ein. Zu diesem Anlass berief er 1567 eine Diözesansynode ein. Die Geistlichkeit war auf diese Reformen noch nicht vorbereitet, was wahrscheinlich auf das Verbleiben von reformatorischen Ideen unter dem Klerus und/oder auf den mangelnden sittlichen Zustand desselben schließen lässt. Trotzdem markierte diese Diözesansynode den Beginn der Reformen in der Konstanzer Diözese. Die verschärfte Kirchendisziplin regelte die verbindliche Lebensführung des Klerus: Die Geistlichen mussten ihre Konkubinen verlassen usw.[344] Trotz der verbindlichen Beschlüsse der in Vorarlberg verbreiteten Drucke[345] unterblieben die angekündigten bischöflichen Visitationen, da der Bischof meist in Rom weilte. Die kirchlichen Behörden waren weiterhin auf die weltliche Hilfe, insbesondere auf das österreichische Herrscherhaus, angewiesen. Von den Visitationen 1581 und 1583 ist uns leider für den Vorarlberger Teil nichts bekannt. Nichtsdestotrotz kümmerte sich nun der Bischof mehr um die Heranbildung des katholischen Priesternachwuch-

340 Maron, Katholische Reform und Gegenreformation (wie Anm. 286) 54.

341 Reinhard, Katholische Konfessionalisierung (wie Anm. 285) 442 f. Dieser Prozess setzte sich aber erst gegen Ende des 16. und im Laufe des 17. Jahrhunderts durch.

342 Nach einer geplanten Karriere beim Militär entschied er sich für den geistlichen Weg. Obwohl er Bischof von Konstanz war, verbrachte er nur drei Mal in seinem Leben Zeit in Konstanz. Er wurde von Papst Pius IV., seinem Onkel, zum Kurienkardinal in Rom ernannt.

343 Ludwig Welti, Graf Jakob Hannibal I. von Hohenems 1530–1587. Ein Leben im Dienste des katholischen Abendlandes (Innsbruck 1954) 54.

344 Konstantin Maier, Die Diözesansynoden, in: Die Bischöfe von Konstanz, Bd. 1: Geschichte, hg. von Elmar L. Kuhn/Eva Moser/Rudolf Reinhardt/Petra Sachs (Friedrichshafen 1988) 90–102, hier 98.

345 In der Stadtbibliothek Feldkirch befindet sich ein Druck von den kirchlichen Beschlüssen (»Constitutiones et decreta synodalia civitatis et diocesis Constantiaenensis […]«), der im Besitz des Satteinser Pfarrers Johann Morscher (1699–1730) war. Vgl. ebenda 98; Rapp, Dekanat Feldkirch und Bregenz (wie Anm. 244) 72. Das heißt, dass die Pfarrerschaft von diesen bischöflichen Anordnungen Bescheid wusste. Merkwürdig erscheint es hier, dass man diese Beschlüsse in der Pfarre Satteins auffand, die zur Diözese Chur gehörte.

ses.[346] Bei der Diözesansynode 1609 wurden die Beschlüsse der Synode von 1567 in vielen Punkten ergänzt und wesentlich erweitert (so die Beschlüsse um die geistliche Gerichtsbarkeit).[347] Inzwischen wurden auch schon mehrere Visitationen in Vorarlberg durchgeführt, nämlich 1594, 1614/15, 1617, 1623/24, 1653 u. a.[348] Aufgrund des geringen Einflusses des Hochstiftes Konstanz hatten die Visitatoren oft nicht die erforderliche Macht, ihrem Anliegen, die Diözese zu reformieren, Nachdruck zu verleihen.[349] Doch langfristig wirkten die Maßnahmen. Mitte des 17. Jahrhunderts sind kaum mehr Klagen über den schlechten Lebenswandel und über den niedrigen Bildungsstand der Kleriker zu hören. Die Disziplinierungsmaßnahmen der Katholischen Kirche zeigten Wirkung.

VII.5.2 Die Diözese Chur

Die katholische Reformtätigkeit in der Diözese Chur kam nur schleppend voran. Zu sehr beschäftigten die Diözese ihre inneren Probleme. Ein großer Teil der drei »Bünden« wechselte zur reformierten Konfession: Prättigau, das Hintere Rheintal, der Engadin und im Besonderen die Stadt Chur selbst. Diese Probleme belasteten eine wirksame Reformtätigkeit der Bischöfe in ihrem kirchlichen Hoheitsgebiet.[350] Der Brief des Bischofs Beatus a Porta an Ferdinand II. von Tirol wurde bereits erwähnt: Der Bischof war neidisch auf die gegenreformatorische Politik des Fürsten, der seinen Einfluss auf das kirchliche Gebiet stärken konnte. Russ ist der Meinung, dass vor der aktenmäßig ersten belegbaren Visitation schon Visitationen durchgeführt worden seien. Das müsste noch untersucht werden.[351] Doch auch die Visitation von 1595 musste für die Geistlichkeit in Chur für Ernüchterung gesorgt haben. Die Visitatoren wurden angewiesen, vor allem auf die religiösen Bücher der Bevölkerung Acht zu geben.[352] Weiters wurden die ordnungsgemäße Sakramentsspendung, die

---

346 Der Kardinal konnte von seinem Vetter, Kardinal Karl Borromäus, der das Collegium Helveticum in Mailand gegründet hatte, 24 Plätze in Mailand für die Diözese Konstanz reservieren. Für Vorarlberg bedeutete dies, dass vier Plätze für Hohenems und zwei für Bregenz gesichert waren. Zudem erwirkte er zwei Plätze für die Stadt Feldkirch am Collegium Germanicum in Rom. Vgl. Alfred A. STRNAD, Markus Sittich von Hohenems und Andreas von Österreich, in: Die Bischöfe von Konstanz (wie Anm. 344) 396–403, hier 398.

347 MAIER, Diözesansynoden (wie Anm. 344) 99–101. Die Diözese wurde in vier Distrikte eingeteilt, Vorarlberg gehörte nun zum Distrikt Allgäu.

348 Zu den Visitationen in der Konstanzer Diözese vgl. Peter Thaddäus LANG, Die Visitationen, in: Die Bischöfe von Konstanz (wie Anm. 344) 103–109.

349 Ebenda 108 f.

350 RUSS, Maßnahmen (wie Anm. 236) 31.

351 Russ hat zwar die Aktenlage in Chur begutachtet, doch ich vermute, dass einiges noch nicht angemessen berücksichtigt worden ist. Ulrich PFISTER, Konfessionskirchen und Glaubenspraxis, in: Handbuch der Bündner Geschichte, hg. von Jürg SIMONETT, Bd. 2: Frühe Neuzeit (Chur 2000) 203–236, hier 220 meint jedoch, dass die Visitation 1595 die erste ihrer Art war. Die Visitation war erst möglich, nachdem die päpstlichen Nuntien auf die Durchführung der tridentinischen Reformen achteten.

352 RUSS, Maßnahmen (wie Anm. 236) 36.

dogmatischen Kenntnisse der Pfarrer und der Ruf des Pfarrers (ob sie Konkubinen hielten) untersucht. Die Visitation offenbarte die geringen religiösen Kenntnisse des Klerus. Religiöse Gleichgültigkeit und unsittliche Zustände waren beim Klerus vorherrschend. Von den 21 visitierten Pfarrherren hatten nur zwei einen einwandfreien Lebenswandel. Elf Priester hatten geringe Kenntnisse der katholischen Dogmatik und sieben besuchten zu häufig die Wirtshäuser. Zwei Priester mussten sogar von ihrem Dienst suspendiert werden.[353] Beim Pfarrer in Schruns wurden häretische Bücher gefunden.[354] Unter den beiden nachfolgenden Bischöfen[355] wurden keine Visitationen durchgeführt (zumindest sind keine Akten vorhanden), doch besonders der Letztere setzte sich für Reformen in seiner Diözese ein. Die nächste Visitation ist uns erst aus den Jahren 1639/40 bekannt: Die theologische und die moralische Lage des Klerus hatte sich aus Sicht der Bischöfe verbessert. Dank der guten Ausbildung waren nun die religiösen Kenntnisse und der sittliche Lebenswandel befriedigend. Bereits 1654 konnte der Schwerpunkt der Visitationen verlagert werden: Die kostbare Ausstattung der Tabernakel stand im Mittelpunkt des Interesses und nicht mehr das sittliche Verhalten der Priester. Nur wenige Pfarrstellen waren wegen der geringen Pfründe vakant gelassen.[356] Vier Jahre später nahmen zwar Trunksucht und Streitereien zu, ein allgemeines Phänomen dieser Zeit, doch im Großen und Ganzen herrschte nun Ordnung.[357] Auch wenn der Katechismusunterricht[358] und der kirchliche Glaube im Volk gut verankert waren, gab es trotzdem noch wiederholte Klagen seitens der Geistlichkeit über den desolaten Zustand der allgemeinen Sittlichkeit.[359] Nichtsdestotrotz war der Großteil der Bevölkerung mit dem tridentinischen Katholizismus bereits vertraut gemacht worden.

VII.6 Die katholische Erneuerung infolge verstärkter Bildungsmaßnahmen

Dass sich der Lebenswandel und der Bildungsstand des Klerus über die Jahrzehnte hinweg deutlich besserte, war der »Bildungsoffensive« der katholischen Kirche zu verdanken. Bis in die 1580er Jahre hinein war die Ausbildung des katholischen Klerus in keinster Weise ausreichend: Die drei Lateinschulen des Landes (Bregenz,

353 Ebenda 45.

354 Ebenda 40.

355 Johann Flugius aus Feldkirch (1608–1627) und Josef Mohr (1627–1635).

356 Russ, Maßnahmen (wie Anm. 236) 81.

357 Ebenda 93.

358 Ebenda 81 f. Mit dem Katechismusunterricht gab es zuweilen praktische Probleme. Bei einer Visitation aus dem Jahr 1660 war der sonntägliche Katechismusunterricht ein zu behandelndes Problem. Aufgrund der großen Entfernung waren nur wenige Leute bereit, die weite Reise zum Unterricht auf sich zu nehmen.

359 Ebenda 94–96. Die Gottesdienste erhielten Konkurrenz durch weltliche Feste, was die Liederlichkeit der Jugend gefördert haben soll. Das unzüchtige Volk schreckte nicht vor Kindesmissbrauch zurück, die Trunksucht war bei Geistlichen zum Spott der »Akatholiken« verbreitet und die Jugend verdingte sich im protestantischen Ausland. Sexuelle Delikte wie Entjungferung, Konkubinat und Inzest wurden genannt.

Feldkirch, Bludenz) hatten ein verhältnismäßig niedriges Niveau. Die wiederholten landesfürstlichen Mandate deuteten bereits an, dass das Studium an protestantischen Universitäten (Wittenberg) nach wie vor in der Bevölkerung beliebt war. Um dieser misslichen Situation etwas entgegenzusetzen, versuchten Stadtammann und Rat der Stadt Feldkirch ihre Beziehungen nach Rom zu nützen und baten den in Rom weilenden Kardinal Markus Sittich von Ems, er möge sich doch beim Papst für zwei Freiplätze für ihre Feldkircher Bürgersöhne am neugegründeten Collegium Germanicum einsetzen. Die Antwort des Hohenemser fiel positiv aus: Papst Gregor XIII. erteilte eine mündliche Zusage.[360] Die schriftliche Bestätigung erteilte Papst Sixtus V. in seinem Breve aus dem Jahr 1588: Feldkirch erhielt das Privileg, zwei Studenten der Theologie nach Rom zu schicken. Dies hatte auch eine gegenreformatorische Stoßrichtung, denn es wurde u. a. folgendermaßen begründet: Es ging darum, »die ware und catholische Religion mit großer Beständigkhaitt vor den Khetzern welche rings umb die Statt Feldkirc im alten Rhetia Curer Bistumbs wonendt rain und unbefleckth aus Gottes des Herrn Güttigkheit bisher erhalten habende [...]« zu bewahren.[361] Dieses Privileg war für Feldkirch so bedeutend, dass es mit einem zweiten Breve abgesichert werden musste, denn es wurde immer wieder von den kirchlichen Verantwortlichen in Rom angezweifelt.[362] Wie wichtig für die Stadt Feldkirch die Aufnahme von zwei Bürgersöhnen zum Collegium Germanicum war, zeigen wiederholte Eingaben an die Rektoren des Kollegiums. Im Mai 1587 schrieb der Stadtammann, dass Feldkirch »fast [von] allen Seiten von Andersgläubigen umgeben sehe, daß das Volk im Glauben belehrt und gefestigt werden müsse und daß demnach ein wohlunterrichteter und sittenreiner Klerus dringendstes Bedürfnis sei«.[363] Nur das Kollegium könne eine geistliche Reform in Vorarlberg bewirken. Selbst im Jahr 1607 schrieb der Stadtammann, dass »die Stadt Feldkirch wegen der von den Anhängern der neuen Glaubenslehre aus nächster Nähe drohenden Gefahr der so heilsamen Segnungen, die von dem ehrwürdigen Kolleg in Rom ausgingen, in hohem Grade bedürftig«

---

360 Ludewig, Breven (wie Anm. 295) 161. Auffallend war wiederum die Aktivität der lokalen politischen Autoritäten. Sie nahmen die religiösen Geschicke selbst in die Hand. Aber auch weltliche Motive spielten eine Rolle: Die Sicherung der Ausbildungsplätze in Rom war für die Stadt auch eine Prestigeangelegenheit.

361 Es ist anzunehmen, dass mit den »Khetzern« die Bündner Reformierten gemeint sein mussten. An den zahlreichen bisher aufgeführten Beispielen kann man erkennen, dass der Kampf gegen die verdeckten Protestanten auch im eigenen Lande aufgenommen werden musste. Papst Gregor XIII. hatte die Kollegien für katholische Theologiestudenten aus mehrheitlich protestantischen Regionen gegründet, wie etwa Oberdeutschland, Westfalen, Rheinland, Sachsen, Preußen und das Königreich Ungarn. Die Ausbildungsstätte sollte die katholische Diaspora im Kampf gegen den Protestantismus stärken. Höchst bezeichnend, dass Feldkirch einen ähnlichen Status besaß, wie die eben genannten Länder. Vgl. ebenda 161–170.

362 Ebenda 165 f. Papst Clemens VIII. musste das Privileg erneut bestätigen. Vorerst konnte das Collegium aus wirtschaftlichen und politischen Schwierigkeiten nur einen Platz für die Feldkircher sichern. Es kam immer wieder zu Rechtsstreitigkeiten: Die Feldkircher mussten lange für den zweiten Platz kämpfen.

363 Ebenda 177.

sei.[364] Das Kollegium konnte bald seine Wirkung zeigen. Bis zu dessen Aufhebung im Jahr 1798 gingen über 50 Bürgersöhne aus Feldkirch nach Rom zum Studieren.[365] Doch nicht nur bei den Theologiestudenten wurde für eine angemessene Bildung gesorgt. Die vorhandenen Lateinschulen wurden nun zusehends vom katholischen Geist durchdrungen. 1649 wurde eine jesuitische Missionsstation mit einer Lateinschule in Feldkirch eingerichtet. 1680 wurde sie zu einem Jesuitenkollegium erweitert und war nun das Bildungszentrum des Landes.[366] Die Jesuiten waren für die Bildung des Volkes zuständig. Besonders die Theateraufführungen in dem jesuitischen Gymnasium erfreuten sich hoher Popularität. Sie hatten meist moralisierenden und hochkirchlichen Charakter.[367]

Auf den Erwachsenen- und Kinderunterricht wurde großer Wert gelegt. Gemäß dem Mandat Erzherzog Ferdinands II. vom April 1587 sollten die Beamten über die angemessene Durchführung der Katechese in der christlichen Religion (nach dem Kleinen Katechismus des Canisius) wachen.[368] Erwachsene, die nicht gut unterrichtet waren, sollten am Kinderunterricht teilnehmen. Es herrschte die Sonntags- und die Beichtpflicht. In der Schulordnung Erzherzog Ferdinands II. von Tirol für Vorarlberg, Tirol und die Vorlande aus dem Jahr 1586 trug man dem Schulmeister Instruktionen auf, wie er mit den Schülern umzugehen hatte: Die Kinder durften keine ketzerischen Bücher lesen oder gebrauchen und ihre religiöse Haltung sollte genauestens beobachtet werden. Über die Kinder erhoffte man wohl, Zugang zur Rechtgläubigkeit ihrer Eltern zu erhalten. Zudem wurden den Behörden vierteljährliche Schulvisitationen angeordnet.[369]

VII.7 Die Missions- und Seelsorgeorden: Die Kapuziner und die Jesuiten

Wesentliche Träger der katholischen Reform und der Gegenreformation waren die im 16. Jahrhundert neu gegründeten Orden der Kapuziner und der Jesuiten. Die katholische Kirche konnte auf »ein beachtliches Reservoir qualifizierter Helfer und Mitarbeiter« der Orden zurückgreifen, die entweder während der Reformationszeit nicht in Mitleidenschaft gezogen (Benediktinerorden Mehrerau) oder erst Ende des 16. und im 17. Jahrhundert mit einem gegenreformatorischen Impetus gegründet worden waren. Das Kloster Mehrerau konnte bereits während der Reformationszeit

364 Ebenda 179. Man merkt, welche Bedeutung die Stadt Feldkirch diesen Kollegien beimaß.

365 Ebenda 175 f.

366 Gismann-Fiel, Täufertum (wie Anm. 183) 146.

367 Maron, Katholische Reform und Gegenreformation (wie Anm. 286) 56. »Ein wichtiges Werbemittel für den erneuerten Katholizismus wurde seit dem letzten Drittel des 16. Jh. das sog. Jesuitentheater, dramatische Aufführungen in den Jesuitengymnasien, bei denen die direkte Polemik zurücktrat und die siegreiche Überwindung der Häresie festlich gefeiert wurde. Das Jesuitendrama [...] war neben der Predigt und den Katechismen eines der wirksamsten Medien des gegenreformatorischen Gedankenguts im städtischen und kleinstädtischen Milieu.«

368 Russ, Maßnahmen (wie Anm. 236) 17.

369 Ebenda 17 f.; P. Isidor Flür, Kirchengeschichtliche Fragmente aus dem Walgau, Buch 1, Heft 2 (Bregenz 1926) 92–95.

im Bregenzerwald in gegenreformatorischer Absicht missionieren, auch wenn die Konventuale dort in der Bevölkerung mehr als verhasst waren.[370] Besonders nach Bekanntwerden der Täufer in Au erhöhte der Mehrerauer Orden seine Missionstätigkeit. Zur gleichen Zeit aber begannen die Kapuziner und die Jesuiten ihre Missionstätigkeit in Vorarlberg. Ende des 16. Jahrhunderts ließ die Regierung zwei Jesuiten aus Konstanz in den Bregenzerwald holen. Sie predigten dort erfolgreich. Von ihrer Missionstätigkeit berichtet der gelehrte Jesuit Ignaz Agricola.[371] Die Jesuitenmission war ein erster Anfang. Sie war aber in der Bevölkerung noch nicht erfolgreich.[372] Die Hauptwirksamkeit der Jesuiten erfolgte über die schulische Bildung in Feldkirch, wo auch ihr Zentrum lag. Erst die Kapuziner jedoch hatten im Bregenzerwald und im restlichen Land durchschlagenden Erfolg.[373] Die Beharrlichkeit der Kapuziner, mit der sie das Volk zur katholischen Kirche bekehren wollten, wird von

---

370 Der Pfarrer von Bregenz und Konventual des Klosters Mehrerau, Pater Michael Löw, widersetzte sich »eifrig« dem Luthertum in der Stadt. Andere missionierten im Bregenzerwald. Vgl. Rapp, Dekanat Feldkirch und Bregenz (wie Anm. 244) 293. Als Beispiel möge auch der Lingenauer Pfarrer Ulrich Moetz genügen, der durch seine Predigten viele Menschen zum katholischen Glauben bekehren konnte. Vgl. Gismann-Fiel, Täufertum (wie Anm. 183) 38 f.

371 Hiller, Au (wie Annm. 257) 177. Ein Einblick in sein Buch zur Geschichte des Jesuitenordens in Deutschland wäre auf jeden Fall eine lohnende Aufgabe. Das Buch heißt: »Historia Provinciae Societatis Jesu Germaniae superioris, quinque primas annorum complexa decades (1727–1729)«.

372 Gismann-Fiel, Täufertum (wie Anm. 183) 147. »Die offene Ketzerei wurde zwar unterdrückt, aber die versteckte fristete immer noch an mehreren Orten, wenn auch ein kümmerliches Dasein: Manche der Bekehrten wurden wieder rückfällig.«

373 Die idealtypische Unterscheidung der Jesuiten als »Seelsorger der höheren Stände und Eliten« und der Kapuziner als »populäre Volksseelsorger« ist für Vorarlberg plausibel. Vgl. Maron, Katholische Reform und Gegenreformation (wie Anm. 286) 51 f. In diesem Zusammenhang kann die legendenhafte Geschichte eines dickbäuchigen Wirts in Bezau erzählt werden: Außerhalb von Au waren zwei Häuser in Bezau in Ellenbogen im Verdacht, täuferisch gewesen zu sein. Ein dickbäuchiger Wirt stieg auf ein Fass und predigte öffentlich täuferische Lehren auf dem Kirchplatz. Am nächsten Tag kamen zwei Bußprediger und predigten von der Kanzel. Der Wirt bekehrte sich dann öffentlich zum Katholizismus und forderte die Zuhörer auf, ihm das nachzutun. Vgl. Rapp, Anhang (wie Anm. 65) 722 f. mit Quellenangabe: Es handelt sich um die »Topographie von Bezau« des Bezauer Pfarrers Wolfgang Gantner (1822–1836), die nicht mehr auffindbar ist. Vgl. P. Burghard Schönweiler, Kapuziner in Bezau: Die Kapuziner im Bregenzerwalde. *Archiv für Geschichte und Landeskunde Vorarlbergs* 1 (1904/05) 16–19, 24–31, 35–37, hier 19 und 25. Die Bekehrung des Wirtes in Bezau könnte stilisiert sein und der katholischen Legendenbildung des 17. Jahrhunderts angehören. Zumindest zeigt uns dieser Bericht, dass der Wirt offenbar zahlreiche Sympathisanten hatte, denn erstens waren die Bußprediger (deutet eher auf die Kapuziner hin als auf die Jesuiten) wohl aufgrund der großen Wirkung des Predigers sofort bereit, eine Gegenmission zu starten und zweitens bewies die Forderung des Wirtes zur »Konversion« zum Katholizismus, dass ein nicht unerheblicher Teil der Gemeinde bereits täuferisch war. Die Datierung dieses Ereignisses ist leider unklar. Wenn mit den Bußpredigern Kapuziner gemeint sein sollen, dann muss die Begebenheit in der ersten Hälfte des 17. Jahrhunderts angesetzt werden. Auch Gismann-Fiel hält es für »sehr wahrscheinlich«, dass die Täufer in anderen Dörfern des Bregenzerwaldes Verbreitung fanden. Vgl. Gismann-Fiel, Täufertum (wie Anm. 183) 88.

dem Kapuzinerpater Burghard Schönweiler schön beschrieben: Sie »belehrten das Volk durch Gespräche, Christenlehren und Predigten, ruhten und rasteten nicht eher, bevor die Eisdecke einbrach und die rauhen und kalten Gemüter warm wurden«.[374] Im 17. Jahrhundert konnten sich die Kapuziner in Vorarlberg mit ihrer Missionstätigkeit durchsetzen, was nicht selten zu einer Konfrontation mit den Bischöfen von Chur und Konstanz führte. 1602 wurde das Kapuzinerkloster in Feldkirch gegründet, 1636 in Bregenz und 1651 in Bludenz. Die Bevölkerung konnte sich mit der Zeit mit der Missionstätigkeit der Kapuziner anfreunden. Im Jahre 1653 begann die Bevölkerung in Bezau sogar mit dem Bau eines Kapuzinerklosters, der aber nicht mit den zuständigen Patres abgestimmt war. Das Kloster wurde nicht nach den Satzungen der Kapuziner gebaut und so konnte der Bau erst nach langem Ringen mit dem Generalminister der Kapuziner in Freiburg und nach Erhalt des kaiserlichen Konsenses begonnen werden.[375] Herausragende Gestalt der Kapuziner war Markus Roy aus Sigmaringen, der nach seinem Märtyrertod als Heiliger Fidelis (im Jahr 1746 durch Papst Benedikt XIV.) heiliggesprochen wurde. In den Jahren 1620–1622 war er Guardian des Kapuzinerklosters in Feldkirch und betrieb eine eifrige gegenreformatorische Missionsarbeit, was letztlich, im Kontext der Bündner Wirren, zu seiner gewaltsamen Ermordung durch aufgebrachte calvinische Reformierte in Seewis im Prättigau führte.[376] Doch auch spätere Gestalten fielen durch ihre intensive Missionstätigkeit auf. So wurde der Pater Stanislaus Michael Saurbeck von Wuetschingen (Guardian in Bregenz) 1635–1641 als »Wäldermissionar« bezeichnet.[377] Rosenkranzbruderschaften wurden von den Kapuzinern massiv gefördert. So wurden solche in den Jahren 1639, 1651 (Au) und 1658 im Bregenzerwald gegründet. Davor wurden sie noch von der Bevölkerung lächerlich gemacht und verspottet.[378] Durch die unermüdliche Arbeit der Rosenkranzbruderschaften konnten das Täufertum und der Protestantismus schließlich verdrängt werden.[379] Doch kleine Reste protestantischen Lebens blieben nach der intensiven Missionstätigkeit der Kapuziner weiterhin im Untergrund bestehen.

---

374 Schönweiler, Kapuziner (wie Anm. 373) 25. Beides wird damit angesprochen: die Beharrlichkeit und Konsequenz der Kapuziner und die Widerständigkeit der Bregenzerwälder, die eine katholische Missionierung nicht erdulden wollten. Weiter heißt es bei ebenda 37: »Uebrigens sah und erfuhr man gar bald, daß in diesem sonst unfruchtbaren Tale die schönsten Früchte der Gottseligkeit und Tugend unter dem lieben Bauernvolke emporschossen […].«

375 Ebenda 29–31. In diesem Fall ist der Terminus »Selbstkonfessionalisierung von unten« durchaus angebracht. Vgl. Reinhard, Katholische Konfessionalisierung (wie Anm. 285) 442 f.

376 Markus Hofer, Fidelis von Sigmaringen. Gottesmann, Eiferer, Märtyrer (Innsbruck–Wien 2007) passim. Die Zeit der Bündner Wirren (Krieg zwischen Graubünden/Frankreich und Österreich/Spanien) in den 1620er Jahren stand unter gegenreformatorischem Vorzeichen.

377 Hiller, Au (wie Anm. 257) 182.

378 Schönweiler, Kapuziner (wie Anm. 373) 37.

379 Gismann-Fiel, Täufertum (wie Anm. 183) 147. »Die Tätigkeit gerade dieser Ordensmänner trug wesentlich zur Vertiefung des religiösen Lebens und zur Verdrängung der letzten Reste ›häretischer‹ Neigungen im Bregenzerwald bei.«

VII.8 Die Sozialdisziplinierung und die katholische Konfessionalisierung im 17. Jahrhundert

Nach dem Erstarken des Katholizismus konnte die Obrigkeit mithilfe der Kirche die Gesellschaft in ihrem Sinne disziplinieren. Obrigkeit und Kirche hatten nun Zugriff auf das religiöse Leben wie noch nie zuvor. Dieser »Fundamentalvorgang« wird als »Sozialdisziplinierung« verstanden. Dabei ging es um den Versuch des frühabsolutistischen Staates, seine Untertanen in ihrem öffentlichen und privaten Leben auf allen Gebieten der Gesellschaft zu disziplinieren, wozu die Religion als wichtige Komponente zählte.[380] Doch nicht jeder wollte sich diesem Reglementierungsprozess unterwerfen und in einem katholischen Umfeld konnte das Bekenntnis zum Protestantismus Ausdruck des Widerstandes gegen die Obrigkeit sein. Freilich ist es im Einzelnen nicht immer festzustellen, ob hinter den »Emanzipationsbestrebungen«[381] der Einzelnen oder gar der Gruppen protestantische Motive zu finden sind. Auszuschließen sind sie keineswegs. Die religiöse Reglementierung konnte unterschiedliche Formen annehmen. Bis in die Mitte des 17. Jahrhunderts wurden Verordnungen zum kirchlichen Leben in Vorarlberg veröffentlicht: So sollten bei der Austeilung der Sakramente an Kranke die Kinder mit Fähnlein mitgehen. Die Dabeistehenden sollten im Knien den Sakramenten ihre Ehrfurcht erweisen. Beim Gebetläuten sollten die Bewohner inne halten und mit Kniefall und ausgebreiteten Armen das Gebet verrichten. Der Kreuzgang wurde der Bevölkerung eingeschärft, währenddessen war kein weltlicher Handel erlaubt (so 1640, 1641, 1644, 1657).[382] In der Herrschaft Bludenz untersagte die Polizeiordnung aus dem Jahr 1651 die Gotteslästerung, bestimmte das Halten der Sonn- und Feiertage und verbot jeglichen Handel und Wirtshausbesuche während und nach den Gottesdiensten.[383] Auch in der Polizeiordnung des Gerichtes Montafon aus dem Jahr 1656 wurden in bewusster Abgrenzung gegen das nachbarschaftliche Treiben der »uncatholischen Schweizer« weltliche Feste und Spiele verboten.[384] Auch in diesen Jahren musste man gegen protestantische Strö-

380 Gerhard Oestreich, Strukturprobleme des europäischen Absolutismus, in: Ders., Geist und Gestalt des frühmodernen Staates (Berlin 1969) 179–197, passim. »Die Jahrhunderte des Früh- und Hochabsolutismus sind voll der Ordnungen und strengen Anweisungen für das öffentliche und private Leben. Sie bestimmten den Geist der Zeit. Neben die Zuchtordnungen der Kirchen traten die Ordnungen durch Staat und Stadt mit Regulierungen und Vorschriften für das tägliche Leben.« Vgl. ebenda 192.

381 Maron, Katholische Reform und Gegenreformation (wie Anm. 286) 66. »Eine Möglichkeit, sich der allgemein-religiösen Disziplinierung zu verweigern, war nicht nur für Intellektuelle der sog. ›Nikodemismus‹, ein inneres Sich-Entziehen der religiösen Umwelt, an der man äußerlich teilnimmt.« Es sei aber angemerkt, dass die Geheimprotestanten sich nicht immer nur zurückzogen, sondern, wenn es die Zeit erforderte, auch zu ihrem Glauben standen. Ausweisungen und Deportationen konnten die Folge sein.

382 Russ, Maßnahmen (wie Anm. 236) 20 f.

383 Burmeister, Weistümer (wie Anm. 339) 32 f.

384 Ebenda 116–118, hier 116. Im Übrigen ist davon auszugehen, dass im reformierten Graubünden ähnliche Ordnungen aufgestellt wurden. Konfessionalisierung und Sozialdisziplinierung waren nicht nur Merkmale des Katholizismus.

mungen behördlich vorgehen: Im Jahr 1657 wurde ein Fluchmandat in Bludenz, das öffentlich angeschlagen wurde, in der Nacht abgerissen. Selbst auf eine Belohnung von 30 Talern konnte der Täter nicht ausfindig gemacht werden, was als Sympathiebeifall seitens der Bevölkerung gegenüber dem Täter gedeutet werden kann. Trotz der Anzeigepflicht durch die Wirte konnte die protestantische Gesinnung nicht nachhaltig genug überwunden werden.[385] Häufige Fälle des »Abfalls« von der katholischen Kirche veranlassten den Vogt zu Bludenz, Carl Ludwig Schrenkh von Hotzing, zur Anfrage an die Regierung, wie er mit dem Vermögen der Abgefallenen zu verfahren habe.[386] In den Jahren 1615/16 beklagte sich Erzherzog Leopold von Österreich beim Schweizer Nuntius Ludwig de Sarego, dass die Bevölkerung religiös indifferent sei: bald höre sie protestantische, bald katholische Predigten. Firmung, Bußsakrament und Osterbeichte würden häufig nicht in Anspruch genommen oder nur mit großer Gleichgültigkeit vollzogen. Die Sonn- und Feiertage würden entheiligt.[387] Somit gab es trotz der strengen Sozialdisziplinierung auch »Grenzen der Staatsverwaltung«.[388]

VII.9 Der Geheimprotestantismus

Wie sah es mit dem protestantischen Leben oder gar mit einer protestantischen Gemeinschaft zu dieser Zeit in Vorarlberg aus? Wie bereits erwähnt, konnten nur die Täufer in Au für einen längeren Zeitraum von etwa zehn Jahren so etwas wie eine Gemeinde aufbauen, ohne dass diese in dieser Zeit von den Behörden zerschlagen wurde. Mit ihrer Auswanderung bzw. Assimilierung existierte keine nennenswerte nichtkatholische Gemeindebildung mehr. Interessante Einblicke gewährt uns eine mikrohistorische Studie über das kleine Dorf Gaschurn im hinteren Montafon von Manfred Tschaikner. In katholisch sozialisierten Gemeinden war es üblich, die neugeborenen Kinder nach dem Tagesheiligen (entweder Geburts- oder Tauftag) zu

385 Burmeister, Bodenseeregion (wie Anm. 160) 195 f. Das Sozialleben spielte sich in den Wirtshäusern ab, dort wurden Nachrichten und Meinungen ausgetauscht. Insofern war es selbstverständlich, dass die Regierung und die Behörden sich an die Wirte wandten.

386 Russ, Maßnahmen (wie Anm. 236) 26.

387 Ebenda 46 f. Diese scheinbare Gleichgültigkeit verleitet Burmeister zur These, dass der Konfessionswechsel in Vorarlberg Alltag war und er mehr aus Notwendigkeit als aus innerer Überzeugung geschah. Als Beleg gibt Burmeister den Konfessionswechsel des Glasers Conradt Zischt an, der 1615 aus wirtschaftlichen Gründen nach Hohenems einwanderte. Ihm wurde »Asyl« gewährt, doch mit der Auflage »daß er catholisch werde«. Man mag aus Opportunismus die Konfession gewechselt haben, doch meiner Meinung nach darf man grundsätzlich den damaligen Menschen die innere Überzeugung nicht absprechen. Der heutige Blickwinkel ist nicht der des 16./17. Jahrhunderts. Schon allein das Beharren der Geheimprotestanten auf ihrem lutherischen Glauben im restlichen Österreich sollte die Bedeutung der religiösen Überzeugung signalisieren. Vgl. Burmeister, Bodenseeregion (wie Anm. 160) 197. Außerdem wanderte Zischt bereits vier Jahre später nach Thal (Appenzell-Außerrhoden) aus, das evangelisch-reformiert war. Ein erneuter Konfessionswechsel ist nicht auszuschließen. Vgl. Ludwig Welti, Graf Kaspar von Hohenems. 1573–1640. Ein adeliges Leben im Zwiespalte zwischen friedlichem Kulturideal und rauer Kriegswirklichkeit im Frühbarock (Innsbruck 1963) 497.

388 Oestreich, Strukturprobleme (wie Anm. 380) 183.

benennen.[389] Für Gaschurn konnte Tschaikner nachweisen, dass in den Jahren 1636–1640 lediglich etwa 12 % der Neugeborenen auf den Tagesheiligen getauft wurden. In geheimprotestantischen Gegenden in Salzburg oder in Südtirol waren es mehr als 25 %. Auffallend ist zusätzlich, dass die schlecht dotierte Pfarrstelle in Gaschurn von 1578 bis 1629 von keinem Priester besetzt wurde. Mit guten Gründen ist anzunehmen, dass sich eine nennenswerte religiöse Tätigkeit von unten entwickeln konnte.[390] Häufige Gewalthandlungen gegen die Pfarrer und Vergehen auf religiösem Gebiet dürften als weitere Indizien für eine Durchdringung der Bevölkerung mit protestantischem Gedankengut gewertet werden. So speiste etwa 1613 Christa Nezer an einem Fastentag öffentlich Fleisch und forderte, nach einer Verwarnung durch den Pfarrer, diesen auf, ebenfalls Fleisch zu essen und bot ihm eine Wurst an. Ein Jahr später wurden am Karfreitag die Frauen, die das Brot zur Weihe trugen, von einem Dorfgenossen ausgelacht. Während der Gottesdienste begannen die Dorfgenossen, sofern sie überhaupt die verpflichtenden Gottesdienste besuchten, zu schimpfen und lautes Gelächter entstand. Auch Faustkämpfe in der Kirche sind belegt.[391] Zusätzlich zu diesen Vorfällen ist zu beachten, dass man über einen Gebirgspass das reformierte Prättigau ohne Probleme erreichen konnte. Vorstellbar ist hier eine Form des so genannten »Auslaufens«.[392] Die katholische Konfessionalisierung schien gerade in entlegenen Dörfern nicht voll durchgegriffen zu haben. Widerstand gegen die katholische Disziplinierung musste nicht zwangsläufig, konnte aber ein Zeichen latenter Verbreitung protestantischen Glaubenslebens sein. Während wir im Unklaren gelassen werden, ob bei den vielen »Freveln« der Vorarlberger Bevölkerung protestantische Überzeugungen anzunehmen sind oder nicht, gibt es Beispiele eindeutiger protestantischer Äußerungen. So führte Mang Zelfi aus dem Montafon, der mit vier Frauen Ehebruch begangen hatte, auf offener Straße »allerlei ärgerliche Reden gegen die katholische Religion«. So meinte er beim Vorbeigehen am Sakramentshäuschen, dass er an einem »Hennengatter« vorübergehe. Zudem hatte er gegen die Pfaffen, gegen Ablass, gute Werke und die Mutter Gottes gewettert[393] – diese waren aus protestantischer

---

389 »Einer der Indikatoren, wodurch in dieser Epoche überraschend zielführend religiöse Überzeugungen und Haltungen erkannt werden können, ist die Sitte der Taufnamengebung.« Vgl. Hans Krawarik, Zur Rekatholisierung im Süden Tirols. *Schlern* 66/6 (1992) 405–418, hier 405. Die Rekatholisierung förderte die Sitte der Taufe nach dem Kalenderheiligen. Die Benennung der Säuglinge nach den Taufpaten und nach Persönlichkeiten aus dem Kreis der Verwandten und Bekannten sowie nach vornehmen Persönlichkeiten sind laut Krawarik Hinweise auf den Protestantismus. Vgl. ebenda 405–407.

390 Eine lutherisch geprägte Religiosität mit dem Priestertum aller Gläubigen war von der Bevölkerung leichter zu praktizieren als die katholisch geprägte Religiosität, in der die Gläubigen auf die Heilsvermittlung der Priester angewiesen waren.

391 Manfred Tschaikner, »Gesegnete Zeiten, wo Gott für das Nötige sorgte ...« Notizen zur Sozial- und Mentalitätsgeschichte der Gaschurner in der frühen Neuzeit, in: Lukas Tschofen und Gaschurn. *Bludenzer Geschichtsblätter* 14/15 (1993) 109–129, hier 116–121.

392 Vgl. ähnliche Fälle in den österreichischen Ländern bei Leeb, Streit (wie Anm. 14) 252.

393 Welti, Graf Kaspar von Hohenems (wie Anm. 387) 59. Leider ohne Quellenangaben. Anfang 17. Jahrhundert.

Sicht theologische Hauptkritikpunkte gegen den Katholizismus. Diese Äußerungen sind in den Kontext der Montafoner Unruhen Anfang des 17. Jahrhunderts zu setzen.[394] Auch hier ist eine eingehende Untersuchung zum Verhältnis von politischem und religiösem Widerstand notwendig. Im Montafon waren Bergwerksknappen tätig. Auffallend ist, dass Bergwerksarbeiter immer wieder mit dem Protestantismus in Zusammenhang gebracht wurden. Sie seien »ein unruhiges, neuerungslustiges Element«[395]. Eine entsprechende Empfänglichkeit der Bergknappen für protestantisches Glaubensgut ist nicht auszuschließen.

Während des Dreißigjährigen Krieges nahm der Hass der Bevölkerung gegen die Pfarrer zu und Gewaltdelikte gegen Geistliche waren keine Seltenheit. So erinnerte der Pfarrer Jakob Schreiber in Ebnit im Mai 1623 seine Kirchgänger daran, das heilige Öl aufzufüllen, das sie bereits seit zwei Jahren nicht mehr bezahlt hätten. Daraufhin widersprach ihm ein gewisser Ulrich Mathis. Auf die Forderung des Pfarrers, er solle während des Gebetes still sein, antwortete Mathis frei heraus: »Ich hab ein eigen Maul, ich mag reden, was ich will, ich red für mich selbst, und wenn Du's nit hören magst, so verschopp die Ohren.«[396] – derselbe hatte dann mit dem Pfarrer eine wüste Schlägerei bei der Hochzeit seiner Tochter.

Der bereits erwähnte Kapuzinermönch Fidelis von Sigmaringen hatte zur Zeit der Bündner Wirren, in die er aktiv als Missionar eingebunden war, einen Inquisitionsprozess gegen die angesehene Bürgerin und Jungfrau Anna Zoller zu führen. Sie wurde »ihres Glaubens oder ihres Schalks halber zur Rede gestellt«.[397] Sie musste Stellung zu ihren Äußerungen nehmen und tat dies schriftlich. Ihre kecken Antworten waren ein Mittel, mit dem sie bewusst eine Gratwanderung zwischen katholischer Rechtgläubigkeit und lutherischem Widerstandsgeist vollzog. Sie war gegen das Fegefeuer.[398] Der Kelch in beiderlei Gestalt war für sie die bessere Praxis, da das 1.300 Jahre lang so gemacht worden sei,[399] und Weihwasser war für sie weder gut noch schlecht.

---

394 Ebenda. Grob gesagt ging es um einen wirtschaftlich motivierten Kampf von Bludenzer Wucherern, die die Montafoner stark belasteten, was diese sich jedoch nicht gefallen lassen wollten. Protestantisches Gedankengut ist in Montafon vorauszusetzen – in welchem Maße und auf welche Weise, das wissen wir leider noch nicht.

395 Schöch, Neuerungen (wie Anm. 32) 102 f. Es handelt sich bei den Bergknappen nicht nur um »Neuerungslust«. Bergknappen waren lohnabhängig und dem Wohl und Wehe ihrer Herren unterworfen. Das Widerstandsbewusstsein konnte sich in einem katholischen Umfeld mit dem Protestantismus verbinden. So wissen wir, dass in den 1520er Jahren die Bergknappen zu Schwaz sich besonders für die Reformation begeisterten. Leeb, Streit (wie Anm. 14) 168. Vgl. dazu auch Kaufmann, Reformation (wie Anm. 78) 59 f.: »Die Bergknappen stellten ein besonderes mobiles, sozial ungefestigtes Element der zeitgenössischen Gesellschaft dar, das auch im Zusammenhang der reformatorischen Bewegung einen Unruheherd bildete.«

396 Welti, Graf Kaspar von Hohenems (wie Anm. 387) 499 f.

397 Hofer, Fidelis (wie Anm. 376) 37.

398 Sie wälzte die Verantwortung auf einen gewissen »Hohenegger« ab: Er wäre doch viel mehr gegen das Fegefeuer gewesen als sie. Ebenda 40.

399 Auf die Frage hin, ob sie den Kelch selber weihen könnte, antwortete sie gut lutherisch mit einem »Nein«. Kaum ein Lutheraner hätte diese Frage mit einem »Ja« beantworten können.

Ihr wurde vorgeworfen, dass sie sieben falsche (d.h. lutherische) Bücher von ihrer Mutter vererbt bekommen habe, mit denen sie Kranke und Sterbende tröste und diese dann, auf Veranlassung des Pfarrers, ihrem Bruder nach Meiningen schicke. Die Mutter Gottes, das Ave Maria und die Heiligenverehrung beachte sie wenig. Sie entgegnete den Vorwürfen der Katholischen lakonisch: Ein gewisser Herr Dr. Roner habe ihr vor vielen Jahren gesagt, man habe in der Urkirche nichts davon gelehrt, sondern solche Dinge seien erst seit 300 Jahren üblich.[400] Auf diese kokettierenden Antworten hin wurde von ihr das Ablegen des Tridentinischen Glaubensbekenntnisses inklusive der darin formulierten Verdammungen gegen die »Sekten« gefordert. Geschickt begründete sie ihre Verweigerung, das Glaubensbekenntnis abzulegen: Sie verweigere grundsätzlich nicht den Glauben, der in diesem Glaubensbekenntnis zum Ausdruck komme, sondern den Eidschwur selbst, denn der Apostel Petrus, Fels der katholischen Tradition, sei selber einmal abgefallen (Anspielung auf die Verleugnung Christi) – sie könne daher nicht schwören, katholisch zu bleiben. Zudem habe Christus gesagt, dass man nicht verdammen dürfe.[401] Da sie sich vom Katholizismus nicht überzeugen ließ, bekam sie eine sechswöchige Bedenkzeit, in der sie den Kontakt zu

---

Dass diese Frage aber trotzdem gestellt wurde, kann auf zweierlei Sachverhalte schließen: Entweder war diese Art des Abendmahlsverständnisses gängige Vorstellung bei den Geheimprotestanten, sodass die katholische Geistlichkeit mit solchen Fragen die verdächtigten Personen des Luthertums überführen hätte können, oder die katholische Geistlichkeit war aus propagandistischen Gründen und kontroverstheologischer Zuspitzung heraus tatsächlich der Meinung, dass die Lutheraner eine solche Theologie vertreten haben. Doch kein ernsthafter lutherischer Theologe hätte sich zu solch einer Aussage verleiten lassen können. Es wäre wert, diesen Sachverhalt frömmigkeitsgeschichtlich zu untersuchen. Vgl. dazu nur eine Anmerkung: Ferdinand I. ließ Johann Sebastian Pfauser, dem lutherischen Hofprediger seines Sohnes Maximilian II., ebendieselbe Frage stellen: »So ein Laie den unconsecrirten Wein nimmet, und machet ihm diesen Gedanken: er wolle glauben, dieses sey das Blut Christi, spricht auch die Worte; ob dieser Gedank Sacrament mache?« Aus einer kontroverstheologischen Absicht heraus geisterten offenbar solche falsche Vorstellungen über die Abendmahlsauffassung Luthers herum. Vgl. Angelika Petritsch, Johann Sebastian Pfauser. Hofprediger Maximilians II. *JGPrÖ* 126 (2010) 122–186, hier 143 f., Anm. 94 und Anm. 96, Punkt 9.

400 Ebenda 40. Solch gute Kenntnisse der Kirchengeschichte und der Theologie waren – bedenkt man das katholische Umfeld – über die Maßen erstaunlich. Anna Zoller musste sich auf jeden Fall mit diesen Dingen befasst haben. Die erwähnten sieben Bücher sowie die Erwähnung eines »Privatlehrers«, der lutherisch gewesen sein musste, zeugen davon.

401 Hofer, Fidelis (wie Anm. 376) 45. Das Tridentinische Glaubensbekenntnis fügte zu den drei altkirchlichen Bekenntnissen noch kontroverstheologische Bestimmungen hinzu, die ein Lutheraner unmöglich hätte nachsprechen können. Anna Zoller ging gar nicht auf die Widerlegung einzelner Aussagen ein, sondern argumentierte auf der Grundlage der Schrift gegen die Ablegung eines Eides. Das ist eindeutig protestantisch. Man kann noch die Annahme diskutieren, ob sie eine Täuferin hätte sein können, denn die Täufer betonten die Eidverweigerung im Gegensatz zu den Lutheranern oder Reformierten, die sie erlaubten – allerdings nur in weltlichen Dingen. Diese Inquisition gehörte aber zu den geistlichen Dingen. Der Eid war für das Inquisitionsgericht notwendig, denn erst der geleistete Eid bestätigte die eindeutige Abgrenzung zu den »Sekten«. Zum Trienter Glaubensbekenntnis: Henrici Denzinger, Enchiridion symbolorum (Freiburg–Basel–Wein [43]2010) 546–548, Nr. 1862–1870. Drei Jahre zuvor waren täuferische Aktivitäten im Raum Feldkirch bekannt:

den Priestern halten sollte, um Unklarheiten zu beseitigen. Das Angebot hatte sie aber »nie begehrt« und stattdessen »vielmal unter anderen Leuten mit Wort und Tat ihren Unglauben ausgebreitet«.[402] Zudem bemerkte sie, dass ihre Eltern »lutherisch gestorben« seien.[403] Auf Druck des Pater Fidelis wurde sie in ihrer lutherischen Überzeugung immer entschlossener. Sie ging nun in Frontstellung. Die Behörden gingen davon aus, dass »sie zu den Sekten, sei es Luthertum oder anders« gehöre, außerdem wurde bei ihr »ein sektisches Buch, der Habermann genannt« gefunden.[404] So musste sie zuletzt als »öffentliche Ketzerin erkannt« werden und wurde am 10. März 1620 unter Verlust des Bürgerrechts aus der Stadt Feldkirch verwiesen. Sie wurde in Konstanz aufgenommen. Erst nach dem Tod des Fidelis zwei Jahre später wurde sie wieder in Feldkirch aufgenommen.[405] Nach all diesen Zeugnissen ist es unklar, wie Hofer zu der Meinung kommen konnte, sie sei keine überzeugte Lutheranerin gewesen, sondern habe lediglich Lust am Debattieren gehabt und aus einem gewissen Freigeist heraus lutherische Positionen vertreten. Es ist wahr, sie trat vor den Behörden und den kirchlichen Autoritäten frech und schelmisch auf, doch aus Debattierlust verlässt man nicht die Heimat – im letzten Moment hätte sie ja doch noch einlenken können. Insbesondere, weil sie im Familienhaus lutherisch sozialisiert war, ist diese Annahme Hofers zu verwerfen.[406]

Am 9. September 1617 bat die Regierung den amtierenden Vogt zu Feldkirch, Graf Caspar von Hohenems, auf zwei wiedertäuferische »Fischer« Acht zu geben, »deren einer Thoman Wickheler heiße, sie auszuforschen und womöglich zu verhaften, da sie zur Verführung der Leute ab- und zureisten«. Mit »Fischer« waren wohl Menschenfischer gemeint. Damit sollte ihre missionarische Aktivität hervorgehoben werden. Vgl. Hiller, Au (wie Anm. 257) 179.

402 Hofer, Fidelis (wie Anm. 376) 46.

403 Ebenda 47. Sie ist offenbar lutherisch erzogen worden. Das konnte in Feldkirch bei der Bevölkerung sicherlich nicht spurlos vorüber gehen. Offenbar wollten die Behörden – gerade im Rahmen der Bündner Wirren – ein Exempel statuieren bzw. überhaupt wissen, wie weit die »Geheimprotestanten« mit ihrem Bekenntnis gehen würden.

404 Ebenda 48. Der »Habermandl« war unter den Geheimprotestanten weit verbreitet. Es handelte sich dabei um ein lutherisches Gebetbuch von Johann Habermann. Siehe Dietmar Weikl, Das religiöse Leben im Geheimprotestantismus in den habsburgischen Erblanden, in: Geheimprotestantismus und evangelische Kirchen in der Habsburgermonarchie und im Erzstift Salzburg (17./18. Jahrhundert), hg. von Rudolf Leeb/Martin Scheutz/Dietmar Weikl (Veröffentlichungen des Instituts für Österreichische Geschichtsforschung 51, Wien–München 2009) 457–473, hier 463.

405 Diese Vorgehensweise bestätigt die Vermutung, dass die lokale Obrigkeit zwar den unterschwelligen Protestantismus nicht gerne sah, ihn aber letztlich – sofern Geheimprotestanten mit ihren Überzeugungen nicht an die Öffentlichkeit gegangen sind – unbehelligt ließ (die angesehene Familie der Zoller war lutherisch, was in der kleinen Stadt Feldkirch bekannt gewesen sein musste). Erst bei Auftreten von fanatischeren Ordensmitgliedern, wie dies bei dem später heiliggesprochenen Pater Fidelis von Sigmaringen der Fall war, wurde gezielt gegen den Protestantismus vorgegangen. Die kriegerischen Auseinandersetzungen um die Bündner Wirren waren zusätzlich ein Faktor für das verschärfte Vorgehen.

406 Wie Rapp, Dekanat Feldkirch (wie Anm. 17) 59 sowie Weizenegger/Merkle, Vorarlberg, Bd. 2 (wie Anm. 240) 184 zum Urteil kommen konnten, dass Anna Zoller beim Pater Fidelis nach ihrer Exkommunizierung um Wiederaufnahme gebeten habe könnte, ist mir unklar.

Wie in Au, gab es auch andernorts und zu anderen Zeiten nächtliche Zusammenkünfte, ähnlich wie bei den Geheimprotestanten im restlichen Österreich. Wir haben hie und da bereits Hinweise gefunden, dass sie sich heimlich hatten treffen können, besonders im Bregenzerwald (Au). Die Missionierung des Bregenzerwaldes durch die Kapuziner brachte immer wieder protestantische Lebensweisen an die Oberfläche. Diese Zusammenkünfte wurden von den Kapuzinern verfolgt und bestraft.[407] Jahrzehnte später sind noch Ausläufer des Geheimprotestantismus zu spüren. In der Pfarre Alberschwende wurde der Pfarrer 1722 von den Gemeindegliedern schikaniert. Er wurde während der Messe durch Zwischenrufe gestört und als Teufelspfaff verunglimpft.[408] Solche typischen Verhaltensweisen sind auch andernorts belegt. Ob eine direkte Verbindung vom Zeitalter der Reformation und der Konfessionalisierung bis in die Jahre 1722 hinein bestand, ist bisher aus den Quellen nicht ersichtlich. Doch spricht einiges für diese Kontinuität, denn einfach aus dem Nichts konnten solche Vorfälle nicht auftauchen. So konnte sich ein Geheimprotestantismus, wenngleich kaum greifbar, über die Jahre hinweg unter der Oberfläche halten. Jedenfalls dürften es nicht viele gewesen sein, denn im Zuge der Veröffentlichung des Toleranzpatentes 1781 gab es keinerlei Anzeichen einer Bemühung um eine evangelische Gemeindegründung.

Das bisher Gesagte deutet an, dass der Katholizismus im Zuge der katholischen Konfessionalisierung im Laufe des 17. Jahrhunderts trotz der weitreichenden Maßnahmen durch Obrigkeit und Kirche in Vorarlberg nicht in der Lage war, eine flächendeckende konfessionelle Homogenisierung im strengen Sinne zu schaffen. Immer wieder tauchten protestantische Äußerungen und Verhaltensweisen auf. Die zahlreichen landesfürstlichen Mandate und die in gegenreformatorischer Absicht erfolgte katholische Reform allein zeugen schon vom Vorhandensein protestantischen Lebens in Vorarlberg. Die bisherige Auswertung der Quellen konnte uns nur in Ansätzen ein Bild des Geheimprotestantismus in Vorarlberg liefern. Doch auch die verfügbaren Quellen verraten einen intakten Protestantismus in Vorarlberg, der aber leider nicht in scharfem Umriss für uns sichtbar wird. Eine erneute Durchsicht der Primärquellen könnte Aufschluss über die tatsächliche Verbreitung des Protestantismus und vor allem über das Leben in der Illegalität während der katholischen Konfessionalisierung liefern. Doch was ist unter Geheimprotestantismus zu verstehen? Geheimprotestanten lebten vor allem in den Donauländern und in Innerösterreich über Jahrhunderte hinweg in einem katholischen Umfeld, dem sie sich anpassen mussten. Kennzeichen der Geheimprotestanten war ihre Illegalität. Sie mussten ihr

---

Wenn überhaupt, so konnte dies erst nach dem Tod des Fidelis geschehen sein, als sie wieder nach Feldkirch zurückkam. Leider sind nach Rapp, Dekanat Feldkirch (wie Anm. 17) 59, Anm. 4 die Akten zum Ketzergericht im Stadtarchiv Feldkirch nicht mehr aufzufinden.

407 Schönweiler, Kapuziner (wie Anm. 373) 37. »Die nächtlichen Zusammenkünfte in verdächtigen Häusern, welche mit gewisser Publizität stattfanden, wurden auf Betreiben der Kapuziner unter schwerer Strafe untersagt.« Dort wurden auch »schändliche« Reden gehalten, 1673 musste ein »Verführer« 100 Pfund Strafe zahlen.

408 Rapp, Dekanat Feldkirch und Bregenz (wie Anm. 244) 597–604.

Bekenntnis vor der Obrigkeit geheim halten. Das traf auf die Vorarlberger Verhältnisse seit Beginn der Reformation zu, denn im Gegensatz zu den vom protestantischen Adel dominierten Ländern Österreichs war der Protestantismus in Vorarlberg zu keiner Zeit legal gewesen.[409] Weiteres Kennzeichen waren religiöse Zusammenkünfte im Verborgenen. So gesehen traf das auf jeden Fall auf die Täufergemeinde in Au und mit Abstrichen auch auf die Städte Bregenz und Feldkirch zu, in denen Lutheraner ab einer bestimmten Zeit öffentlich in Erscheinung traten. Auch in Gaschurn oder im Bregenzerwald sind geheimprotestantische Gruppenbildungen mit eigenen Gottesdiensten nicht auszuschließen. Es ist anzunehmen, dass in Analogie zu den Verhältnissen in anderen Regionen Österreichs die Existenz von Protestanten für die Bevölkerung ein »offenes Geheimnis«[410] war, während die staatlichen Obrigkeiten zumeist von der Menge an Protestanten überrascht waren. Wie groß die tatsächliche Zahl an Geheimprotestanten in Vorarlberg war, lässt sich nach den bisherigen Ergebnissen nicht ermitteln. So kann man in Vorarlberg von einer Existenz des Geheimprotestantismus ausgehen, dessen Konturen aber leider nicht scharf genug sind.

409 Erwähnte ich für die beiden Städte Feldkirch und Bregenz in den 1570er Jahren den Begriff »Halblegalität«, so ist das auf die stillschweigende Praxis in den genannten Städten bezogen, keinesfalls aber auf die rechtlichen Bestimmungen: Rechtlich gesehen war der Protestantismus eindeutig illegal.

410 Zum Begriff »Geheimprotestantismus« vgl. Rudolf Leeb/Martin Scheutz/Dietmar Weikl, Mühsam erkämpfte Legalität und widerstrebende Duldung. Der Protestantismus in der Habsburgermonarchie im 17. und 18. Jahrhundert, in: Geheimprotestantismus und evangelische Kirchen in der Habsburgermonarchie und im Erzstift Salzburg (17./18. Jahrhundert), hg. von Dens. (Veröffentlichungen des Instituts für Österreichische Geschichtsforschung 51, Wien–München 2009) 7–24, hier 11.

Rezensionen

Sönke Lorenz/Anton Schindling/Wilfried Setzler,
Primus Truber 1508–1586
Der slowenische Reformator und Württemberg
(Stuttgart 2011)

Von Rudolf Leeb

Das vorliegende Buch ist das Ergebnis einer Tagung in Tübingen, die anlässlich des 500. Geburtstages von Primus Truber stattfand, der 1508 in Rašica im slowenischen Unterkrain geboren wurde und 1580 in Derendingen bei Tübingen verstarb, wo er auch begraben ist. Württemberg, das im 16. Jahrhundert auch der berühmten Uracher Bibelanstalt, die ja mit dem Namen Trubers untrennbar verknüpft ist, eine Heimat bot und in der frühen Neuzeit den Aufenthalt von Studenten aus dem Krainer und Görzer Raum in Tübingen über das sog. »Tiffernum« finanzierte, hat sich seit jeher dem Erbe des slowenischen Reformators verpflichtet gefühlt und auch zu früheren Jubiläen entsprechende Initiativen gesetzt.[1] Das besondere am vorliegenden Band ist, dass er – neben allgemeinen Beiträgen zu Truber und der slowenischen Reformation und Gegenreformation – erstmals ausführlicher auf das württembergische Umfeld eingeht. Der Vollständigkeit halber sei auch auf ein 2008 in Ljubljana veranstaltetes Symposion hingewiesen, dessen Beiträge ebenfalls in einem Sammelband publiziert wurden.[2]

Im Folgenden kann, wie bei solchen umfangreichen Sammelbänden nicht anders möglich, leider nicht auf jeden Beitrag in der eigentlich gebührenden Weise eingegangen werden.

Am Beginn des Bandes findet sich zunächst eine Einführung in den geographischen Raum Innerösterreich mit seinen politischen Besonderheiten bzw. Eigenheiten in der kirchlichen Verwaltung aus der Feder des Doyens der slowenischen Kirchengeschichte France M. Dolinar. Gleich die nächsten beiden Beiträge erfüllen dann schon Desiderate. Franz Brendle legt mit Peter Riethe eine Edition der Leichenpredigt auf Truber aus der Feder von Jakob Andreae (einschließlich des Gedichtes von Erhard

1 Anton Janko (Hg.), Slovenci v evropski reformaciji šestnajstega stoletja [Die Slowenen in der europäischen Reformation] (Ljubljana 1983); Rolf-Dieter Kluge (Hg.), Ein Leben zwischen Laibach und Tübingen. Intentionen, Verlauf und Folgen der Reformation in Württemberg und Innerösterreich (Vorträge des Trubersymposions zum Jubiläum von 1986, München 1995).

2 Sašo Jerše (Hg.), Vera in Hotenja. Študije o Primožu Trubarju in njegovem času (Ljubljana 2009). Vgl. aber auch Vincenc Rajšp u. a. (Hg.), Die Reformation in Mitteleuropa. Beiträge anlässlich des 500. Geburtstages von Primus Truber 2008 (Wien–Lubljana 2011). Dieser Band widmet sich aber nicht im Speziellen der Truberforschung.

Cellius) vor. Die Einleitung von Brendle stellt eine instruktive Einführung zum Phänomen der Slowenen in Württemberg/Tübingen in der Reformationszeit sowie zu deren dortigen Umfeld dar. Danach folgen Darstellungen zur Biographie Trubers von Rolf-Dieter Kluge und Boris Golec. Während Kluges Beitrag einen verlässlichen Überblick über die Biographie Trubers in angenehmer Kürze bietet, ist jener von Golec als eine eingehende Untersuchung über die Herkunft Trubers zu bezeichnen, die alle vorhandenen Quellen sichtet und mit neuen Erkenntnissen auswertet. Von wohltuender Klarheit und theologiegeschichtlicher Besonnenheit ist die Analyse der Theologie Trubers von Ulrich Köpf geprägt. Köpf zeigt, dass es sich bei Truber insgesamt um einen klassischen lutherischen Theologen ohne besondere theologische Auffälligkeiten handelt – die vermeintlichen »reformierten« Einflüsse interpretiert er m.E. völlig zu Recht als gemeinevangelische theologische Überzeugungen, mit denen Truber vielleicht vermittelnd und versöhnend wirken wollte. Jedenfalls findet sich bei Truber kein Anspruch z. B. auf die tieferliegenden theologischen Probleme der Abendmahlslehre eingehen zu wollen. Lilijana Žnidaršič Golec widmet sich mit ihrem Beitrag der Kirchenordnung Trubers von 1564, von der inzwischen, neben dem Exemplar der Vatikanischen Bibliothek, ein zweites im Stadtmuseum in Memmingen aufgetaucht ist. Es handelt sich um eine vorzügliche Darstellung der Entstehungsgeschichte sowie des Inhalts der Kirchenordnung einschließlich einer Analyse ihrer Quellen. Die verstreute ältere Literatur ist hier gesammelt und aufgearbeitet worden. Dieser Aufsatz, der auch im zitierten Band »Vera in Hotenja« auf Slowenisch erschienen ist, wird einen verlässlichen Ausgangspunkt für die künftige Forschung bilden. Im Kapitel zur Sprache Trubers und den Truber-Drucken behandelt Jochen Raecke Primus Truber als Autor und Übersetzer, wobei er die Trennung bzw. Unterscheidung zwischen dem Autor und dem Übersetzer Truber relativiert wissen will. Sehr hilfreich und bibliothekarisch erstklassig dokumentiert ist die Übersicht über jene Drucke Trubers, die zu seinen Lebzeiten erschienen sind und die von Wilfried Lagler erarbeitet worden ist. Der Bibliothekar der Tübinger UB kann sich dabei auf immerhin 19 Drucke von Truber und dessen Umkreis stützen, die sich in der UB Tübingen befinden. Hermann Ehmer bietet in gewohnt souveräner Weise einen gediegenen Überblick über die Tätigkeit der Uracher Bibelanstalt, bei der er durchaus Ähnlichkeiten zu den späteren Bibelanstalten des Pietismus konstatiert. Ehmer kommt in diesem Zusammenhang zu Recht auch auf die damit verbundenen missionarischen Ideen im Umkreis der Bibelanstalt zu sprechen. Doch hätte ein eigener Beitrag zu den in der älteren protestantischen Forschung intensiv behandelten Missionsbestrebungen bzw. zum »Missionsgedanken« des Truberkreises dem Band gut getan und diesen abgerundet, da es sich hier durchaus um ein bemerkenswertes Kapitel der Reformationsgeschichte handelt. Armin Kohnles Beitrag widmet sich dem bedeutenden Drucker Johannes Manlius, der im österreichisch-ungarischen und slowenischen Grenzraum tätig gewesen ist und aus dessen Offizin wichtige slowenische Drucker hervorgegangen sind. Der Rezensent gesteht, dass bis zu diesem Beitrag es ihm nie gelungen ist, sich einen wirklichen Überblick über diesen Drucker, seine Biographie und sein Umfeld zu verschaffen. Kohnle gelingt dies unter Aufarbeitung auch entlegener Literatur. Bei Manlius dürfte es sich um einen Schüler Melanchtons handeln, dessen Biographie und Wirken vom Verf. akribisch nachgezeichnet wird. Die Erarbeitung dieses wirklich verdienstvollen Beitrages muss viel Mühe gekostet haben und wird von der einschlägigen Forschung gewiss dankbar angenommen werden. Franz Brendle, Sönke Lorenz und Wilfried Setzler behandeln »Tübinger« Themen. In einem genau gearbeiteten Aufsatz führt Brendle in das Leben und Wirken des bedeutenden Humanisten und Erziehers Christoph von Württembergs, Michael Tiffernus, ein, der nicht nur eine bedeutende Bibliothek (Grundstock der Bibliothek des Tübinger Stifts), sondern auch das nach ihm benannte Stipendium hinterlassen hat, mit dem das Studium für nicht wenige Krainer Studenten in Tübingen finanziert worden ist. Dass mit dem Aufsatz von Sönke Lorenz dem gleichermaßen bedeutenden wie interessanten Pietro Paulo Vergerio, der als Bischof von Koper/Capodistria begann und als reformatorischer Lehrer in Tübingen starb, ein eigenes Kapitel gewidmet wird, ist ebenso verdienstvoll. Hier findet nun der interessierte Forscher bequemen und instruktiven Zugang zu dieser bemerkenswerten Gestalt aus dem alten Innerösterreich, deren Wirken – wie jenes von Tiffner – in die Heimat zurückgestrahlt hat. Setzler geht mit seinen Beiträgen zum einen auf das konkrete Derendinger und Tübinger Umfeld Trubers ein, zum andern dokumentiert er erstmals genau das Epitaph Trubers in der Derendinger Pfarrkirche, das bekanntlich Pilgerziel vieler Slowenen ist. Die danach folgenden fünf Beiträge widmen sich der Habsburgermonarchie im Allgemeinen und dem innerösterreichischen und slowenischen Raum im Besonderen. Anton Schindling bietet einen souveränen und klug gewichteten, ausgewogenen Überblick über die »zusammengesetzte« Habsburgermonarchie in der frühen Neuzeit einschließlich ihrer »kroatischen Militärgrenze« im Südosten, die die Entwicklungen in Innerösterreich stark geprägt hat. Der Beitrag von Regina Pörtner – an und für sich eine Kennerin Innerösterreichs zu dieser Zeit – über Religion, Politik und konfessionelle Kultur in Innerösterreich fällt demgegenüber leider ab – der Beitrag wurde offensichtlich unter Zeitdruck geschrieben. Auf die konkrete konfessionelle Kultur wird darin etwa kaum eingegangen, die neuere Literatur (z. B. Winkelbauers Darstellung) selten oder nicht genannt. In diesem Zusammenhang kann auf die sehr gute, aber leider häufig übersehene Darstellung der Ständepolitik in Innerösterreich von Georg Wieland im bereits zitierten, von Kluge herausgegebenen Sammelband von 1995 hingewiesen werden. Wer eine konzise Einführung in die lutherische Reformation im Reich der Stefanskrone sucht, wird im vorliegenden Band mit dem Überblick von Markus Hein – einem ausgesprochenen Kenner der Materie – bestens bedient. Die beiden Aufsätze von France M. Dolinar stellen, soweit ich sehe, die ersten modernen Überblicksdarstellungen der Gegenreformation im Herzogtum Krain dar, hingewiesen sei hier eigens auf seine Skizze des gegenreformatorischen Wirkens des Laibacher Bischofs Tomaž Hren. Die letzten Beiträge des Bandes sind der Erinnerung an Truber bzw. dessen Erinnerungsorten gewidmet. Neben Božidar Jezernik, der den Aufstieg Trubers zum »Nationalheiligen« des katholischen Slowenien beschreibt und zwei Traditionsstränge des Erinnerns an Truber herausarbeitet, ist es Zvone Štrubelj, der – neben einem theologischen Essay zu Truber – die Laibacher Kirchen, an denen der Reformator wirkte, vorstellt. Truber ist für Slowenien bekanntlich eine Gestalt von großer nationaler Bedeutung und Symbolkraft. Nicht zufällig schließt der Band deshalb mit einem Überblick über die Truber-Memoria im 20. und 21. Jahrhundert einschließlich einer Dokumentation der Truber-Erinnerungsorte, wozu zahlreiche Personen beigetragen haben. Aus Sicht des Rezensenten hätte in diesem Kapitel allerdings eine im engeren Sinn forschungsgeschichtliche Studie (die der Beitrag von Jezernik ja nicht zum Thema hat) das Bild vervollständigt. Es fehlt m. E. eine kritische Analyse der slowenischen Forschungsgeschichte zu Truber. Die Truberforschung hat dort seit dem 19. und 20. Jahrhundert aufgrund der nationalen Indienstname Trubers in der Zeit der Romantik danach ganz andere und eigene Wege genommen sowie charakteristische Truberdeutungen hervorgebracht, die der deutschsprachigen Forschung kaum bekannt sind.[3] Abgerundet wird die in jeder Hinsicht gewichtige Dokumentation mit einer wirklich hilfreichen Auswahlbibliographie, die von Zvone Štrubelj zusammengestellt wurde und die für den deutschsprachigen Leser die slowenische Literatur erschließt. Vermisst werden hier allerdings die wichtigen Arbeiten von Ernst Benz.

Die wenigen, kleinen kritischen Anmerkungen mindern aber keineswegs die große Bedeutung und den eindrucksvollen Ertrag dieses mit höchst gediegenen und wichtigen Beiträgen gespickten Bandes, zu dem man in Zukunft immer wieder greifen wird. Mit dem vorliegenden großformatigen, auch in bibliophiler Hinsicht sehr schönen und reich ausgestatteten Buch, das allein schon aufgrund seiner repräsentativen Gestaltung eine Würdigung und Ehrung des bedeutenden Reformators darstellt, ist es anlässlich des Truberjubiläums von 2008 den Württembergern bzw. den Tübingern wiederum gelungen, ein Buch zu präsentieren, das nicht nur ein Standardwerk darstellt, sondern auch Lücken in der Truberforschung auf hohem wissenschaftlichen Niveau schließt. Das Werk führt in alle Bereiche des Themas ein und geht deutlich über den damaligen aktuellen Forschungstand hinaus. Für diese Fortführung einer schwäbisch-württembergischen wissenschaftlichen Tradition gebührt den Organisatoren Respekt und Dankbarkeit. Dieses Buch wird für viele Jahrzehnte ein Referenzwerk bleiben.

3 Vgl. hierzu den Beitrag von Sašo Jerše im vorliegenden Band, der dieses Thema für die deutschsprachige Forschung erschließt.

Karl W. Schwarz (Hg.),
Gustav Entz – ein Theologe in den Wirrnissen des 20. Jahrhunderts (Studien und Texte zur Kirchengeschichte und Geschichte IV. Zeitzeugen 6, Wien 2012)

Von Karl-Reinhart Trauner

Gleich vorweg: Mit dem vorliegenden Sammelband wurde eine wichtige Lücke geschlossen. Gustav Entz war zwar eine der prägenden Gestalten des österreichischen Protestantismus des 20. Jahrhunderts, aber erst jetzt wurde ihm durch den von Karl W. Schwarz verantworteten Sammelband eine umfassendere Würdigung zuteil. Die Relevanz einer solchen wird schon allein an der kontroversen Diskussion deutlich, die zur Herausgabe der Schrift geführt hat (S. 11 f.).

Gustav Entz war ab 1922 Professor für Praktische Theologie an der Evangelisch-Theologischen Fakultät in Wien und bekleidete von 1938 bis 1949 und dann wieder im Studienjahr 1952/53 das Amt des Dekans der Fakultät. Natürlich erschienen immer wieder Aufsätze über Gustav Entz, bei seinem Tod 1957 erfolgten etliche Nachrufe. Manche dieser Beiträge wurden in der vorliegenden Schrift aufgenommen.

Dass ein solcher Band so lange auf sich warten ließ, hängt nicht unwesentlich mit der Rolle Gustav Entz' zusammen. Einerseits war er der freundliche Mitmensch, andererseits sind seine politischen Positionierungen unter dem Eindruck des Nationalsozialismus eine Herausforderung. »Der vorliegende Band geht beiden Spuren nach, dem liebevollen Gedenken an eine beeindruckende Persönlichkeit und der ebenso gebotenen nüchternen Analyse ihrer Gebundenheit an die geschichtlichen Umstände«, unterstreicht Bischof Michael Bünker in seinem Grußwort (S. 8).

Diese Analyse bestimmt den Aufbau des Sammelwerkes: Zunächst bietet es Nachrufe, in einem zweiten Teil erfolgt eine Würdigung des Professors durch Schüler, in einem dritten Teil wird seine wissenschaftliche und fakultätsgeschichtliche Perspektive einschließlich seiner ambivalenten politischen Positionierungen kritisch durchleuchtet. Den Abschluss bilden Feststellungen und Rückfragen durch Verwandte von Entz.

Die Schüler, die zu Wort kommen, gehören alle bereits in die Nachkriegszeit. »Es ist (notabene) ein Bild aus einer Periode, in der die große Zeit von Gustav Entz bereits vorüber war. [...] Es war eine Zeit des Aufbruchs«, erinnert sich Kurt Niederwimmer (S. 63).

Bei den Beiträgen der Schüler, wie auch bei jenen der Verwandten, fällt auf, wie sehr Gustav Entz als Mensch geschätzt wurde. Für Peter F. Barton war der erste Eindruck, den Entz vermittelte »Freundlichkeit« (S. 81).

> »Er hatte irgendwann einmal [...] das Epithetonornans ›Papa Entz‹ erhalten, wohlgemerkt: eine Bezeichnung, die Ehrerbietung und Achtung zum Ausdruck bringen wollte, die aber zugleich auch die Distanz gegenüber einer patriarchalischen Persönlichkeit kennzeichnete.« (Niederwimmer, S. 64)

Gerade der Beitrag von Gustav Reingrabner bildet inhaltlich in manchem eine Brücke zum zweiten inhaltlichen Hauptteil des Sammelwerkes. Für Reingrabner »war er nicht das, was man unbedingt als Wissenschafter bezeichnen kann [...]« (S. 75). Denn bei aller seiner wissenschaftlichen Tätigkeit »[blieb] der Blick des Professors [...] immer auf die Gemeinde gerichtet«, wie Wilhelm Kühnert schon in seinem Nachruf betonte (S. 58). Gerade diese Ausrichtung machte seine Lehrtätigkeit praxisorientiert und auf die Zeitumstände bezogen – mit allen Vor- und Nach teilen.

Ernst Hofhansl interpretiert anhand einer Mitschrift eine Vorlesung, die Entz wahrscheinlich 1936 über die »Geschichte der praktischen Theologie« hielt, und leitet damit den zweiten inhaltlichen Hauptteil des Sammelwerkes ein, der sich mit einer kritischen Würdigung des Professors in einer schwierigen Zeit befasst, wobei besonders seine Tätigkeit als Dekan im Zentrum des Interesses steht. Für Hofhansl »sind die geradezu hausbacken wirkenden Hinweise und Ratschläge auffallend, die aber der ganzen Vorlesung eine gewisse Lebendigkeit verleihen« (S. 99).

Bereits der Beitrag von Gustav Reingrabner schlägt den Bogen zu einer inhaltlichen Kritik: »Es ist derzeit zwar möglicherweise nicht unbedingt opportun, in der evangelischen Kirche Österreich von Gustav Entz etwas Positives auszusagen [...].« (S. 73) Mit diesem Thema beschäftigt sich der Beitrag von Karl W. Schwarz. Für ihn ist klar:

> »Dass der unverheiratete Entz ein väterlicher Freund seiner Studenten war, ist ebenso wenig in Abrede zu stellen wie der Generationen prägende Einfluss seiner Lehrtätigkeit. [...] hier geht es um seine politische Option und um sein daraus resultierendes Denkschriftenwerk, schließlich aber um den ›eigentlichen‹ Fall Entz, der in der Nachkriegszeit ›konstruiert‹ wurde.« (S. 116)

Eine Herausforderung ist Entz' politische Haltung. Einerseits machte er aus seinen großen Sympathien gegenüber dem Nationalsozialismus keinen Hehl (S. 118–120), andererseits verfasste er aber zwischen 1940 und 1943 sieben Denkschriften, von denen die dritte sogar bis in die Berliner Reichskanzlei gelangte (S. 120–124). In den Denkschriften wird die Religionspolitik des Dritten Reiches unmissverständlich negativ beurteilt, was Ende 1944 sogar zu einer Hausdurchsuchung und Beschlagnahme von Materialien durch die Gestapo führte.

Aber es war eben nur die Religionspolitik, die Entz kritisierte, und nicht die zahlreichen anderen Verfehlungen des nationalsozialistischen Regimes. So wie für Entz auch die Person Hitlers nicht für diese verfehlte Religionspolitik verantwortlich war, sondern Martin Bormann. Damit pendelten die Denkschriften zwischen Loyalität gegenüber dem Nationalsozialismus und einer harten und gar nicht angepassten Systemkritik, was die Religionspolitik betrifft.

Jedenfalls scheint es angesichts der Quellenlage nicht gerechtfertigt zu sein, dass sich Gustav Entz nach Kriegsende zu einer Art Widerstandskämpfer stilisierte, wie dies der Abdruck einer seiner Denkschriften in dem von Heinrich Hermelink 1950 herausgegebenen Sammelband »Kirche im Kampf« nahelegt. Wobei gerade diese Neupositionierung, ähnlich wie die Anpassung an den Nationalsozialismus zuvor, den durchaus gefährdeten Weiterbestand der Wiener Fakultät gewährleistete und den Wissenschaftsbetrieb förderte.

Die verschiedenen Positionierungen, wie auch die von Reingrabner angesprochene, möglicherweise vorhandene Nicht-Opportunität, wird von Gustav Entz' Familie auf den Zeitgeist zurückgeführt. »Wir meinen, er ist posthum ein Opfer des Zeitgeistes geworden.« (S. 131) Ein Zeichen in diese Richtung sind für die Familie die Geschehnisse rund um die Ablöse und die erzwungene Auswanderung von Karl Beth, Professor für Systematische Theologie A.B. und Religionspsychologie. Er wurde im Zuge des Anschlusses als Dekan durch Entz abgelöst, musste seine Professur niederlegen und war schließlich, nach dem Verlust seiner Pension, gezwungen, in die USA auszuwandern. Für die Kritiker von Entz ist dies der Erweis einer nationalsozialistisch begründeten Zwangsmaßnahme. Demgegenüber führt die Familie an, dass der freundschaftliche Kontakt zwischen Beth und Entz weiterhin bestand und auch nach Kriegsende fortgesetzt wurde. In seinem Kondolenzschreiben an die Familie anlässlich des Todes von Entz 1957, das im Sammelband faksimiliert ist (S. 136), schrieb Beth: »In tiefster Bewunderung und Anhänglichkeit vereinigen wir, seine engst ergebenen Freunde, uns im Gedanken an das viele Grosse und Erhabene, das er während seines Erdenlebens wirken konnte.«

Auch die Familie betont die »Menschlichkeit, Freundlichkeit, Wärme und Barmherzigkeit« (S. 142) von Gustav Entz. »Dass er in seinem Leben auch Irrtümern unterlegen ist, sollte aus seiner Geschichte und aus der Geschichte seiner Zeit heraus verstehbar sein. Er gesteht diese Irrtümer ganz offen ein.« (S. 142)

Dem Leser des Sammelbandes bietet sich ein vielfärbiges Bild eines Geistlichen, Universitätslehrers und Verantwortungsträgers in einer schwierigen Zeit. Sein Bild passt so gar nicht zum Zerrbild des Nationalsozialisten, der mit schroffem Auftreten gewissen-, rücksichts- und skrupellos über das Leben anderer entscheidet.

Ein wichtiges Dokument blieb bislang unerwähnt. Der Sammelband umfasst auch einen autobiographischen Beitrag von Gustav Entz mit dem Titel »Erinnerungen aus fünfzig Jahren kirchlicher und theologischer Arbeit«. Die, ursprünglich als Ansprache anlässlich seines 70. Geburtstages konzipierten, Erinnerungen wurden bereits 1954/55 veröffentlicht, liegen aber nun leicht verfügbar vor. Der Text wurde vom Herausgeber um einzelne Abschnitte zur Fakultätsgeschichte erweitert. Diesem Text »kommt«, wie Karl W. Schwarz betont, »ein enormer Quellenwert zu« (S. 10). Dem ist nur zuzustimmen.

Dennoch weist gerade auch der Sammelband indirekt auf so manche weitere Lücke hin; das betrifft auch Entz. Seine umfangreiche, nach dem Krieg entstandene, Autobiographie ist zwar als Schreibmaschinenmanuskript u. a. in der Fakultätsbibliothek verfügbar, wartet aber noch immer auf eine entsprechende Edition, wobei die Schwierigkeit dabei wohl die unumgängliche Kommentierung darstellt. Dazu gehören als integraler Bestandteil auch die verschiedenen Denkschriften von Entz, die bislang nur in Auswahl gedruckt vorliegen. In diesem Zusammenhang ist ebenso die Vorlesung über die »Geschichte der praktischen Theologie« zu nennen, die im Sammelband durch Ernst Hofhansl teilediert wurde (S. 91–109).

In den Fußnoten des Sammelwerkes finden sich aber auch Bezüge zu anderen Quellen, für die wohl Ähnliches gilt: In seinem Grußwort nennt Michael Bünker die »Lebenserinnerungen« seines Vaters Otto Bünker, der bei Gustav Entz studiert hatte; Ernst Hofhansl bezieht sich auf die ebenfalls nicht edierten Erinnerungen »Im zweiten Glied« von Herbert Krimm.

Zwei Zitate aus dem Sammelband sollen die Rezension abschließen: »Man kann sicher bei keinem Menschen nach Art einer Buchhaltung die Positiva und die Negativa gegeneinander auf-, bzw. abwägen und rechnen.« (Reingrabner, S. 79) – »So kann uns Gustav Entz auch Jahrzehnte nach seinem Tod weiterhin ›Lehrer‹ sein.« (Bünker, S. 8)

Karl Vocelka, Multikonfessionelles Österreich. Religionen in Geschichte und Gegenwart (Wien–Graz–Klagenfurt 2013)

Von Franz Graf-Stuhlhofer

Karl Vocelka ist emeritierter Professor für österreichische Geschichte an der Universität Wien. Er widmet etwas mehr als die Hälfte seines Buches den christlichen Konfessionen. Daneben stellt er auch nichtchristliche Religionen sowie »Sekten« dar. Da bei jeder Konfession und Religion auch deren internationale Entstehung sowie deren Grundzüge dargelegt werden, bleibt für die Schilderung der spezifisch österreichischen Geschichte nur wenig Raum; z.B. wird im Kapitel »Evangelische Christen« deren österreichische Geschichte auf bloß drei Seiten dargestellt (S. 113–116). Der Österreich-Historiker Vocelka tritt in diesem Buch also kaum in Erscheinung, sondern eher der Religionswissenschaftler – oder jemand, der das zu sein beansprucht. Vergleiche wie der folgende machen mich allerdings skeptisch: »Die Evangelien des Neuen Testamentes wurden – der Lehre der jeweiligen Religionsgemeinschaft nach – den Aposteln ebenso offenbart wie der Koran (Qur'an) dem Propheten Muhammad« (S. 13). Aber das jeweilige Selbstverständnis bezüglich der eigenen Glaubensgrundlage ist bei diesen beiden Religionen keineswegs gleichzusetzen.

Auch die Bezugnahmen auf die Frühzeit des Christentums sind problematisch: Vocelkas quasi als Faktum präsentierte Angabe der »Abfassung des Johannesevangeliums um 130« (S. 118) liegt außerhalb des Meinungsspektrums der Neutestamentler, das sich etwa von 68/69 (Klaus Berger) bis 100–105 (Martin Hengel) erstreckt. Vocelka meint, dass sich die »stark die Tradition der alten Kirche« betonenden Altkatholiken von dieser Tradition u. a. beim Zölibat »weit entfernt haben« (S. 160). Damit setzt Vocelka fälschlich voraus, dass die alte Kirche einheitlich den Zölibat für bestimmte Amtsträger vertrat.

Vocelkas Darstellung der Baptistengemeinden (S. 130–134) ist sehr fehlerhaft. Schon die erste Aussage trifft nicht zu: »Ähnlich wie die Mennoniten lassen sich auch die Baptisten auf die Zeit der Reformation zurückführen.« Das gilt zwar für die Mennoniten, aber nicht für die Baptisten; die erste Baptistengemeinde entstand erst 1609 in Amsterdam. Deshalb passt die Darstellung der Täuferbewegung nicht in dieses, den Baptistengemeinden gewidmete Kapitel. Der Geschichte der österreichischen Baptisten widmet Vocelka dann nur etwa zehn Zeilen. Die Bemerkung, »Erst auf Grund der Verfassung von 1868 konnte [...] eine Baptistengemeinde begründet werden« ist rätselhaft (meint er die Dezemberverfassung 1867 oder die Maigesetze 1868?). Irrtümlich ist die Datierung der eingetragenen Bekenntnisgemeinschaft mit »1989« (statt 1998). Dass es Gemeinden in Bruck und Breitenbrunn gäbe, stimmt nicht (die Baptistengemeinde dieser Region trifft sich nun in Parndorf, davor jahrelang in Neusiedl). Dass der Weltbund der Baptisten »aus zirka 40 Millionen Mitgliedern besteht«

ist falsch ausgedrückt, denn Mitglieder im Weltbund sind Bünde (Unionen), nicht die einzelnen Baptisten. Hier differenziert Vocelka zu wenig, ebenso bei seiner Aussage »Weltweit gesehen ist die Methodistenkirche mit 60 Millionen Gläubigen [...]« (S. 126). Denn der hier angesprochene weltweite Zusammenschluss ist nicht eine Kirche, sondern der »Weltrat methodistischer Kirchen«. Vocelkas Begriffswahl ist auch sonst oft unscharf: Für die baptistische Bundesleitung verwendet er den Ausdruck »Bundesvorstand« (S. 134), er nennt die Israelitische Religionsgesellschaft eine »Israelische [...]« (S. 163), die evangelisch-methodistische Kirche heißt bei ihm – trotz der 2004 erfolgten Umbenennung – noch immer »Methodistenkirche« (S. 126). Glossolalie übersetzt Vocelka mit »Zungenpredigt« (S. 121), und er meint, dass die Evangelisch-Theologische Fakultät den »Klerus« ausbilde (S. 117). Die korrekte Bezeichnung für die Mitglieder der evangelischen Kirche H.B. ist »Reformierte«, nicht – wie Vocelka wiederholt schreibt – »Calviner« (z. B. S. 117).

Vocelka gibt an, dass die evangelische Kirche seit 1951 mit der Methodistenkirche und den Baptisten »in der Evangelischen Allianz vereint« sei (S. 117). Aber in dieser Allianz sind überhaupt keine Kirchen vereint, sondern Christen; soweit diese in ihren Kirchen leitende Verantwortung haben, kann es dann auch zu kirchlicher Zusammenarbeit kommen. Eine solche gab es in Wien im Rahmen der Evangelischen Allianz zwischen einzelnen Gemeinden aber schon lange vor 1951.

Dass die evangelische Kirche kein Vermögen und keinen Grundbesitz hätte (S. 117), stimmt nicht. Manche Angaben Vocelkas trafen zwar vor einem Jahrzehnt zu, nicht aber für die Gegenwart: So hat etwa die altkatholische Kirche in Wien nicht mehr sechs Gemeinden (S. 161), sondern nur noch vier.

Zu den österreichischen Baptisten gibt Vocelka bloß zwei Fußnoten an; in diesen verweist er auf Webseiten. Die durchaus vorhandene neuere Fachliteratur über die österreichischen Baptisten ignoriert er, sie erscheint auch nicht im Literaturverzeichnis.

Zu den ab 1998 eingetragenen Bekenntnisgemeinschaften erschienen Selbstdarstellungen in der Grazer Reihe »Theologie im kulturellen Dialog« sowie in der Zeitschrift »Österreichisches Archiv für Recht & Religion«. Dort wären auch fachkundige Analysen zum österreichischen Kirchenrecht zu finden. Frank Hinkelmann gab 2009 eine »Konfessionskunde« für Österreich heraus, beschränkt auf christliche Konfessionen, aber weit umfangreicher und innerhalb des gewählten Themas vollständiger. All diese Publikationen finden in Vocelkas langem Literaturverzeichnis keine Erwähnung; auch in unserem Jahrbuch erschienene Beiträge zur Geschichte des Protestantismus wurden von Vocelka nicht berücksichtigt. Er listet vor allem allgemeine Literatur – ohne speziellen Österreich-Bezug – zu den einzelnen Konfessionen und Religionen auf.

Vocelka kündigt bereits im Vorwort an, es »werden alle Spezialisten für eine der Religionen enttäuscht oder entsetzt sein«. Damit könnte er Recht behalten. Vocelka bringt diese Ankündigung vor allem mit seinen Literaturangaben in Verbindung, da es zu jeder einzelnen Konfession »Hunderte oder Tausende Veröffentlichungen« gibt. Diese alle zu kennen oder gar zu nennen, wäre keineswegs erforderlich. Aber eine Darstellung z. B. der Adventisten in Österreich sollte auch die Erforschung ihrer

Geschichte durch Daniel Heinz (1993) berücksichtigen. Dass ein großer Teil dieser österreichspezifischen Literatur in diesem Buch fehlt, widerspricht dem von Vocelka selbst genannten Kriterium der Literaturauswahl, wonach er Bücher, »die sich mit der Entwicklung oder der Situation einer Konfession in Österreich beschäftigen«, der allgemeinen Literatur vorzieht (S. 7).

Im Kapitel über die »Mennonitische Freikirche« wird deren österreichischer Geschichte bloß ein Absatz gewidmet. Nach der Nennung mehrerer Gemeindegründungen folgt die Aussage: »Heute bestehen in Österreich über 300 freikirchliche Gemeinden« (S. 155). Vom Zusammenhang her würde man diese Angabe als Gesamtzahl der österreichischen Mennonitengemeinden verstehen, was weit überhöht ist. Denn es gibt in Österreich nur ca. 400 Mennoniten.

Vocelka meint, dass der 1524 hingerichtete Caspar Tauber »von den Protestanten und den Täufern in Anspruch genommen wird« (S. 113). Eine solche Inanspruchnahme durch Täufer ist mir unbekannt und wäre auch kaum möglich, denn die Täuferbewegung entstand erst im Jahr darauf. Im Zusammenhang mit der Verfolgung der Täufer nennt Vocelka neben Hubmaier und Huter auch Tauber (S. 131), ohne diese Einordnung zumindest mit einem Fragezeichen zu versehen.

Es gibt kein Register (das aber für einen »ersten Nachschlagebehelf«, so S. 7, wichtig wäre). Die Gestaltung dieses Buches weist einige Besonderheiten auf: Das Impressum steht auf der letzten Seite, nach einigen Werbeseiten für andere Bücher, ist also leicht zu übersehen. Die Kolumnentitel stehen nicht oben, sondern in der Fußzeile, neben den Seitenzahlen.

Die Webseite des Styria-Verlages gibt folgende Information über jenes Programm, in dessen Rahmen auch dieses Buch erschien: »Styria Premium wird im Rahmen der Kunstförderung des Bundesministeriums für Unterricht, Kunst und Kultur unterstützt.« Ich fürchte allerdings, dass dieses Buch – aufgrund der erwähnten Mängel – nicht hilfreich ist.